Sascha Liebermann
Aus dem Geist der Demokratie:
Bedingungsloses Grundeinkommen

Sascha Liebermann

Aus dem Geist der Demokratie: Bedingungsloses Grundeinkommen

Humanities
Online

Bibliografische Information der Deutschen Nationalbibliothek

Die Deutsche Nationalbibliothek verzeichnet diese Publikation in der Deutschen Nationalbibliografie; detaillierte bibliografische Daten sind im Internet über http://dnb.ddb.de abrufbar.

© 2015 Humanities Online
Frankfurt am Main, Germany
www.humanities-online.de
info@humanities-online.de

Erste Auflage 2015
ISBN 978-3-941743-47-2

Umschlaggestaltung: Uwe Adam, www.adam-grafik.de
Printed in Germany

Dieses Buch ist auch als E-Book erhältlich:
www.humanities-online.de

Inhalt

Zu diesem Buch

Mehr als zehn Jahre währt die jüngere Diskussion über ein Bedingungsloses Grundeinkommen (BGE) in Deutschland. Ob die Medien über sie berichten, wie jüngst angesichts der Verlosung eines Grundeinkommens im Rahmen eines Crowdfunding-Projekts (Bohmeyer 2014), oder nicht – das spielt kaum mehr eine Rolle. Denn vor Jahren schon hat sie sich etabliert, hat Eingang in die Parteien gefunden, was dort teils zu eigenen Vorschlägen führte, teils wurden Argumente dafür aufgegriffen, einen anderen Weg zu gehen, als die »aktivierende Sozialpolitik« es tut.[1] Parteinahe Stiftungen, Kirchengemeinden, Forschungsinstitute, Wohlfahrtsverbände, Arbeitgeber- wie Arbeitnehmerorganisationen laden zu Veranstaltungen ein und fördern so die Auseinandersetzung; kleine lokal aktive Initiativen organisieren Vorträge und Filmvorführungen. Es gibt Veranstaltungen in den verschiedensten Formen, die Idee ist durch stete und beharrliche Diskussion bekannt geworden. In der Schweiz steht sogar in den nächsten Jahren eine Volksabstimmung darüber bevor, ob ein BGE eingeführt werden soll, denn die im Jahr 2012 lancierte Eidgenössische Volksinitiative »Für ein Bedingungsloses Grundeinkommen« (Eidgenössische Volksinitiative 2012) konnte erfolgreich abgeschlossen werden. Der Schweizer Bundesrat hat im vergangenen Jahr zu ihr Stellung bezogen (Bundesrat 2014), die Nationalversammlung und der Ständerat werden folgen. Der Umfang alleine an deutschsprachigen Veröffentlichungen zu Fragen rund um das BGE ist kaum mehr zu überschauen, von internationalen ganz zu schweigen. Einige akademische Studien sind darunter, sehr häufig befassen sie sich mit Finanzierungsfragen oder den Auswirkungen eines BGE auf den Arbeitsmarkt, meist im Rahmen von Simulationsmodellen.

Dabei geht es beim BGE um mehr als nur darum, eine arbeitsmarkt- oder sozialpolitische Alternative zu finden, wenngleich das in der medialen Berichterstattung häufig im Zentrum steht. Das BGE reicht viel weiter und wirft viele Fragen in den verschiedensten Bereichen des Lebens auf: Bildung, Familie, Pflege, bürgerschaftliches Engagement, Gesundheit, Wissenschaft, Kunst, Beruf und Wirtschaft – um einige zu nennen. Es gibt keinen Bereich, auf den es sich nicht, sei es unmittelbar, sei es mittelbar, auswirken würde. Noch wichtiger als die Auswirkungen im Einzelnen sind die Folgen für das Ganze. Getragen werden muss ein BGE vom Gemeinwesen, der politischen Gemeinschaft der

---

[1] Eine umfangreiche Sammlung zur Diskussion um das Bedingungslose Grundeinkommen findet sich im Archiv Grundeinkommen (www.archiv-grundeinkommen.de).

Bürger als Solidarverband, denn die Bürger als Staatsbürger sind ihr Fundament und nicht, wie man häufig den Eindruck gewinnen kann, die Erwerbstätigen.

Im Jahr 2006 begann ich, kurze Beiträge zu verfassen und im Blog der Initiative »Freiheit statt Vollbeschäftigung«, die ich gemeinsam mit anderen im Jahr 2003 gegründet hatte,[2] zu veröffentlichen. Sie griffen die verschiedenen Aspekte auf, die in meinen Augen mit dem BGE verbunden sind. Meist gab es dafür einen tagespolitischen Anlass oder eine Zuschrift an die Initiative »Freiheit statt Vollbeschäftigung«, für deren Korrespondenz ich zuständig war und noch bin. Die Anlässe, mit denen die Beiträge sich auseinandersetzen, waren oft Aufhänger, um allgemeine Überlegungen anzustellen. Die Beiträge sollten der öffentlichen Diskussion dienen, sie dadurch fördern, dass Argumente entwickelt und Einwände geprüft werden. Aufzuzeigen, wie ein BGE wo und weshalb Wirkung entfalten könnte, darum ging es immer wieder. Bei allen argumentativen Anstrengungen, die dazu unternommen wurden und werden, münden die Beiträge – anders, als es für eine wissenschaftliche Abhandlung angebracht wäre, wie ich sie andernorts veröffentlicht habe – stets in eine praktische Stellungnahme, ein Plädoyer. Den Argumenten tut das keinen Abbruch, sie stehen für sich. Die praktischen Schlussfolgerungen allerdings folgen einem Werturteil.

Aus den vielen Beiträgen, die über die Jahre bis in jüngste Zeit entstanden sind, habe ich solche für dieses Buch ausgewählt, die an Aktualität nichts eingebüßt haben. Sie wurden vollständig überarbeitet, aktualisiert und der Buchform entsprechend angepasst. Manche fallen eher kurz aus, andere länger. Einige konzentrieren sich darauf, Argumente rund um das BGE zu entwickeln, indem an unterschiedlichsten Phänomenen mögliche Auswirkungen aufgezeigt werden. Andere wiederum sind intensive Auseinandersetzungen mit Einwänden, die zu diesem Zweck ausführlich zitiert und analysiert werden. Diese Texte dienen besonders dazu, die Einwände in ihrer Eigenlogik besser zu verstehen, ihre häufig sehr voraussetzungsvollen Annahmen offenzulegen und zugleich zu prüfen. Nicht selten erstaunen Einwände, die gegen das BGE vorgebracht werden, weil sie gar keine Einwände gegen es sind, sondern gegen die bestehenden Lebensverhältnisse im Hier und Jetzt, jedoch dem BGE zugeschrieben werden. Wie so oft hängen beim BGE mögliche Auswirkungen von seiner Ausgestaltung ab. Diese ist immer

<hr>

2 Siehe www.freiheitstattvollbeschäftigung.de. Dort findet sich eine Kurzdarstellung, wozu die Initiative gegründet wurde und was sie sich zum Zweck gesetzt hat. Wir begannen damals unser Engagement zu fünft, heute sind wir zu viert. Aus den Anfängen sind neben mir noch Thomas Loer und Ute Fischer dabei.

wieder Gegenstand in den Beiträgen und soll deswegen hier nicht weiter erläutert werden. Nur so viel sei dazu gesagt: anzustreben wäre ein Betrag, der es in Kaufkraftverhältnissen erlaubte, von ihm alleine würdig leben zu können, der von der Wiege bis zur Bahre bereitgestellt würde, für Kinder wie Erwachsene gleichermaßen. Dass es dazu entsprechender Wertschöpfung bedarf, ist klar, dass die Höhe eine eminent politische Frage ist ebenso. Nur ein politisches Gemeinwesen als Solidarverband kann ein BGE bereitstellen, nur ein solches Gemeinwesens kann ein BGE in all seinen Konsequenzen tragen. Deswegen stellt sich die Frage, wer es erhalten soll. Ihr wird in den Beiträgen immer wieder nachgegangen.

Und die Finanzierung? Wird denn dazu nichts gesagt? Finanzierungskonzepte oder -berechnungen werden nur kursorisch besprochen, da ich über den nötigen Sachverstand nur sehr begrenzt verfüge. Hinweise auf solche Modelle finden sich indes reichlich. Gleichwohl durchziehen das ganze Buch Überlegungen zur Finanzierung in einem elementaren Sinne – denn selbstverständlich handelt es sich um eine wichtige Frage. Sie ist aber nicht vor allem eine Frage der Berechnung bzw. eine Frage der Berechnungs- oder Finanzierungstechnik, sondern eine nach den Wirkungszusammenhängen von Handeln. Deswegen treffen all die Berechnungsversuche folgenschwere Annahmen über Wirkungszusammenhänge – diese Annahmen gilt es zu prüfen. Warum handeln Menschen, wie sie handeln? Welche Überzeugungen leiten sie dabei, nach welchen Deutungsmustern werden Handlungsmöglichkeiten erwogen und verworfen? Wer die Auswirkungen von Finanzierungskonzepten erwägen will, muss diese Fragen zuerst ausloten. Dazu sollen die hier angestellten Überlegungen einen Beitrag leisten.

Und nicht zuletzt bleibt die Frage nach einem BGE eine Frage danach, wie wir als Gemeinwesen leben wollen, wozu Wertschöpfung dienen soll, was wir ermöglichen wollen. Entgegen einer verbreiteten Einschätzung – das haben mich mehr als zehn Jahre öffentliche Vorträge zur Sache gelehrt – ist die entscheidende Barriere gegen die Einführung eines BGE nicht die Sorge um die Finanzierung. Hinter ihr verbergen sich in unterschiedlichem Gewand grundlegende Einwände, in denen sich eine Haltung zum Ausdruck bringt, die den Einzelnen nicht um seiner selbst willen achtet. Vielmehr sorgt sie sich darum, dass mit einer Stärkung und Weiterung seiner Möglichkeiten zu einer autonomen Lebensführung alles aus dem Ruder zu laufen droht.

Alle hier versammelten Beiträge können für sich gelesen werden und bilden zugleich Facetten eines Ganzen. Die Unterteilung in thematische Abschnitte dient eher der Orientierung des Lesers, als dass sie die Beiträge eindeutig ordnen würde. Überschneidungen und Wiederholungen mancher Argumente waren deswegen nicht zu vermeiden, weil sie jeweils am untersuchten Phänomen entfaltet werden. Sie sind Ausdruck eines argumentativen Kreisens um elementare Zusammenhänge, mit denen die Diskussion um ein BGE zwangsläufig alle konfrontiert, die sich mit ihm auseinandersetzen.

Alfter, im Januar 2015

Danksagung

Ein Buch wie dieses hätte nicht entstehen können, ohne die vielfältigen Anregungen, Anmerkungen, Kommentare, Einwände und darauffolgenden Auseinandersetzungen, die zu einer solchen Diskussion dazugehören. Die intensiven öffentlichen Debatten über das Bedingungslose Grundeinkommen haben – ganz gleich ob ich direkt involviert war oder nur rezipiert habe – ebenso dazu beigetragen, wie die meist im Verborgenen bleibenden. Besonderer Dank gilt meinen langjährigen Mitstreitern aus der Initiative »Freiheit statt Vollbeschäftigung«. Wenn auch jeder »seinen eigenen Kopf« hat und deswegen Diskussion unerlässlich ist, so haben wir damals nur gemeinsam den Schritt machen wollen, uns für das BGE öffentlich einzusetzen. Dazu gehört mehr als die stets anregende und Neues eröffnende Auseinandersetzung mit der Idee.

Für ausführliche Kommentare zu früheren Fassungen dieses Buches danke ich Hendrik Muijsson und Andreas Zäh. Thomas Loer gab mir über seine äußerst hilfreichen Anmerkungen hinaus entscheidende Hinweise für den Titel dieses Buches. Wie so oft war es der Blick von »außen«, der schneller erkannte, worum es »innen« längst ging.

Demokratie, Gemeinwesen, Bürger

Das Menschenbild des Grundeinkommens …

…ist das Menschenbild der Demokratie (Loer 2009, Liebermann 2012c). Das würde schon ein Blick in das Grundgesetz der Bundesrepublik Deutschland lehren. Dennoch kommt der Frage nach dem Menschenbild, das ein Bedingungsloses Grundeinkommen voraussetze, in der öffentlichen Diskussion ein Gewicht zu, als gehe es um etwas Fernliegendes oder gar neu zu Erfindendes.

Wer regelmäßig über den Vorschlag eines BGE diskutiert, ist alsbald mit der Frage konfrontiert, ob denn die Menschen schon so weit seien, ob es denn nicht erst einer Phase der Vorbereitung bedürfe, bevor es eingeführt werden könne. Manche Grundeinkommensbefürworter, wie u.a. Wolfgang Engler (Mika/Reinecke 2006) fordern deswegen ausdrücklich das BGE mit einer Bildungspflicht zu verbinden. Andere plädieren für eine Übergangszeit, in der sich die »Gesellschaft« an das BGE »gewöhnen« könne (Welter 2014). Andere wiederum wie Christoph Butterwegge (Butterwegge 2013) und – bis vor nicht allzu langer Zeit noch – Klaus Dörre (Hessischer Rundfunk 2010) trauen den Bürgern nicht zu, sich gegen einen Missbrauch der Grundeinkommensidee zur weiteren Schwächung sozialstaatlicher Einrichtungen zu stemmen, wenn sie es denn für richtig hielten. Wenn, so könnte diese Haltung gedeutet werden, die Bürger sich nicht selbst schützen, müssen sie von anderen geschützt werden – wir können das als vermeintlich progressiven Paternalismus bezeichnen. Wo indes Sozialstaatsabbau gewollt wäre, wäre das bei gegebener Mehrheitslage demokratisch legitimiert, allerdings um den Preis, die Stellung der Bürger weiter zu schwächen. Denn je mehr Lebenszeit für die Erzielung von Einkommen eingesetzt werden muss, desto weniger bleibt für Engagement zugunsten des Gemeinwesens. Wer sich – wie Butterwegge und andere –, weil ein Vorschlag missbraucht werden kann, deswegen gegen ihn oder die falschen Ausgestaltungen davon ausspricht, äußert damit einen Vorbehalt gegen die Demokratie – eine Haltung also, die getrost als bevormundend bezeichnet werden kann.

Missbraucht werden kann jede Idee. Wenn dies aber demokratisch geschieht und der Souverän sich für einen solchen »Missbrauch« ausspricht, ist es kein Missbrauch mehr – vielmehr entspräche dies einer Entscheidung gegen die ursprüngliche Idee eines BGE. Demokratie ist nicht dann demokratisch, wenn sie die Entscheidungen hervorbringt, die bestimmten Gesinnungen entsprechen, sondern dann, wenn sie aus dem Souverän hervorgehen und von ihm getragen werden. Was sagt uns das über die Menschenbilddiskussion?

Offenbar, so müssen wir aus der verbreiteten Skepsis schließen, passt das Menschenbild in diesen Einwänden gegen das BGE nicht zum Menschenbild der Demokratie, in der wir seit über sechzig Jahren leben. Nicht das BGE ist es, das aberwitzige Voraussetzungen macht oder illusionäre Hoffnungen auf den »guten Menschen« pflegt. Es sind manche Befürworter und Kritiker, die sich über die Grundlagen der Demokratie nicht im Klaren zu sein scheinen. Oder heißen sie diese Grundlagen nicht gut? Wäre es dann nicht konsequent, offen und direkt für die Abschaffung der Demokratie zu plädieren, wenn man sie nur solange haben will, wie einem die Entscheidungen genehm sind? Unliebsame Entscheidungen sind durchaus schon als Grund gegen Volksabstimmungen angeführt worden, es sei nur an die Diskussion in Deutschland über das sogenannte Minarettverbot oder die Abstimmung gegen »Masseneinwanderung« in der Schweiz erinnert. Man sehe ja, so der Tenor, welche Gefahren von Volksabstimmungen ausgehen.

Wo vom Menschenbild, das erforderlich sei, die Rede ist, wäre darüber hinaus zu fragen, was damit gemeint sein soll. Zielt die Frage darauf, wie Menschen tatsächlich handeln? Oder zielt sie auf das Bild, dass Handelnde sich von ihrem Handeln – also wir uns von uns selbst oder anderen – machen? Oder meint sie gar, dass ein demokratisches Handeln davon abhänge, das richtige Menschenbild zu haben? Ist es also eher eine Gesinnungsfrage?

Für unser tatsächliches Zusammenleben ist das Wichtigste, wie wir de facto heute schon zusammenleben – wir leben in einer Demokratie, die es ohne unsere Bereitschaft, sie zu tragen, nicht gäbe. Daran kann niemand ernsthaft zweifeln, es sei denn, die Menschen im Allgemeinen werden für fremdbestimmt, unmündig und manipuliert gehalten. Damit würde ihnen aber zugleich die Verantwortung für ihr Handeln abgesprochen. Hier täuschen sich manche über die Mehrheitsverhältnisse hinweg, wenn sie mit Berufung auf Meinungsumfragen glauben, die meisten Bürger seien gegen »Stuttgart 21«, die Rente mit 67 oder »Hartz IV«. Wo sind die Großdemonstrationen, wo sind die Mehrheiten, die dagegen sein sollen? Weshalb sieht man sie nicht oder kaum? Meist wird sich für eine Einschätzung der Lage auf Meinungsumfragen berufen, die jedoch gerade, weil sei nur Meinungen abfragen, zugleich unverbindlich sind. Meinungen sind keine Entscheidungen und keine handlungsleitenden Überzeugungen. Wie sehr haben in der Schweiz die Meinungsumfragen vor den erwähnten Volksabstimmungen ein anderes Bild gezeichnet als die Abstimmungsergebnisse. Was Menschen wirklich wollen, kann nur an Entscheidungen abgelesen oder in einer genauen Untersuchung der Überzeugungen, die für sie handlungsleitend sind,

bestimmt werden. Von daher könnten in Deutschland Volksabstimmungen sowohl Bodenhaftung als auch Klarheit verschaffen. Herausre-
den kann sich aus ihren Ergebnissen niemand.

Ein Menschenbild ist nicht Ausdruck unseres Handelns selbst, sondern resultiert daraus, wie wir unser Handeln deuten, aus dem Bild,
das wir uns davon machen. Es kann sich mit dem Handeln weitgehend decken, es kann ebenso weit davon abweichen. Jemand kann sich
für sehr liberal halten und ist tatsächlich dogmatisch – das erkennen
wir meist erst daran, wie er handelt. Gleichwohl ist ein Menschenbild folgenreich. Es trägt dazu bei, ob wir Handlungsmöglichkeiten,
die tatsächlich bestehen, als solche auch wahrnehmen, ob sie für uns
überhaupt als Möglichkeiten erscheinen oder wir sie erst gar nicht in
Betracht ziehen. Drastisch zum Vorschein kommt dies, wenn der viel-
beschworene ›kleine Mann‹ über sich selbst spricht und sagt, es bringe
nichts, sich einzumischen, da ohnehin keiner auf ihn höre. So macht
der kleine Mann sich selbst klein. Möglichkeiten sich zu engagieren
und Dinge zu verändern, gibt es immer – die Grundeinkommensdebatte
ist hierfür nur ein Beispiel unter vielen. Nichts geschieht von heute auf
morgen, da ist Beharrlichkeit erforderlich. Sicher, der Einzelne kann
alleine nicht viel ändern, das allerdings gehört zur Demokratie dazu:
sich zusammenzutun, ist immer nötig. Zu glauben, die eigene Stimme
als einzelne könne Gewicht haben, wäre vermessen.

Die BGE-Diskussion belegt eindrucksvoll, welche Wege der Entmündigung häufig vorzufinden sind: der eine führt über die elitäre, hoch-
mütige Haltung, den anderen Mündigkeit abzusprechen, was durchaus
auch im Gewand der Fürsorge geschieht. Hier ähneln die Einwände in
Deutschland gegen das BGE denen gegen Volksabstimmungen. In der
Schweiz allerdings, die Volksabstimmungen praktiziert, finden sich wiederum vergleichbare Einwände, was einem auf den ersten Blick nicht
einleuchten will.[3] Es ist eine Haltung, die der verwandt ist, welche
Zwangshilfe befürwortet und nicht gelten lassen will, dass sich jemand
dagegen ausspricht, Hilfe in Anspruch zu nehmen. Der andere Weg der
Entmündigung ist die Selbstentmündigung, in der es sich bequem leben
lässt, weil sie die Verantwortung für das Bestehende immer den anderen
zuschiebt.

Beide aber täuschen gleichermaßen darüber weg, dass heute in pri-
vaten wie in öffentlichen Angelegenheiten niemandem wesentliche Entscheidungen des Lebens abgenommen werden. Wie die Proteste gegen
»Stuttgart 21« und andere, viel kleinere und unauffälligere Bürgeriniti-
ativen zeigen, sind die Bürger aktiver und interessierter, als gemeinhin
behauptet wird – ja, als diese sogar selbst oft behaupten. Von diesem

3 Siehe »Einkommen ohne Grund«, S. 149 ff.

Ausgangspunkt tatsächlich stattfindenden Engagements und politischer Ordnung aus betrachtet, ist es zum BGE viel näher, als es scheint.

Freiheit statt, Freiheit zu, Freiheit durch Vollbeschäftigung?

»Freiheit statt Vollbeschäftigung«, mit diesem Slogan sind meine Mitstreiter und ich im Winter 2003 angetreten, um für ein Bedingungsloses Grundeinkommen öffentlich zu streiten. Immer wieder hat er seitdem Irritationen hervorgerufen und tut es immer noch. Manche werfen uns vor, wir trügen dazu bei, den Schmarotzer- oder Faulheitsvorwurf an die BGE-Befürworter zu fördern. Andere halten ihn gar für verhängnisvoll und sehen ihn in der Tradition marktliberaler Forderungen. Woher rührt die Aufregung, worum geht es in der Zuspitzung?

Zuerst einmal rückwärts. »Freiheit *durch* Vollbeschäftigung« – das ist so, als schaffe Erwerbsarbeit Freiheit. Beinahe klingt diese Variation wie die Umkehrung: »Vollbeschäftigung statt Freiheit«, wie Juliane Jaschik es einst auf den Punkt brachte. Was ist Vollbeschäftigung, was bezeichnet dieser terminus technicus, der sich nur auf Erwerbsarbeit bezieht? Nicht handelt er vom tätigen Menschen, darauf hat Wolfgang Strengmann-Kuhn (Strengmann-Kuhn 2008) hingewiesen. Vielmehr geht es um ein Modell, in dessen Zentrum das Gleichgewicht von Angebot und Nachfrage auf dem sogenannten Arbeitsmarkt steht. Erreicht ist es unter anderem dann, wenn es keine »unfreiwillige Arbeitslosigkeit« gibt. Ein Konzept voller Definitionen, die alle um Erwerbstätigkeit kreisen. Freiheit wird durch die Erwerbstätigkeitsbrille betrachtet. Freiheit *durch* Vollbeschäftigung wäre noch eine Verschärfung dessen, was wir mit den »Gesetzen für moderne Dienstleistungen am Arbeitsmarkt«, vulgo Hartz-Gesetze, bislang erlebt haben, weil es noch deutlicher machte, wer dieser Haltung zufolge Fundament unseres Gemeinwesens sein sollte: die Erwerbstätigen, nicht die Bürger. Nur durch Erwerbsarbeit gelangten sie zur Freiheit.

Auch die gefällig klingende Variation von Dieter Scholz, in der immerhin das freie Tätigsein erkennbar ist – »Freiheit durch selbstbestimmte Arbeit« (Neuendorff et al. 2009, S. 7) – lässt den Menschen erst durch Arbeit frei werden. Er ist es nicht schon um seiner selbst willen. Ein Rückschritt hinter unsere politische Ordnung wäre das, die von der Selbstbestimmung der Bürger ausgeht und sie zugleich herausfordert. Die Würde des Menschen ist eben nicht von Arbeit abhängig, zumindest nicht nach dem Verständnis unserer politischen Ordnung.

»Freiheit *zu* Vollbeschäftigung«, das käme der Sache schon näher, um die es mit dem BGE geht, wenn damit die Freiheit gemeint wäre,

sich mit dem voll und ganz beschäftigen zu können, das der Einzelne
für wichtig und richtig erachtet. Darauf jedoch bezieht sich Vollbeschäftigung als terminus technicus nicht. Für ihn zählt nur ein Gleichgewicht zwischen Angebot und Nachfrage am Arbeitsmarkt. Was aber,
wenn es ein Ungleichgewicht, sprich ein Über- oder ein Unterangebot
an Arbeitskraft gibt? Für dieses Konzept und die damit verbundene
Denkhaltung muss das zum Problem werden. Auch die Vorstellung von
»unfreiwilliger Arbeitslosigkeit«, die es nicht geben solle, suggeriert, ein
solcher Zustand sei vermeidbar. Doch, liefe eine Vermeidung um jeden
Preis nicht auf Arbeitsbeschaffung hinaus, die nicht mehr am Bedarf an
menschlicher Arbeitskraft und ihres Beitrags zu Wertschöpfung gemessen würde?

Wie schon angedeutet ist für ein Gemeinwesen jedoch etwas anderes
zentral: die Anerkennung der Bürger als Staatsbürger um ihrer selbst
willen, also die Anerkennung der politischen Vergemeinschaftung als
Selbstzweck. Genau aus diesem Grund werden die Bürgerrechte bedingungslos verliehen, weil wir zumindest im Handeln, wenn auch nicht im
Denken, uns darüber im Klaren sind, dass mit der Freiheit des Einzelnen
im Gemeinwesen alles beginnt und endet. Es sind gerade die Bürgerrechte, die vor obrigkeitsstaatlichen Übergriffen frei machen sollen für
eine Gemeinschaft in Gleichheit. Folgt nicht erst an zweiter Stelle die
andere Freiheit als Freiwilligkeit, die Freiheit, das zu tun, was man für
wichtig und richtig erachtet, also die Freiheit zur Tätigkeit? Bürger und
Gemeinwesen sind aufeinander verwiesen, die Bürger um ihrer und das
Gemeinwesen um seiner selbst willen.

Wenn das so ist, dann sind Freiheit und Tätigkeit nicht gleichwertig,
letztere folgt erst aus ersterer. Wird aber die Tätigkeit für wichtiger
erachtet, wie es unsere Sozialpolitik nicht nur in den letzten Jahren auszeichnet, dann treten Freiheit und Tätigkeit und erst recht Freiheit und
»Vollbeschäftigung« in Gegensatz. Sie müssen erst wieder in das ihnen
angemessene Verhältnis gebracht werden. Deshalb kann es um nichts
anderes gehen als um »Freiheit *statt* Vollbeschäftigung«.

Genau dieser Vorwurf, mit einer solchen Entgegensetzung den Gegnern eines BGE in die Hände zu spielen, ist immer wieder gegen den Slogan »Freiheit statt Vollbeschäftigung« vorgebracht werden. Er fördere
eine Vorstellung davon, mit dem BGE das süße Nichtstun ermöglichen
zu wollen. Von daher sei er für die Grundeinkommensdiskussion sogar
schädlich. Zu betonen, dass es genau darum nicht gehe, ist Ausdruck
einer Unsicherheit. Sie scheint der Grund, weshalb manche meinen,
dem Faulheitseinwand dürfe erst gar keine Angriffsfläche geboten
werden. Indem Befürworter aber etwas Selbstverständliches, jeden
Tag Beobachtbares meinen versichern zu müssen – dass die Menschen
sich in vielen Formen engagieren und nur deswegen ein Gemeinwesen

überhaupt bestehen könne –, bieten sie gerade eine Angriffsfläche. Das Selbstverständliche herausheben muss doch nur, wer ihm nicht ganz vertraut. So lässt man sich auf einen Einwand ein, dem gar keine Evidenz zukommt, der nur in Vorurteilen gründet. Wir begreifen uns zu wenig als politische Gemeinschaft von Bürgern und stattdessen vor allem als Gesellschaft von Erwerbstätigen – als ›Arbeitsgesellschaft‹ eben. Da liegt das Problem.

Von der Arbeits- zur Tätigkeitsgesellschaft?

Wo über das Bedingungslose Grundeinkommen diskutiert wird, ist das Schlagwort von einer Tätigkeitsgesellschaft nicht weit. Einige sehen im Grundeinkommen die Chance, die Erwerbszentrierung der ›Arbeitsgesellschaft‹ zu überwinden. Endlich könnte die Vielfalt an Tätigkeiten, von denen ein Gemeinwesen zehrt und die deswegen unerlässlich ist, Anerkennung finden. Überhaupt ist viel vom Tätigsein die Rede, zu der das BGE befreie. Wohin der Mensch ohnehin dränge, dazu müsse er nicht genötigt werden. Dabei ist oft nicht klar, was das eine – das BGE – mit dem anderen – dem Tätigsein – zu tun hat, ob die Vorstellung von einer Tätigkeitsgesellschaft überhaupt hilfreich oder nicht eher missverständlich ist. In seiner Stoßrichtung kann die Verknüpfung beider Komplexe der Diskussion gar einen Bärendienst erweisen, denn seine Bedeutung gewinnt das BGE gerade vor dem Hintergrund, das Selbstverständnis der ›Arbeitsgesellschaft‹ überwinden zu wollen. Von der Verknüpfung des BGE mit der Tätigkeitsgesellschaft auszugehen, führt alsbald zum Konzept eines Participation Income (Atkinson 1996) oder einem Gemeinwesendienst. Eine neue Bedingung zeigt sich da, das Tätigsein. Erst wo der Einzelne tätig würde, wäre er zu einem Grund- oder Mindesteinkommen berechtigt. Damit würden zwar die Bezugskriterien im Vergleich zu heute ausgeweitet, dadurch die Vielfalt an Tätigkeitsformen womöglich gefördert. Doch zugleich würde das Kriterium, tätig sein zu müssen, noch mehr Bedeutung erhalten – ein Abschied von heutigen Prinzipien der Sozialpolitik würde nicht vollzogen.

Von einer Tätigkeitsgesellschaft zu sprechen kann so durchaus als vorauseilende Antwort auf die Kritiker des BGE verstanden werden. So würde dem Einwand begegnet, das BGE trage dazu bei, dem untätigen Müßiggang zu frönen. Nein, so sei es nicht, es befreie zum Tätigsein. Genau dieser Vorwurf, den Gegnern eines BGE in die Hände zu spielen, ist immer wieder gegen den Slogan »Freiheit statt Vollbeschäftigung« vorgebracht worden. Er fördere eine Vorstellung davon, mit dem BGE das süße Nichtstun ermöglichen zu wollen. Von daher sei er für die Grundeinkommensdiskussion sogar schädlich. Zu betonen, dass es darum, um den untätigen Müßiggang, nicht gehe, ist also auch Ausdruck einer Unsicherheit. Sie scheint der Grund, weshalb manche BGE-Befürworter meinen, dem Faulheitseinwand dürfe erst gar keine Angriffsfläche geboten werden. Wer indes das Schlagwort von der Tätigkeitsgesellschaft bemüht, muss sich darüber im Klaren sein, dass er dann mehr will, als die gegenwärtige politische Ordnung verlangt. Sie setzt lediglich die Bereitschaft und den Willen der Bürger voraus, sich einzubringen, und kann ihn zugleich selbst nicht herstellen. Wo es an Engagement mangelt, bleibt in einer Demokratie nur der Weg, über eine öffentliche Diskussion einen Austausch darüber in Gang zu setzen, vor welchen Herausforderungen das Gemeinwesen steht und dass sie bewältigt werden müssen. Mehr Handhabe in diesen Angelegenheiten räumen wir aber auch heute dem Gemeinwesen gegenüber dem Individuum nicht ein.

Wie tief die Vorstellung verwurzelt ist, das Tätigsein sei entscheidend, lässt sich sogar bei einem Denker wie Ralf Dahrendorf ausmachen, der dem Grundeinkommen einst den Status eines »konstitutionellen Anrechts« zuerkannte, also eines Anrechts, das keine Gegenleistungsbedingung kennt. Dahrendorf äußerte sich zu Grundeinkommen und freiem Tätigsein schon 1986 und schrieb folgendes (Dahrendorf 1986, S. 132 f.):

> »... In der Tat hat ja die Erwerbsarbeit längst jene zentrale Stellung im Leben der meisten Menschen verloren, die die Rede von der Arbeitsgesellschaft rechtfertigte. Aus gutem Grund liegt etwas Schrilles in der unternehmerisch-gewerkschaftlichen Forderung, die Bedeutung der Erwerbsarbeit nur ja nicht geringzuschätzen. Das liegt quer zu den Entwicklungen eines Jahrhunderts, in dem im Namen der Erleichterung der Arbeit, auch der Befreiung von (»falscher«) Arbeit, das »Reich der Freiheit« ständig ausgeweitet worden ist. Wir stehen möglicherweise an der Schwelle zu einer Gesellschaft, in der Erwerbsarbeit gegenüber Formen der freien Tätigkeit zurücktritt, in diesem Sinne am Ende der Arbeitsgesellschaft und am Beginn von so etwas wie der Tätigkeitsgesellschaft. Aber nur sehr privilegierte Gruppen – zum Beispiel mittelständische Jungakademiker mit Beamtenrechten – können aus dieser Tendenz so weitreichende Folgerungen ziehen wie sie zuweilen erörtert werden, also etwa behaupten, die Zeit sei gekommen, Arbeit und Einkommen grundsätzlich zu entkoppeln. Weniger Privilegierte wissen, daß Beruf und Erwerbsarbeit in mehrfacher Hinsicht unentbehrliche Elemente des sozialen Lebens geblieben sind ...«

Dahrendorfs Ausführungen sind bemerkenswert in zweierlei Hinsicht. Zum einen lassen sie erkennen, wie weit die Diskussion zurückreicht, die mit dem Bedingungslosen Grundeinkommen aufgegriffen wurde und weitergetrieben wird. Zum anderen allerdings können sie als Beleg dafür genommen werden, wie ungenau, wenn nicht gar missverständlich argumentiert wurde und noch heute wird. In seiner Einschätzung der Stellung von Erwerbstätigkeit wirft er zwei Aspekte zusammen, die getrennt betrachtet und gewichtet werden müssen.

Auf der einen Seite geht es vor allem um die tatsächliche und weiterhin mögliche Rückgewinnung von Lebenszeit durch die Nutzung von Automatisierungstechnologie. Ein Ende ist hier nicht abzusehen. Steigende Produktivität erlaubt, mehr Güter mit weniger menschlicher Arbeitskraft zu erzeugen. Das drückt sich durchaus im auf lange Sicht stetig gesunkenen Arbeitsvolumen in Jahresstunden aus (Datenreport 2011, S. 99; Statistisches Bundesamt 2011, S. 849 ff., Schildt 2006, 2008), wenngleich die Befunde Gegenstand von Diskussionen darum sind, was sie bedeuten.[4] Wenn Dahrendorf hierauf bezogen davon spricht, dass Erwerbstätigkeit nicht mehr im Zentrum stehe, deswegen die Arbeitsgesellschaft ihrem Ende entgegengehe und von einer Tätigkeitsgesellschaft abgelöst werde, trifft diese Beobachtung einen wichtigen Aspekt der Situation. Für das Jahr 2001/02 gibt das Statistische Bundesamt ein Verhältnis von Stunden in Erwerbsarbeit zu unbezahlter Arbeit von 56 zu 96 Mrd. an (Statistisches Bundesamt 2003, S. 11).

Auf der anderen Seite sagt weder der normative Stellenwert von Erwerbstätigkeit, noch der Umfang darin verbrachter Zeit etwas über die Stellung von Erwerbstätigen und Bürgern in einem Gemeinwesen aus. Der Status, Bürger zu sein, bestimmt sich gerade nicht anhand von Erwerbstätigkeit, er ist davon in keiner Weise abhängig. Durch Erwerbslosigkeit verliert man ihn nicht – ganz anders sieht das für das Erwerbsverhältnis aus. Staatsbürger ist bzw. wird man, ohne spezifische Leistungen erbracht zu haben oder erbringen zu müssen, der Status ist nicht leistungsabhängig. Darin besteht seine Verwandtschaft mit der Bedingungslosigkeit eines Grundeinkommens, das an keine Gegenleistung gebunden sein soll. Dahrendorf, der zu den wenigen gehört, die die Bedeutung des Bürgerstatus für moderne Demokratien deutlich erkannt haben, überrascht in der hier zitierten Passage durch einen verengten Blick. Die außerordentliche Bedeutung, die er Erwerbsarbeit zumisst, steht durchaus im Widerspruch zur politischen Dimension des Gemeinwesens oder anders ausgedrückt: Der Erwerbstätige bestreitet dem Staatsbürger seine Vorrangstellung – zumindest hinsichtlich des Selbstbildes, das unser Gemeinwesen von sich hat. Wenn Dahrendorf schreibt, Erwerbsarbeit sei ein »unentbehrliche[s] Element des sozialen Lebens geblieben«, dann wäre zu fragen, was damit genau gemeint ist. So bedeutsam Erwerbsarbeit ist, ihre Stellung ist mit der des Staatsbür-

4 Siehe »Geht der Gesellschaft die Arbeit aus?«, S. 147 ff.

gers nicht zu vergleichen. Sie ist zwar unentbehrlich, weil sie zur Wertschöpfung beiträgt, doch keineswegs gehört sie zu den »Elementen«, die ein Gemeinwesen als solches auszeichnen. Das BGE sorgte nun für eine Relativierung von Erwerbstätigkeit, indem es am Status und nicht an Leistung ausgerichtet ist. Es räumt dadurch der Anerkennung des Bürgers um seiner selbst willen den Platz ein, der ihr gebührt: Wie er Zweck um seiner selbst willen ist, so ist es das Gemeinwesen. Der Bürger ist Zweck in sich selbst; und das Gemeinwesen ist Zweck in sich selbst. Beide sind ohne einander nicht denkbar, konstituieren sich aus einander. Der Bürger kann nicht umhin, sein Gemeinwesen als Gemeinwesen zu realisieren, indem er sich als Bürger realisiert; das Gemeinwesen kann nicht umhin, seine Bürger als Bürger zu realisieren, indem es sich als Gemeinwesen realisiert.[5] Das Gemeinwesen als Arbeitsgesellschaft zu bezeichnen geht schon lange an diesen grundlegenden Verhältnissen vorbei, verkehrt sie geradezu. Daraus würde eine Aufwertung oder Umwertung zur Tätigkeitsgesellschaft keinen Ausweg weisen.

Dahrendorf fährt fort:

> »… Es ist uns noch kein anderer Weg eingefallen, um die Wohlfahrtschancen einer entwickelten Gesellschaft und ihre (notwendige?) Differenzierung zu gewährleisten als der über Arbeitseinkommen. Das gilt übrigens noch für die Umverteilungselemente der Wohlfahrt, also die Lohnnebenkosten und den Sozialstaat.«

Nun, das BGE ist solch ein alternativer Weg, der Einkommen aus Erwerbstätigkeit nicht abschaffen will, jedoch Einkommen und Erwerbstätigkeit in ein anderes Verhältnis setzt. Ein BGE vermindert die Differenzierungsmöglichkeiten nicht, es erhöht sie, weil es mit einem BGE einfacher würde, einer Berufung zu folgen, da sie nicht sogleich in einen Beruf führen müsste. Zugleich würden die Chancen dafür besser, den Beruf zu finden, der zu einem passte, weil keine ängstlichen, vorschnellen Entscheidungen in dieser Hinsicht getroffen werden müssten. Mit einem BGE stiegen – nicht sänken – die »Wohlfahrtschancen«. Weiter heißt es:

> »… Es ist uns auch noch keine andere Basis für das Selbstbild und Selbstbewußtsein von Menschen eingefallen als die Berufsposition. Nicht zufällig wird noch die Emanzipation von Frauen an ihr festgemacht. Und wo es Ansätze zu anderen Pflöcken für das Selbstbild gibt - etwa sportliche Leistungen oder Errungenschaften der Freizeittätigkeit - haben diese meist eine verdächtige Ähnlichkeit mit der Arbeit …«

5 Diese klärende Formulierung verdanke ich Thomas Loer. Siehe auch Loer 2009.

Immerhin – im Unterschied zu anderen, die die Arbeitsgesellschaft wie eine anthropologische Konstante behandeln (z.B. Butterwegge 2013, Eichhorst 2013) – räumt Dahrendorf ein, dass »uns ... noch« keine Alternative eingefallen sei. Dabei verweist er in seinem Beitrag selbst auf eine, in dem er das Grundeinkommen als konstitutionelles Anrecht begreift, als Anrecht der Bürger in einem demokratischen Gemeinwesen. Um diesen Gedanken weiterzuführen hätte er nur noch darlegen müssen, dass die Bürger als Staatsbürger das legitimatorische Fundament der Demokratie sind, gerade dadurch gäbe es eine andere Basis für das Selbstbild eines Gemeinwesens, die dann dazu führte, die Stellung von Erwerbstätigkeit zu relativeren. Wie stark das Selbstverständnis, eine Arbeitsgesellschaft zu sein, war und ist, zeigt sich gerade an Dahrendorfs Text, der immerhin die Perspektive auf das Gemeinwesen schon eröffnet. Wir müssen sogar sagen, dass nur durch den Status des Staatsbürgers das Gemeinwesen zu einem Ort bedingungsloser Anerkennung wird. Gerade die Stellung der Staatsbürger ist eine bedingungslos geltende, darin besteht die Geistesverwandtschaft zum BGE. Während heute Berufung und Erwerb zusammenfallen, zusammenfallen müssen, würde ein BGE gerade den Unterschied wieder deutlich herausheben, dass Berufung eine eigenständige Dimension der Handlungsmotivierung ist, die zwar in einen Beruf, ergo Erwerbstätigkeit, führen kann, aber nicht notwendig darin ihre Verwirklichung finden muss. Heute hingegen führt kein Weg daran vorbei, die Berufung in irgendeine Form von Erwerbstätigkeit zu verwandeln.

> »... Es ist uns vor allem noch nicht gelungen, andere Prinzipien für die Strukturierung des Zeithaushalts von Menschen zu finden als die der Erwerbsarbeit. Wenn der Fixpunkt der Berufsarbeit fehlt, wissen Menschen oft nicht, woran sie ihren Tages-, Wochen-, Jahresplan festmachen sollen (am Fernsehprogramm?).«

Wieder wirft er Erwerb und Berufung zusammen, das ist jedoch ein Ergebnis der Verengung von Berufung auf Erwerbstätigkeit, die ein BGE gerade aufheben könnte. Einer Aufgabe nachzugehen, die einen fasziniert und interessiert, wäre mit einem BGE ohne Erwerbstätigkeit möglich. Eine »Zeitstruktur«, ganz abgesehen, ob die Sorge darum begründet ist, wäre damit sehr wohl gegeben – durch die Sache selbst. Wie überall, wo Arbeitsteilung und Zusammenarbeit mit anderen erfolgt – das dürfte jedem geläufig sein, der sich bürgerschaftlich engagiert –, bedarf es der Organisation, der Abstimmung und der Verlässlichkeit.

Wie ist es möglich, dass ein so differenzierter Denker, der wichtige Argumente für ein BGE vorbringt, seine weitreichenden Auswirkungen nicht erkennt? Liegt der Grund für das Durcheinanderwerfen unterschiedlicher Aspekte womöglich darin, dass Dahrendorf letztlich die

Anerkennung des Einzelnen nicht unabhängig vom Tätigsein denken kann und aufgrund der Vorrangstellung von Erwerbstätigkeit dazu auch keine Alternative erkennt? Wer diese Verknüpfung für selbstverständlich und nicht überwindbar hält, muss am BGE zumindest zweifeln oder ihm gegenüber skeptisch sein – so sind wohl seine Bemerkungen zu Beginn des langen Zitats zu verstehen. Dasselbe Bild zeigt die anhaltende Debatte über Grundeinkommen in Gestalt der Einwände dagegen. Dabei läge eine andere Betrachtung auf der Hand. Sie drängt sich indes erst auf, wenn der Blick auf die Stellung der Bürger in der politischen Ordnung und damit auf das Fundament des demokratischen Gemeinwesens gerichtet wird. Erst dort zeigt sich das vermeintlich Undenkbare als selbstverständlich Gegebenes, dessen wir offenbar nicht gewahr sind: die bedingungslose Anerkennung der Bürger als Souverän, wie sie in der bedingungslosen Verleihung der Staatsbürgerschaft zum Ausdruck kommt. An dieser Leerstelle, dem blinden Fleck unseres Selbstverständnisses, wird umso deutlicher, wie sehr unser sozialstaatliches Gefüge – samt aller gängigen Vorurteile – dieser bedingungslosen Anerkennung des Souveräns entgegensteht. Wir leben also in einem Widerspruch, den gerade ein BGE überwinden helfen könnte.

Sich beteiligen oder beteiligt werden?
Friedhelm Hengsbach über Gerechtigkeit und
Bedingungsloses Grundeinkommen

Friedhelm Hengsbach, bekannter Streiter für soziale Gerechtigkeit in Deutschland, vertrat in einem Interview auf *heute.de* (Hengsbach 2013) die These, die »Mehrheit der Menschen in Deutschland« lebe unter ihren Verhältnissen. Vom Bedingungslosen Grundeinkommen hält er nichts, warum eigentlich? Seine Antwort ist verwunderlich und bezeichnend:

> »…heute.de: Wäre das bedingungslose Grundeinkommen ein Weg zu mehr Gerechtigkeit?
>
> Hengsbach: Ich bin kein Anhänger davon. Die Mehrheit der Menschen in Deutschland lebt unter ihren Verhältnissen. Es geht dabei nicht nur um materielle Güter, sondern um vitale Bedürfnisse, die nicht befriedigt sind: Gelingende Partnerschaften, den Kinderwunsch sich frühzeitig zu erfüllen und nicht erst, wenn die Karriere so weit fortgeschritten ist, dass er sich erübrigt. In einer natürlichen Umwelt zu leben, die nicht krank macht. Vor allem: Autonomie über die eigene Zeit wieder zu gewinnen für sich, für Kinder, füreinander…«

Es ist kein Argument gegen das BGE zu erkennen. Hengsbach reduziert die Befürwortung auf Anhängerschaft, als handele es sich um ein sektenähnliches Phänomen. Dann zählt er unbefriedigte Bedürfnisse der Menschen auf, die alle Grund genug wären, ein BGE zu befürworten, das mehr Selbstbestimmung ermöglichte, ohne in eine Richtung zu leiten, wie diese Selbstbestimmung zu füllen wäre. Doch, weit gefehlt. Hengsbach – so kann seine Äußerung gelesen werden – reduziert das BGE auf Geld. Das ist es zwar, Geld ist aber kein Selbstzweck, sondern ermöglicht Tausch, es ist ein Ermöglichungsmittel. Nicht das Geld ist der Zweck, es sind die Freiräume, die der Einzelne dadurch gewinnen könnte, weil sein Auskommen nicht mehr von einer bestimmten Tätigkeitsform abhinge. Ein BGE würde den Einzelnen stärken, ohne individualistisch zu sein, es wäre gemeinschaftsfördernd, ohne kollektivistisch zu sein. Es verbindet zwei Momente, die dadurch wiederum klar werden: Freiheit des Einzelnen bedeutet zugleich Anerkennung seiner Abhängigkeit von anderen. Ein starkes Individuum kann es ohne Gemeinwesen nicht geben, dasselbe gilt umgekehrt. Hengsbach sieht diese Zusammenhänge offenbar nicht. Klar ist ihm sicher, dass die von ihm aufgezählten Bedürfnisse in keiner Form von anderen als denjenigen, die sie haben, befriedigt werden können. Dazu brauchen sie Möglichkeiten, es unter besseren Bedingungen tun zu können als bislang.

Im Schluss derselben Äußerung wird deutlich, weshalb das BGE nicht in Frage kommt:

> »…Dies kann nur gelingen, wenn möglichst viele an zusätzlicher, gesellschaftlich organisierter Arbeit beteiligt werden…«

Nicht das Schaffen von Freiräumen ist für ihn entscheidend, sondern die Hinführung zu einem bestimmten Zweck: »gesellschaftlich organisierter Arbeit«. »Beteiligt [zu] werden« ist etwas anderes, als die Möglichkeiten zu haben, sich zu beteiligen. Hengsbach hebt die passivische Form hervor, was letztlich heißt, die Gesellschaft soll die Menschen beteiligen. Und wenn sie diese Arbeit nicht wollen, was dann? Wenn sie es für wichtiger erachten, ihre Angehörigen zu pflegen, für ihre Kinder zuhause zu sein? Was sieht er da vor? Werden diese Personen, die ja sich dem Beteiligtwerden verweigern, sanktioniert? Es reicht ihm offenbar nicht, Möglichkeiten zu schaffen, wodurch er – vermutlich wider Willen und entgegen seiner Absicht – in die Nähe der Sozialpolitik gerät, die wir heute haben.

Vor einigen Jahren stand Friedhelm Hengsbach dem BGE noch wohlwollend gegenüber und befürwortete es, allerdings mit einer besonderen Begründung:

»…Wenn, wie in Deutschland gegenwärtig, Arbeitslose diskriminiert und in pathologische Arbeitsverhältnisse wie Mini-Jobs oder Ein-Euro-Jobs gedrängt werden, ist das bedingungslose Grundeinkommen die Sicherung des Grundrechtes jedes Bürgers, eine Arbeit auch ablehnen zu können. 80 Prozent der Arbeitsplätze sind schlechte Arbeit…« (Hengsbach 2007)

Das klingt ganz anders. Doch, es geht ihm eben nicht um die Aufhebung der Erwerbsverpflichtung bzw. um die Aufhebung einer allgemeinen Arbeitsverpflichtung, es geht ihm lediglich um ein Abwehrrecht gegen eine bestimmte Form oder Ausformung dieser Verpflichtung. Damit wäre zumindest die obige Deutung erhärtet, dass gesellschaftlich organisierte Arbeit für ihn einen zentralen Wert bildet. Verwunderlich wiederum ist eine andere Passage aus einem weiteren Interview:

»…Hengsbach: Wenn das Grundeinkommen die unwürdigen Hartz-IV-Regelungen abschafft oder ersetzt, bin ich dafür. Aber ich sehe nicht ein, dass Höherverdienende und Vermögende auch noch ein bedingungsloses Grundeinkommen beanspruchen können…« (Hengsbach 2011)

Wie andere sieht auch er nicht, dass der existierende Grundfreibetrag in der Einkommensteuer doch den geschmähten Höherverdienenden ebenso zusteht. Darüber verliert er kein Wort. Dieser Grundfreibetrag leitet sich davon her, dass das Gemeinwesen die Existenzsicherung zu gewährleisten hat, und zwar allen. Aus Hengsbachs Einschätzung ergibt sich kein Argument gegen ein BGE, es sei denn, er wollte den Grundfreibetrag nur bedingt gelten lassen – das wäre ja ein Rückschritt hinter heutige Verhältnisse. Die Konsequenz aus seiner Haltung ist: lieber die heute stigmatisierenden, weil von Erwerbstätigkeit abgeleiteten Sicherungsleistungen beibehalten, als den »Höherverdienenden« das geben, was allen zustehen soll. Wer das fordert, hält zugleich an der Degradierung derer fest, die ihre Erfüllung nicht in Erwerbstätigkeit sehen. Er hält daran fest, statt einer Bürgergemeinschaft eine Erwerbstätigengesellschaft haben zu wollen.

Bedingungsloses Grundeinkommen und
direkte Demokratie

»Wo kämen wir dahin?« oder »Sicher nöd« – in der Schweiz können Reaktionen auf die Idee eines Bedingungslosen Grundeinkommens durchaus ähnlich entschieden sein wie in Deutschland. Gerade die jüngst veröffentlichte »Grußbotschaft« des Schweizer Bundesrats (Bundesrat 2014) an die Initianten der Eidgenössischen Volksinitiative

»Für ein bedingungsloses Grundeinkommen« (Eidgenössische Volksinitiative 2012) macht dies deutlich. In dieser Hinsicht sind die Gemeinsamkeiten beider Länder groß; in anderer sind sie klein. Wer in unserem Land angesichts eines solchen Vorschlages skeptisch ob seiner Folgen wäre, würde wohl eher nicht dazu beitragen, dass es dennoch zu einer Volksabstimmung – sofern die Möglichkeit dazu bestünde – käme. In der Schweiz hingegen habe ich es selbst erlebt, dass beim Sammeln von Unterschriften für die besagte Eidgenössische Volksinitiative selbst jemand, der skeptisch – nicht ablehnend – ist, es dennoch dem Volk überlassen will, wie es dazu steht – und die Volksinitiative unterstützt.

Sicher, wer skeptisch ist, vertraut darauf, dass andere es womöglich ebenso so sehen. Durch die Unterstützung der Volksinitiative per Unterschrift setzt er sich jedoch der Möglichkeit aus, dass sie in der Abstimmung eine Mehrheit findet. Er lässt sich also darauf ein, dass andere es anders sehen mögen und bringt damit zum Ausdruck, die Folgen dennoch tragen zu wollen. Darin bekundet sich unmittelbar Solidarität. Schon das Sammeln von Unterschriften durch die Initianten, das Werben für eine Alternative bei den Bürgern – gesammelt wird auf der Straße – setzt eine Offenheit voraus, allen als Bürgern und damit möglichen Unterstützern zu begegnen. Demokratie wird so auf einfache Weise erfahrbar und lebendig. Durch das Initiativrecht, Volksinitiativen lancieren zu dürfen, können die Bürger Fragen und Vorschläge auf die öffentliche Agenda setzen. In Deutschland hingegen geht das in dieser Form nicht, nur auf Landes- und Kommunalebene gibt es direktdemokratische Elemente, allerdings in bescheidener Form (Mehr Demokratie e.V. 2014). Das in Deutschland geltende Petitionsrecht auf Bundesebene (Deutscher Bundestag Petitionen 2014) hingegen wird in seiner Unverbindlichkeit womöglich nur durch die Europäische Bürgerinitiative (Europäische Bürgerinitiative 2014) übertroffen. Also, müssen, will man etwas erreichen, Umwege genommen werden. Es bleibt, soll ein Thema auf die öffentliche Agenda gelangen, nur ein Weg offen: beharrliche Demonstrationen.

Es wäre vermessen, die direkte Demokratie zu überschätzen – unterschätzt werden sollte sie allerdings auch nicht und das zeigt sich bei Entscheidungen über Volksinitiativen, die in Deutschland besonders heftig kommentiert wurden wie die »Gegen den Bau von Minaretten« (Minarett 2009) und »Gegen Masseneinwanderung« (Masseneinwanderung 2014). Die Minarett-Initiative spielte auf der Klaviatur der Vorurteile, das steht außer Frage. Dass sie angenommen wurde, ist einigen aufgestoßen und hat viele überrascht. Verboten wurde nur der Neubau von Minaretten, nicht das Ausüben der Religion und auch nicht der Bau von Moscheen. In Deutschland wurde diese Entscheidung nicht selten als Beleg dafür angeführt, welche Gefahr von der direkten Demokratie ausgehe. Ein solches Urteil läuft allerdings darauf hinaus, direkte Demokratie nur haben zu wollen, wenn der Ausgang einer Abstimmung genehm ist. Resultate nur anzuerkennen, wenn sie einem genehm sind, würde dem Geist der Demokratie zuwiderlaufen. Gerade unangenehme Entscheidungen bieten die Chance, auf etwas aufmerksam zu werden, das für vernachlässigenswert gehalten wurde – das war in der Schweiz der Fall. Die Annahme der Volksinitiative kann insofern als Auftrag gelesen werden, dass Bundesrat, Nationalparlament und Parteien sich mit Ängsten, Vorbehalten und Einwänden – aus welchen Gründen sie immer bestehen mögen – auseinandersetzen, sie nicht übergehen. Sie sind wirklich, haben sich in der Abstimmung Ausdruck verschafft – ganz im Unterschied zu den unverbindlichen Meinungsumfragen, auf die sich in deutschen Diskussionen allzu oft bezogen wird. Volksabstimmungen sind ein »scharfes Schwert«, wie der Politikwissenschaftler Manfred G. Schmidt (Schmidt 2010, siehe auch Schmidt 2011) einst feststellte. Sie schaffen Entscheidungen statt Meinungsbekundungen. Entscheidungen beinhalten Verantwortung für ein Handeln, Meinungsbekundungen nicht.

Was hat dies alles nun mit dem Bedingungslosen Grundeinkommen zu tun?

Nicht selten wird die Idee mit dem vermeintlichen »Ende der Arbeit«[6] in Verbindung gebracht. Als Indikator dafür wird das über einen langen Zeitraum betrachtet sinkende Arbeitsvolumen in Deutschland herangezogen. Auch relativ hohe Arbeitslosigkeit und die Vermeidung von Armut werden als Begründungen für ein BGE angeführt. Weniger häufig, wenn nicht gar selten wird auf die Geistesverwandtschaft von Demokratie und Bedingungslosem Grundeinkommen hingewiesen. Sie bietet die weitreichendste Herleitung für ein BGE, demgegenüber sich die anderen als Nebenschauplätze erweisen oder sich gar gegen das BGE richten können.

Worin besteht die Geistesverwandtschaft? In der politischen Vergemeinschaftung des Nationalstaats, um einmal die gegenwärtig weitreichendste Gestalt der Demokratie heranzuziehen, gibt es nur zwei soziale Positionen oder Orte, in denen Menschen um ihrer selbst willen involviert sind: in Familie und Gemeinwesen. In beiden gilt ihre Angehörigkeit bedingungslos, weder werden Leistungen dafür vorausgesetzt, noch werden bei Nicht-Erbringung von Leistungen Angehörige aus diesen Positionen »entlassen«. Sie können gar nicht entlassen werden, das würde einem Prinzip republikanischer Demokratien widersprechen: der bedingungslosen Verleihung der Bürgerrechte an die Staatsbürger. Gemeinwesen sind auf die Loyalität ihrer Bürger, auf ihre Bereitschaft,

6 Siehe auch »Geht der Gesellschaft die Arbeit aus?«, S. 147 ff.

sich einzubringen, angewiesen. Ohne die Bürger geht gar nichts, um es salopp auszudrücken. Sie sind es, die dafür Sorge tragen, parlamentarische Entscheidungen in ihre Lebensführung aufzunehmen und so die politische Ordnung zu tragen – Entscheidungen also praktisch wirksam werden zu lassen. Was spektakulär oder pathetisch klingen mag, ist ein trivialer Zusammenhang, der ganz selbstverständlich tagtäglich praktiziert wird. Genau darin liegt der Grund für die bedingungslose Verleihung der Bürgerrechte. Ernest Renan hat nicht von ungefähr die Existenz einer Nation als ein tägliches Plebiszit bezeichnet (Renan 2003 [1993]). Diese Abhängigkeit des Gemeinwesens von seinen Bürgern und ihrer Loyalität ist nicht aus dem Weg zu räumen, ohne die Grundfesten der Demokratie zu erschüttern. Loyalität zum Gemeinwesen wie Solidarität der Bürger sind Voraussetzungen des Bestehens – in beide muss ein Gemeinwesen vertrauen. Dass sie jeweils eine konkrete Gestalt haben, das unterscheidet sie voneinander, wie z.B. das Selbstverständnis als Gemeinwesen in der Schweiz und in Deutschland.

Was hätte nun ein BGE zur Folge, der Sache nach, ganz gleich, wie die dadurch entstehenden Möglichkeiten genutzt würden? Vor dem Hintergrund der gegenwärtigen Verfasstheit der politischen Ordnung würde es lediglich die Konsequenz aus dem Bestehenden ziehen und seine Basis stärken: die Vergemeinschaftung der Bürger, auf die heute schon vertraut werden muss. Allerdings, und da erweist sich der kleine Schritt als großer, rüttelt genau dies am vorherrschenden Selbstverständnis als Gemeinwesen. Denn bisher gilt – in der Schweiz trotz direkter Demokratie ebenso –, dass der Legitimationszusammenhang zwischen Demokratie und Bürgerstatus nicht in der Gestaltung der Einkommensbildung zum Ausdruck kommt.

Bislang gilt: Kein legitimes Einkommen ohne Erwerbstätigkeit. Erwerbstätigkeit hat den Rang eines Gebots, das an erster Stelle steht, vor allem anderen Engagement, sei es in Familie oder Gemeinwesen. Ohne Einkommen aber gerät gar die Wahrnehmung der Bürgerrechte in Bedrängnis, da die »Rückkehr« in den Arbeitsmarkt erklärtes Ziel der meisten Leistungen sozialer Sicherung ist. Wo dies nicht der Fall ist, orientieren sie sich am Erwerbsideal. Instrument, um die Orientierung an diesem Ziel durchzusetzen, ist der Sanktionsapparat nach dem Sozialgesetzbuch, meist unter der Populärbezeichnung »Hartz IV« verhandelt. Mit einem BGE als eigenständiger Einkommensquelle von der Wiege bis zur Bahre, für jeden Staatsbürger und Personen mit Aufenthaltsbewilligung, würde genau dasjenige gestärkt, was die Grundfesten der Demokratie ausmacht: die Souveränität der Bürger im Gemeinwesen. Es würde ausdrücklich anerkannt, dass Wohl und Wehe eines Gemeinwesens davon abhängen, die Bürger als Bürger in ihrer fundamentalen Bedeutung anzuerkennen und ihnen es so erleichtern, sich einzumischen.

So würde durch ein BGE der Pluralität des Interessenstreits, der für die Demokratie konstitutiv ist, eine Pluralität der Lebensentwürfe an die Seite treten können, deren Wertigkeit sich nicht mehr an Erwerbstätigkeit bestimmen würde. Was die Bürger daraus machten, wäre ihnen überlassen. Die Verantwortung hätten sie in jedem Fall zu tragen.

Die Schweizer Volksinitiative, über die vermutlich in 2016 abgestimmt werden wird, zeigt, trotz starker Einwände gegen ein BGE, was möglich ist, wenn die Stellung der Bürger ernst genommen wird. Statt unverbindliche und demokratieschwächende Bürgerbeteiligungen als letzten Schrei der »Partizipation« oder »Mitbestimmung« zu feiern, wäre es an der Zeit, dem Souverän mehr Möglichkeiten dazu zu verschaffen, seinen Willen zu artikulieren, und zwar verbindlich. BGE und direkte Demokratie können von daher als Geschwister im Geiste betrachtet werden.

Freiheit und Selbstbestimmung oder bevormundende Integration? Zu Julian Nida-Rümelin

Auch wenn die Überlegungen, die Julian Nida-Rümelin, Professor für Philosophie an der Ludwig-Maximilians-Universität München, in einem Beitrag für die Frankfurter Rundschau anstellte, schon einige Jahre zurückliegen – sie könnten von gestern stammen. Er verteidigt mit seinem Plädoyer für »Integration statt Ausstieg« (Nida-Rümelin 2008) die Arbeitsgesellschaft, eine Bezeichnung, die auf einen ungeklärten Widerspruch verweist, auf den zwischen der Stellung der Erwerbstätigen und der Stellung der Bürger in einem Gemeinwesen.

Doch, von Anfang an. Einige Missverständnisse geistern durch Nida-Rümelins Beitrag. So stellt er in guter alter Manier das Reich der Freiheit dem Reich der Notwendigkeit gegenüber. Wo es keiner Erwerbsarbeit mehr bedürfe, wie im Reich der Freiheit, könne der Einzelne sich anderen Dingen widmen. Doch diese Behauptung, dass es keiner Erwerbsarbeit mehr bedürfe, stammt von Nida-Rümelin selbst und manchen, aber nicht allen BGE-Befürwortern. Der Rückgang des Arbeitsvolumens in den letzten Jahrzehnten ist für Deutschland zwar gut belegt (Datenreport 2011, S. 99; Statistisches Bundesamt 2011, S. 849 ff., Schildt 2006, 2008), auch in den USA wird darüber wieder debattiert (Krugman 2013, McAfee 2013). Damit wird allerdings lediglich festgestellt, dass der Aufwand zur Herstellung von Gütern und Diensten abgenommen hat. Es ergibt sich für manche aus dieser Feststellung die Frage, angesichts der nach wie vor deutlichen Arbeitslosenzahlen in Deutschland, wie mit diesen Entwicklungen umgegangen werden soll. Das BGE macht einen Vorschlag, der ganz unabhängig davon ist, wie der Bedarf an menschlicher Arbeitskraft sich zukünftig darstellen wird. Ein BGE ist nämlich primär keine Antwort auf die Lage am ›Arbeitsmarkt‹, sie könnte ebenso mit öffentlicher Beschäftigung verbessert werden. Das BGE hingegen fragt, ob Erwerbstätige oder Bürger im Zentrum des Gemeinwesens stehen sollen. Nida-Rümelin sieht nun im BGE ein Mittel, das gesellschaftliche Spaltungen zur Folge haben werde, und zwar in dreierlei Hinsichten.

Der sozialen Spaltung wendet er sich als erstes zu. Obwohl zum Zeitpunkt der Veröffentlichung seines Beitrags schon diverse Berechnungsversuche zur Finanzierung eines BGE vorlagen (Fischer/Pelzer 2007, 2009; Strengmann-Kuhn/Opielka 2007), behauptet er, dass es zu einer »extrem hohe[n] Steuerbelastung« führe. Das muss zum einen nicht notwendig der Fall sein, wie die Berechnungsversuche[7] eben zeigen, sie hängt davon ab, was mit dem BGE gemacht, wie es eingesetzt wird. Zum anderen ist es natürlich so, dass nur dann ein BGE bereitgestellt werden kann, wenn ausreichend Güter und Dienste hervorgebracht werden, die eine Nachfrage finden und über Geld getauscht werden (Wertschöpfung). Dieser Zusammenhang gilt heute allerdings genauso. Ein BGE stellt letztlich die einfache Frage, welcher Anteil des verfügbaren volkswirtschaftlichen Einkommens (Volkseinkommen oder Nettonationaleinkommen) für öffentliche Aufgaben wie z.B. ein BGE verwendet und welcher in privater Hand belassen werden soll. Das BGE wirkt wie ein bedingungsloser Grundfreibetrag, der allerdings als tatsächliches Einkommen ausgeschüttet und nicht nur bei der Besteuerung von Einkommen berücksichtigt wird.

Größere Bedeutung misst Nida-Rümelin den Folgen bei, die ein BGE auf die Erwerbsfähigkeit habe. Dazu bezieht er sich auf »empirische Evidenz«, die besage, dass eine »längere Absenz von der Erwerbstätigkeit die Erwerbsfähigkeit« reduziere. Folglich müssen Absolventen »rasch in das Erwerbsleben integriert werden«. Warum aber reduziere es die Erwerbsfähigkeit? Die Behauptung wird nicht reflektiert. Unter heutigen Bedingungen ist derjenige, der keine Arbeitsstelle findet, normativ ins Abseits gestellt, da er dem Erwerbsgebot nicht folgt. In dieser Situation ist es naheliegend, dass Zweifel und Sorge an einem nagen, wodurch jegliche Form von Engagement erschwert wird. Je länger jemand sich erfolglos bewirbt, desto stärker wird ihm das bei weiteren Bewerbungen angelastet. Mit einem BGE wäre diese Lage anders, denn

---

7 Hierbei ist immer zu beachten, dass solche Modelle Simulationen darstellen und nichts über tatsächlich eintretende Folgen auszusagen erlauben. Der Wert von Berechnungen für die Einschätzung der Folgen eines BGE ist also gering. Obwohl dieser Sachverhalt, dass es sich um Simulationen handelt, eine Selbstverständlichkeit ist, werden sie häufig so gebraucht, als handele es sich um Voraussagen über das Eintreten von Tatsachen.

Engagement in jeder Form, Hingabe an eine Sache, wäre anerkannt und dadurch ohne Erwerbsstelle möglich, da der normative Druck zur »Wiedereingliederung« entfiele. Dasselbe gälte für »Langzeitarbeitslose«, wenn es sich um Menschen handelt, die aufgrund einer traumatisierten Lebensgeschichte ohnehin wenig bis gar keine Chancen haben, im ersten Arbeitsmarkt unterzukommen. Sie wären mit einem BGE von der Last befreit, dorthin streben zu sollen, wo sie nicht hingelangen können. Bezeichnend ist, dass Nida-Rümelin im BGE »Anreize zur langjährigen Absenz vom Erwerbsleben« erkennt und die stigmatisierenden Folgen gegenwärtiger Erwerbsfixierung nicht berücksichtigt. Wie sehr Familie und bürgerschaftliches Engagement durch sie abgewertet werden, darüber verliert er kein Wort. Wer für seine Kinder heute länger als das erste Lebensjahr zuhause bleiben möchte, sieht sich zunehmend unter Rechtfertigungsdruck. Von dieser Spaltung zwischen Erwerbstätigkeit und anderen Tätigkeiten spricht Nida-Rümelin allerdings ebensowenig.

Die zweite Spaltung, die er ausmacht, ist die kulturelle. Er schreibt:

> »Der kulturellen Integration durch Erwerbstätigkeit, durch Arbeitsethos und Berufsverantwortung, durch Entwicklungschancen und strukturierte Kooperationen im Berufsleben steht die kulturelle Integration durch freiwilliges, meist nur punktuelles und kurzfristiges Engagement oder auch die Cliquenbildung der Freizeitgesellschaft gegenüber.«

Das BGE schreibt nicht vor, was zu tun wäre, es sieht – im Unterschied zu heute – keine normative Ausrichtung des Lebens auf einen Zweck: Erwerbstätigkeit, vor. Arbeitsethos kann sich auch außerhalb eines Erwerbsverhältnisses entfalten, sofern die Bedingungen dafür durch erwünschte Ermöglichung, damit normative Anerkennung und Einkommenssicherheit gegeben sind. Berufung müsste zu ihrer Entfaltung nicht in einen Beruf münden. Heute hingegen muss sie das unweigerlich, was Studien zu bürgerschaftlichem Engagement, auf die Nida-Rümelin verweist, wenig bis gar nicht reflektieren:

> »Die empirischen Befunde sind aber auch hier andere. Die Bereitschaft zu bürgerschaftlichem politischen Engagement sinkt drastisch mit dem Ausstieg aus dem Erwerbsleben, das gilt nicht nur für Arbeitslose, sondern auch für Ruheständler.«

Warum ist das aber so, müsste gefragt werden. Angesichts des normativen Vorrangs von Erwerbstätigkeit wird jegliches Engagement jenseits davon degradiert zu einer minderwertigen Freizeittätigkeit, die als ein schönes Hobby gelten kann. Es nimmt nicht Wunder, wenn Arbeitslose sich dort weniger engagieren als Erwerbstätige, denn für erstere ist es nicht ein Engagement zusätzlich zu, sondern anstelle von Erwerbstätigkeit. Für Ruheständlerwiederum gilt der Eintritt in den Ruhestand nicht selten als erhebliche Krise, weil die Sinnstiftungskrücke Erwerbstätigkeit, an der bislang gelaufen werden konnte, weggerissen wird. Erst mit einem BGE wären die Bedingungen dafür geschaffen, dass Tätigkeiten normativ gleichrangig dastünden. Ihre Wertigkeit wäre nicht mehr durch das Erwerbsideal bestimmt. Ein BGE würde die Spaltung zwischen »beruflich Integrierte[n] und beruflich Nicht-Integrierte[n]«, die Nida-Rümelin fürchtet, nicht vertiefen, es würde sie aufheben, weil der Einzelne als Bürger und als Mensch mit Lebensmittelpunkt in Deutschland um seiner selbst willen geachtet würde.

Die dritte Spaltung, die »Gender-Spaltung«, darf nicht fehlen. Nida-Rümelin konstatiert, was immer wieder zu lesen ist und einen gerade deswegen verwundern kann. Das BGE werde sich wie eine »üppig ausgestatte Herd-Prämie« auswirken. An seinen Ausführungen wird deutlich, wie sehr er Arbeitsmarkt- und Sozialpolitik als Erziehungsinstrument betrachtet:

> »In vielen Migranten-Familien, in denen die Berufstätigkeit der Frau nach wie vor kulturell fremdartig ist, wäre das Thema der Berufstätigkeit der Ehefrau endgültig erledigt. Millionen von Frauen, die gegenwärtig – unter den aktuellen sozialen Bedingungen mühsam genug – Mutterschaft und Beruf zu verbinden versuchen, würden aus dem Erwerbsleben vorübergehend und in den meisten Fällen wohl auch endgültig ausscheiden. Die bestehende Gender-Spaltung würde dramatisch vertieft werden.«

Die Entscheidung darüber, wer sich dem »Herd« widmen würde – Vater oder Mutter oder beide – wäre vom Ziel aller Ziele: der Erwerbstätigkeit befreit und damit frei in der Hand von Paaren. Frauen sind nicht einfach, wie er suggeriert, Opfer von Verhältnissen, es ist vielmehr die überwiegende Übereinstimmung mit einer bestimmten Lebensvorstellung, die Männer und Frauen in die gleiche Richtung streben lässt. Emanzipation reduziert sich heute in vielerlei Hinsicht auf die gleiche Erwerbsorientierung für Frau und Mann, statt Alternativen zu eröffnen. Gewiss, Entscheidungen darüber, wer zuhause bleibt, können immer nur vor dem Hintergrund bestehender Möglichkeiten getroffen werden, die Chancen zur Erzielung von Einkommen sind hierfür von Bedeutung. Gerade diese aber würde ein BGE verbessern, weil es sie von Erwerbstätigkeit ablöste. Keiner müsste mehr Einkommen erzielen, Mütter wie Väter könnten zuhause bleiben – oder auch nicht. Es scheint Nida-Rümelin jedoch darum zu gehen, zur Freiheit in Erwerbstätigkeit zu erziehen, Frauen – und auch Männer – sollen offenbar nicht zuhause bleiben können:

> »Die gewaltigen Summen, die etwa über das Kindergeld zur Förderung von Familien eingesetzt werden, verfehlen den gewünschten Effekt. Weder führen sie zur ökonomischen Selbstbestimmung der Frauen noch zu einer angemessenen Betreuung der Kinder.«

Eine derart deutliche und ausdrückliche Abwertung von Familie scheint dem Geist unserer Zeit zu entsprechen. Denn »ökonomische Selbstbestimmung« in der Familie läuft der Solidarverpflichtung von Familie entgegen. In der Familie gibt es keine individuellen Einkommen, da das Einkommen des einen Elternteils immer zugleich das des anderen ist. Es gibt nur gemeinsames Einkommen, wenn ein Paar es ernst meint. Wenn Nida-Rümelin dann von einer »angemessenen Betreuung« der Kinder spricht, ist selbstredend nicht die Freiheit gemeint, darüber selbst zu befinden, es geht um Betreuung in Einrichtungen. Betreuung zuhause ist offenbar unangemessen. Ebenso deutlich geht es weiter:

> »Die Freiheitsgewinne von Eltern und die Bildungsgewinne von Kindern würden in weit höherem Maße durch den Einsatz eines Großteils dieser Mittel für Ganztagseinrichtungen gefördert.«

Statt die weitere Zuspitzung des Gemeinwesens auf eine Arbeitsgesellschaft zu kritisieren, was naheliegend wäre (so z.B. Blüm 2012), feiert er sie. Seine Behauptungen werden durch Studien in keiner Weise gestützt, die Ergebnisse sprechen eine andere Sprache und weisen auf die Gefahren hin, was die umfassende Betreuung auch durch Krippen angeht (z.B. Scheerer 2009, Largo 2010, Ahnert 2010). Familie als eigener Ort von Vergemeinschaftung hat in seiner Vorstellung keinen Platz.[8] Für eine freiheitliche Ordnung ist es entscheidend, dass jemand auch anders könnte, als er es tut – das wäre mit einem BGE möglich. Nida-Rümelins Arbeitsgesellschaft hingegen weist gerade keinen Weg, sie hat dahin geführt, wo wir heute stehen.

Dass öffentliche Dienste wichtig sind und wir in Deutschland uns fragen müssen, ob wir nicht mehr in sie investieren wollen, ist unbestritten. Doch Nida-Rümelin sieht die Aufgabe dieser Dienste nicht in der Förderung von Freiräumen, letztlich von Freiheit. Sie dienen bei ihm dem Ziel, die Arbeitsgesellschaft zu erneuern, wie er ausdrücklich schreibt:

> »Die Einführung eines bedingungslosen Grundeinkommens würde die Fehlallokation potenzieren. Sehr viele, die keine Unterstützung benötigen, würden diese in Anspruch nehmen, während das Geld für Ganztagseinrichtungen und soziale Dienste weiter fehlte oder – dies geht jedenfalls aus vielen Verlautbarungen der Befürworter eines bedingungslosen Grundeinkommens hervor – ganz gestrichen würde.«

8 Siehe auch »Eltern als Störung«, S. 63 ff.

Ein Pappkamerad wird aufgebaut, denn das BGE gäbe es für alle, es hinge nicht von Bedürftigkeit ab (»würden es in Anspruch nehmen«). Wie so viele übersieht auch Nida-Rümelin den Grundfreibetrag in der Einkommensteuer, der heute gleichermaßen denen zusteht, die ihn nicht »benötigen«. Dass nicht genügend Mittel für Infrastrukturleistungen zur Verfügung stünden, wenn ein BGE eingeführt würde, ist schnell behauptet. Wer sich aber vor Augen führt, welche Möglichkeiten ein BGE schüfe, könnte zum dem Schluss gelangen, dass manche bisher öffentliche erbrachte Dienstleistung *so* nicht mehr nötig wäre. Letztlich ist das allerdings eine Frage des politischen Willens. Wo es keine Erwerbsverpflichtung mehr gäbe, müsste nicht all das Geld in verpflichtende Weiterbildungsmaßnahmen für Arbeitssuchende investiert werden. Es könnte anderweitig verwendet werden. Das ist nur ein Beispiel. Keine Rede kann davon sein, dass in »vielen Verlautbarungen« die komplette Streichung sozialer Dienste vorgesehen sei. Manche befürworten das, viele nicht.

Zum Abschluss sei noch sein Plädoyer zitiert:

> »Ich plädiere stattdessen für eine Erneuerung der Idee der Arbeitsgesellschaft. Es muss uns um die humane Gestaltung (gesetzlicher Mindestlohn, Arbeitsschutz, Kündigungsschutz, Arbeitszeitverkürzung und Arbeitszeitsouveränität) der Arbeit, die Selbstbestimmung (Arbeitnehmerrechte, Mitbestimmungsrechte) der Arbeitnehmerinnen, die Inklusion in die Arbeitsgesellschaft (Bekämpfung der Arbeitslosigkeit und anderer Formen der Ausschließung) gehen, nicht um die Förderung des Ausstiegs aus der Arbeitsgesellschaft.«

Von der Freiheit der Bürger, von Selbstbestimmung außerhalb von Erwerbstätigkeit – kein Wort. Ob ein gesetzlicher Mindestlohn die Hoffnungen erfüllen wird, sei dahin gestellt, er wird nur wirksam, wenn ein Erwerbsverhältnis besteht – und alles verbleibt so in der ›Arbeitsgesellschaft‹. Ein BGE würde mehr Flexibilität ermöglichen bei zugleich stärkerer Absicherung, weil es nicht an Erwerbstätigkeit ausgerichtet wäre. Das BGE förderte, das ist richtig, den Ausstieg aus der Arbeitsgesellschaft, nicht aber verabschiedet es sich von der Idee der Leistung. Sie könnte wirklich werden, wo immer der Einzelne es für richtig hielte. Damit würden Zugehörigkeit zum Gemeinwesen und Leistung voneinander gelöst, worauf Nida-Rümelin gerade nicht verzichten will.

Lebensstandardsicherung oder Gleichheit der Bürger?

Was soll ein System sozialer Sicherung eigentlich leisten? Diese Frage scheint auf den ersten Blick nicht brisant. Sie ist es dann, wenn nach der Begründung gefragt wird, weshalb wir bisher im Grunde zwei Ziele in einem System verfolgen, die aus der Sicht des Gemeinwesens nicht wirklich vereinbar sind: die Sicherung des Lebensstandards und die der Existenz. Im Dienst des ersteren Ziels stehen Arbeitslosengeld I (Sozialgesetzbuch III; die frühere Arbeitslosenversicherung samt Arbeitslosenhilfe noch viel mehr), Rente und Elterngeld; im Dienst des letzteren Ziels stehen vor allem Arbeitslosengeld II (Sozialgesetzbuch II) und Sozialhilfe (Sozialgesetzbuch XII). Im Gefolge der Agenda 2010 und des Umbaus der Systeme sozialer Sicherung ist zwar das Arbeitslosengeld, da es weniger lang ausgezahlt wird und mit stärkeren Verpflichtungen versehen ist, in seiner Bedeutung relativiert worden, doch der Unterschied zu Grundsicherungsleistungen (ALG II usw.) ist nach wie vor systematisch gegeben. Das Arbeitslosengeld wird relativ zum Erwerbseinkommen gezahlt wie das Elterngeld – die Grundsicherung jedoch nicht. Lässt sich diese Unterscheidung in einer Demokratie, die auf die Bürger – und nicht auf Erwerbstätige – als Fundament baut, rechtfertigen?

Mit der Idee eines Bedingungslosen Grundeinkommens ist genau diese Frage nach der Rechtfertigung aktualisiert worden – sie ist brisant. Diskutiert man z.B. mit Vertretern von Gewerkschaften, dann verbindet sich ein Einwand gegen das BGE mit der Gleichmacherei von Erwerbstätigen und Nicht-Erwerbstätigen. Es gäbe dann, so heißt es, doch keinen Unterschied mehr, das komme einer Entwertung von Erwerbstätigkeit gleich. In der Tat relativierte sich die Bedeutung von Erwerbstätigkeit, wenn durch ein BGE verschiedene Tätigkeitsfelder egalisiert würden. Tätigkeiten, ganz gleich, ob sie Einkommen bringen oder nicht, könnten gleichermaßen angestrebt werden. Mit einem BGE wäre der normative Vorrang von Erwerbstätigkeit beseitigt. Allerdings bliebe sie als ein Tätigkeitsfeld unter anderen erhalten. Der Einwand der Gleichmacherei bezeugt, wie sehr in den Systemen sozialer Sicherung heutigen Zuschnitts der Erwerbstätige im Zentrum steht – nicht der Bürger.

Neben diesem Einwand der Gleichmacherei werden noch andere vorgebracht. Es sei doch nicht gerecht, dass ein Arbeitnehmer, der seinen Arbeitsplatz verliere, damit auf das BGE zurückfalle und somit eine erhebliche Differenz zwischen seinem Erwerbseinkommen und dem BGE, das dann noch bliebe, bestehe. Er könne seinen Lebensstandard so nicht halten. Auch sei ein BGE sehr wahrscheinlich, selbst im Falle von 1000 Euro, nicht hoch genug, um jemanden in die Lage zu versetzen, eine Stelle wegen schlechter Arbeitsbedingungen aufzugeben. Was sich BGE-Befürworter versprechen, werde deswegen nicht eintreten.

Was lässt sich darauf erwidern?

Welchen Lebensstandard oberhalb eines BGE, verstanden als Kulturminimum oder kulturelles Existenzminimum, jemand erreichen will, ist eine private Entscheidung. Sie ist dann als private Entscheidung zu verantworten. Wer Eigentum erwerben, aufwändige Urlaube verbringen oder ein aufwändiges Hobby pflegen will – es wäre nicht Aufgabe des Gemeinwesens, für den dafür erforderlichen Unterhalt zu sorgen. Von der Warte aus, dass ein Gemeinwesen für die Absicherung seiner Bürger *als* Bürger Sorge zu tragen hat, lässt sich die bisherige Lebensstandardsicherung, wie sie dem Arbeitslosengeld eingeschrieben ist, nicht rechtfertigen. Wer also eine Stelle verliert oder aufgibt, müsste womöglich einen gewissen Lebensstandard aufgeben. Auf diese Weise würde das BGE die Bedeutung von Statussymbolen relativieren, weil beruflicher Erfolg nicht mehr das herausragende Kriterium für einen Beitrag zum Gemeinwohl wäre. Das hätte sehr wahrscheinlich unmittelbar Folgen für unser Verhältnis zur Ressourcennutzung, weil unser Verständnis von Selbstbestimmung nicht mehr an Erwerbstätigkeit hinge. Konsumgüter verlören damit ihre Signalbedeutung dafür, zu denjenigen zu gehören, die zum Wohle aller beitragen.

Aber, so einfach, wie es besorgte Vertreter einer Lebensstandardsicherung sich machen, ist es nicht. Wie groß der Abstand zwischen BGE und Lohn wäre, hinge von zweierlei ab. Zum einen davon, wie viel jemand zuvor verdient hat, zum anderen davon, wie viele Personen unter einem Dach leben. Mit einem BGE, das pro Person bereitgestellt würde, stellte sich die Situation bei Verlust eines Einkommensplatzes also ganz anders dar. Ein Haushalt, in dem vier Personen leben und folglich vier BGE zur Verfügung stünden, wäre in einer anderen Situation als heute. Absinken würde der Lebensstandard, wenn z.B. in einer vierköpfigen Familie die Kinder das Elternhaus verlassen, denn deren BGE wanderten mit.

Ob jemand Freiräume, die ein BGE verschaffte, nutzen würde, ob er also eine Arbeitsstelle aufzugeben bereit wäre, hinge auch davon ab, wie wichtig ihm Freiheit und Selbstbestimmung auf der einen und Lebensstandardsicherung auf der anderen Seite wären. Wer sich über den Beruf definiert, wer ohne ihn meint, ein Niemand zu sein, der würde unter keinen Bedingungen seine Arbeitsstelle aufgeben. Wer Freiheit und Freiräume stärker gewichtete, hingegen bereit sein, einen etwaigen Statusverlust in Kauf zu nehmen; wer hingegen Statussicherung für wichtiger erachtete, der würde auch womöglich widrige Arbeitsbedingungen akzeptieren, ganz gleich wie viele Freiräume ein BGE ihm verschaffte.

Mit der Diskussion um ein BGE sind also grundsätzliche Fragen aufgeworfen, die unser Selbstverständnis als Gemeinwesen betreffen. Das BGE in seinen Auswirkungen machte nicht, wie manche Gewerkschafter glauben, vor den Werkstoren halt. Da es Arbeitnehmern größere Verhandlungsmacht verliehe, würde es sich mittelbar auf die Arbeitsbedingungen, sei es in Unternehmen, sei es in öffentlichen Einrichtungen, auswirken. Es könnte sich ebenso darauf auswirken, wie sich die Löhne in einem Unternehmen gestalten, wenn die Mitarbeiter nicht mehr bereit wären, unverhältnismäßige weite Spannen zwischen unteren und oberen Löhnen in einem Unternehmen mitzutragen. Wie sehr sich ein BGE tatsächlich auswirken würde, hinge vor allem von den Menschen ab – davon, wie sie die Freiräume nutzen würden.

Pädagogisierende Entmündigung oder praktizierte Demokratie?

Die Vorgänge in Tunesien, Ägypten und Libyen vor wenigen Jahren führten uns vor Augen, was möglich ist, wenn sich die Bürger gegen ihre Regierung erheben und nicht klein beigeben. Genau so wenig, wie vorhersehbar war, dass diese Erhebungen gelingen und wohin sie führen, genau so wenig wissen wir, ob daraus nun eine lebendige Demokratie erwächst. Wäre jemand auf den Gedanken gekommen, einer solchen Erhebung der Bürger eine Art Umerziehung vorausgehen zu lassen oder pädagogische Beratung an die Seite zu stellen, um sie auf die Herausforderungen der Demokratie vorzubereiten?

Klingt diese Frage abwegig? Ziemlich, in Deutschland ist sie dennoch häufig anzutreffen – auch in der Grundeinkommensdiskussion –, was nach mehr als 60 Jahren Demokratie besonders erstaunlich ist. Die Mündigkeit dazu, der Freiheit gewachsen zu sein, wird von Kritikern wie durchaus auch von Befürwortern eines BGE immer wieder, wenn nicht bezweifelt, dann zumindest skeptisch beäugt. Entsprechend besorgt ist der Blick darauf, was wohl passieren würde, wenn die Bürger mit den Möglichkeiten eines BGE einmal wirklich konfrontiert wären. Würden diese Zweifel nur daran erinnern wollen, dass ein überstürztes Vorgehen in Sachen Einführung nicht zu empfehlen und eine Umsetzung des BGE mit Bedacht vorzunehmen sei, wären sie nichts anderes als Ausdruck gesunden Menschenverstandes. Sie reichen meist jedoch viel weiter, werden zu Zweifeln an der Demokratie*fähigkeit.*

Die gegenwärtige politische Ordnung und die Möglichkeiten, die sie bietet, werden damit nicht nur unterschätzt, sie werden geradezu geleugnet. Selbstverständlich ist eine Demokratie immer nur so lebendig, wie ihre Bürger sie ernst nehmen. Doch, zu bezweifeln, dass wir für die Demokratie schon reif oder fähig seien, kommt einer Infantilisierung gleich.

In seinem Vortrag »Vom protestantischen Arbeitsethos zu einer neuen Arbeitsethik« hat sich Franz Segbers ähnlich fragend und zweifelnd geäußert, was wohl passiere, wenn das BGE eingeführt werde, und ob eine schnelle Einführung überhaupt wünschenswert sei. Der Vortrag enthält interessante Argumente gegen die vergangene sowie gegenwärtige Sozialpolitik und für ein BGE. Darin spricht er sich unter anderem für eine allgemeine Verkürzung der Erwerbsarbeitszeit aus. Er äußert sich folgendermaßen (Segbers 2011, S. 8 ff.):

> »Dass ein Bedingungsloses Grundeinkommen ein erstrebenswertes Ziel für die gesellschaftspolitische Entwicklung sein soll, lässt sich aber nicht dekretieren. Hannah Arendt hatte früh davon gesprochen, dass der Arbeitsgesellschaft die Arbeit ausgehen werde. Doch was dann? Es ist ›die Aussicht auf eine Arbeitsgesellschaft, der die Arbeit ausgegangen ist, also die einzige Tätigkeit, auf die sie sich noch versteht. Was könnte verhängnisvoller sein?‹ …«

Was soll damit gesagt werden, ein BGE lasse sich als »erstrebenswertes Ziel… nicht dekretieren«? Die öffentliche Diskussion seit Jahren zeigt, dass ein Prozess der Meinungsbildung in Gang gekommen ist, um sich darüber Aufklärung zu verschaffen, worum es beim BGE geht. Ob es irgendwann einmal gewollt ist und eingeführt wird, ist damit nicht gesagt. Wer aber sollte es überhaupt »dekretieren«? Ein Dekret über die Köpfe der Bürger hinweg kann es nach Verfahren der repräsentativen parlamentarischen Demokratie nicht geben, denn ohne Mehrheiten keine Einführung. Manche mögen einwerfen, die sogenannten Hartz-Gesetze seien doch auch von oben den Bürgern übergestülpt worden. Das halte ich für einen Mythos. Wer über Jahre Erfahrung in der Grundeinkommensdiskussion gesammelt hat, weiß, dass der Geist der Hartz-Gesetzgebung breit verwurzelt ist, die Gesetzgebung also widerspiegelt, was als Konsens der Mehrheit gelten kann und sei es nur, dass sie ihn schweigend toleriert. Dass an dieser Sozialpolitik nach wie vor festgehalten wird, lässt sich nicht ohne diese Übereinstimmung erklären. Von Meinungsumfragen, mit denen manche zu zeigen glauben, dass gegen das Volk regiert werde, sollte man sich in dieser Sache nicht täuschen lassen. Sie sind oberflächlich, erfassen nur, was die Befragten der Tagestimmung entsprechend äußern, nicht aber handlungsleitende Überzeugungen, die maßgeblich dafür sind, wenn es um Entscheidungen geht (Oevermann 2001). So kann man sich – um den Unterschied zwischen beidem zu verdeutlichen – sehr wohl anhaltend über die Verhältnisse beklagen, auf »die da oben« schimpfen und dennoch keine Veränderung anstreben, weil die Rettung »von denen da oben« erwartet wird.

Die zitierte Passage aus Hannah Arendts Buch *Vita Activa* gehört zu den Standardzitaten in der Diskussion um eine ›Krise der Arbeitsgesellschaft‹. Übergangen wird in der Verwendung des Zitats häufig die im Original darauf folgende Passage, in der Arendt schreibt, sie biete keine Antworten, schlage aber eine »Art Besinnung« vor (Arendt 2003, S. 13). Eine Besinnung führt naheliegender Weise zugleich dazu, über Alternativen nachzusinnen. Durch diesen Nachsatz wird die kulturpessimistische Einschätzung Arendts aus der berühmten Passage zumindest abgeschwächt. Übersehen wird von ihr indes, dass gerade die Zeit nach dem Zweiten Weltkrieg von einer Bewährung der Demokratie zeugt, also einer Grundlage des Zusammenlebens, die weiter reicht als die ›Arbeitsgesellschaft‹, von der sie spricht. Die politische Ordnung wurde, zumindest in den westlichen pluralistischen Demokratien mit Berufung auf Bürgerrechte – nicht auf Erwerbstätigenrechte – gestaltet und hat die Souveränität des Volkes zu ihrer Legitimationsquelle erhoben.[9] Arendts Analyse ist somit nicht nur verkürzt, sie ist in dieser Hinsicht sogar blind. Wer sich, wie Franz Segbers, auf diese Passage beruft, schleppt den Kulturpessimismus samt seiner Geringschätzung demokratischer Erfahrungen in nunmehr sechzig Jahren deutscher Demokratie mit. Dabei könnte er schlicht auf die tatsächlich bestehende politische Ordnung und das umfangreiche Engagement der Bürger hinweisen. Ersichtlich wird daran, dass die vermeintliche ›Arbeitsgesellschaft‹ sich sehr wohl auf etwas anderes versteht.

Weiter heißt es an derselben Stelle bei Segbers:

> »Ähnlich auch Erich Fromm, der bereits 1966 ein garantiertes Einkommen für alle forderte. Der Übergang – so Erich Fromm – könne nur gelingen, wenn die Menschen durch ›*psychologische, philosophische, religiöse und erzieherische*‹ [Kursivierung SL] Anstrengungen unterstützt werden.«[10]

Segbers unternimmt eine folgenreiche Umdeutung des Frommschen Textes. In der deutschen Übersetzung des Originaltextes (Fromm 1966, S. 7) lautet der Abschnitt so:

> »Mit den ökonomisch orientierten Forschungsarbeiten auf dem Gebiet des garantierten Einkommens für alle müssen auch noch andere Forschungen betrieben werden: psychologische, philosophische, religiöse und erziehungswissenschaftliche.«

Fromm spricht nicht von »unterstützenden Anstrengungen«, derer die Menschen bedürften, er hat die Forschung im Auge, die dazu beitragen soll, offene Fragen zu beantworten. Forschungsergebnisse stehen natürlich stets unter Falsifikationsvorbehalt. Aus ihnen ist keineswegs ableitbar, ob etwas – hier das BGE – praktisch gewollt werden *soll*. Sie können lediglich dazu beitragen, Wirkungszusammenhänge offen-

---

9 Siehe dazu auch »Das Menschenbild des Grundeinkommens«, S. 15 ff.
10 Zu Fromms Überlegungen siehe auch den Beitrag »Wie etwas loswerden, das man nicht haben will?«.

zulegen und etwaige Folgen einer Einführung auf der Grundlage der Befunde zu benennen.

Liegt bei Fromm noch der Fokus auf Forschung, so dass bestenfalls ihre Ergebnisse hilfreich sein könnten, um offene Fragen zu beantworten, wird bei Segbers daraus eine nicht näher bestimmte Unterstützung der Menschen, so als übernehme Forschung nun eine praktische Aufgabe. Das kann sie als Forschung aber nicht und würde, wenn sie es täte, zu einer Bevormundung der Praxis durch Experten führen. Forschung als volkserzieherische Einrichtung? Das wird so nicht ausgesprochen, die Formulierung allerdings legt genau das nahe. Experten unterstützen Laien und werden damit in Fragen der Lebensführung und -bewältigung ihnen übergeordnet.[11] Bei allen Vorbehalten, die bei Fromm zu erkennen sind, wenn er darüber nachdenkt, wie die Vorherrschaft des homo consumens überwunden werden könne (Fromm 1966, S. 4), hält er das Grundeinkommen nicht per se für eine Überforderung. Segbers Rückgriff auf Fromm ist hier also nicht nur nicht gedeckt, Fromms Ausführungen werden sogar verdreht.

Erstaunlich sind diese Vorbehalte, weil sie in keiner Weise erwähnen, wie es denn zu einer Einführung kommen könnte, und zwar durch eine parlamentarische Entscheidung. Ihr voraus – wenn es denn einmal so weit kommen sollte – geht nun schon eine lange währende Diskussion über das BGE, die Möglichkeiten, die es schaffen könnte und die Herausforderungen, die mit ihm einhergehen würden. Die ganze Breite des Spektrums an Fragen wird dabei stets debattiert, so dass eine Einführung in keiner Weise überraschend käme und schon gar nicht dekretiert würde. Nicht zu vergessen ist darüber hinaus noch, dass, wo es eine Mehrheit gibt, die Bereitschaft gerade besteht, sich der Verantwortung einer Entscheidung und ihrer Folgen zu stellen. Das zeichnet Mündigkeit aus. Fromms, viel stärker noch Franz Segbers, Sorge um den Übergang ist unbegründet. Entweder sprechen sich die Bürger dafür aus oder nicht. Und wenn sie sich dafür aussprechen, müssen sie die Verantwortung übernehmen. In einer Demokratie kann es keine volkserzieherischen, also bevormundenden Übergänge geben, die nicht zugleich von den Bürgern getragen werden.

Im Vortrag geht es weiter:

---

11 Ein Jahr zuvor, 1965, äußerte der Soziologe Arnold Gehlen in einem Radiogespräch mit Theodor W. Adorno (Adorno/Gehlen 1965; siehe auch Grenz 1974, S. 225-251) Vorbehalte dahingehend, was dem Menschen zuzutrauen sei, was ihm zugemutet werden könne. Adorno hingegen, ebenfalls Soziologe, war der Auffassung, dass ihm mehr zugemutet werden könne, als gemeinhin angenommen werde. Eine nach wie vor aktuelle Antwort.

»Auch der Ökonom John Maynard Keynes, der schon 1928 eine Produktivitätsentwicklung prognostizierte und eine wöchentliche Arbeitszeit von weniger als 15 Stunden erwartete, fragte besorgt: ›Müssen wir nicht mit einem allgemeinen Nervenzusammenbruch rechnen?‹«

Keynes stellte diese Frage in seinem Essay »Economic Possibilities for our Grandchildren« (Keynes 1928, Abschnitt II). Die von ihm prognostizierten Umbrüche hin zu einer stark verringerten Wochenarbeitszeit mögen damals als noch weiter von den Lebensrealitäten entfernt erschienen sein als heute, seine Skepsis mag also daher rühren. Keynes allerdings geht davon aus, dass die Menschen langfristig in der Lage seien, damit umzugehen, er ist zuversichtlich. Bei Segbers hingegen drängt die Skepsis ins Zentrum. Beiden allerdings ist entgegenzuhalten, was damals wie heute gleichermaßen galt: ihr jeweiliges Leben hatten die Menschen in die eigenen Hände zu nehmen. Niemand anderes trug dafür Sorge, was aus ihnen wurde, selbst angesichts eingeschränkterer Möglichkeiten im Vergleich zu heute. Wird diese Frage gegenwärtig aufgeworfen, ist sie verwunderlich, denn mehr denn je muss jeder selbst über sein Leben befinden. Mit einem BGE würde diese Frage nicht aufgehoben oder gar aufgeschoben, sie würde sich noch deutlicher stellen angesichts der Freiräume, die es schüfe. Ein »Nervenzusammenbruch« würde möglicherweise dort eintreten, wo jemand bislang ein außerordentlich fremdbestimmtes Leben geführt hätte, das BGE ihn hingegen mit der Möglichkeit konfrontierte, sich dieser Fremdbestimmung zu entziehen, ihre Fortführung zu verweigern. Das kann man auch als Freiheitszumutung verstehen. Sollte dies zu einem Zusammenbruch im Kleinen führen, wäre er wohl vor allem heilsam, denn er machte deutlich, dass der Einzelne über seine Lebensziele selbst befinden müsste. Das wiederum würde das Fundament der Demokratie stärken: die Mündigkeit ihrer Bürger. Das BGE böte aber zugleich die Möglichkeit, im fremdbestimmten Leben zu verbleiben – aus freien Stücken.

Der Vortrag fährt fort:

»Erwerbsarbeit ist nur ein Faktor, der heute Menschen ausbeutet und entfremdet: Bildzeitung, Fernsehprogramme, Kulturevents, Urlaubsanimation. Fast jede Kontaktaufnahme mit der Wirklichkeit verstärkt heute eine konsumistische Lebenspraxis, die die Enteignung eigenen Fühlens, Denkens, Wollens befördert. Was fangen Menschen mit der ermöglichten Freiheit an? Wozu führt die Freiheit vom Zwang zur Erwerbsarbeit? Werden sie der kapitalistischen Konsummaschinerie ausgeliefert? Geraten sie aus den Zwängen entfremdeter Erwerbsarbeit in die neuen Zwänge der Konsumindustrie?«

Wie gelangt Franz Segbers zu dieser sorgenvollen Einschätzung? Wenn die Welt im Heute so hermetisch wäre, wie wäre es dann überhaupt möglich, dass über Alternativen nachgedacht werden kann? Ist diese Einsicht nur wenigen vorbehalten? Das konkrete Leben ist komplexer, selbstbestimmter und widerständiger, als Segbers diagnostiziert. Konsum hat gegenwärtig durchaus eine kompensatorische Funktion, er ist die andere Seite beruflichen Erfolgs, der Überbewertung von Erwerbstätigkeit. Zur Unnachgiebigkeit, mit der Erwerbstätigkeit als normatives Ideal gilt, als wichtigster Beitrag, den der Einzelne zum Gemeinwohl leisten kann, gehört die Geringschätzung anderer Tätigkeitsformen oder Aufgaben. Nur so ist der politisch gewollte und nur wenig angefochtene allgemeine Ausbau der Betreuung von Kindern unter drei Jahren zu erklären. Die Härte, die Eltern sich damit abverlangen, wenn sie Kinder so früh aus dem Schonraum Familie hinausführen, ist die Härte, die den Kindern entgegengebracht wird.[12] Gleichwohl ist das kein Zwang, der von außen auf einen einwirkt wie eine fremde Macht. Es ist der politische Konsens, der normative Erwartungen formuliert und es dadurch schwermacht, dauerhaft Entscheidungen gegen ihn zu treffen, weil man sich dadurch gegen ihn stellt. Wie schwierig das ist, führte vor Jahren ein Werbespot vor, der als witzig galt. Die Protagonistin, die sich um Haushalt und Kinder kümmerte, antwortete auf die Frage, was sie denn so mache, nach einem kurzen Zögern: »Ich leite ein kleines, erfolgreiches Familienunternehmen«. An diesem Vergleich ist nicht nur manches schief, er ist bezeichnend. Während in einem Unternehmen Mitarbeiter notwendigerweise austauschbar sind, sind die Angehörigen einer Familie es nicht. Während Arbeitsabläufe organisiert werden können, hat Familie ihre eigene Dynamik, die nicht in formale Abläufe gegossen werden kann. An dem Werbespot wird deutlich: Familie als eigenständiges Gebilde mit ebenso eigenartigen Aufgaben und eigenartiger Verantwortung wird nicht als solches wertgeschätzt. Was als Aufwertung von Familie gelten soll, wenn sie zum Unternehmen stilisiert wird, befestigt tatsächlich ihre Abwertung. Zugleich zeigt der Spot, zu welchen Rechtfertigungsverpflichtungen der Vorrang von Erwerbstätigkeit führt. Statt die Sorge um die Kinder als Aufgabe zu benennen, wird sie der Erwerbslogik angepasst. Während die Entscheidung, vorwiegend für die Kinder dazu sein, rechtfertigungswürdig ist, ist es Erwerbstätigkeit, ganz gleich welcher Art, nicht.

12 Susanne Garsoffky und Britta Sembach argumentieren in diese Richtung, wenn sie die Unvereinbarkeit von Familie und Beruf konstatieren. Dabei merken sie selbstkritisch an, dass sie lange selbst das Gegenteil dieser These gelebt hätten. Obwohl das Buch das Zeug hätte, in ein Plädoyer für das BGE zu münden, wird es nicht erwähnt (Garsoffky/ Sembach 2014). Siehe »Die Debatte um das Betreuungsgeld als Symptom«.

Schwierigkeiten, die Segbers ausmacht, gründen in diesen normativen Erwartungen und bestimmten Vorstellungen davon, wie ein sinnvolles Leben auszusehen hat, nicht in einer »konsumistischen Lebenspraxis«. Mit der Einführung eines BGE würde eine Transformation ermöglicht. So wie Segbers über die Menschen spricht, sind es äußere Kräfte, die auf sie einwirken und von einem nicht-entfremdeten Leben abhalten. Wäre das so, führte kein Weg hinaus – oder anders: Wie ist es angesichts dieser Entfremdung möglich, sie zu diagnostizieren? Können das nur diejenigen, die nicht Bildzeitung lesen, fernsehen oder sich im Urlaub animieren lassen? Befreiung durch Experten oder besonders Aufgeklärte? Wie schon oben angedeutet, könnte kein Weg zu einem Gemeinwesen mit mehr Selbstbestimmung führen, wenn die Bürger dazu nicht heute schon in der Lage wären.

Gegen Ende des Vortrags heißt es dann:

> »Es kann also realistischerweise nicht darum gehen, so schnell wie möglich ein Grundeinkommen umfassend einzuführen. Vielmehr müssen heute Alternativen in den politischen Auseinandersetzungen formuliert und um diese gekämpft werden. Erst dann ist die menschenrechtlich begründete Forderung nach einer sozialen Sicherung aller auch ohne Erwerbsarbeit keine Traumtänzerei, sondern eröffnet in der politischen Debatte eine Alternative zur Zuspitzung der Hartz IV-Arbeitsgesellschaft und weist den Weg in eine humanere und gerechtere Gesellschaft, die Platz für alle hat.«

Konsequent in seinen Vorbehalten werden die Überlegungen weitergeführt. Worin besteht hier der Gegensatz? Weshalb wird das BGE erst dann eine ernstzunehmende Forderung, nachdem um Alternativen im Gegenwärtigen gekämpft worden ist – etwa wegen der zuvor geäußerten Befürchtungen? Wo der politische Wille ist, ein BGE in einer weitreichenden Variante einzuführen, ist auch ein Weg. Entweder haben wir heute schon mündige Bürger, dann müssen politische Veränderungen sich an ihnen messen lassen. Was sollte daran »Traumtänzerei« sein? Wer dagegen Vorbehalte hat, will dem Souverän etwas aus der Hand nehmen, was nur ihm gebührt. Welche Alternativen gewünscht sind, darüber hat er zu befinden und kein Experte, es sei denn, Demokratie wird als Expertenveranstaltung verstanden. Im Grund gibt es jedoch nur eine Gruppe von »Experten« in Fragen, die die Gestaltung des Zusammenlebens betreffen: das sind die Bürger.

»Uninspiriert, mutlos, seltsam«
Petition von Susanne Wiest nach viereinhalb Jahren abgeschlossen

Am 10. Dezember 2008 richtete Susanne Wiest eine Petition an den Deutschen Bundestag: »Der Deutsche Bundestag möge beschließen ... das bedingungslose Grundeinkommen einzuführen« (Petition 2008, Wiest 2013). Nachdem aufgrund technischer Probleme die Zeichnungsfrist bis zum 10. Februar 2009 verlängert wurde, unterzeichneten insgesamt – nach schleppendem Beginn und rasanter Schlussphase – 54236 Personen die Petition. Das Quorum wurde erreicht, der Petitionsausschuss musste sich mit der Petition befassen. In der Grundeinkommensszene, wenn man sie so nennen will, gab es eine aufgeregte und durchaus bezeichnende Diskussion darüber, ob die Petition unterstützt werden sollte. Die öffentliche und mediale Resonanz auf sie war enorm (Liebermann 2012b). Das hat sicher mit der ungewöhnlich hohen Anzahl von Unterzeichnern zu tun, die öffentliche Debatte um ein BGE ging in ihr fünftes Jahr, der Boden für die Petition war zuvor also bereitet worden.

Und dann? Der weitere Gang der Dinge lässt tief blicken. Schleppend wurde die Petentin informiert, die Anhörung vor dem Petitionsausschuss wurde immer wieder verschoben und fand erst am 8. November 2010 statt. Beinahe zwei Jahre seit Einreichung dauerte es also, bis der Ausschuss so weit war. Vielleicht war das auch ein gutes Zeichen, der Petition wurde besonderes Gewicht beigemessen. Ende Juni 2013, mehr als zweieinhalb Jahre nach der Anhörung wiederum, wurde die Petition abgeschlossen, die Petition abgelehnt. Der Vorgang dauert viereinhalb Jahre. Wie weiter?

Susanne Wiest lag die schriftliche Begründung vor, mittels derer der Petitionsausschusses dem Deutschen Bundestag empfahl, die Petition abzuschließen. Noch in letzter Minute versuchten einige Abgeordnete, eine Anhörung im Bundestag zu erreichen. Als das nicht gelang, gaben sie eine persönliche Erklärung ab. So wichtig dieser Versuch war, andere mit ins Boot zu holen, so sehr lässt er einen verwundert zurück. Weshalb wurde erst im letzten Moment damit begonnen Unterstützer zu gewinnen? Seit Anfang Juni 2013 war bekannt, wann die Bundestagssitzung stattfinden würde. Sagt uns das etwas darüber, wie ernst oder eben nicht das Thema genommen wurde?

»Uninspiriert, mutlos, seltsam« – so fasste Susanne Wiest ihre Eindrücke zur Beschlussempfehlung zusammen (Wiest 2013). Wütend machte sie die Begründung. Das ist nachvollziehbar, denn in ihr werden eine Reihe von Vorurteilen, Illusionen über den heutigen Sozialstaat und vermeintliche Schwierigkeiten der Einführung eines BGE versammelt. Sie zeigt allerdings ebenso deutlich, wie wichtig gute und klärende Argumente für die Diskussion sind, denn die Ablehnung zeugt von widerstreitenden Gerechtigkeitsvorstellungen. Die damit verbundenen Einwände spiegeln insofern authentisch die öffentliche Diskussion wider, niemanden, der mit ihr vertraut ist, konnten die Einwände überraschen.

Es bedarf einer Solidargemeinschaft, die das BGE auch zu tragen bereit ist, und diese Solidargemeinschaft bildet sich als Gemeinschaft der Staatsbürger. In den Einwänden – ganz wie in der öffentlichen Diskussion – zeigt sich hingegen, dass genau dieser Zusammenhang im öffentlichen Bewusstsein wenig bis gar nicht verankert ist. Unser Selbstverständnis als Gemeinwesen ist eben, trotz aller bürgerschaftlichen Lebenszusammenhänge, kein bürgerschaftliches. Nur auf dieser Basis aber ist eine souveräne (nicht autarke) Gestaltung des gemeinschaftlichen Lebens möglich. An einer Stelle verweist die Beschlussempfehlung auf die Folgen der Einführung eines BGE angesichts der Verflechtung mit der Weltwirtschaft. Dies kann als Flucht vor Verantwortung gedeutet werden, denn auch heute stehen wir vor der Aufgabe, tragfähige Antworten auf Zuwanderung zu finden. Daran änderte sich durch ein BGE nichts, es entstünde also kein neues Problem. Es lässt sich dieser Verweis auf die Weltwirtschaft ebenso als Selbstentmündigung lesen. Statt politisch zu gestalten, wird die Flucht in Sachzwänge angetreten.

Der immer wiederkehrende Verweis auf die Menschenrechte, der sowohl in der Beschlussempfehlung als auch in der Grundeinkommensdebatte angeführt wird, ist im Verhältnis zum konkreten Zusammenleben abstrakt. Die Menschenrechte sind nur so lebendig und wirkungsvoll, wie sie in einem Gemeinwesen in alltägliche Lebensvollzüge integriert sind, also gelebt werden. Die Menschenrechte werden erst durch ein Gemeinwesen wirkungsvoll, nicht ohne es. Dazu bedarf es eines politischen Gebildes als unabdingbarer Voraussetzung. Der Nationalstaat mit der universalistisch definierten Staatsbürgerschaft ist genau ein solches. Er gründet in der Selbstbestimmung eines Volkes, also der Souveränität (Maus 2011). Das behagt manchen BGE-Befürwortern, aber auch -Gegnern nicht, die den Nationalstaat als Relikt der Vergangenheit ansehen. Das Unbehagen ist jedoch nicht die Lösung, sie ist das Problem. Wer souverän gestalten können will, kommt ohne den Nationalstaat heutiger Gestalt bislang nicht aus. Er ist kein Missgeschick der Geschichte oder eine leider zu erduldende Unannehmlichkeit; er ist Inbegriff politischer Gemeinschaft und so Ausdruck davon, als Gemeinwesen gestalten zu können. Was passiert, wo er nicht voll ausgeformt ist, können wir gerade an der Europäischen Union erfahren.

In der Beschlussempfehlung des Petitionsauschusses wird unter anderem mit der Einzelfallgerechtigkeit des gegenwärtigen Sozialstaats argumentiert und sie dem BGE gegenübergestellt, denn es stelle lediglich eine Pauschale dar. Das mag sich gegen den Petitionstext von damals richten, in dem Frau Wiest noch die Abschaffung aller Leistungen sozialer Sicherung vorschlug und sie durch ein BGE ersetzen wollte. Doch Frau Wiest hat über die Jahre – und deutlich genug in der Anhörung – ihre Position differenziert. Das BGE steht gar nicht gegen bedürftigkeitsgeprüfte Leistungen, es stellt sie vielmehr auf ein anderes Fundament und schafft Entlastung dort, wo heutige Bezieher tatsächlich nur Einkommen und weiter nichts benötigen. Denn, wo eine Einkommenssicherung über den Bürgerstatus begründet wird, stellt sich die heutige, stigmatisierende Bedürftigkeitsprüfung anders dar. Den Bedarf zu decken, leitet sich dann aus eben dem Bürgerstatus her und nicht wie heute, aus dem Scheitern daran, Erwerbseinkommen zu erzielen. Die stigmatisierenden Effekte des heutigen Systems würden so aufgehoben, das kann als entscheidender Effekt gelten. Er resultierte aus der normativen Umwertung des Sozialstaats im Dienst der Bürger, d. h. nicht mehr Erwerbstätigkeit wird zum legitimierenden Grund für Einkommen, sondern Angehörigkeit bzw. Aufenthaltsstatus. So rückt die Gemeinschaft der Bürger ins Zentrum.

Allerdings, das sollte nicht übersehen werden, zeigt sich in den Eigenheiten der Arbeitsagenturen und Jobcenter nicht bloß ein System, das auf Bedürftigkeitsprüfung setzt. Das gibt es in anderen Ländern auch und es geht dort durchaus anders zu. Die Eigenheiten, auf die Inge Hannemann (Hannemann 2014) aus ihrer Erfahrung als Arbeitsvermittlerin hingewiesen hat, sind ebenso Ausdruck eines Selbstverständnisses als Gemeinwesen, das die Bürger nicht achtet. So erklärt sich die teils übermäßig devote Haltung von Anspruchsberechtigten, teils die herablassende und bevormundende Haltung von Mitarbeitern. Wer immer weiß, was für den anderen gut ist, nimmt ihn nicht wahr.

Fehlen darf auch der Hinweis auf den Arbeitsanreiz in der Beschlussempfehlung nicht und ebenso die Vorstellung, Erwerbsarbeit sei ursächlich für gesellschaftlichen Reichtum. Ja, wer würde leugnen wollen, dass sie ihren Teil dazu beiträgt? Doch sie als Grundlage zu sehen, übersieht eben alles jenseits von Erwerbsarbeit oder sollte man eher sagen, das die Erwerbsarbeit Fundierende, ohne das wir nicht leben können.

Wie so oft wird in der Empfehlung die Frage aufgeworfen, weshalb denn denjenigen, die es nicht brauchen, ein BGE bereitgestellt werden sollte? Fragen wir denn heute, weshalb dieselben Personen den Grundfreibetrag in der Einkommensteuer in Anspruch nehmen dürfen? Er leitet sich aus der Verpflichtung ab, ein Existenzminimum bereitzustellen (wie ALG II und andere Leistungen), in dem Fall hier: Einkommen erst zu besteuern, wenn es den Freibetrag übersteigt. Genau das ist der Anknüpfungspunkt für ein BGE – in dieser Hinsicht führt es nichts Neues ein, stellt es nur auf ein anderes Fundament.

Was nun, könnte man fragen? Frau Wiest zog aus der Art und Weise des Verfahrens Konsequenzen und reichte erneut eine Petition ein. Die Beschlussempfehlung schickte sie an den Petitionsausschuss zurück. Was lassen sich für Lehren aus den Vorgängen zur Petition ziehen? Das Petitionsrecht ist defensiv, es bestärkt die abwartende Haltung der Bürger und kann durchaus Engagement unterlaufen. Solange die Bürger das BGE nicht zu ihrer Sache machen, wird es auch nicht kommen. Um dies zu erreichen, ist nötig, was den bisherigen Weg der Diskussion ermöglicht hat: öffentliche Debatte, sachlich, leidenschaftlich – nicht dogmatisch.

»Staatsknete für alle?«
Herfried Münkler zum Bedingungslosen
Grundeinkommen

Schon der Titel ist reißerisch und lässt ahnen, was wohl kommen wird. Herfried Münkler, Professor für Politikwissenschaft an der Humboldt-Universität zu Berlin, verdreht in seinem Beitrag für die Frankfurter Rundschau (Münkler 2007) das BGE, wenn er schreibt:

> »Wer sonst keine Einkünfte hat, muss davon [vom Bürgergeld, SL] leben; ansonsten handelt es sich um einen Zuschuss zum Arbeitseinkommen.«

Obwohl Münkler zuvor richtig darstellt, dass ein BGE jedem ausgezahlt wird, also die einzige verlässliche Einkommensquelle über die Lebensspanne bildet, die von keinen spezifischen Leistungen des Einzelnen abhängt, bestimmt er es dennoch als »Zuschuss zum Arbeitseinkommen«. Dabei ist das Erwerbseinkommen der eigentliche Zuschuss, weil es nicht über die ganze Lebensspanne verlässlich verfügbar ist. Genau das, der Modus der Verfügbarkeit, bringt zum Ausdruck, dass Erwerbsarbeit nicht mehr das erste Ziel wäre. Weshalb Münkler von einem »Bürgergeld« spricht, wird nicht klar. Womöglich hat er den Vorschlag des damaligen Ministerpräsidenten von Thüringen, Dieter Althaus, das »Solidarische Bürgergeld«, vor Augen.

Treffend heißt es wenig weiter:

> »Die Vorzüge liegen auf der Hand: Sie verbinden radikale Egalität mit ökonomischer Effizienz. Niemand wird von der Gemeinschaft alimentiert, weil alle qua Bürgerstatus dasselbe Geld bekommen.«

49

Entscheidend für die Rechtfertigungsverpflichtungen, vor denen der Einzelne heute steht, ist diese Auswirkung des BGE. Es hebt Rechtfertigungsverpflichtungen, die für stigmatisierende Effekte verantwortlich sind, auf, denn, da alle alimentiert werden, ist niemand mehr als Alimentierter herausgehoben. Dass Münkler meint, es würde niemand von der Gemeinschaft alimentiert, ist sonderbar: es würden ja gerade alle zu jedem Zeitpunkt ihres Lebens alimentiert, wenn es ein BGE gäbe.

Direkt anschließend hingegen wird es wieder missverständlich:

> »… und die ausufernden Kosten der Sozialverwaltung schrumpfen, weil nur noch Geburt und Tod administrativ erfasst werden müssen; den Rest erledigen elektronische Programme.«

Ein BGE wäre ebenso eine Ausgabe der öffentlichen Hand wie die heutigen Leistungen, es folgte nur einer anderen Logik. Zwar könnte die Sozialverwaltung schrumpfen, wenn die einzige Bezugsbedingung für ein BGE der Status wäre (Staatsbürgerschaft oder Aufenthaltserlaubnis). Doch verlagerten sich damit die Ausgaben nur von der Sozialverwaltung zum BGE. Wo es genau in welchem Umfang zur Reduzierung öffentlicher Ausgaben führte, hinge von der Ausgestaltung ab. Wichtiger als die Ausgabenreduktion ist die Schaffung eines Solidarsystems, das Sicherheit und Förderung von Initiative miteinander verbindet.

Folgende Einschätzung entsprach schon damals nicht dem Stand der Diskussion:

> »Es stärkt die Sorge der Bürger für sich selbst; denn außer dem Bürgergeld sind keine weiteren Zuwendungen zu erwarten. Auf diese Weise würden nicht nur die staatlichen Ausgaben begrenzt, sondern jedem Einzelnen sei auch klar, dass er für sein Leben selbst verantwortlich sei und für seine Zukunft selbst zu sorgen habe.«

Zum damaligen Zeitpunkt der Diskussion gab es schon eine Spanne von Vorschlägen, die in der Tat eine vollkommene Ersetzung der Sozialleistungen durch das BGE erwogen (z.B. Hohenleitner/Straubhaar 2007, S. 20) bis zu denen, die das BGE in die bestehenden Verhältnisse hineinwachsen lassen wollten, also nur den Teil der Sozialausgaben ersetzen wollten, der mit der Höhe des BGE identisch ist (z.B. Werner 2007, Häni/Schmidt 2008). Münkler bezieht sich hier also auf die Version eines BGE, die keine Sonderbedarfe mehr vorsieht. Er folgert aus der Stellung eines BGE, dass der Einzelne dann für sein Leben selbst verantwortlich sei. Nun, das gilt weitgehend auch in einem Sozialstaat, der Leistungen nach Bedürftigkeit vorsieht, wäre also kein Novum des BGE. Diese Leistungen nehmen einem nicht die Entscheidung darüber ab, was man mit seinem Leben anfangen will. Ein BGE würde diese Seite der Verantwortung noch verstärken, zugleich aber wäre es eine

Solidarleistung, die für jeden erfahrbar wäre, eine Leistung, die ihn in keine Richtung drängte. Der Einzelne stünde also auf den Schultern aller – das ist in einem Gemeinwesen immer so, mit einem BGE wäre es ausdrücklich gemacht.

Es gebe, so der Autor, auch »gute Gründe«, die gegen ein BGE sprechen:

> »Da ist zunächst der Einbürgerungsdruck, der mit dem Bürgergeld entsteht. Staatsbürgerschaft ist Geld wert.«

Viele Menschen flüchten schon heute aus ihrer Heimat in der Hoffnung, in Europa bessere Lebensbedingungen vorzufinden. Diejenigen, die wir in unserem Land aufnehmen, sollten Möglichkeiten erhalten, sich einrichten zu können. Für uns kann es nur wünschenswert sein, wenn sich Personen mit dauerhafter Aufenthaltserlaubnis einbürgern lassen. Die Bedingungen dazu bestimmen allerdings wir und nicht die Einwanderer. Als Staatsbürger hätten sie dann Rechte und Pflichten – dann erst gehören sie ganz zu uns und wären nicht mehr bloß »Dauergäste«. Weshalb sollte das also ein Einwand sein?

Weitere Befürchtungen äußert er:

> »Sehr bald dürfte es auch eine öffentliche Debatte darüber geben, ob das Bürgergeld angesichts wachsender Lebenshaltungskosten nicht erhöht werden müsse. Wie diese Debatte endet, lässt sich mit Blick auf die jüngsten Entscheidungen zur verlängerten Auszahlung von ALG I leicht voraussagen.«

Münkler bezieht sich hier auf die sogenannten Wahlgeschenke. Ist denn die Diskussion um eine Verlängerung von ALG I oder eine Erhöhung von ALG II unvernünftig? Letztlich geht es dabei um die Frage, wieviel Selbstbestimmung die Leistungen erlauben sollen. Münkler erweist sich als ausgenommen skeptisch, was die Mündigkeit der Bürger betrifft. Sollten solche Wahlgeschenke gemacht werden, müssen die Bürger die Konsequenzen aushalten. Falls das nicht gewollt wäre, müsste es eine öffentliche Diskussion darüber geben. Was Münkler beargwöhnt, gehört zu den Selbstverständlichkeiten einer Demokratie, die nur so lebendig ist, wie ihre Bürger sie ernst nehmen. Diskussionen um die Höhe wird es sicher immer wieder geben, das ist notwendig, weil Ausgaben stets in Relation zu Einnahmen gesehen werden müssen, aber auch in Relation zu dem, was sie ermöglichen sollen. Münkler sieht die Möglichkeiten gar nicht, die ein BGE bietet.

Weiter schreibt er:

»Vor allem aber wird es einen wachsenden Druck zur Schaffung von Ausnahmetatbeständen geben: bei Alterspflegefällen etwa, die nicht aus dem Bürgergeld finanziert werden können. Es ist kaum anzunehmen, dass wir uns damit abfinden würden, alte Menschen im öffentlichen Raum verkommen und sterben zu lassen.«

Selbstverständlich müssen wir auf Sonderbedarfe eine Antwort geben, das sehen etliche Befürworter ganz klar. Würden wir sie nicht zu decken bereit sein, dann wären diejenigen zur Selbstbestimmung nicht fähig, die einer besonderen Unterstützung bedürfen. Im Unterschied zu heute allerdings vertraute ein BGE mehr in die Bürger, eröffnete durch die Bedingungslosigkeit andere Lösungsmöglichkeiten – gerade auch in der häuslichen Pflege, da es die Pflegenden absicherte. Der Einwand ist wohl nur zu verstehen, wenn bedacht wird, dass Münkler wie eingangs erwähnt die Sparversion des BGE vor Augen hatte. Bei ihr hätte er nicht stehenbleiben müssen, er hätte von ihr ausgehend gegen sie und für ein auskömmliches BGE argumentieren können.

Der letzte noch anzuführende Einwand unterstellt, mit dem BGE würden bestimmte Probleme erst entstehen:

»Schließlich ist da noch ein wachsender Markt für Schwarzarbeit, auf dem man sich leicht eine Aufbesserung des Bürgergelds verschaffen kann, während gleichzeitig reguläre Erwerbsarbeit mit hohen Belastungen versehen ist, um über Steuern das Bürgergeld und durch Versicherungen die eigenen Zukunftsvorkehrungen zu finanzieren.«

Wie es sich mit den »Belastungen« verhielte, hinge ganz davon ab, wie ein BGE finanziert würde. Dass diese Belastungen höher wären als heute, ist eine bloße Behauptung, die sich daraus speist, die möglichen wünschenswerten Folgen für den Wertschöpfungsprozess nicht einzubeziehen. Hätte sich der Autor mit der Idee eines BGE genauer beschäftigt, dann wüsste er um mögliche entlastende Effekte für Unternehmen, die es mit sich bringen könnte. Aufgrund der Verhandlungsmacht, die ein BGE Mitarbeitern verliehe, könnten Löhne differenzierter ausfallen, ihre Zusammensetzung würde sich darüber hinaus ändern. Denn ein Teil des Einkommens, der heute nur über den Lohn erzielt wird, wäre durch ein BGE schon in der Hand des Mitarbeiters. Mit der Abwendung von der Einkommensteuer und einer Hinwendung zu einer Verbrauchs- oder Konsumsteuer würden die Eingriffe in die Wertschöpfung verlagert und griffen erst dann, wenn ein Produkt oder Dienst tatsächlich verkauft würde. Außerdem könnte eine solche Steuer nicht »verlagert« werden. Ob es bei Einführung eines ausreichend hohen BGE zusätzlicher Vorkehrungen zur Absicherung im Alter bedürfte, hinge ganz davon ab, ob wir dafür eine private oder eine öffentliche Lösung vorsehen wollten. Das BGE käme selbst einer Absicherung der Zukunft gleich. Ein BGE könnte höher ausfallen als die Durchschnittsrente heute.[13] Die Steuerhinterziehung bzw. -umgehung, auf die Münkler anspielt, ist eine Straftat und würde auch in Zukunft verfolgt. Entscheidender als das ist jedoch der Umstand, dass ein Gemeinwesen von der Loyalität seiner Bürger lebt. Wenn sie die Rechtsordnung nicht zu tragen und damit auch durchzusetzen bereit sind, dann ist ohnehin alles zu spät.

> »Es spricht darum vieles dafür, doch lieber beim Alten zu bleiben.«

Also, lieber den Kopf in den Sand stecken, die gegenwärtigen Probleme fortschleppen und auf Besserung hoffen, statt die Aufgabe der Wissenschaft ernst nehmen: durch Analyse sichtbar zu machen, wie es auch anders sein könnte.

»Das Unrecht des Bürgerlohns«
Otfried Höffe zum Bedingungslosen Grundeinkommen

Otfried Höffe, Professor emeritus für Philosophie an der Universität Tübingen, setzte sich schon vor Jahren in der Frankfurter Allgemeinen Zeitung (Höffe 2007) mit dem Bedingungslosen Grundeinkommen auseinander. Seinem eigenen Diktum – »Das Philosophieren kann an nahezu jedem Punkt unserer Alltagserfahrung ansetzen. Es bedarf nur der Fähigkeit, Bekanntes in Frage zu stellen: methodisch, aber auch ›erfahrungsgesättigt‹, gründlich und unter Einbezug der eigenen Voraussetzungen«[14] – ist er dabei nicht gefolgt, wie schon der Titel seines Beitrags erkennen lässt. Der Ausdruck »Bürgerlohn« stammt von ihm, nicht aber aus der Diskussion über ein BGE, denn gerade einen Lohn würde es nicht darstellen:

> »Der Gedanke eines Grundeinkommens, das jedem unabhängig von
> seiner wirtschaftlichen und gesellschaftlichen Lage zukomme, der
> sogenannte Bürgerlohn, wird heute vornehmlich volkswirtschaftlich
> diskutiert. Tatsächlich ist auch die Sozialethik gefragt, sogar unter
> zwei Aspekten: einmal vom Begriff der Arbeit, zum anderen vom
> Prinzip Gerechtigkeit her.«

Das Grundeinkommen in seinem Charakter, Bürgereinkommen zu sein, wird von ihm in einen Lohn umgedeutet, den es gerade nicht darstellen soll. Ein Lohn wird für eine Leistung gezahlt, er folgt also dem Geben und Nehmen, er ist abhängig von einem Zweck: Erwerbstätigkeit. Das

---

13 Siehe »Konstruktionsfehler des Grundeinkommens«, S. 190 ff.
14 Siehe Höffes Website an der Universität Tübingen.

BGE hingegen wird den Bürgern um ihrer selbst willen gewährt, der Zweck, dem es dienen soll, ist die Stärkung der Person, der Bürger als Staatsbürger. Es war schon zum Zeitpunkt der Veröffentlichung von Höffes Beitrag keineswegs so, dass die Idee vorwiegend volkswirtschaftlich diskutiert wurde.

Später schreibt er:

> »Der heutige Bürger füllt in der Regel beide Rollen aus, nicht nur die ›edle Rolle‹ des politischen Souveräns, des Citoyens, sondern auch die schlichte Aufgabe des Bourgeois, der als Arbeiter, als Angestellter oder als Unternehmer für seinen Lebensunterhalt selbst zuständig ist.«

Höffe rekurriert auf die Unterscheidung zweier Reiche, eines der Notwendigkeit und eines der Freiheit, die schon in der Antike bekannt war. Auf der einen Seite standen die einem freien Mann gemäßen Mußetätigkeiten, auf der anderen die Knecht- oder Sklavenarbeit. Es sei eine soziale Demokratisierung, dass der heutige Bürger beide »Rollen« ausfülle, schreibt er. Mit der Einführung dieses Begriffs wird nun eine Vermengung vollzogen, die die Diskussionen um die Zukunft der Arbeitsgesellschaft prägt. Eine Rolle im strengen Sinn des Wortes übernimmt nur der Arbeitnehmer, wenn er sich in den Dienst einer spezifischen Aufgabe stellt, die es zu bewältigen gilt. Der Zweck dieser Aufgabe liegt außerhalb seiner, dieser Zweck lebt ohne ihn fort, wenn er z.B. entlassen wird, die Aufgabenbewältigung auf eine Maschine übertragen oder er durch einen anderen Arbeitnehmer ersetzt wurde. Arbeitnehmer zu sein heißt notwendig auch, austauschbar zu sein. Die Person ist in solchen Beziehungen immer nur bezüglich eines bestimmten Aspekts relevant: der zu bewältigenden Aufgabe, der er zu dienen hat. Diese Eingrenzung ist Voraussetzung dafür, dass Organisationen fortbestehen können, wenn Mitarbeiter sie verlassen. Die Überhöhung von Erwerbstätigkeit als Ort sozialer Integration ist vor diesem Hintergrund eine Illusion, denn nicht die Person wird als solche integriert, sondern nur die Person bezüglich einer Funktion, die sie wahrzunehmen hat. Ganz anders verhält es sich für den Staatsbürger. Sein Status hat seinen Zweck in der Angehörigkeit zu einem Gemeinwesen, er ist nicht austauschbar und nicht ersetzbar durch Maschinen. Er kennt keinen Feierabend und keine Ferien. Staatsbürger zu sein, ist keine Rolle. In der Diskussion über die Zukunft der Arbeitsgesellschaft und des Sozialstaats wird diese Unterscheidung kaum gemacht, für die Bestimmung der gegenwärtigen Lage mit ihren Eigenheiten ist sie unerlässlich.

Eine weitere Illusion nährt Höffe mit der Verklärung von Erwerbstätigkeit daraufhin, dass nämlich der Einzelne für seinen Unterhalt selbst zuständig sei. Er hat zwar die Verantwortung dafür, einen Arbeitsplatz zu erhalten, alleine zu tragen, doch das Einkommen, das er erzielt, geht keineswegs auf seine Leistung zurück. Es resultiert aus dem Zusammenwirken arbeitsteiliger Prozesse und dem Rückgriff auf Leistungen vorrangehender Generationen. Die Abhängigkeit von Leistung ist also vielfältig und nicht einer Person zurechenbar.

Weiter heißt es:

> »Die demokratisierte Selbstverantwortung eröffnet allen Bürgern Chancen zu jener Selbstverwirklichung, die große Teile der heutigen Arbeit, insbesondere der Erwerbsarbeit, bieten. Denn das Prestige, weitgehend auch das Einkommen und die vorangehende Bildung und Ausbildung hängen wesentlich mit der Art und dem Rang der (Erwerbs-)Arbeit zusammen. Daraus folgt allerdings nicht, das Arbeitsleben sei zum erwerbsfreien »Muße«leben die schlichte Alternative. Mit geistigen Beschäftigungen beispielsweise oder mit ehrenamtlichen, sozialen und politischen Tätigkeiten kann man das arbeitsgeprägte Erwerbsleben zu einem Gesamtentwurf gelungenen Lebens vervollständigen.«

Liest man die Unterscheidung zwischen Arbeit im Allgemeinen und Erwerbsarbeit im Besonderen so, dass Höffe auf die verschiedenen Tätigkeitsbereiche hinweist, die für ein Gemeinwesen gleichermaßen unerlässlich sind, ist ihm voll zuzustimmen. Schon einen Satz später allerdings wird das Verhältnis wieder zugunsten von Erwerbsarbeit verschoben, was den heutigen normativen Geboten durchaus entspricht. Denn Erwerbsarbeit geht über alles und steht über allem. Wer keiner nachgeht, kann sich noch so sehr für seine Kinder oder bürgerschaftlich engagieren, Anerkennung erfährt er dafür nicht, außer mit warmen Worten. Insofern ist es dann konsequent, wenn gegen Ende des Zitats genau diese Verhältnisse noch bekräftigt werden, indem die über allem stehende Erwerbsarbeit durch anderes Engagement »zu einem Gesamtentwurf gelungenen Lebens« vervollständigt werden *kann* – wie Höffe meint. Sie muss es aber nicht. Dem normativen Gebot der Erwerbsarbeit kann man eben nicht entrinnen. Diese Hierarchisierung übersieht er. Es trifft eben nicht zu, dass alle Tätigkeitsbereiche gleichermaßen offenstehen, denn auf Einkommen kann niemand verzichten und selbst wenn, dann wird er dennoch am Ideal gemessen, durch Erwerbsarbeit einen Beitrag zu leisten oder geleistet zu haben. Die Gleichrangigkeit, die Höffe behauptet, gibt es also nicht, im Zentrum normativer Erwartungen steht Erwerbstätigkeit.[15]

Zwar sieht er in den weiteren Ausführungen seines Beitrags den Zusammenhang zwischen Tätigsein und der Bildung von Fähigkeiten

---

15 Ganz ähnlich argumentiert Höffe auch in einem jüngeren Beitrag, siehe Höffe 2009.

und Fertigkeiten, schließt aber diese mit Erwerbsarbeit kurz, lässt, um es anders auszudrücken, Berufung in Beruf ergo in Erwerbstätigkeit aufgehen. Nicht Erwerbsarbeit als solche regt zur Auseinandersetzung mit einer Sache an, wie er meint, es ist die Sache selbst, zu der der Einzelne eine Affinität haben muss, damit er sich mit ihr auseinanderzusetzen bereit ist. Fähigkeiten und Fertigkeiten können sich durch eine solche Auseinandersetzung ausbilden, dazu bedarf es jedoch keiner Erwerbsarbeit. Sie wiederum erhält ihren Stellenwert erst aus dem normativen Gebot, Einkommen durch sie erzielen zu müssen. So wird durch diese Norm der Einzelne dazu gedrängt, seiner Berufung zu folgen, sofern sie in Erwerbstätigkeit führen kann. Führt sie dazu nicht, erzielt er kein Einkommen. Beruf geht vor Berufung. Höffes Kurzschluss setzt sich fort, wenn er Forschungsergebnisse heranzieht, um zu zeigen, dass »die körperliche und seelische Gesundheit von Menschen, die arbeiten wollen, aber keinen Arbeitsplatz finden, empfindlich beeinträchtigt wird«. Würde er die normative Hierarchie von Tätigkeiten berücksichtigen, dürfte ihn dieser Befund nicht überraschen. Vor allem jedoch dürfte er ihn nicht zu dem Schluss verleiten, diese negativen Auswirkungen einem BGE gleichermaßen zuzuschreiben, denn es höbe gerade die normative Hierarchie auf, die zu den von Höffe aufgeführten Symptomen beiträgt. Noch krasser und umso verwunderlicher zeigt sich das fehlende Reflektieren dieses Zusammenhanges hier:

> »Schließlich wirkt sie auch als ein indirekter Faktor sozialer Kontrolle: Vor allem junge Männer ohne Arbeit sind für Aggression und einen märtyrerbereiten sogenannten Fundamentalismus anfällig.«

Lassen wir die These zu jungen Männern einmal dahingestellt sein. Wer nur einen Moment inne hält, dem drängt sich sofort eine plausible Erklärung für dieses Phänomen auf: Da das Selbstverständnis von Männern noch immer relativ stärker an Erwerbstätigkeit und beruflichen Erfolg gebunden ist als das von Frauen, ist es für sie besonders krisenhaft, wenn sie keine Arbeitsstelle finden. Das wird nicht zuletzt von dem Selbstverständnis eines Gemeinwesens befördert, das sich so sehr über Erwerbstätigkeit und so wenig über bürgerschaftliche Solidarität begreift. Doch diese Lage, das übersieht Höffe wiederum, stellte sich mit einem BGE anders dar, weil weder Einkommen von Erwerbstätigkeit abhängig wäre, noch die Anerkennung der Person, noch die Entfaltung von Fähigkeiten. Junge Männer würden um ihrer selbst willen anerkannt, weil sie Angehörige des Gemeinwesens wären oder zumindest ihren Lebensmittelpunkt in ihm hätten. Die Auswirkungen davon wären enorm.

Wer die Stellung von Erwerbstätigkeit so veranschlagt, wie Höffe es tut, muss zu folgendem Schluss gelangen:

»Die für den Menschen unverzichtbare Anerkennung hängt in hohem Maß von der Berufs- und Arbeitswelt ab. Das aufgeklärte Selbstinteresse drängt daher die Politik, sowohl die Wirtschafts- als auch die Sozial- und die Bildungspolitik, beides zu prämieren: auf Seiten der Volkswirtschaft die Schaffung von Arbeitsplätzen und auf Seiten der Individuen jene Suche nach Berufsfähigkeit und nach Arbeitsplätzen, die auch Mühen und Durststrecken in Kauf nimmt.«

Anerkennung ist jedoch nur dann von Erwerbstätigkeit derart abhängig, wenn letztere die Vorrangstellung innehat, die sie heute innehat. Ungebrochen gilt dies indes nicht, denn die Stellung der Bürger im demokratischen Gemeinwesen ist von Erwerbstätigkeit unabhängig. Sie gilt bedingungslos und kommt im deutschen Grundgesetz deutlich zum Ausdruck. Die Würde des Menschen ist unabhängig von Leistungen, die er erbringt. Diese Stellung, bedingungslos den Souverän zu bilden, ist in ihrer Bedeutung grundlegender als die des Erwerbstätigen. Bürger sind nicht austauschbar, weil sie bestimmte Kriterien nicht erfüllen oder an Zielen nicht mitwirken wollen. Ein Gemeinwesen kann Bürger verlieren, z.B. durch Auswanderung, ›ersetzt‹ werden sie jedoch nicht. Erwerbstätige hingegen sind austauschbar, am deutlichsten erfahrbar wird das, wo sie durch Maschinen substituiert werden. Doch auch jede Entlassung zeigt, dass Austauschbarkeit gerade für Arbeitsprozesse unerlässlich ist, ja jede Stellenausschreibung macht das deutlich. Der Einsatz menschlicher Arbeitskraft ist kein Selbstzweck, er bemisst sich daran, ob er für die angemessene Erledigung einer Aufgabe notwendig ist. Von daher wäre es widersinnig, wenn es die Aufgabe einer »Volkswirtschaft« wäre, wie Höffe behauptet, Arbeitsplätze zu schaffen, sofern die Arbeitsgänge durch Maschinen erledigt werden können. Bürger hingegen können nicht entlassen werden, sie sind immer notwendig, sie sind »systemrelevant«, um ein Schlagwort aus den letzten Jahren zu verwenden.

Weil Erwerbsarbeit für Höffe unabdingbaren Vorrang hat, steht er zu einem Recht auf Arbeit. Da ein solches Recht, wenngleich er es nicht als einklagbares Individualrecht für angemessen hält, Arbeitsplätze nicht mehr daran misst, ob sie für Wertschöpfung notwendig sind, entleert es sie von jeglichem Sachbezug. Es sei Aufgabe des Gemeinwesens »zu einem Wirtschafts-, Sozial- und Rechtsklima beizutragen, das beides fördert: die Bereitschaft zu arbeiten und das Erhalten und Entstehen von Arbeitsplätzen statt des ›Wegrationalisierens‹«. Höffe verzichtet damit auf die Möglichkeiten, Lebenszeit zur freien Verfügung zurückzugewinnen, wenn Wertschöpfung anders erbracht werden kann als mit menschlicher Arbeitskraft. Arbeitsplätze, die ihres Sinns entleert sind, die nur erhalten werden, weil auf Automatisierung verzichtet wird, lassen denjenigen, der sie ausfüllt, erfahren, dass er überflüssig dazu ist. Er füllt sie nur aus, weil auf die Nutzung von Automaten verzichtet wird.

Wie sich die Missdeutung des BGE als Bürgerlohn fortsetzt, zeigt die folgende Passage:

> »Einspruch gegen den sogenannten Bürgerlohn erhebt auch ein Kernelement der Gerechtigkeit, die Wechselseitigkeit. Danach verdient man nicht für das bloße Bürgersein einen Lohn, sondern erst für einen Beitrag zum Gemeinwesen.«

Eine erstaunliche Behauptung, widerspricht sie doch den für die republikanische Demokratie entscheidenden Voraussetzungen. Sie verlangen gerade keine einklagbare Gegenleistung, wenngleich die Demokratie darauf setzen muss, dass sich die Bürger einbringen, dazu allerdings lediglich an sie appellieren kann. Die von Höffe behauptete Wechselseitigkeit gilt nur in der Form eines Loyalitätsgebots gegenüber dem Gemeinwesen, bezieht sich jedoch nicht auf eine bestimmte Gegenleistung, schon gar nicht auf Erwerbstätigkeit. Ein weiterer Einspruch ist ebenso wenig haltbar:

> »Einspruch gegen den ›Bürgerlohn‹ erhebt auch das sozialethische Prinzip der Subsidiarität. Denn es verlangt, dass jeder seinen Lebensunterhalt zunächst selber zu verdienen sucht und dass nur im Notfall das Gemeinwesen für ihn einspringt. Die Subsidiarität votiert gegen einen Fürsorgestaat und für einen freiheits- und demokratiefunktionalen Sozialstaat.«

Dem Subsidiaritätsbegriff, wie er z.B. der Enzyklika Quadragesimo anno (1931) zugrundeliegt, entspricht Höffes Deutung nicht.[16] Vom Bestreiten des Lebensunterhalts und Erwerbstätigkeit ist dort nicht die Rede. Es geht in ihr darum, das »was der Einzelmensch aus eigener Initiative und mit seinen eigenen Kräften leisten kann, ihm nicht entzogen werden soll«. Hierbei wird nicht bestimmt, wo das Können beginnt und wo es endet. Höffe hat zum Subsidiaritätsbegriff sogar einen ausführlichen Artikel verfasst, weswegen seine Ausführungen hier umso mehr verwundern (Höffe 1997). Die Definition aus der Enzyklika muss wiederum interpretiert werden, um Anwendung finden zu können. Das BGE lieferte genau eine solche, wenn es Subsidiarität aus den entscheidenden Voraussetzungen politischer Gemeinwesen herleitet. Dem Einzelnen würde es die Verantwortung, ein autonomes, selbstbestimmtes Leben zu führen, gar nicht nehmen, es würde sie sogar verstärken, weil die Tätigkeiten, denen er sich zuwenden und mittels derer er sich einbringen könnte, ausgeweitet würden. Zu alldem, was Höffe für

16 Siehe »Subsidiarität und Bedingungsloses Grundeinkommen«, S. 161 ff.

erstrebenswert hält, leistet ein BGE einen viel größeren Beitrag als seine Vorschläge, weil es das Solidarband zwischen den Bürgern stärkte, die sich als Bürger, nicht als Erwerbstätige, anerkennen würden – im BGE käme dies zum Ausdruck.

Da war doch mal was
Boris Palmer (Bündnis 90/Die Grünen) einst Grundeinkommensbefürworter, nun Hartz IV-Verteidiger

In einem Interview mit der Frankfurter Allgemeinen Sonntagszeitung (FAS) äußerte sich Boris Palmer vor der Bundestagswahl 2013 (Palmer 2013) zu seinen Vorstellungen von Grüner Arbeitsmarkt- und Sozialpolitik. Das wäre nicht weiter beachtenswert gewesen, es war immerhin Wahlkampf. Einst allerdings befürwortete Palmer ein Bedingungsloses Grundeinkommen und votierte auf der Bundesdelegiertenkonferenz 2007 (Bündnis 90/Die Grünen 2007) dann jedoch dagegen. Damals war es vielleicht Parteiräson, angesichts der jüngeren Äußerungen muss man ernsthafte Zweifel an seiner einstigen Befürwortung eines BGE haben.

Auf eine Frage des Interviewers zu Mindestlohn und Regulierungen am ›Arbeitsmarkt‹ antwortet Boris Palmer:

> »Palmer: Früher gab es erst neue Jobs, wenn das Sozialprodukt um mindestens zwei Prozent wuchs. Seit unseren Reformen ist das bereits bei einem Prozent der Fall. Die Rückkehr in die Zeit vor den Hartz-Reformen [das befürchtete er angesichts von Beschlüssen der Grünen zur Bundestagswahl 2013, SL] ist ein gewagtes Experiment. Damals hatten wir fünf Millionen Arbeitslose, und ich halte die Gefahr für sehr groß, dass wir an diesen Punkt zurückkehren.«

Palmer feiert die vermeintlichen Erfolge Rot-Grüner Regierungspolitik, also auch die Verschärfungen in der Sozialgesetzgebung. Da kann man staunen. Es stellt kein Geheimnis dar, welche Rolle an diesem Erfolg gesetzliche Änderungen haben, die sich auf die Erhebung der Erwerbslosenzahlen auswirkten. Außerdem sollte ein Blick auf das Arbeitsvolumen zumindest vorsichtig machen. Denn im Jahr 1993 betrug das Arbeitsvolumen noch 58,32 Milliarden Jahresstunden, in 2012 waren es demgegenüber nur 57,97 (Datenreport 2013, S. 116; siehe auch Statistisches Bundesamt 2011, S. 849 ff.; Schildt 2006, 2008). Noch deutlicher wird dies, wenn die Arbeitsstunden pro Erwerbstätigen verglichen werden. In 1993 bezifferte sich das Jahresaufkommen pro Erwerbstätigen auf 1547 Stunden, in 2012 nur auf 1393. Der Anstieg der Anzahl Erwerbstätiger vollzieht sich also bei geringerem Arbeitsvolumen, d.h. es wird mehr Teilzeit gearbeitet, wofür mittlerweile eindrückliche Belege vorliegen. Feiern kann man dies natürlich als Verringerung der Arbeitslosenquote, doch was ist damit angesichts der Datenlage gewonnen? Über die entwürdigenden und geradezu paternalistisch entmündigenden Prinzipien der Sozialpolitik, die enormen Druck auf Leistungsbezieher ausüben (Stichwort Sanktionen), sagt er kein Wort. Sie haben zur statistischen ›Verbesserung‹ der Lage ebenfalls beigetragen.

Weiter heißt es:

> »FAS: Den Hartz-IV-Satz auf 420 Euro zu erhöhen geht in Ordnung?
>
> Palmer: Das finde ich richtig, vorausgesetzt, wir behalten neben dem Fördern auch das Fordern im Auge – und verzichten nicht auf jede Form von Sanktion, wenn sich jemand partout nicht um Arbeit bemüht.«

Das ist eine klare Aussage, die auch den Beschlüssen der Bundesdelegiertenkonferenz von Bündnis 90/Die Grünen vom November 2012 entspricht. Unvereinbar ist diese Haltung mit einem Bedingungslosen Grundeinkommen, denn die Sanktionen, die das Sozialgesetzbuch (SGB) vorsieht, üben Druck auf Leistungsbezieher aus. Der besteht angesichts der vorherrschenden Norm, Einkommen über Erwerbstätigkeit zu erzielen, ohnehin. Wer mit dem Fördern ernst machen will, sollte auf Sanktionen verzichten. Erst dann kann sich jemand in Ruhe und mit Bedacht neu orientieren. Das eröffnete sogar innerhalb der Erwerbszentrierung schon Freiräume, wenngleich es nicht vom Erwerbsideal befreite. Das wäre erst durch ein Bedingungsloses Grundeinkommen erreicht.

Nun direkt zum Grundeinkommen:

> »FAS: Fürs Grundeinkommen haben Sie doch selbst gestritten?
>
> Palmer: Die Idee hat für mich eine große Faszination. Beim Grundeinkommen gibt es weiterhin Anreize zur Arbeitsaufnahme, weil man vom Zuverdienst mehr behalten kann. Aber bis zu solch einem Systemwechsel ist es noch ein weiter Weg, und so lange brauchen wir andere Mechanismen…«

Wie soll es einen Übergang vom einen zum anderen geben, wenn die Mechanismen, an denen er festhalten will, dem BGE zuwiderlaufen? Keine Erklärung, nicht einmal ein Versuch, seine Einschätzung zu plausibilisieren. Mit dem Verzicht auf Sanktionen würde ein wichtiges Element des jetzigen Systems außer Kraft gesetzt und genau damit ein Anfang für eine Veränderung gemacht – für Palmer offenbar undenkbar. Da es in Deutschland schon einen Grundfreibetrag in der Einkommensteuer gibt sowie Arbeitslosengeld II, beides bedingte Formen von Grundeinkommen, wäre ein Anfang leicht zu machen. Statt an den Bedingungen festzuhalten, würde der Grundfreibetrag ausgeschüttet als Geldbetrag. Ein Systemwechsel wäre dazu also nicht nötig, eine Veränderung innerhalb schon. Wie gehen seine Vorbehalte mit seiner »Faszination« für das Grundeinkommen zusammen?

Im gleichen Absatz geht es weiter:

> »Palmer: Wie der Beschluss zum Aussetzen der Sanktionen auf dem letzten Parteitag zustande kam, hat mich erschreckt: Die Abgeordnete Sylvia Kotting-Uhl hat da unter Beifall von Menschenrechtsverletzungen geredet. Das relativiert diesen Begriff für mich auf nicht erträgliche Weise.«

Sicher kann man geteilter Meinung sein, ob es weiterführt, im Zusammenhang mit dem Arbeitslosengeld II von »Menschenrechtsverletzungen« zu sprechen. Dass die Sanktionspraxis eine Erniedrigung darstellt und Ausdruck eines Misstrauens darein ist, dass Menschen in der Regel immer versuchen, das Beste aus ihrem Leben zu machen, ist allzu deutlich. Palmers Empörung ist angesichts dessen verstörend. Wer, wie es in einer Demokratie naheliegend und geboten wäre, vom mündigen Bürger ausgeht, auf den ein Gemeinwesen sich verlassen muss, der kann die heutige Sozialpolitik nicht befürworten. Sie läuft den Grundfesten der Demokratie entgegen. Entweder wohnen zwei Seelen in seiner Brust oder er bemerkt den Widerspruch nicht.

Familie, Kinder, Pflege

Eltern als Störung

Im Rahmen des Landtagswahlkamps in Nordrhein-Westfalen im Jahr 2012 sorgte ein Interview mit Hannelore Kraft (Kraft 2012) für Aufregung. Die Frankfurter Allgemeine Zeitung titelte »Alle Kinder müssen in die Kita« und schrieb diese Äußerung der Ministerpräsidentin zu. Die Resonanz war enorm, sicher auch des Wahlkampfs wegen, doch es ging um mehr. Sogleich wurde ihre bevormundende Haltung kritisiert. Der Spitzenkandidat der CDU in NRW, Norbert Röttgen, bezog sich in einer Fernsehdiskussion mit Hannelore Kraft genau darauf, wohingegen Frau Kraft den Vorwurf, sie fordere eine Kita-Pflicht, zurückwies. Was war passiert? Was hatte sie genau gesagt? Was können wir für die aktuellen Debatten zum Ausbau von Kinderkrippen und -tagesstätten daraus schließen?

Hier die Passage aus dem Interview mit der Frankfurter Allgemeinen Zeitung, in der es um die Kita geht:

> »Kraft: Jeder Kita-Platz ist eine gute Prävention. Wir wissen aus einer Untersuchung des Prognos Instituts, dass sich jeder Kita-Platz volkswirtschaftlich schon nach einem Jahr rechnet, weil Mütter dann erwerbstätig sein können, Steuern und Sozialabgaben zahlen, anstatt Transferleistungen zu beziehen. In vielen Fällen möchten gerade Alleinerziehende gerne wieder arbeiten, haben aber keine verlässliche Betreuung. Deshalb stellen wir uns auch so massiv gegen das Betreuungsgeld. Bisher waren wir uns mit der CDU einig, dass Bildung schon in der Kita beginnen muss. Dann *müssen* wir aber auch *sicherstellen,* dass alle Kinder da sind, statt eine Prämie für Kinder zu zahlen, *damit sie fernbleiben.*« [Hervorhebungen, SL]

Betrachten wir uns den weiteren Zusammenhang der Äußerung, wird die Aussage noch drastischer. Der Zusammenhang zwischen volkswirtschaftlichem Nutzen und Erwerbstätigkeit der Mütter wird ausdrücklich hergestellt, wobei dort noch davon die Rede ist, dass Mütter erwerbstätig sein *können,* nicht sollen oder müssen. Erwerbstätigkeit sei besser als Transferleistungen – ganz gleich, aus welchem Grund sie bereitgestellt werden. Familienvergessenheit herrscht vor. Von »Prävention« ist die Rede – von Vorbeugung, was nur heißen kann Vorbeugung gegen Fehlentwicklungen, die eintreten könnten, wenn Prävention unterlassen würde. Für Kinder länger zuhause zu bleiben und nicht erwerbstätig zu sein, fördert also eine Fehlentwicklung. Prävention ist eben etwas anderes als das bloße Schaffen von Möglichkeiten. In einer Passage vor der hier zitierten wehrte sie sich noch gegen das Attribut, sie befürworte eine »präventive Sozialpolitik«. Genau darum geht es jedoch in ihren Ausführungen. Ihre Kritik am Betreuungsgeld, das nur vom 15. bis zum 36. Lebensmonat eines Kindes bezahlt wird, lässt erkennen, wogegen sie sich richtet. Ging es zuvor noch darum, erwerbstätig werden zu *können*, verwandelt sich dies nun schleichend in ein *Sollen*. Das wäre nichts Neues aus SPD-Kreisen, man erinnere sich nur an die »Lufthoheit über den Kinderbetten«, die Olaf Scholz, damaliger Generalsekretär, im Jahr 2002 zurückerobern wollte. Die Aussage, dass Bildung schon in der Kita beginnen *müsse*, lässt noch nicht auf eine Kita-Pflicht schließen, nur auf Frühförderung. Erst der anschließende Satz verschafft dem Geist Ausdruck, der hier herrscht: Wer der Auffassung ist, dass Bildung in der Kita zu beginnen habe, müsse die Anwesenheit der Kinder sicherstellen(!). Wie soll das anders möglich sein als durch eine Pflicht? Ohne sie würde nur darein vertraut, dass Eltern von sich aus Kinder in die Kita brächten, ihre Anwesenheit wäre dadurch allerdings nicht sichergestellt. »Sicherstellen« – das ist das Syndrom, unter dem wir leiden, seinetwegen stecken wir fest in einem bevormundenden Sozialstaat, weil alles sichergestellt werden soll. Und was hat die CDU dagegen getan? Sie führte gemeinsam mit der SPD das Elterngeld ein, das erwerbstätige Eltern belohnt und nicht-erwerbstätige zu Eltern zweiter Klasse degradiert. Das Betreuungsgeld, was Frau Kraft hier kritisiert, ist – wie schon das Elterngeld – ein Zubrot für diejenigen, die über ausreichendes Einkommen verfügen. Sie aber brauchen kein Betreuungsgeld. Die es brauchen könnten, denen hilft der Betrag von 150 Euro hingegen nicht weiter.[17]

Die größte Störquelle für Bildungsprozesse und das Gedeihen von Kindern, so signalisieren die zitierten Ausführungen, sind anscheinend die Eltern. Müssten dann nicht diejenigen, die das so sehen, fordern, die Störquelle auszuschalten? Eltern abschaffen also? Das mag nun übertrieben klingen, denn keiner würde das öffentlich fordern, doch was soll aus solchen Äußerungen sonst geschlossen werden?

Wer hingegen der Überzeugung ist, Eltern seien nicht ersetzbar und sollten Möglichkeiten haben, sich ihren Kindern möglichst frei zu widmen, der muss ihnen diese Möglichkeiten verschaffen. Das geht nur mit einem BGE.

17 Siehe »Die Debatte um das Betreuungsgeld als Symptom«, S. 73 ff.

Das Leben »organisieren«
Zu einem sozialtechnokratischen Aufruf gegen das Betreuungsgeld

Ein Aktionsbündnis verschiedener Parteien und Verbände – initiiert von Bündnis 90/Die Grünen, Die Linke, SPD, Piratenpartei, Grüne Jugend, Jusos, Junge Piraten – stellte sich mit dem Aufruf »Nein zum Betreuungsgeld!« (Nein-zum-Betreuungsgeld 2012) gegen den Vorschlag eines Betreuungsgeldes, über den im Jahr 2012 im Deutschen Bundestag (Betreuungsgeld 2012) debattiert wurde. Interessant ist der Aufruf, weil er verrät, wie über Familie, Kinder, Freiheit und Erwerbstätigkeit gedacht wird.

In dem Aufruf heißt es:

> »Das Betreuungsgeld ist schädlich.
>
> Das Betreuungsgeld ist teuer.
>
> Das Betreuungsgeld will niemand – außer der CSU.
>
> Als Bündnis über Parteigrenzen hinweg machen wir uns dafür stark, dass Eltern ein gutes und verlässliches Betreuungsangebot für Kinder haben. Damit alle Kinder in ihrer Entwicklung gefördert werden. Damit Mütter und Väter ihr Leben, Familie und Beruf, so organisieren können, wie sie es für richtig halten. Das gibt es nicht umsonst. Dafür werden die Milliarden gebraucht, die für das Betreuungsgeld vorgesehen sind.«

Zurückhaltung waltet hier nicht, »schädlich« sei das Betreuungsgeld, das Wohlergehen des Gemeinwesens in Gestalt des Wohlergehens von Eltern und Kindern werde geradezu gefährdet, so muss man diese Behauptung lesen. Es wird die »Keiner darf zurückbleiben«-Strategie erkennbar und damit zugleich ein Gegensatz zwischen Familie und Betreuung (also: Fremdbetreuung) aufgebaut. Die Frage wäre, welche Entwicklung, welche Aspekte denn durch Fremdbetreuung ab welchem Alter gefördert und welche sogar beeinträchtigt werden? Die Befunde aus der Bindungsforschung raten zur Vorsicht in Sachen früher Fremdbetreuung. Von der affektiven Entwicklung ist im Aufruf nicht die Rede, doch gerade sie benötigt eine stabile Eltern-Kind-Bindung mit ihrer jeweiligen Eigenheit von Mutter-Kind- und Vater-Kind-Dyade. Sie ist in der Regel auf einfache Weise in der Familie gewährleistet, benötigt aber Zeit. Bedingungslose Hingabe zeichnet sie aus. Dass Elternschaft mit tiefgreifenden Krisen verbunden sein kann, ist klar, wird aber gerade in der gegenwärtigen Diskussion unterschätzt oder sollte man eher sagen: geleugnet? Dauerverfügbarkeit, stetige Verantwortung, umfassende Fremdbestimmung durch die nicht aufschiebbaren Bedürfnisse von Kindern im Säuglings- und Kleinkindalter – das sind die Herausforderungen, die zu bestehen sind. Eltern sind nicht dasselbe wie ›Bezugspersonen‹, wenn auch mit ihnen oft in einen Topf geworfen. Familiale Fürsorge hat indes nichts mit »Betreuung« zu tun, sie erwächst aus einer Bindung um des Gegenübers selbst willen. In Betreuungseinrichtungen sind Kinder nicht um ihrer selbst willen und die Erzieher nicht da, um ganz bestimmte Kinder in Empfang zu nehmen. Es handelt sich um eine Dienstleistung, ganz gleich, welche Kinder kommen, die Kinder sind also austauschbar.

Weitreichender noch als dieser erste Teil ist die Haltung, die im anschließenden Satz zutage tritt. Es wird davon gesprochen, Leben, Familie und Beruf zu »organisieren«, wie es Väter und Mütter für richtig halten. Unvergleichbares wird zusammengeworfen. Organisieren, ohne Schaden anzurichten, lassen sich routinisier- und standardisierbare Abläufe, also Arbeitsgänge, Aufgabenerledigungen – Handlungsvollzüge also, in denen Menschen einer Aufgabe dienen, nicht aber um ihrer selbst willen gefragt sind. Selbst in Organisationen, in denen Personen stets einem Zwecke dienen, also nur eine Rolle ausfüllen, hat das Organisieren Grenzen. So lässt sich organisieren, welche Aufgaben ein Mitarbeiter übernimmt, nicht aber, wie er sie erledigt, wie sehr er seine Schaffenskraft einbringt; das lässt sich nur ermöglichen. Seine Leistungsbereitschaft hängt ganz davon ab, ob er sich einbringen will und dazu die Möglichkeiten erhält. Organisieren kann man eine Geburtstagsfeier, nicht aber die Gäste, es sei denn, sie werden als Staffage benötigt. Menschen zu organisieren, degradiert sie, deswegen werden Gäste eingeladen und nicht abgeordnet oder angefordert.

Die Vorstellung, das Leben lasse sich organisieren, ist sozialtechnokratisch. Was für den Beruf in gewissen Grenzen gilt – nicht aber für das Berufsethos – gilt für die Familie nicht. Deswegen wäre es angemessener, nicht mehr von einer *Vereinbarkeit* von Familie und Beruf zu sprechen, sondern von Verzicht und Einschränkung, die es den Eltern abverlangt, beides haben zu wollen (Garsoffky/Sembach 2014). Das gilt ganz besonders für das Säuglings- und Kleinkindalter, wo Eltern präsent sein sollten und ihre Bedürfnisse weit zurückstellen müssen. Wer der Auffassung ist, das Leben lasse sich organisieren, hat diesen Zusammenhang aus den Augen verloren, weil er meint, Bindungen seien herstellbar wie Arbeitsabläufe.

Die Unterzeichner schreiben weiter:

> »Denn wir brauchen das Geld dringend für den Ausbau von Kita-Plätzen. Das gilt umso mehr, vor dem Hintergrund, dass die angestrebte Betreuungsquote von 35 % unter dem heutigen Bedarf zurückbleibt. Wir brauchen keine Anreize, Kinder von zusätzlicher Förderung fernzuhalten und vor allem Frauen den Wiedereinstieg in den Beruf zu erschweren.«

Zwar wird von »zusätzlicher Förderung« gesprochen, einer Förderung also, die hinzukommt zur dem, was schon in der Familie geschieht. Es geht dabei allerdings um die Betreuung von Kindern unter drei Jahren, denn nur so ist die Kritik am Betreuungsgeld nachzuvollziehen. Ob diese Frühförderung zusätzlich zu dem, was Eltern zu leisten in der Lage sind, ein Kind stärkt oder schwächt, hängt von der affektiven Reife eines Kindes, dem Umfang der Betreuung in Stunden pro Tag und der Qualität einer Einrichtung ab (Scheerer 2009, Largo 2010, Ahnert 2010). Wollte man dafür ein praktisch taugliches Kriterium heranziehen, das sich am Wollen des Kindes orientiert und nicht an der Einschätzung von Eltern oder Experten, dann ist dies, ob ein Kind in die Einrichtung gehen *will*, und zwar von sich aus. Im Alter zwischen drei und viereinhalb Jahren artikulieren Kinder von selbst, dass sie mit anderen zusammen sein wollen, allerdings auch da nur in begrenztem Umfang und je nach Stimmungslage. Noch in diesem Alter sind Bedürfnisse und ihre Befriedigung in keiner Weise einfach aufschiebbar. Wo darüber hinweggesehen wird, wird über das Kind hinweggesehen. Es geht dann eben doch nicht um die Förderung von Kindern, sondern um die Durchsetzung einer möglichst hohen Erwerbsquote, um dem normativen Vorrang von Erwerbstätigkeit gerecht zu werden – das ist der Fall in der frühen Fremdbetreuung, wie der letzte Satz deutlich macht. Als würde ein Betreuungsgeld Eltern dazu veranlassen, Kinder, entgegen ihrem Wunsch, vom Zusammensein mit anderen Kindern abzuhalten. Alleine der geringe Geldbetrag, es geht um 150 Euro, wird schon als Gefahr gesehen. Der Aufruf argumentiert damit genauso wie diejenigen, die dem BGE vorwerfen, es halte die Menschen davon ab, sich beruflich zu engagieren.

> »Fehlende Betreuungsplätze sind das größte Hindernis für Eltern, im Beruf den Anschluss zu halten.«

Das hat doch aber entscheidend damit zu tun, unter welchen Bedingungen heute das Auskommen erzielt werden muss und wie die Erwerbsarbeitswelt tickt, nach welchen Kriterien sie Mitarbeiter auswählt. Statt im Hamsterrad besser mitlaufen zu wollen, wäre die beste Antwort, die Abhängigkeit von Erwerbstätigkeit und damit zugleich ihre Bedeutung zu relativieren. Das scheint die Aufrufer aber nicht zu interessieren.

> »Der Zugang zu eigenständigem Erwerbseinkommen ist der beste Schutz vor Armut.«

Die aktivierende Sozialpolitik lässt grüßen. Wenn es den Aufrufern darum ginge, Familien den Rücken zu stärken und ihnen Freiräume zu schaffen, mehr Zeit mit den Kindern verbringen zu können, dann benötigen sie nicht zu allererst Arbeitsplätze. Welcher Preis für dieses vermeintlich eigenständige Erwerbseinkommen zu bezahlen ist, wird schlicht übergangen.

>Ohne verlässliche öffentliche Betreuungsinfrastruktur ist diese aber gerade für Familien mit mittleren oder geringeren Einkommen und für Alleinerziehende, die sich keine private Betreuung leisten können nicht möglich. Gerade sie sind dann im Alter von Armut bedroht.«

Statt eine Absicherung zu schaffen, wie sie das BGE böte, das nun gerade den genannten Einkommenslagen zugutekäme, wird auf alte Strategien gesetzt. Erst mit einem BGE aber könnte man verlässlich herausfinden, was Eltern denn wollen. Ob sie im Unterschied zu heute doch mehr zuhause bleiben würden, wenn sie könnten. Das betrifft auch gerade diejenigen, die besonders mit Einkommensnöten zu tun haben und deswegen erwerbstätig sein müssen. Solche Freiräume schweben den Aufrufern nicht vor.

>Echte Wahlfreiheit gibt es nur mit guten Kitas und ausreichend Plätzen. Noch im Juni soll der Bundestag über das Betreuungsgeld entscheiden.«

Wahlfreiheit ist zum Schlagwort geworden; was gemeint ist, wird erst deutlich, wenn nach den Wahlmöglichkeiten gefragt wird, die geschaffen werden sollen. Vorausgesetzt wird hier die Wahl zwischen Erwerbstätigkeit beider Eltern (deswegen Kita-Ausbau) oder Erwerbstätigkeit eines Elternteils bzw. beider halbtags, so dass eine Betreuung zuhause möglich ist – soweit die Theorie. Wer aber kann es sich leisten, zuhause zu bleiben? Nur wer so viel verdient, damit ein Einkommen bzw. eines aus zwei Teilzeitstellen ausreicht. Die sogenannte Wahlfreiheit ist also dann nur eine für gut Verdienende. Da zeigt sich wieder einmal, wen der Aufruf unterstützt, es verhält sich ganz wie beim Elterngeld, das eine Förderung von gut Verdienenden darstellt.

Eine tatsächliche Wahlfreiheit kann es gar nicht geben, denn zwischen Familie samt der damit einhergehenden Verantwortung und Beruf gibt es keine Wahl, die folgenlos für die Familie bleibt. Während die erste umfassend, 24 Stunden täglich, sieben Tage die Woche, das ganze Jahr zu tragen ist, ist die zweite auf die Arbeitszeit begrenzt. Wer Familie hat, kann nicht wählen, diese Verantwortung nicht zu haben, er kann sich nur fragen, wie er sich ihr stellen will. Dazu bräuchte er Möglichkeiten, wie sie nur ein BGE schüfe, nicht aber einen Vorschlag, der über Familie sozialtechnokratisch hinweggeht.

Erwerbsarbeit, Elternschaft und das männliche Selbstbild
Zu Remo Largo

Der Tagesanzeiger (Schweiz) führte im Jahr 2011 ein Interview mit Remo Largo (Largo 2011), einem renommierten Kinderarzt und Forscher, in dem interessante Fragen unserer Zeit aufgeworfen werden. Es geht darin um den Stellenwert von Erwerbstätigkeit und die Vorstellungen von Familie. Zum Greifen nahe ist das Bedingungslose Grundeinkommen, ohne dass die Sprache darauf kommt. Erstaunlich sind die Widersprüche in Largos Ausführungen, die Aufschluss über Klippen geben, die die Grundeinkommensdiskussion zu nehmen hat.

Zuerst beschäftigt sich das Interview mit den Erwerbsbedingungen von Frauen und Männern, dem Missverhältnis zwischen der Präsenz von Müttern und Vätern in der Familie sowie dem, was sich ändern müsste. Largo appelliert an Frauen wie Männer, von der Wirtschaft bessere Arbeitsbedingungen einzufordern. Er ruft die Frauen dazu auf, von den Männern mehr Engagement in der Familie zu verlangen und weist daraufhin, dass ein Grund für Scheidung sei, »dass der Vater nie da ist«. Hintergrund ist die Lage in der Schweiz. An der nachfolgenden Stelle geht es um die Voraussetzungen, die erfüllt sein müssen, damit Frauen sich stärker beruflich engagieren können.

> »Tagesanzeiger: Bevor alle Frauen so viel arbeiten können, müssten sich die Rahmenbedingungen stark ändern.
>
> Largo: Ja, wir müssen Ganztagesschulen einrichten, wie es sie im Tessin schon lange gibt. Die Kinder brauchen eine Betreuung über Mittag und nach der Schule. In der Stadt Zürich ist die Hälfte der Kinder im Schulalter über Mittag und nach der Schule allein zu Hause. Ein unhaltbarer Zustand.«

Damit Kinder berufstätiger Eltern über Mittag nicht so viel allein zuhause sind, sollen Ganztagsschulen Abhilfe schaffen. Diese Diskussion wird in Deutschland schon länger geführt, die Frage jedoch ist, was damit erreicht werden soll? Wenigstens, so könnte man sagen, wenn schon die Eltern nicht präsent sind, wären die Kinder versorgt. Und die Folgen? Solange Erwerbstätigkeit als die herausgehobene Tätigkeit schlechthin aufgefasst wird, führen Ganztagsschulen keineswegs dazu, dass sich Eltern stärker auf Familie besinnen können, wie es Largo in dem Interview kurz vor dieser Passage Vätern nahelegt. Das Gegenteil ist der Fall: Ganztagsschulen und Kindertagesstätten angesichts der gegenwärtigen Lage auszubauen verstärkt nur die Erwerbsorientierung. Kinder wären also noch weniger mit ihren Eltern zusammen, als sie es schon sind. Wenn Eltern für ihre Kinder besser ansprechbar sein sollen, müssen sie – beide – zuhause mehr präsent sein. Sie sind die zentralen

Menschen im Leben der Kinder trotz aller ›Bezugspersonen‹[18], die es geben kann. Wenn also Kinder mehr Zeit mit ihren Eltern haben sollen, dann sind Ganztagsschulen keine Lösung, sondern Teil des Problems, wenn damit eine Betreuung bis in den späten Nachmittag gemeint ist. Sonderbar, dass Largo dies nicht bemerkt, wo er doch gerade sich selbst zum Beispiel nehmend darauf hingewiesen hat, welche Freiheiten für Eltern entstehen, wenn Arbeitszeit- und -ort flexibler gestaltbar sind als heute (Stichwort: Homeoffice, Telearbeit). Weiter heißt es:

> »Tagesanzeiger: Ist es denn schlimm, wenn Kinder ein paar Stunden alleine sind? Vielleicht fördert das ja ihre Selbstständigkeit.
>
> Largo: Kinder brauchen jemanden, der da ist, falls sie das Bedürfnis nach einer Ansprechperson haben. Und über Mittag essen sie alleine oft sehr ungesund – Chips und eine Cola vor dem Fernseher zum Beispiel. Doch nicht nur Ganztagesschulen sind dringend notwendig, auch Krippenplätze für Vorschulkinder[19] – am besten gratis. «

Ohne dass Largo die Diskussion zum BGE kennen müsste, könnten seine Überlegungen Anstoß zu Alternativen sein, wie es möglich wäre, den Eltern mehr Präsenz zuhause zu erlauben. Das BGE wäre in dieser Hinsicht sehr weitreichend. Nun könnte hier eingewandt werden, dort wo Eltern überfordert sind, seien Ganztagsangebote die einzige Möglichkeit, den Kindern etwas Besseres zu bieten. Zu entscheiden wäre das allerdings von Fall zu Fall und stets zu kontrastieren damit, wie die Lage aussähe, wenn Eltern nicht erwerbstätig sein müssten. Denn beides zu tun trägt zur Überforderung bei. Zu fragen wäre darüber hinaus, inwiefern gerade durch die heutigen Sicherungssysteme und die Erwerbsidolatrie die Hinwendung zur Familie, das Annehmen von Elternschaft als Aufgabe, erschwert wird. Largos Vorschlag weist nicht weg vom Erwerbsprinzip, er weist stärker zu ihm hin und führt damit gut vor Augen, wie wenig ›vereinbar‹ im Sinne eines friedlichen Nebeneinanders Familie und Beruf sind.

18 Dieser Ausdruck ist missverständlich, weil er Primärbeziehungen zu den Kindern (von Eltern – zwischen ihnen noch der Unterschied zwischen Mutter und Vater –, Großeltern, Tanten, Onkeln, Nachbarn, Freunden der Familie) und Sekundärbeziehungen (von Erziehern, Lehrern usw.) gleichsetzt. Erstere konstituieren sich jedoch um der Person selbst willen bzw. vermittelt über die Eltern, letztere durch ein institutionelles Setting. Erzieher z.B. sind in einem Kindergarten nicht für ein Kind um seiner selbst willen da, sondern weil es den Kindergarten besucht.

19 In der Schweiz beginnt der Kindergarten je nach Kanton erst im Alter von vier oder fünf Jahren. Was in Deutschland schon ins Kindergartenalter fällt, gehört in der Schweiz noch zur Krippe. In 19 von 26 Kantonen ist der Kindergartenbesuch Pflicht.

Ein ganz anderer Aspekt von Ganztagsschulen oder auch Kindertagesstätten kommt hier gar nicht zur Sprache. Je früher und je länger pro Tag Kinder dort betreut werden, desto weniger Möglichkeiten haben sie, sich in der Nachbarschaft, in der sie leben, zu entfalten. Schon heute lassen sich die Auswirkungen studieren, wenn Nachbarschaften verwaist sind bis in den späten Nachmittag und Kinder, die nicht oder nicht solange fremdbetreut werden, kaum Spielkameraden antreffen. Zu bedenken ist auch, dass Kinder in Betreuungseinrichtungen letztlich immer in einem vorstrukturierten Rahmen auf einem eingeschränkten Gelände spielen und sich begegnen; stets sind Erzieher zugegen und beaufsichtigen, was die Kinder machen. Mit einem freien Erkunden der eigenen Lebensumgebung hat das nichts zu tun.

> »Tagesanzeiger: Die Generation unserer Eltern hat gemacht, was Sie als Mythos bezeichnen: Die Mutter kümmerte sich den ganzen Tag nur um den Nachwuchs.
>
> Largo: Früher gab es viel mehr Kinder – und mehr Bezugspersonen, Schwiegermütter, Verwandte, Nachbarn, die bei der Erziehung mithalfen. Diese Unterstützung fehlt den Eltern heute weitgehend. Dass die Mutter die Kinder alleine aufzieht, ist ein Spezialfall in der Menschheitsgeschichte. Nicht umsonst heisst es: Um ein Kind aufzuziehen, braucht es ein ganzes Dorf.«

Largo weist zu Recht auf Veränderungen hin, lässt den Wandel allerdings unbefragt stehen. Auch wenn es heute weniger Kinder gibt, Familien und Verwandte häufig nicht mehr in unmittelbarer Nähe zueinander leben, kann doch nicht übersehen werden, dass diese Situation mit einer stärkeren Erwerbsorientierung zu tun hat. Erhöht sich die Erwerbsquote, weil Erwerbsarbeit mehr als früher als Lebensinhalt betrachtet wird, sind in Nachbarschaften weniger Personen anzutreffen, die tagsüber zuhause sind und sich um Kinder kümmern, ihnen etwas anbieten könnten. Nun kann dieser Situation durch den Ausbau von Betreuungseinrichtungen begegnet werden, dadurch verändert sich die Lage in den Nachbarschaftsverhältnissen allerdings gar nicht. Vielmehr verstärkt der Ausbau das Verwaisen von Nachbarschaften und die relative Abwertung von Familie, da er mit Bezug auf Erwerbstätigkeit erfolgt. So wäre es durchaus denkbar, dass Nachbarn im Leben einer Familie eine größere Rolle zu spielen beginnen könnten und Eltern sich im nahen Lebensumfeld mehr austauschten, wenn dazu denn mehr Zeit wäre und es als gleichermaßen erwünscht gälte wie Erwerbstätigkeit. Das ist gerade nicht der Fall. Ein BGE jedoch würde das Erwerbsideal relativieren und wer weiß, ob nicht mehr Menschen, als wir meinen, es für sich entdecken würden, für andere Kinder da sein zu wollen – auch in der Nachbarschaft.

Um nicht missverstanden zu werden. Kindergärten können ebenso sinnvoll sein wie Kindertagesstätten, doch alles zu seiner Zeit und unter der Bedingung, dass die Kinder dorthin wollen. Remo Largo zitiert in seinen Büchern das Sprichwort »Das Gras wächst nicht schneller, wenn man daran zieht«. Ganz in diesem Sinne sollten Kinder nicht zu etwas gedrängt werden, wozu sie von ihrer Entwicklung aus noch nicht bereit sind. Obwohl er selbst die starke Erwerbsorientierung in diesem Interview kritisiert, macht er sie unreflektiert zur Voraussetzung seiner Lösungsvorschläge.

Nimmt man den Sinnspruch im letzten Satz der zitierten Passage ernst, dann braucht es eben ein ganzes Dorf – also etwas Gemeinschaftliches – um ein Kind aufzuziehen. Gemeinschaft heißt allerdings, dass sich Menschen als ganze Personen begegnen und nicht als Träger von spezifischen Aufgaben (Rollen), die gerade auszeichnet, dass Personen darin austauschbar sind. Das ist bei Erziehern aber der Fall. Das Gemeinschaftliche hingegen würde durch ein BGE gestärkt und durch es Freiräume geschaffen, so könnte sich auch Gemeinschaftsbildung anders vollziehen.

> »Tagesanzeiger: Mädchen sind erfolgreicher in der Schule. Was läuft falsch?
>
> Largo: Jetzt betreten wir ein weiteres Minenfeld! Ja, die Buben haben das Nachsehen: Heute sind 60 Prozent der Gymnasiasten weiblich. Im Berufsleben sind Frauen oft besser qualifiziert als die Männer, weil in unserer heutigen Dienstleistungsgesellschaft ihre Fähigkeiten mehr zählen. Die Frauen haben sich emanzipiert, den Männern steht es noch bevor. Die Männer haben noch nicht einmal bemerkt, dass sie ihre soziale Vorrangstellung weitgehend verloren haben. Sie versuchen immer noch, die Frauen zu bremsen, indem sie davon schwärmen, wie toll es sei, ausschliesslich Mutter zu sein. Sie müssen sich neu orientieren, vor allem in ihren Beziehungen und ganz besonders in ihrer Rolle als Vater.«

Eine bemerkenswerte Einschätzung. Deutlich wird an dem gesamten Interview, wie weitreichend die Möglichkeiten eines BGE sind und wie sehr es notwendig ist, den Blick zu wenden, um die Möglichkeiten zu sehen. Selbst Largo, der manches so klar sieht, reflektiert nicht, wie sehr die von ihm ins Auge gefassten Lösungen dem Vorrang von Erwerbstätigkeit entspringen.

Die Debatte um das Betreuungsgeld als Symptom

Ausbau von Betreuungsreinrichtungen für Kinder auch unter drei Jahren, Verkürzung von Schul- und Studienzeiten, Vereinbarkeit von Familie und Beruf – Entscheidungen, die diese Ziele befördern, werden als Erfolge gefeiert, nicht nur in der Politik. Wir begegnen diesen ›Erfolgen‹ auch in der Ausweitung von Betreuungszeiten und Betreuungsaltersgruppen in Kindergärten und Kindertagesstätten. Heute ist es nicht mehr ungewöhnlich, Kinder um 7 Uhr in die Kita zu bringen und zwischen 16 und 18 Uhr abzuholen. Dieser Entwicklung fügt sich die Verkürzung der gymnasialen Schulzeit (G 8). Die Begründungen, die dafür vorgebracht werden, weisen alle in dieselbe Richtung, sie gelten für die Konstruktion des Eltern- wie des Betreuungsgeldes.

Die Positionen in der Debatte um das Betreuungsgeld lassen sich grob so umreißen: Auf der einen Seite wurde es als »Herdprämie« (Betreuungsgeld 2012) kritisiert, genau wie das Bedingungslose Grundeinkommen. Es verleite Frauen dazu – obwohl Männer es gleichermaßen beziehen können –, länger von Erwerbstätigkeit fern zu bleiben. Ja, länger als was? Ja, länger als es diejenigen gerne hätten, denen Erwerbsarbeit das höchste Gut ist. Auf der anderen Seite fanden sich diejenigen, die meinten, es dürfte nicht einseitig öffentliche Betreuung gefördert werden, Familien bedürften ebenso der Unterstützung, wenn sie keine solche Betreuung in Anspruch nähmen (Stichwort »Wahlfreiheit«)[20]. Das Betreuungsgeld, so Befürworter, sollte als Anerkennung für die Leistungen von Familien dienen.

Was gut klingt, ist zynisch, bedenkt man die Höhe des Betreuungsgeldes von 150 Euro pro Kind und Monat. Treffender wäre es wohl, das Betreuungsgeld als Symptom von Familienvergessenheit zu bezeichnen. Es bringt zum Ausdruck, wie wenig uns Familien wert sind (Steu-

20 Das Schlagwort von der »Wahlfreiheit« wird darüber hinaus noch in dem Sinne gebraucht, als sei sogar die Familienform ›wählbar‹, da es heute verschiedene »Modelle« gebe wie die »klassische«, »traditionelle« Kleinfamilie, die »Patchwork«-Familie oder Familien mit alleinerziehenden Eltern (vgl. Achter Familienbericht 2012, S. 4). Nur die »klassische« Familie allerdings ist genuin Quelle von Familie im Sinne dessen, dass ein Paar sich für Kinder entscheidet und eine Familie gründet, die Kinder also aus der Paarbeziehung leiblicher Eltern hervorgehen. In allen anderen Fällen sind die Familienformen von der »klassischen« abgeleitet und ihr nachgebildet, allerdings mit besonderen Herausforderungen. »Patchwork« entsteht, wenn in einer Paarbeziehung mindestens einer schon Kinder aus einer vorangehenden Paarbeziehung einbringt. Die vorangehende ist gescheitert, eine neue entstanden, die mit den Folgen der gescheiterten konfrontiert ist.

erfreibeträge greifen ja erst, wenn Einkommen vorhanden ist, damit ist Familie der Erwerbstätigkeit nachgeordnet). Schon das Elterngeld, wenngleich üppiger sogar in der Basispauschale von 300 Euro, ist bei genauerer Betrachtung keine Familienförderung, sondern eng verbunden mit der Förderung von Erwerbstätigkeit. Es handelt sich um eine Leistung, die Gutverdienern entgegen kommt. Denn selbst bei Bezug des Höchstsatzes von 1800 Euro können nur dann beide Eltern (mit zwei Kindern) sich erlauben ein Jahr zuhause zu bleiben, wenn sie über die finanziellen Rücklagen verfügen, um das Elterngeld aus eigener Tasche aufzustocken. Wer keine Rücklagen hat und dazu nur ein geringeres Elterngeld erhält, kann es sich nicht leisten.[21] Gefördert werden also Eltern, die ein gutes Einkommen vor Bezug des Elterngeldes hatten. Statt Familien zu fördern, werden sie durch die Erwerbsfixiertheit des Elterngeldes bedrängt: das Elterngeld betont die hohe Bedeutung von Erwerbstätigkeit, weil es die Gewährung am Erwerbserfolg misst und nicht bloß eine Leistung um der Familie selbst willen darstellt. Neben dieser Hierarchie im Elterngeld werden zwei Klassen geschaffen. Erwerbstätige Eltern erhalten mehr als die, die vor dem Leistungsbezug nicht erwerbstätig waren. Eltern sind also nicht gleich Eltern.

Wo dieses Bedrängtwerden durchaus kritisch gesehen wird, bleibt die Kritik in der Erwerbsfixierung der Gegenwart stecken. Die Erwerbsfixierung ist es, die viel zur Überlastung von Familien, zur Überforderung von Eltern beiträgt. Wer Eltern nicht dirigieren, wer nicht in ihre Entscheidungen hineinwirken will, der muss Möglichkeiten schaffen, damit sie sich unbedrängt von normativen Direktiven fragen können, ob und wie sie sich der Aufgabe Elternschaft stellen wollen. Als erstes bedarf es dazu eines gesicherten Einkommens, das den Status als Person stärkt: also ein Bürgereinkommen – ein Bedingungsloses Grundeinkommen. Denn nur dann können beide sich um die Kinder kümmern, aber nicht nur das. Nur durch eine solche Entlastung von Erwerbstätigkeit sind Eltern in der Lage, sich unbedrängt auf die vielfältigen Veränderungen und Verunsicherungen, die mit der Geburt eines Kindes einhergehen, einzulassen. Ein Elternteil, der voll erwerbstätig ist, während der andere zuhause bleibt, macht gerade diese durchaus verstörenden Erfahrungen nicht oder oder nur am Rande. Was erzählt wird vom Partner, der zuhause ist, hat beim anderen, der erwerbstätig ist, keine Erfahrungsbasis. Der Psychoanalytiker Wolfgang Schmidbauer (Schmidbauer 2012a, 2012b) hat dargelegt, welche Herausforderungen

---

21 Etwa 70 Prozent der Bezieher von Elterngeld, deren Kinder in 2012 geboren sind, erhielten eine Leistung unter 1000 Euro, etwa 17 Prozent zwischen 1000 und 1500 Euro und nur etwa 12 Prozent mehr als 1500 Euro (Öffentliche Sozialleistungen 2014).

auf Eltern eines Neugeborenen zukommen und wie wichtig es wäre, dass sich Väter wie Mütter die Zeit nehmen, in die neue Situation hineinzufinden. Geschieht das nicht, leiden darunter nicht nur die Kinder, es leiden ebenso die Eltern und ihre Partnerschaft. Bei aller Entlastung, die in dieser Situation Verwandte, Freunde und eine gute Nachbarschaft leisten können, den Austausch der Eltern miteinander über die neue Situation können sie nicht ersetzen.

Es ist eben ein Symptom für die Haltung zu Familie, wie wenig solche Aspekte in der öffentlichen Diskussion aufgegriffen werden. Ebenso selten, wie diese Belastung für Familien diskutiert wird, liest man über die Folgen von Ganztagsbetreuung für das nachbarschaftliche Miteinander. Zwar gehört die Sorge um den »gesellschaftlichen Zusammenhalt« und Solidarität zu den Sonntagsredenvokabeln, auf einfache Fragen hingegen werden sie nicht angewandt. Dabei können Kinder gerade in der Nachbarschaft, dem unmittelbaren Lebensumfeld also, relativ früh schon Erfahrungen machen, sei es mit anderen Kindern, sei es im Erkunden des Nahraums als solchen. Die Wege sind kurz, es bedarf kaum eines Aufwandes und es ist meist auf einfache Weise zu bewerkstelligen, dass Kinder sich begegnen. Voraussetzung ist aber zum einen, dass Eltern zuhause sind, die ein Auge auf die Kinder haben, wenn sie im Garten oder Garagenhof oder wo auch immer spielen. Zum anderen bedarf es der Kinder, die zuhause sind. Es kommt schon heute öfter vor, als man denkt, dass ein gemeinsames Spielen von Kindern unter drei Jahren erst am Nachmittag – nach 15 oder 16 Uhr – möglich ist. Spielplätze sind vormittags häufig ebenso verwaist wie Nachbarschaften – weil Kinder in Kitas sind oder von Tagesmüttern betreut werden. Diese Umstände erschweren es Kindern erheblich, die einfache Form des Miteinanders, wie sie in Nachbarschaften möglich ist, zu erfahren. Was heute Kitas als große Leistung zugeschrieben wird, wäre also einfach zu haben im eigenen Lebensumfeld.

Was signalisiert dieser Geist, frühe Betreuung für das Nonplusultra zu halten, Kindern? Wenn beide Eltern erwerbstätig sein müssen, weil das Einkommen sonst hinten und vorne nicht reicht, erfahren Kinder sehr früh, wie wenig Familie vom Gemeinwesen gefördert wird. Sie verstehen zwar die Zusammenhänge nicht, sehr wohl aber erfahren sie ihre Folgen. Wenn beide Eltern erwerbstätig sein wollen (und nicht müssen), weil sie auf beruflichen Erfolg nicht verzichten möchten, stellen sie den Beruf de facto über die Familie, das ist nicht nur für Kleinkinder folgenreich, eine solche Haltung wirkt auf die Familiendynamik. Welche Vorstellung von Familie wird damit vorgelebt und welche Folgen hat sie dafür, wie die Kinder es einmal praktizieren werden, wenn sie Eltern sind? Es geht hierbei also um langfristige Auswirkungen auf unser Zusammenleben, denn Entscheidungen im Leben werden von Erfahrungen und nicht vor allem von bewussten Abwägungen bestimmt. Erfahrungen leiten wie ein innerer Kompass.

Dem Vorschlag eines BGE wird immer wieder entgegengehalten, es sei kein Allheilmittel. Nun, ein trivialer Einwand, das BGE nimmt nicht in Anspruch, auf alles eine Antwort zu bieten. Es würde aber unterschätzt, reduzierte man es auf seine unmittelbaren Auswirkungen. Die Bereitstellung eines BGE entlastete Eltern zuerst einmal direkt. Es brächte allerdings zugleich eine andere, dann gemeinschaftlich getragene Vorstellung von Zusammenleben, von Familie, Gemeinschaft, Individuum und Autonomie zum Ausdruck. Diese, die mittelbaren Auswirkungen wiegen mindestens ebenso schwer wie die unmittelbaren. Ein BGE reißt die Stützpfeiler der heutigen Sozialpolitik weg und setzt andere an ihre Stelle. Damit wirkt es sich auf alles aus, was die heutige Sozialpolitik ausmacht. Eltern würden eben nicht mehr in eine bestimmte Richtung gedrängt, was heute nicht durch Geldleistungen selbst geschieht, es geschieht durch die normative Vorstellung, die sie trägt, welche Art von Leistung gemeinschaftlich wertgeschätzt wird. In dem Moment, da Familie als solche anerkannt und nicht mehr vorwiegend als Personalbereitstellungsinstitut für den Arbeitsmarkt betrachtet würde, änderten sich die Verhältnisse erheblich. Eltern würden dann vermutlich anders entscheiden, da nicht wenige sich zwischen Beruf und Familie hin- und hergerissen fühlen. Wenn Kinder durch ihre Eltern und die Entscheidungen, die sie dann treffen könnten, erführen, dass Familie einen eigenen Wert hat, würde sich das Familienbild wandeln. Ab welchem Alter, wann, wieviel und wo Kinder dann betreut werden, könnte anders erwogen werden.

Wenn kritisiert wird, dass sich noch immer Frauen mehr als Männer in der Pflege und Hinwendung zu Menschen – ob in der eigenen Familie oder anderswo – engagieren, ist das eine Folge zum einen der traditionalen Arbeitsteilung, zum anderen der normativen Überhöhung von Erwerbstätigkeit, die in den letzten Jahren gerade zu- und nicht abgenommen hat. Erst wenn sie zurückgenommen wird, erst wenn das Individuum um seiner selbst und das Gemeinwesen um seiner selbst willen Anerkennung findet, wie es ein BGE ermöglicht, werden andere Vorstellungen von Familie und ein anderes Verständnis von Fürsorge und Pflege Platz greifen. Dazu braucht es eine öffentliche Debatte, einen anderen Weg gibt es nicht.

Wer macht die unbeliebten Arbeiten?
Das Notwendige und die Freiheit

Antje Schrupp (Schrupp 2010) griff im Jahr 2010 in ihrem Blog eine
Frage auf, die ihrer Auffassung nach auf einen blinden Fleck der BGE-
Diskussion hinweist. Das veranschaulichte sie an Ausführungen, die ich
anlässlich eines Vortrages machte:

> »Das Liebermann-Modell (und viele männliche Grundeinkommens-
> Befürworter argumentieren ähnlich) baut darauf, dass sich mit dem
> Grundeinkommen neue Aushandlungsprozesse initiieren lassen, die
> dann höchstwahrscheinlich auf eine bessere Lösung als heute hi-
> nauslaufen. Das glaube ich in der Tat auch. Das Problem an dieser
> Idee ist nur, dass dieser Plan bei den meisten der klassischen Fürsor-
> gearbeiten nicht funktionieren kann: Wenn Babies gewickelt und
> gefüttert werden müssen, wenn Alte versorgt werden müssen, dann
> kann man es nicht drauf ankommen lassen. Dann ist die Möglich-
> keit, dass es heute eben mal niemand macht [in der Reihenfolge der
> Möglichkeiten: besser bezahlen, automatisieren, selbermachen, SL],
> weil grad keiner Lust hat, keine Option, die wir *zulassen können*
> [Hervorhebung SL]. Hier haben wir es nämlich nicht mit Dingen zu
> tun, sondern mit Menschen, mit Menschen, die auf die Hilfe anderer
> angewiesen sind, und zwar jetzt und sofort.«

Weiter heißt es:

> »Deshalb [damit diese Tätigkeiten auch zukünftig erledigt werden,
> SL] brauchen wir an dieser Stelle eine Kulturdebatte, die die Freiheit,
> die ein Grundeinkommen bedeuten würde, nicht nur dahingehend
> interpretiert, dass wir dann alle »selbstbestimmt und autonom« tun
> können, wonach uns der Sinn steht. Sondern wir müssen diese Frei-
> heit dahingehend interpretieren, dass sie auch für die Einzelnen die
> *Verpflichtung beinhaltet* [Hervorhebung SL], das Notwendige zu se-
> hen und sich ganz konkret für die Bedürftigkeit anderer Menschen
> (und idealerweise dann auch noch für andere Notwendigkeiten, wie
> das Kloputzen) verantwortlich zu fühlen [Hervorhebung SL].«

In der Tat, Antje Schrupp hat ganz recht, das sind wichtige Aufgaben. In
ihnen steht die Wahrung der Würde des Menschen im Zentrum – das gilt
für Demokratie und Autonomie, die nicht mit Autarkie zu verwechseln
ist, ebenso. Der »blinde Fleck«, den sie der Grundeinkommensdebatte
attestiert, stellt in der Tat eine Herausforderung dar, jedoch anders,
als sie es darlegt. Denn, worauf sie aufmerksam macht und was sie
heraushebt, kann in keiner Weise sichergestellt oder garantiert werden.
Dafür, so klingen zumindest ihre Ausführungen, plädiert sie aber. Wenn
Sie fordert, dass »diese Freiheit« für den Einzelnen die »Verpflichtung

beinhaltet, das Notwendige zu sehen«, kann dies einerseits als Appell verstanden werden, die Augen nicht vor der Hilfsbedürftigkeit anderer zu verschließen. Ein Appell jedoch setzt voraus, das ihm freiwillig gefolgt werden kann. Damit will sie sich indes nicht begnügen, was bliebe dann vom Appell übrig? Doch ein Zwang?

Selbst eine »Kulturdebatte«, wie Antje Schrupp sie für unerlässlich erachtet, ist eine Debatte, die zwar Fragen aufwerfen und Lösungen entwerfen kann. Eine solche Debatte schreibt jedoch nicht vor, was der Einzelne dann zu tun hätte. Die von ihr benannte Notwendigkeit müsste also nicht von jedem auch als solche anerkannt werden. Wie heute so müsste auch in Zukunft gelten, dass 1) manche Tätigkeiten nicht übernommen werden, weil sich niemand dazu bereit erklärt und wir dafür eine Lösung finden müssen und 2) eine Zwangsverpflichtung zum einen den Grundfesten der Demokratie widerspricht, zum anderen dem, was mit einem BGE erreicht werden soll. Es bleibt nur, wo diese Verantwortung nicht wahrgenommen wird oder nicht so, wie ein Gemeinwesen es für richtig erachtet, genau darüber eine öffentliche Diskussion zu führen. Sie kann schon im Kleinen beginnen, in der Familie selbst. Das wäre eine Diskussion um das Notwendige und wie ihm begegnet werden sollte. Selbst dann aber ist eine Zwangsabordnung, ein Zwangsdienst, ausgeschlossen, ihn sieht auch Antje Schrupp als *ultima ratio* nicht vor. Sie scheint sich aber von einer öffentlichen Debatte mehr zu erhoffen, als diese bewirken kann. Formulierungen, wie die schon zitierte: »Sondern wir müssen diese Freiheit dahingehend interpretieren, dass sie auch für die Einzelnen die Verpflichtung beinhaltet, das Notwendige zu sehen« sind ambivalent, weil sie sogleich die Frage aufwerfen, was denn zu geschehen hätte, wenn das Notwendige nicht gesehen würde? Also doch äußerer Zwang für den Fall, dass …?

Die Sorge um die angemessene Wahrnehmung so wichtiger Aufgaben sollte jedoch nicht übersehen lassen, woher es rührt, dass sich Frauen um sie eher kümmern als Männer. Antje Schrupp, das erstaunt an dieser Stelle, verweist nicht auf den entscheidenden Angelpunkt, der die geschlechterstereotype Arbeitsteilung in Sachen Sorgetätigkeiten in den letzten Jahrhunderten geformt hat. Ohne die Überhöhung von Erwerbstätigkeit und die Vernachlässigung von vergemeinschaftenden Lebenszusammenhängen ist die Entwicklung dorthin nicht begreifbar. Denn mit der Überhöhung von Erwerbstätigkeit wurde zugleich die Hinwendung zur Familie abgewertet. Mittlerweile hat diese Überhöhung mit voller Wucht die Frauen erreicht, da Emanzipation in der öffentlichen Debatte vor allem als eine hin zu Erwerbstätigkeit begriffen wird, nicht aber als eine zur Befreiung von ihrer Überhöhung – auch für Männer. Die Hinwendung zu Sorgetätigkeiten, die in der Familie ihren primären Ort haben, wird erst dann unbefangen möglich sein, wenn das Leben von der Überhöhung von Erwerbstätigkeit befreit worden ist. Erwerbsarbeit müsste dazu vom Sockel gestoßen und eingereiht werden neben andere auf ihre Weise ebenso bedeutende Tätigkeiten. Genau das allerdings würde ein BGE erreichen und damit wiederum Sorgetätigkeiten aufwerten und eine andere Diskussion ermöglichen, als sie heute geführt wird. So würde die Chance steigen, das Notwendige als solches zu erkennen und anzunehmen – ohne irgendetwas garantieren zu können.

Antje Schrupps Sorge könnte also mit gutem Recht als eine der Gegenwart bezeichnet werden, weil bislang die Ausweitung von Erwerbstätigkeit derart stark die Fragen von Kinderbetreuung und Bildungswesen bis in die Familienpolitik hinein dominiert (siehe z.B. das Eltern- und Betreuungsgeld).[22] Eine starke Tendenz dazu, die Bedeutung von Eltern als primären Bindungspersonen, Familie als Ort des Schutzes und der Geborgenheit sowie als basalen Erfahrungsraums herabzusetzen, hat Platz gegriffen. Kann die geringe Wertschätzung von Fürsorge – für den Erwerb von Einkommensansprüchen (Rente) ist sie beinahe ohne Bedeutung – und ihre weitgehende Überantwortung an Frauen unter diesen Bedingungen verwundern? Bei allen Möglichkeiten, die ein BGE schüfe, enthöbe es nicht davon, darüber öffentliche Diskussionen anzustoßen, wo etwas im Argen liegt. Wie z.B. Eltern letztlich mit Sorgetätigkeiten umgehen, wenn sie die Freiheit dazu haben, sich gleichermaßen ihnen zu stellen, bliebe ihnen überlassen. Falls nicht, würde das wieder nur auf eine direktive Familienpolitik hinauslaufen.

Die Verpflichtung etwas zu sehen, was für notwendig gehalten wird, ist nicht einklagbar. Wenn in der Grundeinkommensdiskussion gerade diese Tätigkeiten in der Trias von »besser entlohnen, automatisieren oder selber machen« nicht genannt werden, dann wohl genau deswegen, weil nur eine der Optionen auf sie anwendbar ist: besser zu entlohnen. Dies aber auch nur dort, wo Pflege in Gestalt eines Erwerbsverhältnisses erbracht wird.

Kindesunterhalt in anderem Licht

Je länger man sich mit dem Bedingungslosen Grundeinkommen beschäftigt, desto mehr fallen einem die Möglichkeiten auf, die es böte. Wie wirkte es sich z.B. auf die gesetzliche Regelung des Kindesunterhaltes und damit auf die Situation von Eltern aus?

Wäre das BGE hoch genug, um damit ein selbstbestimmtes Leben führen zu können, dann stellte sich die Frage, ob es einer gesetzlichen Unterhaltsregelung überhaupt noch bedürfe. Ein ausreichend hohes

22 Siehe »Die Debatte um das Betreuungsgeld als Symptom«, S. 73 ff.

BGE sicherte den Unterhalt des Kindes ebenso wie den des mit ihm lebenden Elternteils ab. Je höher das BGE wäre, desto weniger wäre zusätzlich eine gesetzliche Regelung notwendig. Wäre es nicht hoch genug, müsste an einer Regelung der entsprechenden Bedarfe, die ein BGE nicht deckt, festgehalten werden.

Ein für das Wohlergehen und die Entwicklung des Kindes wichtiger Zusammenhang tritt angesichts dieser Möglichkeiten umso deutlicher hervor: die Verantwortung der Eltern in ihrer umfassenden Bedeutung. Sie werden von den finanziellen Verpflichtungen weitgehend, je nach Höhe des BGE sogar vollständig, entlastet. Weder kann dann der Unterhalt empfangende Partner dem Unterhalt Leistenden irgendwelche Versäumnisse in dieser Hinsicht vorhalten, noch kann der Unterhalt Leistende sich darauf zurückziehen, dass er damit schon seine Verantwortung wahrnimmt und der Rest der Verantwortung beim Unterhalt beziehenden Elternteil liegt.

Wird heute über Unterhaltsleistungen gestritten, sind diese Auseinandersetzungen nicht selten Ausdruck anderer Konflikte, z.B. einer nicht verwundenen Trennung, eines schlechten Gewissens gegenüber dem Kind. Unterhaltsauseinandersetzungen werden zum Ersatzschauplatz für Konflikte, in denen es um etwas anders als den Unterhalt geht. Mit einem BGE wären sie als solche leichter zu erkennen oder würden in der Form wie heute gar nicht mehr auftreten. Eltern könnten sich den Konflikten so stellen, wie sie sind, statt sie durch anderes, wie den Streit über den Unterhalt, zu verdecken. Das diente dem Wohl des Kindes, das unmittelbar am Wohlergehen der Eltern hängt.

Das Individualprinzip, dem das BGE folgt, hat also nicht nur für Familien, deren Eltern noch zusammenleben, Folgen, sondern auch für alleinerziehende Väter und Mütter. Gerade alleinerziehende Eltern geraten heute schnell unter Druck, wenn sie mit Erreichen des dritten Lebensjahres ihres Kindes bei Verfügbarkeit von Betreuungsmöglichkeiten eine Erwerbstätigkeit aufnehmen müssen. Mit einem BGE hingegen wären sie abgesichert und könnten sich so um ihre Kinder kümmern, wie sie es für richtig hielten.

Respekt gegenüber Eltern, aber auch den Kindern – von wegen

Nicht immer treten Widersprüche so drastisch zutage, wie dies an einem Interview Konstantin Faigles mit dem Vorsitzenden der FDP, Christian Lindner, (WDR 2014) zu erfahren war. Zu Beginn sprach Lindner davon, dass der Mensch sich entfalten, seine Ideen in die Welt bringen wolle, ihm dies »eingebaut« sei. Also, können wir schließen, drängt es den Menschen von innen heraus, die Welt gestalten und erkunden zu wollen. Kaum wird diese Einschätzung von Faigle ernst genommen und mit dem Bedingungslosen Grundeinkommen in Verbindung gebracht, bleibt von Lindners erstem Menschenbild nichts mehr übrig – außer Misstrauen. Er befürchtet, dass das BGE »von vielen missbraucht werden würde, missverstanden werden würde als eine Art Rente ab Geburt, ich muss nichts mehr machen, für mich ist gesorgt«. Weiter sagte er noch, das BGE funktioniere nur »im Himmel, im Paradies«, doch nicht »hienieden«. Sprach er nicht zuvor von dem Drang, Ideen in die Welt zu bringen? Dann plötzlich befürchtet er, dass ein BGE genau zum Gegenteil führe. Wie ist das möglich, wenn es den Menschen nach Verwirklichung seiner Ideen drängt? Ein eklatanter Widerspruch, der unaufgelöst stehen blieb.

Ganz anders bei Renate Künast. Sie bringt ohne Umschweife den Geist aktivierender Sozialpolitik zum Ausdruck, wenngleich das zuerst nicht so klingt. In der Reihe »Sommerinterviews« von Bündnis 90/Die Grünen (Künast 2012) aus dem Jahr 2012 äußert sie sich u.a. zum Betreuungsgeld. Sie sagt:

> »Das erste Lebensjahr soll ein Leben sein, in dem die Gesellschaft die Schonung, ne Schonzeit und einen Schonraum schafft auch für's Aufwachsen und für das prägende erste Lebensjahr, und danach glaube ich haben Frauen und Männer das gute Recht, dass der Staat ihnen öffentliche Institutionen, Kinderbetreuung vorhält, die hinreichend vorhanden ist und die ihnen die Möglichkeit gibt, erwerbstätig zu sein – ...«[23]

Diese Ausführungen sind in verschiedener Hinsicht bemerkenswert. Davon, Eltern zu ermöglichen, einen Schonraum schaffen zu können, ist nicht die Rede. Es sei das Gemeinwesen, »die Gesellschaft«, die ihn schaffe. Darin zeigt sich schon eine Machbarkeitsphantasie, denn mehr als ermöglichen kann das Gemeinwesen das Schaffen eines Schonraums nicht. Die Eltern selbst sind es, die ihn schaffen müssen. Sie sind die einzigen, die das – in der Regel – können, ganz gleich, ob mit oder ohne staatliche Hilfe. Der zweite Satz zeigt dann, wie weit die »Gesellschaft« entscheidet, wie es sein soll, denn nach einem Jahr ist die Schonzeit vorbei. Die »Gesellschaft« müsse den Wünschen der Eltern entgegenkommen (»das gute Recht«), sie in ihrem Erwerbsstreben unterstützen (»Möglichkeit«). Es sind also die Eltern, die den Schonraum aufheben, weil sie erwerbstätig sein wollen.

Dass sich aus Elternschaft die umfassende Verantwortung ergibt, stets das Wohlergehen des Kindes im Auge zu haben und bei allen

23 Das Transkript der Videoaufzeichnung habe ich erstellt.

Entscheidungen ihm soweit es geht den Vorrang einzuräumen – kein Wort davon. Befunde der Bindungsforschung (Scheerer 2009, Ahnert 2010, 2012; Brisch 2014) und Familiensoziologie (Oevermann 2010, Hildenbrand 2011), die von der Bedeutung der Familie über das erste Lebensjahr hinaus zeugen, finden keine Beachtung. Diese Befunde sollen ja nicht dazu dienen, Eltern zu sagen, was sie zu tun hätten, das steht dem Gemeinwesen nicht an. Fahrlässig wäre es jedoch, so zu tun, als sei Familie lediglich irgendein Sozialgebilde unter anderen und Fremdbetreuung ab dem ersten Lebensjahr folgenlos. Genau das suggeriert allerdings das verbreitete Schlagwort von der »Wahlfreiheit«. Sie kann es nur geben, wenn nicht mehr das Wohl des Kindes im Zentrum steht, sondern die davon abgelösten Wünsche der Eltern. Kinder, das folgt daraus, haben sich nach den Rhythmen des Erwachsenen- bzw. Erwerbslebens zu richten und sich ihm früh anzupassen – das sei, so können wir hier umformulieren, der Eltern gutes Recht.

Deutlich wird an den Ausführungen, welche Vorstellung von Familie mittlerweile die öffentliche Diskussion beherrscht, ganz gleich in welchem politischen Lager. Die Verantwortung von Eltern gilt für Familie und die Kinder, sie stehen im Zentrum – da gibt es nichts, das wählbar wäre und durch ›Wahlfreiheit‹ geschützt werden könnte. Affektive Beziehungen, wie sie für Familie und Paarbeziehungen wesentlich sind, sind nicht abrufbar wie Kaffee aus einem Automaten. Bindung zwischen Eltern und Kind sind nicht etwas, das einfach so entsteht und stabil ist, dazu braucht es gemeinsame Erfahrungen, bedingungslose Hinwendung, Kontinuität. Sie erfordern Zeit miteinander, um wachsen und gedeihen zu können. Wer sich für Kinder entschieden hat, kann nicht mehr wählen, ohne zugleich gegen Familie zu handeln. Bedürfnisse nach Nähe und Zuwendung – zumal von Kleinkindern – sind nicht organisierbar, sie verlangen unmittelbar nach Befriedigung. Allenfalls kann es darum gehen, angesichts der heutigen Lebensverhältnisse mit ihrem Vorrang von Erwerbstätigkeit, die Spannungen zwischen Familie und Beruf so gut es eben geht zugunsten von Familie auszuhalten. Doch Aufheben lässt sich das Missverhältnis unter gegenwärtigen Bedingungen nicht. Auf einfache Weise zeigt sich das an dem Umstand, dass, wer voll erwerbstätig ist, diese Zeit nicht mit den Kindern verbringen kann. Sie ist nicht rück- oder einholbar.

Wie selbstverständlich Frau Künast die scharfe Sozialpolitik im Gefolge der Agenda 2010 unterstützt, zeigt sich hier:

> »Jeder der erwachsen ist, erwerbstätig sein kann, von dem erwarten wir eigentlich Erwerbstätigkeit, das sieht man an der ganzen Struktur des ALG II. Wir wollen, dass jeder sein Leben in Würde selbst finanzieren kann und nicht in Altersarmut endet.«

War zuvor noch von der »Möglichkeit«, erwerbstätig zu sein, vom Recht der Eltern, die Rede, geht es nun schon um Erwartungen des Gemeinwesens an den Einzelnen. Möglichkeiten kann man nutzen oder ungenutzt lassen. Der Verweis auf das Arbeitslosengeld II zeigt, wie wenig es um Möglichkeiten und wie sehr es um Pflichten, um das Müssen, geht. Denn den Auflagen kann sich nur entziehen, wer auf Arbeitslosengeld II verzichtet. Der gemeinschaftlichen Stigmatisierung entgeht der Einzelne dadurch allerdings nicht, denn sie rührt vom normativen Ideal her, vor allem durch Erwerbstätigkeit einen Beitrag zum Gemeinwohl leisten zu sollen.

Von dieser Warte aus, die Frau Künast teilt, ist keine Alternative zur aktivierenden Sozialpolitik denkbar, obgleich sie real möglich wäre. Statt einer gemeinschaftlichen Absicherung und einer Anerkennung der Würde der Person, wie sie durch ein ausreichend hohes BGE gegeben wäre, beschwört sie die Illusion der Selbstversorgung. Als könne in einem Gemeinwesen angesichts einer arbeitsteiligen Erstellung von Gütern und Dienstleistungen der Zustand der Eigen- oder Selbstfinanzierung erreicht werden. Umfassende Abhängigkeit, wie sie für das Zusammenleben herrscht, ist nicht hintergehbar, wenngleich das nicht heißt, dass damit konkretes Handeln kausal festgelegt wäre. Es vollzieht sich jedoch in Abhängigkeit von Möglichkeiten, die durch das Handeln aller geschaffen und aufrechterhalten werden.

Gegen Ende heißt es dann:

> »Deshalb ist es ganz vorne an ein Punkt des Respekts gegenüber Eltern, aber auch den Kindern, zu sagen, wir bauen eine gute Bildungsstruktur, eine gute Betreuungsstruktur auf.«

Mit Respekt vor Kindern und Eltern, damit vor Familie, hat dies nichts gemein. Vielmehr verkörpert sich darin die Vorstellung eines Individuums, das bindungslos lebt und das Verantwortung so »wählen« kann, wie es Wäsche wechselt. Dass es Dinge im Leben gibt, denen man sich lediglich stellen kann und wo das nicht getan wird, dies nicht folgenlos bleibt, wird nicht einmal erwogen. Nun kann es nicht darum gehen, Vorschriften zu machen, dass jemand sich diesen Herausforderungen zu stellen hat und wie, das tun wir in vielerlei Hinsicht heute nicht. Illusionär wäre es hingegen so zu tun, als gäbe es diese Herausforderungen, denen der Einzelne sich in einem Gemeinwesen, im Lebensgefüge insgesamt, ausgesetzt sieht, nicht. Weil es sie aber gibt, müssen Möglichkeiten geschaffen werden, damit er frei von ideologischen Bedrängnissen sich fragen kann, wie er zu ihnen steht und ihnen begegnen will.

Kinder- und Jugendhilfe

Es ist immer wieder faszinierend zu erkennen, wie strikt unser gesamtes sozialstaatliches Gefüge um die Erwerbsverpflichtung herum gebaut ist. Solange sie besteht, behalten Transferleistungen des Gemeinwesens an Individuen oder Haushaltsgemeinschaften den Status von Ersatz- bzw. Notfallleistungen, ihr Bezug soll eine Ausnahme bleiben, bzw. Bezugsansprüche müssen erst erworben werden. Meist wird in diesem Zusammenhang über das Arbeitslosengeld I und II, das Sozialgeld, das Krankengeld, die Sozialhilfe usw. gesprochen. Die Erwerbsverpflichtung als Quelle von Einkommen wirkt sich allerdings auf Bereiche aus, die bislang wenig Aufmerksamkeit in der Diskussion erhalten haben.

Viele Aufgaben, die durch das Kinder- und Jugendhilfegesetz (Sozialgesetzbuch VIII) als staatliche bestimmt und geregelt sind, stellten sich unter Bedingungen eines BGE anders dar. Wo heute fördernde und fürsorgende Hilfen unter Aufsicht staatlicher Gewalt geleistet werden, würde ein BGE eine davon unabhängige Praxis ermöglichen. Einige dieser Hilfen könnten sich – vergleichbar mit der ärztlichen und therapeutischen Praxis – in von staatlicher Aufsicht unabhängige Arbeitsbündnisse verwandeln, in denen der Klient im Zentrum stünde und nicht das Jugendamt das letzte Wort hätte.

Solche Veränderungen wären z.B. in der Kinder- und Jugendhilfe möglich. Ein Kind, das in seiner Herkunftsfamilie nicht verbleiben kann oder will, weil die Eltern z.B. mit der Erziehung überfordert sind oder weil sie sie aus Krankheitsgründen nicht wahrnehmen können, benötigt ein Ersatzzuhause. Wo Freunde und Verwandte nicht einspringen und das Kind aufnehmen können, muss das Jugendamt seiner Verpflichtung nachkommen, das Kindeswohl zu schützen. Es sucht dann nach einer Möglichkeit, das Kind unterzubringen, z.B. in einem Heim oder einer Pflegefamilie und alimentiert diese, damit sie die Aufgabe wahrnehmen können. Es kommt vor, dass Eltern sich selbst um eine Unterbringung kümmern, doch meist sind sie nicht in der Lage, die entstehenden Kosten zu decken. Also muss das Jugendamt eingeschaltet und müssen Hilfen beantragt werden.

Gäbe es ein BGE, dann sähe die Situation anders aus. Eine Pflegefamilie wäre durch ein ausreichend hohes Grundeinkommen finanziell abgesichert. Das Kind, das von ihr aufgenommen würde, brächte ein Grundeinkommen mit und würde so selbst Aufwendungen für sein Dasein tragen können. Das Jugendamt könnte sich darauf beschränken (sofern das BGE kostendeckend wäre), seine staatliche Aufsichtspflicht wahrzunehmen und müsste nur eingeschaltet werden, wenn Bedarfe durch das BGE nicht gedeckt werden könnten oder das Kindeswohl gefährdet wäre. Fachentscheidungen verblieben jedoch, solange die

Aufnahme in eine Pflegefamilie auf der Basis des BGE geschähe, bei den fachlich dazu ausgebildeten Kräften freier Träger, sofern überhaupt Experten hinzugezogen würden, und wären unabhängig von den Entscheidungen des Jugendamtes möglich.

Heute hingegen trifft das Jugendamt die Entscheidung, ob eine solche Unterbringung und begleitende Maßnahmen finanziert werden. Familien, die mit der Erziehung ihrer Kinder überfordert sind und Hilfe benötigen, erhalten womöglich keine Unterstützung. Mit einem BGE wären also die Möglichkeiten für diese Familien ebenfalls erweitert. Sowohl die Eltern des Kindes als auch die Pflegefamilie wären unabhängig, zumindest aber unabhängiger vom Jugendamt und bedürften lediglich einer Beratung durch eine professionalisierte, aber ebenso unabhängige Einrichtung.

So würde die Einführung eines BGE deutlich werden lassen, dass zwei Aufgaben, die im bestehenden Gefüge zusammengeführt sind, unabhängig voneinander zu betrachten und praktisch zu organisieren wären: Aufsichtspflicht und Beratung. Heute nimmt das Jugendamt beide Aufgaben wahr. Es entscheidet zum einen darüber, ob zum Schutz des Kindeswohls per Gesetzesauftrag in eine Familie interveniert und ein Kind in Obhut genommen wird. Zum anderen soll das Jugendamt beratend tätig sein, es soll also die Familie, in die es eingedrungen und deren Trennung es erwirkt hat, beraten. Schon hieran wird deutlich, dass beides nicht zusammengeht, wenn Sanktion und Beratung in einer Hand liegen. Beide Aufträge sind gegenläufig, der eine erfolgt im Namen der Rechtsgemeinschaft und zur Wahrung der Rechtsordnung, der andere zum Schutz des Individuums und seiner spezifischen Problemlage (solange sie sich nicht eindeutig gegen die Rechtsordnung richtet). Am besten wäre es, beides voneinander zu trennen, dann würden beide Aufträge nicht mehr miteinander in Konflikt geraten. Die Beratung im Sinne eines Arbeitsbündnisses mit den Klienten könnte sich ganz auf den Klienten konzentrieren, im Zuge dessen professionalisieren, denn sie wäre nicht mehr dem Jugendamt als Auftraggeber verpflichtet, sondern dem Klienten.[24]

---

24 Eine Professionalisierung der Sozialen Arbeit, die durch das BGE gefördert werden könnte, bedürfte zuallererst einer Selbstbesinnung des Berufstandes. Darüber gibt es schon länger eine Diskussion in der Sozialen Arbeit. Sie müsste sich als Profession begreifen, ihre Standards selbst setzen und ihre Einhaltung selbst prüfen. Sie müsste sich nach dem Prinzip der Kollegialität selbstverwalten und über ein zweistufiges Studium zuerst in den Habitus des Forschers und danach in den des Klinikers einüben, denn erst dadurch stünde der Klient und die Wiedererlangung seiner Autonomie im Zentrum der Sozialen Arbeit.

Kinder-Grundeinkommen

Wäre ein Bedingungsloses Grundeinkommen für Kinder zwingend ein Schritt zu einem allgemeinen für alle Bürger? Anlässlich eines Beitrages von Claus Schäfer, »Ein Kindergeld für alle« (Schäfer 2009), soll diese Frage erörtert werden. Er spricht sich zwar darin nicht ausdrücklich für ein Kinder-BGE aus, seine Argumente jedoch verweisen uns auf einen grundsätzlichen Unterschied zwischen BGE und Kinder-Grundeinkommen.

Mit seinem Vorschlag will Claus Schäfer die Ungleichheit bisher gewährter Leistungen für Kinder beseitigen. Es handelt sich allerdings nicht um eine bedingungslose Gewährung, denn die Höhe des Kindergeldes soll vom Einkommen der Eltern abhängig sein und mit steigendem Einkommen sinken. Der Vorschlag folgt damit dem Prinzip der Negativen Einkommensteuer, da das Kindergeld unterhalb einer bestimmten Einkommensgrenze in voller Höhe ausgezahlt werden soll – vergleichbar einer Steuergutschrift oder einem Freibetrag. Dass Schäfer an diesem Prinzip festhält, zeigt auf der einen Seite, dass Kinder eben doch nicht um ihrer selbst willen geschätzt werden. Ihr Status wird vom Einkommen der Eltern abhängig gemacht. Zum anderen ist es eben ein Kindergeld, dessen Bezug mit dem Erreichen eines bestimmten Alters.

Sehen wir davon einmal ab und stellen uns vor, das Kindergeld würde tatsächlich bedingungslos gewährt. Sähe es dann anders aus?

Man könnte meinen, es sei nur ein kleiner Schritt von der Forderung nach einem Kinder-BGE zu einem für alle Bürger – tatsächlich aber vergleicht man Äpfel mit Birnen. Gegenwärtige Regelungen zum Kindergeld bringen zum Ausdruck, dass wir Kinder als besonders schützenswert erachten und es ihnen deswegen an einer Mindestausstattung nicht fehlen dürfe. Von ihnen wird nicht verlangt, eine Gegenleistung für erhaltene Transferleistungen zu erbringen. Von daher hat das Kindergeld eine große Nähe zu einem Kinder-BGE.

Doch bei aller Nähe ist der Unterschied eines Kinder-Grundeinkommens zum allgemeinen BGE einer im Grundsatz. Erwachsene gelten nach unseren Systemen sozialer Sicherung nicht als bedingungslos schützens- oder förderungswert, dem Status der Bürgerrechte zufolge hingegen schon. Denn sie werden bedingungslos verliehen. Weil wir aber noch nicht bereit sind, aus der bedingungslosen Gewährung der Bürgerrechte die Konsequenz zu ziehen, auch Transferleistungen für Erwachsene bedingungslos zu gewähren, bleiben sie gegenwärtig an Gegenleistungspflichten gebunden. Das unterscheidet Leistungen für Erwachsene grundsätzlich von denen für Kinder. Weil wir von Erwachsenen verlangen, zuerst bestimmte Ziele (Erwerbsarbeit) zu verfolgen und selbst dann, wenn sie dies nicht können, das Erwerbsideal als normative Forderung bestehen bleibt – deswegen erhalten sie nur eine bedingte Unterstützung.

Was also auf den ersten Blick nahe zu liegen scheint, das Kinder-BGE als Einstieg in ein allgemeines zu betrachten, trügt. Es wäre erst ein solcher Schritt, wenn seine Einführung als Zwischenschritt zum Bürger-BGE ausdrücklich gälte. Ein Kinder-BGE als solches führt aber keineswegs zum allgemeinen BGE, es erweiterte lediglich das heute bekannte Kindergeld.

Bildungsprozesse und Bildungswesen

Bildung setzt Neugierde voraus, Neugierde braucht Freiräume

Bildung sei für ein Land, das arm an Rohstoffen ist, die Grundlage seines Wohlstands. Solche und ähnliche Weisheiten werden heute von jedem aufgesagt, der seine Lehren aus PISA und anderen Bildungsmessungsstudien gezogen haben will. Wer wollte dem im Allgemeinen widersprechen?

Doch bei allem Bekenntnis liegt der Teufel im Detail. Welchen Maximen soll gefolgt werden, um diese Bildung, in der unsere Zukunft liege, zu ermöglichen? Da sie allzu leicht als Heilmittel betrachtet wird, mit dem dann am besten noch die Lage derer behoben werden könnte, die heute ohne Bildungsabschluss bleiben, die sogenannten Bildungsfernen, ist Besonnenheit nötig. Statt, einer Leerformel gleich, nach Bildung zu rufen, müssen wir fragen, welche Bildung wir meinen und was der Grund dafür sein könnte, dass manche ihrer ermangeln – wenn es denn ein Mangel ist.

Bildung setzt die Bereitschaft sich zu bilden voraus. Damit ist nichts Großartiges gemeint, keine bildungsbürgerlichen Ambitionen oder dergleichen, sondern lediglich die Grundlage jeglichen Bildungsprozesses: Neugierde. Darauf hinzuweisen könnte man für banal halten. Doch angesichts der Reformen des vergangenen Jahrzehnts im Bildungswesen, die zwar von »Bildung« reden, aber zuerst Stoffvermittlung und Vorbereitung auf den Arbeitsmarkt meinen, muss daran erinnert werden. Die Neugierde, die zum einen Bildung erst ermöglicht, zum anderen durch Bildung bestärkt und gefestigt wird, bedarf einer fördernden und ermunternden Praxis, sei es in der Familie, sei es im Bildungswesen. Nur, wenn der Einzelne die Möglichkeit hat, Erfahrungen zu machen, Unbekanntes in seinen vielfältigen Qualitäten geduldig zu erkunden, nur dann wird Neugierde als Lebenshaltung bestärkt und gefestigt werden. Was hier hochtrabend klingen mag, lässt sich an Kindern gut beobachten. Genauso beobachten lässt sich allerdings, was geschieht, wenn die Erschließung von Welt bei Kindern – durch stark lenkende Eingriffe – gehemmt oder unterbunden wird

Das Bildungswesen allerdings kann nur Möglichkeiten schaffen, es kann das Gelingen nicht garantieren, ganz gleich, ob in Schule, Hochschule oder anderswo. Will der Einzelne nicht, lässt sich Bildung nicht erzwingen – Bildung und Zwang widersprechen sich geradezu.[25] Es

25 Das scheint die jüngst aufgeflammte Diskussion darüber, wie wichtig eine

muss zwar möglich sein, jemanden zur Räson zu rufen, ihm seine Verantwortung bewusst zu machen und ihm zu helfen, etwaige Schwierigkeiten zu bewältigen. Bildung ist nicht mühelos zu haben, aber genauso wenig mit Druck. Wer jedoch nicht bereit ist dazu, wer nicht will, demgegenüber bleibt das Bildungswesen ohnmächtig. Daran ändern all die Bildungsprogramme nichts, die Gutes beabsichtigen, statt Pluralität zu ermöglichen jedoch Vereinheitlichung befördern. Denn die Vielfalt neuer Studiengänge an den Hochschulen seit Einführung des Bachelors, um ein Beispiel zu bemühen, sollte nicht darüber hinwegtäuschen, dass sie alle aufgrund rigider Studienstrukturen (für die zum großen Teil die Hochschulen selbst verantwortlich sind) Erfahrungsmöglichkeiten verringern. Studenten werden zu Schülern gemacht, aus Erwachsenen, die sich freiwillig für etwas entschieden haben, anzuleitende Kinder. So werden Erfahrungsräume nicht eröffnet, sie werden verschlossen. Kein Wunder, dass überall von Unterricht, nicht von Lehre, und Stundenplan gesprochen wird.

Selbständigkeit und Verantwortung werden zwar in Sonntagsreden beschworen, in Sachen Bildung jedoch werden sie den Neugierigen tatsächlich – Kindern, Schülern und Studenten – allzu selten zugestanden. Es soll nicht mehr ausreichen, Erfahrungen eines Gelingens, damit kehrseitig auch eines Scheiterns, zu ermöglichen und die notwendige Zeit dafür zu lassen. Das Gelingen soll garantiert werden, Studien- oder Schulabbrecher soll es nicht mehr geben. Dabei hülfe es, nach den Gründen zu fragen, die hinter solchen Abbrüchen stecken. Abgedichtet soll der Bildungsprozess werden, damit bloß keiner zurückbleibt – als könne das überhaupt verhindert werden. Fürsorge paart sich in diesen Fragen nicht selten mit beinahe totalitären Bestrebungen, Bildungsdesinteresse notfalls mit Zwangsmaßnahmen beizukommen. »Faulheit und Feigheit« (Ladenthin 2014) seien der Grund für Unmündigkeit. Als sei es nicht legitim, an Bildung desinteressiert zu sein. Wir fragen zu wenig, welchen Anteil an einem Scheitern die Art des Bemühens um ein Gelingen hat.

Die Antwort auf die Frage, wovon Bildungsprozesse wesentlich abhängen, führt uns zu einem blinden Fleck in der Diskussion: Familie wird geringgeschätzt. Das Scheitern vergangener Bildungsvorhaben könnte uns lehren, dass Bildungsbereitschaft nicht ohne die Familie zu denken ist. Wo Eltern ihren Kindern emotionale Sicherheit und Verläss-

Anwesenheitspflicht von Studenten in Lehrveranstaltungen sei, zu vergessen. Physische Anwesenheit und intellektuelle Präsenz sowie Offenheit sind zwei verschiedene Dinge. Entbrannt ist die Diskussion anlässlich der Verabschiedung des Hochschulzukunftsgesetzes in Nordrhein Westfalen, dass die Anwesenheitspflicht weitgehend aufhebt.

lichkeit geben sowie Erfahrung ermöglichen, wird Neugierde gefördert und gefestigt. Wo dies nicht geschieht, kann ein Bildungswesen, das den Einzelnen nach seinen Fähigkeiten und Möglichkeiten fördert, bestenfalls die Folgen mildern, nicht aber sie gänzlich aufheben. Es käme also darauf an, die Möglichkeiten von Eltern zu verbessern, solche Erfahrungsräume zu bieten. Das BGE schüfe eine Möglichkeit durch Entlastung davon, Einkommen über Erwerbstätigkeit erzielen zu müssen. So könnten sich Eltern auf einfache Weise mehr Zeit nehmen.

Wenn behauptet wird, der Grund für Langzeitarbeitslosigkeit oder dauerhaften Sozialhilfebezug sei mangelnde Bildung, ist das naiv und realitätsfremd. Es soll nicht sein, was nicht sein darf. Dass in unserer Mitte Menschen leben, die eine schwierige Lebensgeschichte haben, eine Lebensgeschichte, die es ihnen kaum möglich macht, Bildungschancen zu ergreifen, wird nicht anerkannt. Möglichkeiten können wir eröffnen, wo diese nicht ergriffen werden, sollten wir dies zulassen. In der Regel werden Bildungschancen heute schon ergriffen, geschieht es nicht, gibt es dafür gute Gründe. Möglichkeiten schaffen, Hilfsangebote unterbreiten, ist etwas anderes als Bildungs- und Beratungszwang. Ein BGE würde dazu beitragen, dass jeder in seiner ihm eigenen Lebensgeschichte Anerkennung fände, und zwar dadurch, dass er nicht nach etwas zu streben aufgerufen würde, das ihm nicht gemäß ist. Das BGE ließe jeden so, wie er ist und eröffnete dadurch den Freiraum, sich genau diesem Sosein zu widmen. Auf dieser Grundlage würde es leichter, Hilfe aufzusuchen und anzunehmen, die dann keine Erziehungsmaßnahme für den Arbeitsmarkt mehr wäre.

Statt weiter eine auf Kontrolle und Existenzdruck setzende Sozialpolitik zu betreiben, statt eine Bildungspolitik durchzusetzen, die sich kurzfristig an der Beseitigung der Arbeitslosigkeit orientiert, sollten wir es dem Einzelnen zugestehen, Freiräume nach seinem Dafürhalten freiheitlich zu nutzen. Ein BGE, das ihm die Freiheit gäbe, was auch immer er für richtig hielte, zu tun, verschaffte Neugierde als Grundlage von Bildung die angemessene Stellung. Es würde zugleich eine Diskussion über Zweck und Ausgestaltung des Bildungswesens befeuern, unser Blick würde sich wenden. Anerkannt würde durch ein BGE, dass Bildung nicht für alle ein hohes Gut ist: Wer nicht will, muss nicht. Bildungsorte und -möglichkeiten außerhalb von Bildungseinrichtungen würden aufgewertet, Vielfalt so eröffnet. Nicht zu vergessen ist, welche Bedeutung ein solches Verständnis von Bildung für die Wirtschaft hätte. Erfahrung durch Bildungsprozesse ist die Basis dazu, sich in Problemlagen hineindenken zu können. Angesichts eines Voranschreitens der Automatisierung von Routinetätigkeiten, werden zukünftig mehr denn zuvor solche Anforderungsprofile in Berufen gefragt sein, in denen Problemlösen im Zentrum steht. Die Voraussetzung dafür schafft nicht ein

Studium, das Stoff vermittelt, es bedarf der Erfahrungsbildung. Sie geht vom Individuum aus.

Bildungsmöglichkeit oder Bildungspflicht?
Demokratie oder Erziehungsanstalt?
Anmerkungen zu Wolfgang Engler

Befreiung und Bevormundung liegen manchmal sehr nah beieinander. Das mag besonders erstaunen, wenn diese Nähe von BGE-Befürwortern hergestellt wird, was jedoch lediglich bezeugt, wie schnell Befreiung in Bevormundung umschlagen kann. In einem Gespräch mit Mathias Greffrath, das in der taz (Mika/Reinecke 2006) abgedruckt war, plädierte Wolfgang Engler »im Unterschied zu früher« für eine Bedingung, die mit dem BGE einhergehen solle:

> »Engler: Bildung. Ich glaube, man blamiert das Konzept, wenn man es aus dem Stand einführt. Ein Grundeinkommen für Menschen mit schlechter Bildung ist keine kluge Idee. Die Parole ›Nehmt den Leuten die Existenzangst, gebt ihnen ein bedingungsloses Grundeinkommen, dann werden sie sich selbst motivieren‹ kommt mir naiv vor. Nicht alle können einen Eigensinn in ihrem Dasein finden. Sie würden ihre Zeit verschwenden. Und wir, die ihr Grundeinkommen bezahlen müssen, würden sagen: Dafür? Bitte nicht!«

Eine Einführung aus dem Stand, die er für problematisch hält, ist ohnehin nicht möglich, da sie mindestens den Weg parlamentarischer Verfahren voraussetzt. Wie alle Entscheidungen in einer Demokratie, bedarf es dafür Mehrheiten, die sie unterstützen. Wo sie vorhanden sind, sind der Wille und die Bereitschaft da, die Verantwortung zu tragen. In einer Demokratie wird nichts eingeführt, ohne dass es darüber zuvor Debatten geben würde. Wozu also ein Szenario heraufbeschwören und als blamabel hinstellen, das den Mühen der Demokratie nicht entspricht? Eine rhetorische Risikobeschwörung?

Was versteht Engler unter »Menschen mit schlechter Bildung«? Sind es diejenigen, die keinen »Eigensinn in ihrem Dasein« finden können? Wer befindet darüber, ob sie es können? Und weshalb sollte das, wenn es der Fall wäre, ein Problem sein? Wäre es nicht den Menschen selbst zu überlassen? Wenn es nur wenige sind (»nicht alle«), weshalb dann allen eine Bildungspflicht auferlegen? Engler nimmt hier nicht nur die Mehrheit in Haft für die wenigen, auf die seine Diagnose gemünzt ist. Er spricht den Bürgern Mündigkeit ab, zu der es selbstverständlich gehört, Hilfe aufzusuchen, wenn man ihrer bedarf. Und selbst, wenn dies unterlassen würde, wäre das die Sache des Einzelnen. Englers Deutung ist

Ausdruck einer Haltung, die den Einzelnen offenbar für die Suche nach – welchem eigentlich? – Eigensinn erst qualifizieren will. Seine Bedenken sind damit allerdings zugleich Bedenken gegen die Voraussetzungen einer republikanischen Demokratie.

In der Tat wäre es naiv zu meinen, diejenigen, die mit ihrem Leben nichts anzufangen wüssten, würden durch ein BGE auf einmal vor Elan strotzen. Wer aber behauptet das? Sein Leben nicht oder kaum in die eigenen Hände nehmen zu können, die Sinnfrage also nicht eigenständig beantworten zu können, geht jedoch nicht auf ein Bildungsdefizit zurück, das wäre Schönfärberei. Dahinter steht vielmehr eine Lebensgeschichte mit Traumatisierungen. Das BGE erlaubte, ein Leben in Würde zu führen, zu dem es gehörte, Hilfe aufzusuchen, wenn sie benötigt würde. Leichter als heute wäre das, weil diejenigen, die gegenwärtig am Maßstab des Erwerbsideals zu Gescheiterten erklärt werden, nicht mehr diesem Maßstab ausgesetzt wären. So würde es einfacher, ein ihren Fähigkeiten gemäßes Leben zu führen. Engler übersieht den Zusammenhang zwischen Vorrang von Erwerbstätigkeit und Stigmatisierung derer, die dem nicht folgen können, deren Leben dadurch entwertet wird. Die Kostgängerrechnung zeigt, dass er die Deutung teilt, ein politisches Gemeinwesen sei eine Gemeinschaft von Leistungsbilanzierern, in dem die einen vermeintlich die anderen finanzieren und deswegen wohlverhalten erwarten können. Das ist sie nicht, weil die Stellung der Bürger im Gemeinwesen weder eine Leistung voraussetzt noch eine verlangt – das mag uns nicht bewusst sein, ist aber die Grundlage der Demokratie. Sollte es zu einem BGE kommen, dann ist es mehrheitlich gewollt und demokratisch legitimiert. Dann hätte sich also eine Mehrheit dafür gefunden, das Bilanzdenken ausdrücklich aufzugeben und den Einzelnen so zu akzeptieren, wie er ist.

Auf die Frage, ob das BGE nicht erledigt wäre, wenn eine solche Bedingung damit einherginge, erwidert er:

> »Engler: Nein. Es geht darum, Menschen so auszubilden, dass sie mit einem Grundeinkommen etwas für ihr Leben anzufangen wissen. In Kitas, Schulen, Familien und weiterbildenden Einrichtungen müssten Menschen für mehrere Existenzformen präpariert werden: eine, die um den Beruf kreist, und eine für ein Leben ohne Arbeit – weil Menschen nicht reinfinden in die Arbeitswelt, weil sie nicht können oder wollen. Bildungsbemühungen müssen die Voraussetzung für das Grundeinkommen sein. Denn diese Menschen müssen uns, den ›Financiers‹, ein Leben vorführen, mit dem wir wenigstens liebäugeln können.«

Klingt nach Menschenzoo: Die Ungebildeten, die ausschließlich vom BGE leben wollen, »müssen« den gebildeten Leistungsträgern »ein

Leben vorführen«, das ihnen behagt. Wäre es übertrieben, diese Haltung als reaktionär zu bezeichnen? Keineswegs, sie führt nämlich in eine Zeit zurück, in der es keine mündigen Bürger gab. Engler geht damit noch weiter als die heutige Sozialpolitik mit ihren Sanktionsdrohungen. Wo die Stellung des Einzelnen als Bürger von einer Bedingung abhängig gemacht wird – Bildung, statt heute: Erwerbsarbeit –, sind wir in vordemokratischen Zeiten gelandet, da helfen alle netten Vokabeln nichts, die sich in Englers Ausführungen sonst noch finden. Statt das Gemeinwesen als Gemeinschaft mündiger Bürger zu stärken, stärkt seine Version des BGE die Bevormundung durch Bildungspflicht. Um dieses Ziel zu erreichen, ist er bereit, erhebliche Interventionen in Kauf zu nehmen, sogar in die Familie. »Auszubilden«, hält er für nötig, damit ein selbständiges Leben möglich ist, als könne Lebenserfahrung in einen Lehrplan gepackt werden.

Die Journalisten der taz fragen treffend zurück:

> »taz: Will sagen: Die Grundeinkommensempfänger dürfen ihr Leben frei gestalten solange wir, die Mittelschicht, definieren was Freiheit ist.
>
> Engler: Nein, ich sage: Die Menschen brauchen nicht nur genug Geld, sondern auch die Fähigkeit, mit der Zeit etwas anzufangen. Die Freiheit, zu arbeiten oder nicht zu arbeiten, bringt auch ein sozialmoralisches Problem mit sich. Wir können heiraten oder nicht heiraten, wir können konsumieren oder es lassen. Zu arbeiten oder nicht, ist ein Freiheitsrecht, für das ich streite. Aber ich kann nicht ausblenden, dass dabei die einen von der Arbeit der anderen leben.«

Mit dem Schlusssatz bestätigt Engler die Frage, die er zuvor verneinte. Die einen müssen den anderen zeigen, dass sie bereit sind, mitzuwirken. Wie sollte sich sonst zeigen lassen, dass sich die anderen bemühen? Engler begreift das Gemeinwesen als Bilanzverband, in dem Geber und Nehmer buchhalterisch betrachtet werden. Damit ist der Solidarverband der Bürger erledigt, der eben nicht schaut, was der Einzelne macht und bilanziert, sondern ihn gewähren lässt, solange das Fortbestehen des Gemeinwesens nicht gefährdet ist. Ob »die Menschen« die Fähigkeit haben, mit der Zeit etwas anzufangen – zuvor war von einer Minderheit die Rede (»nicht alle«), die nicht damit klar käme –, hängt von vielem ab. Elementar ist die Frage, ob man ihnen dies überlassen will oder nicht? Es ist eben doch die Erwerbstätigendenke, die Haltung des *do ut des,* die hier den Blick führt und die Voraussetzung übersieht, die für ein demokratisches Gemeinwesen unerlässlich ist.

Englers Gesprächspartner, Matthias Greffrath (siehe auch Greffrath 2012), hat eine gleichfalls deutliche Haltung zum BGE:

»Greffrath: Ein Grundeinkommen unter dem Druck der Ökonomie
geht in die falsche Richtung. Es ist eine semantische Lösung und
wahrscheinlich eine groß angelegte Subvention der Brauereiindu-
strie. Dagegen setze ich die aggressive Forderung nach mehr Bildung
und Arbeitszeitverkürzung. Das braucht Zeit. Aber das Grundeinkommen würde zu einer Gesellschaft führen, die wir nicht wollen.«

Was er vom Einzelnen hält, wird ziemlich deutlich: Er wäre suchtge-
fährdet, wenn das BGE eingeführt würde. Wie soll, angesichts dieser
Diagnose, Hoffnung darauf bestehen, dass Menschen sich bilden wollen? Diese Hoffnung braucht er offenbar gar nicht, denn seine »aggressive Forderung nach mehr Bildung« würde er wohl, damit sie wirkt,
ebenso aggressiv umgesetzt wissen wollen. Mit Engler müsste er sich
einig sein. Dabei hatte er in einer dieser vorangehenden Passage gerade
darauf hingewiesen, wie sehr Bildung für ein erfolgreiches Wirtschaften
in Deutschland zukünftig nötig sein wird. Doch, so muss ihm entgegengehalten werden, Bildung ist nicht gegen das Individuum zu haben,
sondern nur durch es. Es muss sie wollen.

Ist nun das BGE naiv, wie Engler meint? Es hat in Deutschland eine
gewisse Tradition, nach einem Bürger-TÜV zu rufen, wenn man den
Bürgern misstraut. Darin wird die Rettung der Demokratie erblickt – es
würde sie aber vielmehr zerstören. Erschreckend sind nicht diejenigen,
die mit ihrem Leben nichts anzufangen wissen. Sie werden sich Hilfe
und Rat suchen, wenn sie sie benötigen. Und wenn sie es nicht tun, ist
das ihr gutes Recht, solange sie andere nicht gefährden. Erschreckend
sind diejenigen, die anderen gerne einen Mangel bescheinigen und eine
mögliche Kur nicht den Betroffenen überlassen, sondern sie zum »rechten Leben« anleiten wollen. Das zeigt umso mehr, wie dringend nötig
ein BGE wäre, um eines klarzustellen: Die Bürger sind das Fundament,
und zwar so, wie sie sind.

Kunst und Wissenschaft – Was würde ein BGE verändern?

Kunst und Wissenschaft zu fördern gehört zu unserem Selbstverständnis als Gemeinwesen, zu unserer Identität. Kunst und Wissenschaft zu
fördern heißt: Neues zu ermöglichen, Neues, das um seiner selbst willen hervorgebracht wird. Ob daraus ein praktischer Nutzen einst wird
gezogen werden können, steht nicht im Zentrum, denn Kunst und Wissenschaft dienen der kulturellen Erneuerung (Liebermann/Loer 2013).
Gestaltete Erkenntnis – sei es sinnliche in der Kunst, sei es begriffliche in
der Wissenschaft – ermöglicht Verstehen und Erfahrung. Erkenntnis um
ihrer selbst willen heißt, Routinen aufzugeben; Selbstverständliches wie
Fremdes zu betrachten, nur um zu verstehen, wie es zu dem geworden

ist, was es ist. Geschehen muss das in Absehung davon, wozu es gut sein kann. Kunst und Wissenschaft kann es nur geben, wo Erkenntnis und Erfahrung um ihrer selbst willen geachtet und ermöglicht werden.

Da Kunst und Wissenschaft nicht an Verkauf und Absatz orientiert sind, ja, nicht sein können, um sich ganz der Sache selbst zu überlassen, bedürfen sie einer Alimentierung. Diese Alimentierung eröffnet einen Schonraum, das zu tun, was beide auszeichnet. Der heute verschmähte und als Überbleibsel der Vergangenheit gescholtene Elfenbeinturm ist nichts Verdammenswertes, er ist für Wissenschaft unerlässlich – er bildet diesen Schonraum, in dem nach eigenen Regeln methodisch diszipliniert über die Geltung von Hypothesen gestritten werden kann. Das muss keineswegs heißen, dass Probleme der Gegenwart in ihn nicht hereingelassen werden. Sie werden dort jedoch nicht praktisch gelöst, sie werden erforscht.

Wie sieht es in unserem Gemeinwesen aus, fördern wir Kunst und Wissenschaft so, wie es angemessen wäre? Vor welchen Problemen stehen wir heute?

Wer künstlerisch oder wissenschaftlich tätig sein will, sieht sich vielen Unwägbarkeiten und Hindernissen gegenüber. Verlässliche Einkommen erzielen nur diejenigen Künstler, die eine Dauerstelle an einer Hochschule innehaben (in der Regel Professuren), sehr bekannt sind, stetig Engagements erhalten (z.B. bei Ausstellungen, Theater, Oper, Film und Fernsehen) oder aus dem Verkauf ihrer Werke aufgrund großer Nachfrage ein erhebliches Einkommen erzielen *können*. Das ist eine kleine Minderheit. Andere *müssen* ihre Werke verkaufen oder einem Nebenberuf nachgehen, wenn sie künstlerisch tätig sein wollen – das dort erzielte Einkommen schafft erst die Basis für künstlerische oder wissenschaftliche Betätigung. Wieder andere können froh sein, wenn sie eine Förderung (Stipendien usw.) erhalten, die ihnen den Freiraum gewährt, Werke zu schaffen. Die Unsicherheit, wie ein Einkommen erzielt werden kann, ist groß.

Für Wissenschaftler ist die Lage ähnlich. Nur Dauerstellen an Universitäten, Hochschulen oder Forschungsinstituten erlauben eine kontinuierliche, von Modediskussionen und der Wissenschaft äußerlichen Zwecken, unabhängige Forschung. Unterhalb einer Professur gibt es solche Stellen in Deutschland – im Unterschied noch zu den 90er Jahren – kaum mehr. Dafür ist das Wissenschaftszeitvertragsgesetz verantwortlich (Kühl 2014). Wer keine Dauerstelle in Aussicht hat, ist auf befristete Verträge angewiesen, während deren Laufzeit (meist ein bis drei Jahre) schon die Finanzierungsmittel für Folgeverträge eingeworben werden müssen (sogenannte Drittmittel). Das geht allerdings nicht auf Dauer, denn, wer es nicht schafft, innerhalb von zwölf Jahren, sechs vor und sechs nach der Promotion, auf eine unbefristete Stelle zu gelangen, muss gehen. Er darf an einer staatlichen Hochschule nicht mehr angestellt werden, zumindest nicht auf Haushaltsstellen. Drittmittelstellen lassen hier ein Schlupfloch, doch eine Perspektive bieten sie nicht. Wer nicht einmal befristete Verträge erhält, kann auf ebenso befristete Stipendien hoffen, die ihm eine Verschnaufpause im Wettlauf um die Forschungsfinanzierung verschaffen. Aber, wie soll geforscht werden, wenn kurz nach Projektbeginn schon wieder Mittel eingeworben werden müssen und zugleich nur der kleinere Teil der Anträge von Fördereinrichtungen bewilligt wird? Ist Muße, die für wissenschaftliche Erkenntnisgewinnung unabdingbar ist, unter diesen Bedingungen überhaupt möglich, oder ist sie längst dem Wissenschaftsmanagement gewichen, dem Anpreisen von Erkenntnis zum Anwerben neuer Mittel? Man schaue sich, um einen Eindruck zu erhalten, nur die Internetseiten von Hochschulen an. In ihnen werden Forscher mit Zielvereinbarungen, Fünfjahresplänen, Leistungszulagen und anderem Irrsinn überzogen. Allerdings: kaum einer wehrt sich, die Mehrheit macht mit oder toleriert diese Praktiken schweigend (Liebermann/Loer 2013).

Und die anderen? Viele Forscher, heute insbesondere die jungen, die ja bekanntlich unsere Zukunft sein sollen, hoffen Jahre auf eine unbefristete Stelle, falls sie überhaupt einmal auf eine Professur berufen werden – das ist der Gang der Dinge. Eine wissenschaftliche Karriere ist riskant. Einige verlassen die Universitäten und müssen ein Einkommen für ihren Lebensunterhalt außerhalb von Forschung und Lehre erzielen. Nicht einmal Lehraufträge vergüten wir angemessen (zwischen 25 und 30 Euro pro Semesterwochenstunde, Vor- und Nachbereitung inklusive). An anderen Ländern nehmen wir uns gerade in dieser Frage kein Beispiel, wo wir uns doch sonst nicht scheuen, sie als Vorbild zu nehmen. In der Schweiz z.B. beträgt die Vergütung von Lehraufträgen ein Vielfaches. Kunst und Wissenschaft, können wir daraus schließen, sind uns wenig wert, da können Sonntagsreden noch so sehr anderes verkünden.

Ein Bedingungsloses Grundeinkommen würde auch in diesem Zusammenhang enorme Möglichkeiten schaffen. Sicher, an der inneren Verfasstheit des Wissenschafts- und Kunstbetriebs änderte es direkt nichts, dafür müssen unter anderen Wissenschaftler und Künstler selbst sorgen. Doch mit einem BGE wären sie zumindest davon entlastet, an Hochschulen streben zu müssen, um ein Einkommen zu erzielen. Sie könnten gar ihre Stellen aufgeben, wenn – wie u.a. durch die Einführung von Bachelor- und Masterstudiengängen – die Unterhöhlung von Wissenschaft betrieben wird.

Gäbe es ein BGE, müssten Universitäten und Kunsthochschulen vielmehr um gute Mitarbeiter werben – denn die wären von ihnen nicht abhängig. Wer hingegen heute eine Stelle aufgibt, gibt damit beinahe Forschung und Lehre auf, denn er muss nun auf anderem Wege ein

Einkommen erzielen. Mit einem BGE wäre dies anders. Eine Stelle aufzugeben, wie manche Professoren (Frühpensionierung) es in den letzten Jahren getan haben, um wieder forschen zu können, wäre einfach. Junge Wissenschaftler müssten sich nicht bieten lassen, was ihnen heute abgefordert wird. Auf der Grundlage eines BGE könnten sie forschen, Künstler könnten Werke schaffen. Sich mit Kollegen zu assoziieren, ohne in einer Forschungseinrichtung angestellt zu sein, wäre möglich. Wissenschaftler wie Künstler wären freier, Stipendien abzulehnen, die gängeln.

Ein BGE förderte Vielfalt, Kunst und Wissenschaft könnten unabhängig von festen unbefristeten Arbeitsstellen betrieben werden. Zugleich schätzten wir damit Bildung um ihrer selbst willen wert. Mit einem BGE machten wir ernst mit der Freiheit von Forschung und Lehre. Zwar könnte es die Umwandlung von Universitäten und Hochschulen in Lernfabriken, die sich gegenwärtig vollzieht, nicht verhindern, es schüfe aber ein Gegengewicht.

»Da müssen sie sich dran gewöhnen. Da müssen sie durch«

Der Geist von Hartz IV in unerwarteten Zusammenhängen

Manchmal zeigen sich Ähnlichkeiten zwischen Phänomenen, die man nicht erwartet hätte. So ist es mit der Haltung hinter diesen beiden Aussprüchen, die dem Beitrag den Titel geben. Sie zeugen davon, dass nicht Wille und Bedürfnis desjenigen Ausgangspunkt eines Handelns sind, an den sie sich richten. Vielmehr soll er sich bestimmten Verhältnissen einfügen und die auf dem Weg dorthin notwendigen Beschwernisse aushalten – das wird von ihm verlangt. Auf einen Erwachsenen angewandt würde man sich über diese Aussprüche wundern, denn er entscheidet im Rahmen der Möglichkeiten, die er hat, ob er etwas und wie tun will oder nicht. Dort, wo er Anweisungen entgegennimmt, weil das die Aufgabe auszeichnet, die zu erledigen er angestellt wurde, entscheidet er sich dafür, solche Anweisungsverhältnisse einzugehen. Erst wenn er in die Lage kommt, auf Leistungen nach dem Sozialgesetzbuch angewiesen zu sein, auf Arbeitslosengeld I oder noch mehr im Fall von Arbeitslosengeld II, ist es mit den Entscheidungsmöglichkeiten beinahe vorbei. Denn, wer Leistungen benötigt und nicht auf sie verzichten kann, muss sich dem ›Fördern und Fordern‹ beugen. »Da muss er dann durch«, wenn er die Leistungen erhalten und behalten will. Das daran Bedrückende schwingt in der Formulierung mit, es wird herausgehoben. Durchhalten muss man dann, wenn es – aus welchen Gründen auch immer – keine Alternative gibt.

Das führt uns genau zu dem Zusammenhang, dem die zitierten Aussprüche entnommen sind Sie entstammen Situationen, in denen Erwachsene über Kinder sprachen. Sicher, es gibt immer Umstände, in denen bestimmte Dinge getan werden müssen, das gilt für das Familienleben genauso wie anderswo. Doch würde man Kindern für gewöhnlich nicht etwas abverlangen, wozu sie noch nicht in der Lage sind oder die vermeidbares Leiden mit sich bringen.

So selbstverständlich das zu sein scheint, so sehr geht es an der noch immer verbreiteten Haltung vorbei, die in Sachen Kindergartenbesuch – noch mehr gilt das für Krippen – anzutreffen ist. Für Kinder ist der Übergang aus dem vertrauten Schonraum der Familie und ihr nahestehender Verwandter und Freunde hin zum Kindergarten, in dem alles fremd ist, die Räumlichkeiten wie die Erzieher, schwierig. Ebenso fremd sind meist die anderen Kinder, der Lärmpegel, die wenige Zeit, die den Erziehern für die Bedürfnisse der einzelnen Kinder nach den heutigen Betreuungsschlüsseln bleibt. Weil bekannt ist, wie schwierig dieser Übergang ist, sind Eingewöhnungsmodelle entwickelt worden, wie das Berliner oder Münchner, um den Kindern den Übergang zu erleichtern. Die Modelle sehen in der Regel allerdings sehr kurze Zeiträume von mindestens vier bis höchstens vierzehn bzw. einundzwanzig Tagen für die »Eingewöhnung« vor. Solche Modelle allerdings ändern nichts an den gewaltigen Verunsicherungen, sie versuchen sie lediglich besser abzufedern.

Trotz der Erfahrung der Erzieher, die sie lehren müsste, wie schwierig der Übergang für Kinder sein kann, ist es nicht so selten, dass eine Haltung des »Da müssen sie durch«, »Da müssen sie sich dran gewöhnen« die Oberhand gewinnt. Sie orientiert sich gerade nicht an den Bedürfnissen der Kinder. Gefordert wird das Durchhalten, vermittelt über die Eltern, die zugleich durchhalten sollen, in dem sie ihre Kinder dem weiter aussetzen, was ihnen nicht entspricht. Letztlich handelt es sich um eine Art Konditionierung, es werde dann schon besser – durch Gewöhnung. Wir müssen uns hingegen fragen, weshalb Kinder etwas aushalten sollen, wozu sie noch nicht in der Lage sind. Wie schon der Ausdruck »Eingewöhnung« betont, geht es vor allem um Anpassung und nicht um die Frage, ob ein Kind das schon will. Diesem Durchhaltenmüssen, damit die Anpassung gelingt, korrespondiert noch ein anderes Phänomen, eine oft geäußerte ›Sorge‹: Gebe man den Bedürfnissen der Kinder nach, wenn sie nicht im Kindergarten bleiben, sondern mit den Eltern nach Hause gehen wollen, dann wissen sie, dass sie nicht im Kindergarten bleiben müssen. Das wird dazu führen, so die Befürchtung, dass sie gar nicht mehr kommen. Bloß nicht nachgeben, so ließe sich das zuspitzen. Die Sorge davor, Kinder könnten verwöhnt werden, wie es Karl-Heinz Brisch einmal ausdrückte, ist groß. Wer einmal nachgibt, hat verloren, deswegen bedarf es: Durchhaltevermögens. Wenn hingegen Eltern sich Zeit nehmen und auf die Bedürfnisse situativ angemessen antworten, dann machen die Kinder die Erfahrung, einen verlässlichen Hafen zu haben, von dem aus sie die Welt erkunden können. Es bedarf dann keiner Durchhalteparolen, damit die Kinder im Kindergarten bleiben. Sie werden bleiben wollen, wenn sie so weit sind und sie sich dort aufgehoben fühlen.

Es ist nicht verwunderlich, dass der Anpassungswunsch und -druck mit dem Stellenwert von Erwerbstätigkeit und der gleichzeitigen Abwertung von Familie zusammenhängt. Eltern planen so selbstverständlich mit dem Anpassungserfolg, dass nicht damit gerechnet wird, die Kinder könnten lieber zuhause sein wollen. Den Kindern die Zeit zu lassen, die sie brauchen, um sich auf Neues einlassen zu können, würde leichter fallen, wenn der Freiraum dafür vorhanden und zugleich anerkannt würde. Dazu und deswegen bedarf es eines BGE.

Wirtschaft

Kombilohn, Mindestlohn, Arbeitszeitverkürzung und die Verantwortung von Unternehmen

Die Diskussion über das Bedingungslose Grundeinkommen verläuft nicht nur unter Kritikern kontrovers. Auch Befürworter fragen sich, ob das BGE nicht sogleich mit mehreren weiteren Maßnahmen notwendig verknüpft werden sollte, wie z.B. einem gesetzlichen Mindestlohn, wie er seit dem ersten Januar 2015 in Deutschland gilt[26], und einer Arbeitszeitverkürzung. Manche gehen sogar soweit, in der Verknüpfung aller drei Vorschläge erst ein wirklich »emanzipatorisches Grundeinkommen« zu erblicken (z.B. Blaschke 2010, S. 233 ff.). Denn, so die Vertreter dieser These, Unternehmen sollen nicht aus ihrer Verantwortung für das Gemeinwesen entlassen werden. Aus Gründen allgemeinen Wohlergehens dürften Löhne eine Mindestgrenze nicht unterschreiten. Ihre Relevanz erhält diese Verknüpfung von den Befürchtungen, ein BGE könne unliebsame Folgen haben, die gar nicht erst eintreten können sollen. Sind aber diese Folgen zwingend? Führt die Verknüpfung mit weiteren Maßnahmen über das BGE hinaus nicht dazu, es zu schwächen, widersprechen sie gar seiner inneren Logik?

1. Behauptung: Das BGE führt zu Lohnsenkung

Auf jeden Fall führt das BGE dazu, zwei Funktionen, die der Lohn heute vereint, die jedoch verdeckt sind, zu trennen: Existenzsicherung und Anteil am Unternehmenserfolg. Das BGE übernähme die Existenzsicherung (heute verkörpert im Grundfreibetrag in der Einkommensteuer auf der einen, Transferleistungen wie z.B. Arbeitslosengeld II auf der anderen Seite). Der Lohn wäre dann nur noch ein Anteil am Erfolg des Unternehmens und würde für sich stehen. Diese Trennung beider Funktionen erlaubte in der Tat andere Einkommensrelationen als heute. Wo ein BGE als Basis vorhanden wäre, die nicht mehr durch einen Lohn abgedeckt werden müsste, würde ein relativ geringerer Lohn nicht die Auswirkungen haben, die er heute hat. Für den Einzelnen ist letztlich entscheidend, welches Gesamteinkommen (BGE plus Gehalt) er zur Verfügung hat. Während Niedriglöhne heute als solche gelten, weil sie

---

26 Man bedenke, dass dieser Mindestlohn von 8,50 Euro – von Ausnahmen und stufenweiser Einführung in manchen Branchen abgesehen – bei Vollerwerbstätigkeit von 40 Stunden gerade einmal zu einem Einkommen von 1360 Euro brutto führt.

zu prekären Einkommensverhältnissen führen können, wäre das mit einem BGE nicht der Fall.

Darüber hinaus ist festzuhalten, dass über Gehälter verhandelt werden müsste und Unternehmen sie nicht diktieren könnten. Ein BGE in ausreichender Höhe verliehe Verhandlungsmacht, die Arbeitnehmer heute in diesem Maße nicht haben. Jegliche Furcht vor Lohnsenkung, wie sie durchaus in der BGE-Diskussion ausgesprochen wird, ist unberechtigt und zeugt durchaus von Misstrauen in die Verhandlungsfähigkeit und -bereitschaft des Einzelnen. Wer sich mit einem BGE im Rücken auf einen (zu) niedrigen Lohn einließe, täte dies aus freien Stücken und müsste das selbst verantworten. Dafür könnte es durchaus gute Gründe geben, z.B. die Förderung unternehmerischer Initiative (Startup) im Anfangsstadium, deren Erfolg ungewiss ist, die aber beharrliche Tatkraft verlangt.

2. Behauptung: Das BGE ist ein Kombilohn und subventioniert Unternehmen

Das BGE wird sich gewiss, da es in die Einkommensverhältnisse hineinwachsen muss und nicht einfach »oben drauf« kommen kann, auf Gehaltsstrukturen auswirken. Doch würde weder Arbeitsangebot noch -nachfrage dadurch bevorteilt. Die Vorteile träfen samt ihrer Auswirkungen beide Seiten gleichermaßen. Im Unterschied zum Kombilohn, der nur dann wirksam wird, wenn ein Erwerbsverhältnis besteht, nicht jedoch unabhängig davon, subventioniert das BGE die Person. Gerade dadurch verleiht es Verhandlungsmacht, ein Kombilohn vermag das nicht – genauso wenig wie ein Mindestlohn. Ein BGE subventioniert die Person, Kombi- und Mindestlohn subventionieren ein Erwerbsverhältnis.

3. Behauptung: Unternehmen müssen einen Beitrag zum Gemeinwohl leisten, das BGE jedoch entlastet sie davon

Was ist die Aufgabe von Unternehmen, welchen Beitrag können, welchen sollen sie leisten? Sie sollen Werte erzeugen, also standardisierte Dienste und Güter bereitstellen. Dazu bedarf es einer Infrastruktur, die in unserem Land im Wesentlichen durch die öffentliche Hand bereitgestellt wird, also durch das Gemeinwesen, das sie über Steuern und Abgaben finanziert. Steuern und Abgaben, wie alle anderen Ausgaben, die ein Unternehmen zur Erzeugung eines Dienstes oder Gutes tätigen muss, werden letztlich an das Ende der Wertschöpfungskette weitergereicht (Überwälzung) und landen im Güterpreis. Nur durch Absatz kann ein Unternehmen seine Ausgaben (Sozialversicherungsbeiträge,

Steuern, Löhne, Dividenden usw.) decken, ganz gleich welcher Art sie sind. Zum Gemeinwohl kann ein Unternehmen nur beitragen, indem es Güter und Dienste bereitstellt, die letztlich nichts anderes sind als standardisierte Problemlösungen. Sie sind in ihrer Funktion von einem konkreten Individuum ablösbar. Deswegen können die Käufer zu Recht als Kunden bezeichnet werden. Ganz anders verhält es sich mit nicht-standardisierbaren Problemlösungen (z.B. ärztlichem, therapeutischem, rechtspflegerischem, pädagogischen, künstlerischem, wissenschaft-lichem Handeln), sie kennen keine Kunden. In ihrem Zentrum stehen Bildungsprozesse (Schüler und Studenten) oder die Wiedergewinnung von Autonomie (Patienten oder Klienten). Wie sollen nun Unterneh-men mehr zum Gemeinwohl beitragen als durch die Bereitstellung von Gütern und Diensten, die letztlich erst zu den Werten führen, die dann besteuert werden? Wer der Auffassung ist, Unternehmen müssten mehr beitragen und dürften von den Aufwendungen z.B. für Löhne nicht unverhältnismäßig entlastet werden, meint, die Überwälzung von Aus-gaben in die Güterpreise verhindern oder umgehen zu können. Das ist nicht möglich, ohne die Existenz von Unternehmen langfristig zu gefährden. Wenn sie nicht überwälzen, leben sie von der Substanz und zehren sie auf.

Effiziente und ressourcenschonende Produktion kann z.B. dadurch gefördert werden, dass Ressourcenverbrauch entsprechend besteuert wird – doch landet auch dies im Güterpreis. Was nicht unterschätzt werden sollte, ist, welche Auswirkungen ein BGE auf unser Verhältnis zu Konsum und unser Verhältnis zur Natur als Voraussetzung unseres Lebens hätte. Wäre Erwerbstätigkeit nicht mehr die heilige Kuh, um die herum getanzt würde, verlöre Konsum als kompensatorisches Phä-nomen an Bedeutung. Erwerbstätigkeit um ihrer selbst willen zu fei-ern, wie wir es heute tun, ist die eine Seite derselben Medaille, deren andere der Konsum ist. So wäre ein anderes Verhältnis zu Ressourcen zu gewinnen, ohne das BGE mit Maßnahmen zu überfachten, wie es manchmal in der Debatte geschieht (Schachtschneider 2014).

4. Behauptung: Eine allgemeine Arbeitszeitverkürzung ist nötig, damit Arbeitslast wie Arbeitschancen gerecht verteilt werden

Ein BGE soll die Entscheidungsfreiheit und damit die Verantwortung des Einzelnen stärken. Von daher liegt es nahe, ihn über Eintritt in wie Austritt (heute: Rente) aus seinem Erwerbsleben genauso entscheiden zu lassen wie über die konkreten Arbeitsbedingungen (Gehalt, Urlaub, Arbeitszeit usw.). In welchem Umfang er erwerbstätig sein will und kann, wäre seine Sache. Denn wie belastbar jemand ist, wie gut er die mit Erwerbstätigkeit einhergehenden Anstrengungen auszuhalten in der Lage ist, hängt vom Einzelnen ab. Fügt sich die Forderung nach einer Arbeitszeitverkürzung diesem Zusammenhang und dem Zweck des BGE?

Zuerst einmal müssen zweierlei Dinge unterschieden werden: indirekte Auswirkungen und direkte Regulierungen. Es könnte sehr wohl der Fall eintreten, dass die Einführung eines BGE tatsächlich zu einer Arbeitszeitverkürzung in den verschiedensten Formen führte, z.B. mittels flexibler Teilzeitmodelle. Das wäre dann nicht Resultat einer Regulierung der Arbeitszeit, sondern Folge der Verhandlungsmacht von Mitarbeitern. Aufgrund dieser Verhandlungen könnten sich bestimmte Verhandlungsforderungen bewähren und für andere zum Vorbild werden. So wäre es denkbar, dass sich unabhängig von einer allgemeinen Regulierung dennoch eine Vorstellung von Arbeitszeiten etablierte, an denen sich viele orientierten. Aber, sie wäre keine Vorschrift und nicht einklagbar, ganz anders als eine durch gesetzliche Bestimmungen festgelegte Definition. Trotz dieser Vorstellung bliebe es nach wie vor den Verhandlungen überlassen, wie Unternehmen und zukünftige Mitarbeiter übereinkommen.

Genau darin besteht der Unterschied zur allgemeinen Arbeitszeitverkürzung zusätzlich zum BGE. Wie wäre sie zu rechtfertigen? Doch nur durch den besonderen Wert von Erwerbstätigkeit: Das Wertvolle und Begehrenswerte muss verteilt werden, wenn alle davon etwas abbekommen können sollen. Jegliches Engagement jenseits der Erwerbsarbeit würde damit wieder relativ abgewertet, denn dafür gäbe es ja keine Arbeitszeitverkürzung. Außerdem würde die Arbeitszeit unabhängig von der Aufgabenkonstellation definiert und willkürlich festgelegt. Schon heute ist sie in vielen Bereichen lediglich eine formalisierte Regulierung des Verhältnisses von Zeitaufwand und Lohn (als Entschädigung dafür), sagt jedoch nichts darüber, wieviel Zeit ein Mitarbeiter tatsächlich für die Aufgaben aufwendet, die er zu bewältigen hat. Weshalb also nicht realistische Verhandlungen ermöglichen, in denen der Mitarbeiter selbst bestimmt, wie er sich den bestimmbaren oder eben auch nicht genau bestimmbaren Zeitaufwand vergüten lässt?

5. Behauptung: Ein Mindestlohn ist notwendig, um eine Lohngrenze nach unten einzuziehen und vor Niedriglöhnen zu schützen

Was für Punkt 1 und 3 ausgeführt wurde, trifft hier weitgehend ebenfalls zu. Die Aufgabe eines Mindestlohns ist die Absicherung des Einkommens nach unten, allerdings eine Absicherung die nur greift, wenn ein Erwerbsverhältnis besteht. Weder Kombi- noch Mindestlohn regulieren Einkommen außerhalb von Erwerbsverhältnissen. Das kann nur ein

BGE, ohne zugleich eine Notfall- oder Ausfallleistung zu sein. Welchen Lohn ein Mitarbeiter auf Basis eines BGE verhandelt, wäre seine Sache und damit seine Verantwortung. Nur wer dem Einzelnen nicht zutraut, vernünftig zu verhandeln, kann einen Mindestlohn für notwendig halten, wenn es ein BGE gibt. Die Sicherung eines Mindesteinkommens ist Aufgabe des Gemeinwesens, es ist in der Demokratie dazu aufgerufen, weil es die Bürger als Souverän stärken und schützen muss. Für Personen mit Aufenthaltsbewilligung würde er dann genauso gelten, weil sie sich im Rechtsbereich des Gemeinwesens aufhalten. Unternehmen hingegen sind nicht Träger öffentlicher Aufgaben, sie sind dafür gar nicht legitimiert.

Leiharbeit, Zeitarbeit, prekäre Lebensverhältnisse – ein Problem?

Heute stellen diese drei Phänomene in der Tat ein Problem dar, denn aufgrund der Notwendigkeit, Einkommen über Erwerbstätigkeit zu erzielen, kann ihnen kaum ausgewichen werden. Aus diesem Grund wird seit einiger Zeit immer wieder über die Zunahme von Leiharbeit, Zeitarbeit und prekären Lebensverhältnissen berichtet. Es scheint auf den ersten Blick eindeutig, worum es dabei nur gehen kann: um befristete Arbeitsverhältnisse, die zu Einkommensunsicherheit führen; um Beschäftigungsverhältnisse mit niedrigen, nicht existenzsichernden Löhnen sowie um Statusunsicherheit von Arbeitnehmern – der Einzelne hat wenig bis keine Verhandlungsmacht. Unter den gegenwärtigen Bedingungen der Einkommenserzielung werden die Freiheiten enger, nicht nur für diejenigen mit geringen Qualifikationen, auch für andere: in wenigen Bereichen nur sind Arbeitsplätze noch sicher. Diese Entwicklung hat zahlreiche Folgen. Entscheidungen, die über einen längeren Zeitraum sich auswirken und die zu treffen eine gewisse finanzielle Absicherung voraussetzt, werden so erschwert.

Alle aufgeführten Phänomene werden jedoch nur zu Problemen, weil wir kein reguläres Einkommen vorsehen, das von einer Erzielung über Erwerbsarbeit unabhängig ist. Gäbe es ein Bedingungsloses Grundeinkommen in ausreichender Höhe, was wäre an Leiharbeit problematisch? Verhandlungsmacht würden Leiharbeiter im Unterschied zu heute nicht einbüßen, sie würden sie erst gewinnen. Zeitarbeit könnte zu Projektarbeit werden, ohne dass Einkommensungewissheit damit verbunden wäre.

Was bliebe von »prekären Lebensverhältnissen« übrig? Etwas ganz anderes, als heute damit verbunden wird. »Prekär« kann eine Lebenssituation in zwei ganz verschiedenen Bedeutungen sein. Die eine benennt schwierige, die Existenz bedrohende Einkommensverhältnisse. Letztlich bleibt dann der Gang zur Sozialbehörde mit all seinen stigmatisierenden Folgen. »Prekär« kann aber ein Leben indes in einem anderen Sinn werden, der für gewöhnlich mit dem Ausdruck nicht verbunden wird: dem einer Lebenskrise als Sinnkrise. Sie kann durch keine Einkommensgarantie aufgehoben werden, keine Bildungspolitik kann sie verhindern. Auf solche Krisen muss jeder selbst eine ihm gemäße Antwort finden.[27] Heute hingegen geben wir noch eine Antwort vor, die wir für besonders gut halten: Erwerbsarbeit. Obwohl jeder vor die Frage gestellt ist, was er mit seinem Leben anfangen, was er aus ihm machen will, kann er an dieser Krücke laufen, in ihr eine Antwort erkennen. Wer Erwerbsarbeit leistet, macht nach allgemeiner Anschauung auf jeden Fall etwas Sinnvolles. Das spürt besonders, wer zur Arbeitsagentur geht und ihr »Kunde« wird.

Gäbe es ein BGE, stellte sich die Frage radikaler, es gäbe keine Krücke mehr, an der wir gehen könnten. Nicht würden wir in einem Schlaraffenland leben, wie immer wieder suggeriert wird. Vielmehr wäre es genau anders herum, wir wären mit der Frage der Freiheit und des Lebenssinns viel härter konfrontiert. Keine kollektiv positiv besetzte Antwort würde den Weg weisen, wir müssten ihn selbst finden. Die wirklichen Lebensfragen träten umso deutlicher hervor, wenn wir von Einkommenssorgen befreit wären, Fragen, auf die keine politische Planung eine Antwort zu geben vermag.

Genau eine solche Situation wäre unserer Demokratie gemäß: sie ruht auf der Bereitschaft der Bürger, ihr Leben in die eigenen Hände zu nehmen. Ein BGE würde sie darin bestärken, ihnen den Rücken stärken, damit sie ihren Weg finden, zum Gemeinwohl beizutragen. Mit einem BGE im Rücken trifft einen die Sinnfrage erst mit voller Wucht.

Strukturschwache Regionen – wie weiter?

Strukturschwache Regionen werden solche Gebiete in Deutschland genannt, die aufgrund ihrer geringen wirtschaftlichen Leistungskraft und folglich geringem Steueraufkommen auf eine besondere Förderung aus öffentlichen Mitteln angewiesen sind. Diese Förderung erfolgt z.B. über den Länderfinanzausgleich, sie kann aber genauso über zweckgebundene Mittel gestaltet werden (z.B. für bestimmte Branchen wie die Landwirtschaft). Zweckgebunden zu fördern bedeutet, bestimmte Ziele anzustreben und zu bewerten, ob der Geförderte dem angestrebten Ziel näher gerückt ist, die Förderung also erfolgreich war. Förderungen die-

27 Siehe auch den Beitrag »Armut«, S. 172 ff.

ser Art fördern also bestimmte Zwecke, nicht aber Personen um ihrer selbst willen.

Wo es anhaltend an Wirtschaftskraft fehlt, wo Menschen kein oder nur unzureichend Einkommen erzielen können, wandern sie ab (Martens 2010), es bleibt ihnen meist keine Wahl. Das haben in den vergangenen Jahren in strukturschwachen Regionen viele getan. Dadurch verschärft sich die Lage noch, denn durch Abwanderung gehen Menschen verloren, die einen langfristigen Aufbau oder Erhalt gestalten könnten und würden, da sie sich ihrer Heimat verbunden fühlen. Diejenigen, die nicht abwandern, sondern bleiben wollen, sehen sich vor die Frage gestellt, wie sie das notwendige Einkommen erzielen können. Häufig bleibt nur Wanderarbeit, lange Anfahrtswege zu Arbeitsplätzen, mehrtätige Aufenthalte dort, regelmäßige längere Abwesenheit von Familie und Freunden (Ankenbrand 2010).

Wie würde ein BGE die Lage dieser Regionen verändern? Aus wirtschaftlichen Gründen, um ein Einkommen zum Auskommen zu erzielen, müsste niemand mehr abwandern. Mit einem BGE würden sich ganz andere Möglichkeiten eröffnen. Regionen, die heute dafür gefördert werden, agrarwirtschaftliche Nutzflächen stillzulegen oder bestimmte Nutzpflanzen anzubauen, wären auf zweckgebundene Subventionen nicht mehr in dem Maße angewiesen, um ihr Einkommen zu sichern, wie es heute der Fall ist. Kulturlandschaftliche Pflege wäre möglich, ohne dass dazu eine Förderung erfolgen müsste oder zumindest in anderem Umfang, vielleicht auch in anderer Form. Jegliche unternehmerische Initiative wäre viel einfacher zu ergreifen, denn auf Basis des BGE sind Löhne von der Funktion der Existenzsicherung befreit. Selbst dort, wo zwischen Arbeitgebern und Arbeitnehmern geringere Löhne als heute ausgehandelt würden, könnte das Einkommen in der Summe höher sein. Denn BGE und Erwerbseinkommen sollen, ist es einmal eingeführt, nicht verrechnet werden. So wäre die Basis, einen für beide Seiten angemessenen Lohn auszutarieren, eine andere.

Was hier gälte, würde gleichermaßen für jeden Bereich gelten, in dem Güter und Dienstleistungen in einer solchen Region hergestellt werden, aber ebenso für andere Leistungen, die Selbstzweck sind wie Kunst und Wissenschaft, Kultur im Allgemeinen. Zweckgebundene Förderung, wie sie heute stattfindet, wäre zwar auch zukünftig möglich, doch wären Menschen davon nicht mehr so abhängig wie bislang. Das BGE gäbe die Freiheit, auch wenn die öffentliche Förderung andere Zwecke für wichtig hielte als der Einzelne, sich dennoch dort zu engagieren, wo er es für wichtig und richtig erachtete. Dieses Beispiel ist eines von Vielen, wo das BGE selbst keine spezifische Lösung anböte, aber einen Raum an Möglichkeiten schüfe. Ob er genutzt würde, wäre dem Einzelnen überlassen.

»Die Schattenseiten des Grundeinkommens«
Aufklärer gegen Bürger

Schon der Beginn des Beitrags von Jens Berger »Die Schattenseiten des Grundeinkommens« (Berger 2010) lässt deutlich werden, wohin die Reise führen soll:

> »Edel sei der Mensch, hilfreich und gut – leider ist dem allerdings meist nicht so. Ideologien zeichnen sich meist durch ein positives Menschenbild aus und scheitern an der Realität.«

Schlecht sieht es also für die Grundeinkommensbefürworter, die zu den Vertretern von Ideologien gezählt werden, aus; die wirkliche Welt wollen sie nicht sehen – so Jens Berger. Da darf der Hinweis auf ihr »positives Menschenbild« nicht fehlen. Schnell ist die Behauptung aufgestellt – wo aber bleibt der Beleg? Leugnen BGE-Befürworter tatsächlich, dass Menschen Negatives hervorbringen? Halten sie sie für »edel, hilfreich und gut«? Meint der Verfasser vielleicht, dass die reale Welt so konfliktfrei nicht ist, wie Ideologien sie sich zurechtträumen? Bislang war mir nicht bekannt, dass BGE-Befürworter in der Regel auf den Rechtsstaat und die Verfahren verzichten wollen, mittels derer Rechtsverletzungen sanktioniert und das Recht restituiert werden. Wenn allerdings, wie Berger meint, die Menschen »*meist* [Hervorhebung SL] nicht ... hilfreich und gut« seien, dann hülfe keine Rechtsordnung, es herrschten regellose Zustände. Rechtsordnung und -sprechung sind nur von Bestand, wenn Bürger sich an sie zu binden, sie zu tragen bereit sind. Leidet Bergers Einwand womöglich unter einer der Ideologien, die er den BGE-Befürwortern zuschreibt?

> »Selbst unsere parlamentarische Demokratie und die soziale Marktwirtschaft sind gegen diese Gefahren nicht immun. In einer pluralistischen Parteiendemokratie haben nun einmal starke Interessengruppen auch einen starken Hebel auf die politische Willensbildung.«

Wem sagt der Verfasser das? Will er auf etwas Selbstverständliches hinweisen, dass nämlich in einer Demokratie immer alles von Mehrheitsbildungen abhängt, selbst die Bereitschaft, die Schwachen zu schützen? Und was folgt daraus? Etwa, dass die Parteiendemokratie gefährlich ist? Konflikte im Sinne von Interessenkämpfen sind konstitutiv für plurale Lebensverhältnisse, wie könnte nun daraus ein Einwand gegen das BGE werden? Ist es etwa der Verfasser, der sich eine Welt ohne Konflikte wünscht, eine Welt ohne Interessenlagen, eine Art Zustand, in dem alles in Harmonie aufgehoben ist? Sind denn »starke Interessengruppen« per se ein Problem oder kann es von Vorteil sein, wenn Interessenlagen gut zu erkennen sind? Ist etwa die *Initiative neue soziale Marktwirtschaft* nicht als ein Verein erkennbar, der bestimmten Ideen und Konzepten zugeneigt ist? Oder ist die offensive Strategie der *Bertelsmann Stiftung*, durch ihre Konzepte Veränderungen anzustoßen oder gar zu entwerfen, nicht ebenso durchschaubar? Wer indes nicht hinschauen will, der wird das nicht sehen, das ist gewiss. Wer hingegen hinschaut, dem fällt es auf. Wer es nicht sehen will, so könnte man daraus aber auch schließen, den scheint es nicht zu stören. Wenn Interessengruppen zu viel Einfluss eingeräumt wird, dann sind wir – von uns legitimierte Repräsentanten wie Bürger – dafür verantwortlich, erstere, weil sie es tun, letztere weil sie sich dagegen nicht erheben. Bergers Feststellung könnte als Aufruf verstanden werden, sich nicht alles gefallen zu lassen bzw. Dinge nicht einfach hinzunehmen. Den Schluss indes zieht er nicht. Weder ist es ein Geheimnis, dass Lobbyisten Abgeordnete des Deutschen Bundestags »bearbeiten«, noch ist das alleine ein Problem. Es wird erst eines, wenn Abgeordnete sich von Lobbyisten lenken lassen, wenn sie deren Interessen mit denen der Bürger verwechseln oder sie ihnen vorziehen.

Was folgt nun hieraus, wenn der Mensch weder so »edel«, noch die Demokratie vor Interessengruppen gefeit ist? Es bleibt nur, an den Verantwortungssinn der Bürger zu appellieren und sich gegen Missstände zu wenden sowie für Veränderungen zu streiten. Doch dies setzt wiederum voraus, dass den Bürgern zugetraut wird, sich eine Meinung bilden zu können und diese auch zu respektieren. Also: man muss ihnen doch genau das zutrauen, was die Demokratie ihnen zutraut, indem sie auf die Mündigkeit setzt.

> »Als einzige Immunisierung gegen diese fortschreitende Lobbykratie käme eine funktionierende vierte Gewalt in Frage, wenn die Medien allerdings selbst ein Teil der Interessengruppen sind, versagt auch diese Medizin«

Hätte sich Berger seinen Beitrag dann nicht sparen können, wenn er die Lage so sieht? Denn Kritik zu äußern beinhaltet, ein Anderssein für möglich zu halten. Die Medien als »vierte Gewalt«? Wer legitimierte sie dazu? Zwar sind sie für eine funktionierende Öffentlichkeit Voraussetzung, sie unterliegen aber weder einer parlamentarischen Kontrolle, noch müssen sie sich vor dem Souverän verantworten. Zuletzt bleibt nur, und das praktiziert Berger, auf öffentlichen Disput zu setzen, auf den lebendigen Streit mit Argumenten – da ist er einer unter anderen, nicht weniger, aber auch nicht mehr legitimiert als andere. Sicher, die Medien können diesen Disput unterstützen, ihn fördern, wenn sie ihre öffentliche Aufgabe ernst nehmen. Tun sie das nicht, können sie die Meinungsbildung behindern oder einschränken. Dann bliebe nur, dafür zu streiten, dass es besser wird. Die Nachdenkseiten, für die Berger schreibt und die er redaktionell betreut, belegen gerade, dass eine solche Kontroverse möglich ist. Wenn die Bürger aber nicht daran interessiert sind, dass sie geführt wird, verselbständigen sich auch die Medien. Immerhin brauchte es die klassischen Medien offenbar kaum, um die Erhebungen in arabischen Staaten und »Stuttgart 21« möglich zu machen. Die Welt ist nicht so hermetisch, wie Berger behauptet, gerade durch das Internet gibt es vielfältige Möglichkeiten, sich zu informieren. Und denken, das muss jeder immer noch selbst, kein Expertenurteil steht in seiner Bedeutung in der Demokratie höher als die Meinungsbildung der Bürger. Wo führen Bergers Überlegungen hin?

> »Wenn wir also über eine derart progressive Reform wie das bedingungslose Grundeinkommen nachdenken, sollten wir dies zunächst auf Basis des Status quo tun. Keine Frage – in einer besseren Welt, in der der Mensch nicht nur edel, hilfreich und gut ist, sondern auch über transparente Informationen verfügt und frei von jeglicher Manipulation durch Interessengruppen ist, würde ein bedingungsloses Grundeinkommen (BGE) funktionieren. Was aber würde in der realen Welt passieren, wenn ein bedingungsloses Grundeinkommen eingeführt werden würde?«

Berger spannt einen aufschlussreichen Bogen. Das BGE wird als progressive Reform bezeichnet, die allerdings nur dann realistisch wäre oder werden könnte, wenn die von ihm benannten Bedingungen erfüllt wären. Diese aber – edle und hilfreiche Menschen, transparente Informationen, Freiheit von Manipulation – liegen entweder schon vor (z.B. hilfsbereite Menschen) oder sind irreal (Freiheit von Manipulation). Manipulationsversuche wird es sicher immer geben, genau wie es immer Interessendifferenzen und -kollisionen geben wird. Wo Berger von Manipulationen spricht, müsste eher von Interessen gesprochen werden. Nicht sie sind das Problem, sondern wie damit umgegangen wird. Davon abgesehen kann nur manipuliert werden, wer sich manipulieren lässt. Berger verbannt damit geschickt das BGE ins Reich der Phantasie, das war schon zu Beginn des Textes absehbar. Er zieht daraus allerdings nicht den Schluss, den er ziehen müsste: dass Demokratie und mündige Bürger, die heute unsere politische Ordnung ausmachen, eine Illusion wären, ja, Demokratie angesichts der nicht gegebenen Bedingungen gar nicht überlebensfähig sein könnte. Den Menschen, also alle außer dem gut informierten Verfasser, so muss man schließen, ist gegenwärtig nicht allzu viel zuzutrauen. Ist diese Einschätzung nicht vermessen? Und selbst, wenn sie zuträfe, wäre es dann nicht Sache der Bürger, sich zu erheben, wenn sie es für notwendig hielten? Den Kampf für ihre Interessen und das Gemeinwohl kann ihnen kein Aufklärer abnehmen. Dass die Gegenwart mehr möglich macht, dafür ist die Diskussion über ein BGE selbst ein Beleg, denn sie begann unter schlechten

Voraussetzungen (etwa 2004) und hat dennoch Gehör gefunden. Jens Berger würde das womöglich wieder der Meinungsmache zuschreiben. Gälte das auch für seine Position? Er fährt fort:

> »Da das Grundeinkommen aber konsumsteuerfinanziert werden soll, ist davon auszugehen, dass das Preisniveau keinesfalls stabil bleibt – mehr dazu später.«

Wie kommt er zu dieser Einschätzung? In der öffentlichen Diskussion ist die Konsumsteuerfinanzierung ein Vorschlag neben anderen, letztlich würde der Souverän direkt oder mittelbar über seine Repräsentanten entscheiden, welchen Finanzierungsweg er eingeschlagen wollte. Das BGE mit der Konsumsteuer direkt zu verbinden, geht nicht auf die öffentliche Diskussion zurück. Dass das Preisniveau nicht stabil bliebe, ist hier wiederum Meinungsmache, auf die schon der Film von Daniel Häni und Enno Schmidt (Häni/Schmidt 2008) eingeht. Denn letztlich gilt es die Frage zu beantworten, wodurch all die Ausgaben, die auf dem Weg zur Herstellung eines Produktes oder einer Dienstleistung anfallen, gedeckt werden? Da bleibt nur der Absatz von Produkten und Dienstleistungen. Das ist heute so, das wäre auch in Zukunft so. Wie sich eine Konsumsteuerfinanzierung in der internationalen Verflechtung des Wirtschaftsgeschehens dann darstellt, muss genauer geprüft werden. Eine Mischfinanzierung aus Konsum- und Einkommensteuer wäre ebenso denkbar.

> »Wer sich ein paar Extras leisten will, der muss einer bezahlten Tätigkeit nachgehen – auch Teilzeitjobs wären hier eine sinnvolle Ergänzung. Da die potentiellen Arbeitnehmer bereits eine Grundsicherung beziehen, können die Arbeitgeber daher in den meisten Berufen auch den Lohn senken, wodurch einige Produkte und Dienstleistungen günstiger würden.«

Die letzte Bemerkung ist flapsig, denn den Lohn senken kann ein Arbeitgeber nur, wenn der Arbeitnehmer zustimmt – erst recht, wenn es ein BGE gibt. Womöglich hat Berger ein Szenario im Kopf, das manchmal in der BGE-Diskussion bemüht wird. Dabei geht es darum, dass das BGE in die Einkommensverhältnisse hineinwachsen müsse, um nicht zu Verwerfungen zu führen. Im Zuge dessen wäre es denkbar, dass Löhne zuerst einmal um den Betrag eines BGE sänken, danach aber wieder frei verhandelbar wären. Was dann geschähe, wäre den Verhandlungspartnern überlassen. Weder ein Steigen noch ein Sinken von Löhnen wäre ausgeschlossen, zumal diese ins Verhältnis zur Einkommenssumme gesetzt werden müssen. Denn das Einkommen würde sich generell anders zusammensetzen, da das BGE immer verfügbar wäre, wohingegen die Existenzsicherung heute Bestandteil des Lohns ist bzw.

sein soll. Entscheidend ist, dass das BGE erwerbsunabhängig ist und dadurch Einkommen sich anders zusammensetzen würde (neu: BGE plus Lohn; alt: Lohn). Berger fährt fort:

> »Grundsätzlich ist dies ein begrüßenswerter Ansatz – in einer hoch-effizienten Wirtschaft braucht man nun einmal nicht so viele Arbeit-nehmer. Was man allerdings braucht, sind potente Konsumenten. Grob skizziert, würde all dies durch das BGE gewährleistet. Aber der Teufel steckt wie so oft im Detail. Ein Großteil der Produkte und Dienstleistungen würde sich nämlich keinesfalls verbilligen, sondern – ganz im Gegenteil – massiv verteuern. Importe oder Produkte mit einem hohen Anteil importierter Vorleistungen würden von den niedrigeren Herstellungskosten nicht profitieren...«

Diese Einschätzungen sind insofern zutreffend als die Konsum- oder Ausgabensteuer sowie das BGE keine Auswirkungen auf die Erstellung von Vorleistungen in einem Land hätten, in dem die Einkommens- und Steuergestaltung anders wäre. Wenn indes den importierten Vorleistungen nach Deutschland exportierte Vorleistungen aus Deutschland vorausgehen, ergibt sich wiederum ein anderes Bild. Auf diese immerhin würden sich BGE wie Konsumsteuer auswirken. Welche Leistungen, die bisher aus dem Ausland eingeführt werden, früher jedoch einmal in Deutschland hergestellt wurden, könnten denn unter anderen Bedingungen wieder in Deutschland hergestellt werden? Das ist schwer abzuschätzen, aber nicht einfach abzutun.

Berger übergeht eine weitere Dimension von erheblicher Bedeutung. Es reicht nicht, direkte Auswirkungen von BGE und Konsumsteuer für die Ausgabenstruktur zu erwägen. Weitreichender als dies sind die Auswirkungen auf die Wertschöpfungsprozesse, für die die Leistungsbereitschaft des Individuums Voraussetzung ist. Da ein BGE die Voraussetzungen für Leistungserstellung verbesserte, da der Einzelne mehr Freiräume hätte, sich das zu seinen Fähigkeiten und Fertigkeiten passende Wirkungsfeld zu suchen, wären erhebliche Auswirkungen auf Wertschöpfungsprozesse – effizientere Fertigung, weniger Ausschuss – zu erwarten. Das schlüge sich dann womöglich in einem Kostenvorteil nieder, auch wenn dessen Ausmaß offen bleiben muss. Bergers Einschätzung, es komme zu einer massiven Verteuerung, unterstellt, dass auch die Voraussetzungen für Leistung dieselben blieben. Die Frage ist, ob sich gesamtwirtschaftlich gesehen die Effekte nicht ausbalancierten, Teuerung auf der einen, Vergünstigung auf der anderen Seite sich die Waage halten können würden. Außerdem, das unterschlägt Berger, würde ein BGE nicht von heute auf morgen eingeführt werden. Einer Einführung ging eine lange öffentliche Diskussion voraus, die selbst schon vorbereitenden Charakter auf die Einführung hätte.

Zumindest innerhalb der Europäischen Union liegt es nahe anzunehmen, dass Nachbarländer und Handelspartner diesen Einführungsprozess bzw. schon die Diskussion auf ihn hin aufmerksam verfolgen würden. Schon heute gehen die verschiedenen Länder unterschiedliche Wege, man beachte hierzu die Ausgestaltung der Mehrwertsteuer, die in Europa sehr unterschiedlich ist. Das hat Einfluss auf die Preisbildung der Vorleistungen, die importiert werden. Wie sich das entwickeln würde mit BGE und einer anderen Steuerstruktur lässt sich nicht so einfach vorhersagen, wäre aber durch sukzessive Umgestaltung beobachtbar. Wo dann unerwünschte Folgen aufträten, könnte auf sie reagiert werden. Es könnte also ganz anders ausgehen, als Berger meint. Wie geht es weiter?

> »Alternativen im eigenen Land zu produzieren, ist eine naive Phantasie – auch mit chinesischen Löhnen könnte man in Deutschland heute keine Produkte mehr konkurrenzfähig herstellen, da andere Kostenfaktoren – z.B. die Kosten für Energie – ebenfalls zu Buche schlagen. Wir können China nicht kopieren und es wäre mehr als dumm, wenn wir dies überhaupt versuchen wollten. Wenn sich nun aber die erhöhten Konsumsteuersätze, aus denen das BGE finanziert werden soll, auf die meisten Produkte auswirken, sind die 1.200 Euro BGE auch nicht mehr wert als die heutigen Hartz-IV-Regelleistungssätze.«

Sicher können wir nicht mit China konkurrieren. Wie lange China diesen Produktionsvorteil noch haben wird, das wird sich zeigen müssen, denn er wanderte schon in der Vergangenheit von Land zu Land. Wenn ein Hersteller wie Foxconn in China, der unter anderem für Apple fertigt, vermehrt menschliche Arbeitskräfte durch Roboter ersetzen will, dann scheinen solche Kostenvorteile nicht allzu lange zu währen. Davon abgesehen muss man mit China nicht konkurrieren, wenn auf Fertigprodukte, die importiert werden, eine Konsumsteuer erhoben würde. Sie würden dadurch relativ teurer als heute, darauf weisen die Befürworter der Konsumsteuer hin. Für Importe könnte eine solche Steuer durchaus höher ausfallen als für inländische Produkte, wenn das notwendig wäre, um Preisungleichgewichten entgegenzuwirken. Niedrige Preise in Ländern wie China sind u.a. möglich, weil es keinen Sozialstaat in unserer Form gibt. Will Berger denn darauf hinaus, dass der Preisvorteil aufgrund geringer bis gar keiner sozialstaatlichen Infrastruktur in China einfach hingenommen werden sollte? Das ist unwahrscheinlich, argumentiert er doch sonst genau in die andere Richtung. Es geht also darum, eine Lösung zu finden, die die eigene politische Gestaltung nicht einfach vom Weltmarktgeschehen abhängig macht, zugleich diese aber beachtet.

»Mit einer Einführung des BGEs würde sich das Lohngefüge massiv verschieben. Unangenehme Berufe müssten einen signifikanten Bonus für Arbeitnehmer aufweisen.«

Hatte Berger oben nicht behauptet, dass Arbeitgeber in den meisten Berufen den Lohn senken könnten? Hier hingegen, so seine Behauptung, würde sich das Lohngefüge »massiv verschieben«, offenbar nur, weil die Verhandlungsmacht der Mitarbeiter steigen würde.

Was ist ein unangenehmer Beruf und für wen ist er das? Beantworten lässt sich diese Frage nur vom Einzelnen, denn unangenehm ist etwas immer relativ zu eigenen Vorstellungen und kollektiven Werthaltungen[28]. Berufe und Tätigkeiten können nach Anforderungsprofilen und nach Qualifikationsvoraussetzungen unterschieden werden. Doch, was jemand für unangenehm hält, ist ohne weiteres nicht zu sagen. Zumal: was heißt schon »unangenehm«? Gemeinhin werden künstlerische oder wissenschaftliche Tätigkeiten, weil hochqualifiziert, nicht mit dem Attribut »unangenehm« verbunden. Das ist aber ein Klischee, denn für denjenigen, der solche Berufe langweilig und uninteressant findet, wären sie, müsste er sie ausüben, unangenehm. Man höre nur dem Mitarbeiter der Müllabfuhr im Film Designing Society (Heizmann 2007) zu, der dort zu seinem Beruf befragt wird. Für ihn ist es unvorstellbar, in einem Büro zu arbeiten, eine Antwort, die jeder Stahlkocher wohl ebenso geben würde. Was ist schon unangenehm? Viele können sich nicht vorstellen, in der Alten- und Krankenpflegepflege oder in einer Schule als Lehrer zu arbeiten. All das, wozu man keine innere Affinität hat, keine Neigung, und womit man sich nicht identifizieren kann, ist unangenehm, widerstrebt einem. Wer aus beruflichen Gründen Texte verfasst (z.B. Journalisten, Wissenschaftler), der weiß, wie unangenehm, wie anstrengend und mühsam es ist, bis ein solcher Text einmal steht, bis er so ist, dass der Verfasser bereit ist, ihn zu veröffentlichen. Das Unangenehme geht mit dem Erfüllenden einher, wenn denn diese Tätigkeit dem Einzelnen entspricht.

Ob also »unangenehme« Tätigkeiten, wie Berger meint, einen »Bonus« erhalten müssten, wird sich daran entscheiden, wie der Einzelne zu ihnen steht. Mit einem BGE würde sehr wahrscheinlich das Ansehen mancher Berufe sich wandeln. Es würde sichtbar – auch durch die Verhandlungsmacht derer, die in diesen Berufen tätig wären –, dass alle Berufe oder berufsförmigen Tätigkeiten, sofern menschliche Arbeitskraft dafür benötigt wird, notwendig sind. Und wenn wir den Preis dafür nicht entrichten wollen, dann wird es sie nicht mehr geben.

Es folgen weitere Beispiele:

---

28 Siehe »Das Grundeinkommen und die Scheißarbeit«, S. 121 ff.

> »Natürlich – in Teilzeit Kinder betreuen oder hinter einer Kasse zu
> stehen, ist kein Problem.«

Da kommt schon das nächste Klischee. Für wen ist das »kein Problem«? Ein wenig lugt die Haltung hindurch, mit der die damalige Bundesarbeitsministerin von der Leyen im Jahr 2012 für ehemalige Mitarbeiter der Drogeriemarktkette Schlecker ein neues Aufgabenfeld ausmachte: den Beruf des Erziehers. Doch nur für denjenigen, der es gerne macht, der mit Kindern etwas anfangen kann, sich für ihre unbändige Neugierde und Eigensinnigkeit interessiert, nur für den ist es »kein Problem«, diesen Beruf auszuüben – wenn die Bedingungen stimmen. Wobei auch das wieder verniedlichend ist – es bleibt eine Anstrengung, wie alles, was man ernsthaft macht. Für andere ist es Mühsal, vielleicht Qual und schlicht Überforderung. Und der Kassendienst? Für ihn gilt dasselbe. An Bergers Ausführungen ist deutlich zu erkennen, wie stark die Einschätzung beruflicher Anforderungen und Wertschätzung vor dem Hintergrund nicht ausgewiesener Werturteile getroffen wird. Der Maßstab ist das Problem, nicht die Menschen, die daran gemessen werden.

> »Wer würde aber für ein paar Euro freiwillig im Schlachthof schuften oder die Abwasserkanäle reinigen? Solche Berufsbilder werden in den netten Utopien einer Star-Trek-Welt natürlich meist ausgeblendet. Jeder nach seinen Fähigkeiten, jedem nach seinen Bedürfnissen. Unsere Welt besteht allerdings nicht nur aus Forschern, Literaten und sozial Engagierten auf dem Sonnendeck, sondern auch aus den Hilfsarbeitern, die im Maschinenraum dafür sorgen, dass unserer Luxusdampfer überhaupt fährt.«

Wäre ein weiterer Beleg für die vorurteilsbeladene Haltung nötig gewesen, hier wird er präsentiert. Der Vergleich mit der Star-Trek-Welt zeigt, wie wenig Berger sich vorstellen kann, dass es Menschen gibt, die in solch »unangenehmen« Tätigkeiten durchaus einen Sinn erkennen. Wie schon zuvor, so gilt jedoch auch hier: Es ist eine Frage von Neigungen, Interessen und Fähigkeiten, ob eine Aufgabe für jemanden attraktiv und interessant erscheint. Und wenn sich keiner fände, dann gäbe es sie nicht – ist das heute anders?

Darüber hinaus stellt sich immer die Frage, welche Arbeitsprozesse auf Maschinen übertragbar sind. Mit einem BGE könnte sie viel offensiver gestellt werden, da Arbeitsplätze nicht mehr aus Gründen der Sozialverträglichkeit aufrechterhalten werden müssten. Das BGE böte eine Absicherung dafür, sich neu zu orientieren – anders als heute. Wo keine Automatisierungstechnologie eingesetzt werden kann, wo attraktive Löhne nicht ausreichen, um Mitarbeiter zu finden und auch das Selbermachen als letzte Wahl ausfällt, wie z.B. in der Kinderbetreuung oder der Pflege, da bedarf es einer öffentlichen Debatte darüber, wie wir zum Dienst am Menschen stehen. Doch, anders als Berger suggeriert, heißt das nicht, dass die Einführung eines BGE zu einem Personalmangel in diesen Bereichen führen müsste. Was er zu einem Problem mit BGE erhebt, ist gleichermaßen eines ohne, vor dem wir längst stehen. Bergers Einwände entbehren der Triftigkeit und erweisen sich in mancher Hinsicht einfach als Abwehr.

> »Um in einer Welt ohne impliziten Arbeitszwang Arbeitskräfte für solche unangenehmen Jobs zu finden, müsste man sie über höhere Löhne ködern. Gleichzeitig würden die Löhne für angenehme Jobs natürlich in den Keller gehen – Angebot und Nachfrage, wir leben in einer Ferengi-Welt und nicht auf der Enterprise.«

Ein deutliches Wort: impliziter Zwang ist für Berger wichtiger als die Freiräume, die ein BGE schüfe. Vor dem Hintergrund seiner Ausführungen zu unangenehmen Tätigkeiten bedeutet dies, dass insbesondere für diese der implizite Zwang wichtig wäre. Das lässt tief blicken. Ob die Löhne in die Höhe gehen müssten, ist – wie oben schon ausgeführt – nicht ausgemacht, denn die Summe aus BGE und Erwerbseinkommen könnte höher ausfallen als heute.

Gehen wir einmal davon aus, es könnte so kommen, wie er prognostiziert, was wäre dagegen zu sagen, dass die Löhne für angenehme Tätigkeiten sinken? Als gäbe es heute nicht ein Missverhältnis zwischen Berufen und ihrer Entlohnung. Durch ein BGE könnte es zum Ausgleich kommen, wäre das schlecht?

> »Der Anteil deutscher Lohnkosten, die im durchschnittlichen Warenkorb eines Haushalts stecken, ist eher gering – es dürften rund 10% sein. Selbst wenn die Lohnkosten sich halbieren würden – was sehr unrealistisch ist –, wären die Einsparungen für den deutschen Konsumenten mit 5% eher marginal. Dafür müsste der Konsument aufgrund der erhöhten Konsumsteuern allerdings kräftig in die Tasche greifen. Eine Erhöhung der Mehrwertsteuer auf 50%, die für eine Finanzierung des BGE notwendig wäre, und eine Ausweitung des Mehrwertsteuersatzes auf alle Produkte und Dienstleistungen würde massiv inflationär wirken. 1.200 Euro BGE hätten bei einem Inflationsschub von 30% ziemlich exakt die Kaufkraft der heutigen Hartz-IV-Bezüge.«

Die Lohnkosten mit nur 10 Prozent anzusetzen dürfte zu niedrig sein. Berechnungen des Deutschen Instituts für Wirtschaftsforschung kommen zu einem anderen Ergebnis. Reinhard Pohl (Pohl 1997) geht für das Jahr 1995 gesamtwirtschaftlich betrachtet von einem Anteil von 68 Prozent aus. Niedrigere Angaben erklärt er damit, dass nicht alle Lohnkosten in die Berechnungen einbezogen würden. Ganz ähnlich sehen es

Jürgen Grahl und Gerhard Hübener (Grahl/Hübener 2006) vom Solar-ernergie-Förderverein Deutschland. Sie setzen den Kostenanteil des Pro-duktionsfaktors Arbeit mit 65 bis 70 Prozent an und erklären niedrigere Angaben, häufig ist von 20 Prozent die Rede, damit, dass Berechnungen sich auf den Produktionswert, nicht aber auf die Bruttowertschöpfung beziehen. Demnach wären die Auswirkungen eines BGE und einer Kon-sumsteuer, bei Wegfall anderer Steuern, erheblich größer, als Berger annimmt. Seine Behauptung ist also mehr als salopp.

Richtig an Bergers Einwand ist, dass sich das Verhältnis von Preisent-lastung zu -belastung durch Konsumsteuer unterschiedlich darstellen wird. Es wird Produkte und Dienstleistungen geben, deren Preis sinkt, solche deren Preis sich nicht verändern muss und wiederum solche, deren Preis steigt. Das hängt natürlich davon ab, welchen Anteil die Löhne bzw. die Arbeitskosten an den Gesamtkosten eines Unterneh-mens ausmachen. Es hängt aber auch davon ab, inwiefern effizienter produziert werden kann, weil die Arbeitsbedingungen – oder sagen wir anders: die Bedingungen zur Entfaltung intrinsischer Motivation – bes-ser werden könnten. Welche Folgen hätte es darüber hinaus für die Preisentwicklung, wenn die Last durch Steuern und Abgaben ans Ende der Wertschöpfungskette verlegt wird und nicht in sie schon hinein-greift, bevor ein Produkt verkauft wird? Dazu sagt Berger nichts, für die Analyse wäre das jedoch zu berücksichtigen.

Eines sei noch angefügt. Selbst der Fall relativ sinkender Kaufkraft eines BGE, wie es Berger projiziert, sollte nicht dazu führen, die Gewäh-rungsbedingungen zu übersehen, unter denen ein BGE bereitgestellt wird. Alleine darin, von der Wiege bis zur Bahre verfügbar zu sein unterscheidet es wesentlich von Arbeitslosengeld II und würde, selbst wenn es nur die Höhe desselben hätte, eine große Veränderung bedeu-ten.

> »Mit diesem BGE würde sich also erst einmal nicht viel ändern – die
> BGE-Bezieher müssten immer noch arbeiten, um sich ein würdiges
> Leben leisten zu können. BGE-Summen von 1.500 Euro aufwärts,
> die bei einer unterstellten effektbedingten einmaligen Inflation von
> 30% notwendig wären, sind aber in keiner Form finanzierbar. Wenn
> man an der Steuerschraube drehen würde, würde lediglich die Infla-
> tion weiter ansteigen und das höhere BGE würde schlichtweg ver-
> puffen …«

Wäre das so? Käme das BGE nicht einfach auf die bestehenden Ein-kommensverhältnisse oben drauf, sondern wüchse in sie hinein; würden also bestehende Einkommensteile sukzessive ersetzt und zugleich neu verhandelt, ist der von Berger angenommene Effekt nicht ohne wei-teres zu erwarten. Zumindest für niedrigere Beträge gibt es verschiedene

Berechnungen (z.B. Werner/Eichhorn/Friedrich 2012). Was als BGE bereitgestellt werden kann, hängt natürlich von dem verteilbaren Einkommen, also dem Nettonationaleinkommen, ab. 2010 betrug es 2178 Mrd. Euro (Datenreport 2011, S. 76). Von ihm würde ein Teil als BGE bereitgestellt, ein Teil für andere öffentliche Aufgaben benötigt und ein Teil weiterhin über Lohn oder Gehalt verfügbar sein.

Einen wichtigen Aspekt unterschlägt Berger ebenfalls. Ein BGE ist nicht als Haushaltsleistung konzipiert, wie es für die verschiedenen Leistungen heute gilt, die dann gegeneinander verrechnet werden. In einem Haushalt mit vier Personen würde es vier BGE geben – sie kumulierten. Dadurch würde sich die Lage für Haushalte besonders verändern, selbst wenn das BGE niedriger ausfallen sollte, als es die meisten Befürworter anstreben.

> »Einen Effekt hätte das BGE allerdings – Deutschland wäre plötzlich ein Niedriglohnland par excellence. Im Grunde wirkt das BGE wie ein flächendeckender Kombilohn. Es steht außer Frage, dass dadurch auch die Löhne flächendeckend sinken – und zwar um die Summe des BGEs. Nominell hätten die Arbeitnehmer dann genauso viel Geld wie vorher, nur dass dieses Geld weniger wert ist, da die Produkte sich ja massiv verteuern.«

Hatte Berger nicht oben noch davon gesprochen, dass das Lohngefüge sich »massiv verschieben« würde? Hatte er nicht auch gesagt, unangenehmen Tätigkeiten müsste ein Bonus gezahlt werden? Hier nun genau das Gegenteil, obwohl es gerade unangenehme Tätigkeiten sind, die bislang schlecht bezahlt werden. Sie würden von einem BGE profitieren, wenn dadurch die Arbeitnehmer mehr Verhandlungsmacht hätten. Das genau ist der Unterschied zum Kombilohn, der an ein Erwerbsverhältnis geknüpft ist. Der Vergleich mit dem Kombilohn ist mehr als irreführend, weil er dem Mitarbeiter gerade nicht erlaubt, zu verhandeln und auf die Stelle gegebenenfalls zu verzichten. Das BGE ist in seiner Wirkung also mit einem Kombilohn in keiner Weise vergleichbar. Berger legt sich offenbar seine Einwände so zu Recht, wie sie ihm passen, ohne sich um die Widersprüche zu scheren.

> »Gewinner eines BGE wären somit vor allem die exportorientierten Unternehmen, die massiv Lohnkosten einsparen würden und so ihre Wettbewerbsstellung verbessern können. Vor allem im Niedriglohnsektor würde BGE-Deutschland ein Dorado für Unternehmer werden. 400 Euro für einen Vollzeitjob sind zu wenig? Die Arbeitnehmer bekommen doch schließlich schon 1.200 Euro vom Staat und 1.600 Euro ist ja nun im internationalen Vergleich ein stolzer Lohn. Willkommen im Unternehmerparadies Deutschland, finanziert vom Arbeitnehmer über seine Konsumausgaben. Die Um-

verteilung von unten nach oben würde durch das BGE sogar noch weiter forciert.«

Hatte Berger oben, auf der Basis seiner Annahmen, nicht davon gesprochen, dass die Lohnkosten einen geringen Anteil ausmachen? Wie ist es dann möglich, dass Unternehmen massiv Lohnkosten einsparen? Nur weil die Konsumsteuer nicht mit über die Grenze wandern soll, so die Überlegungen Götz W. Werners und Benediktus Hardorps, heißt das nicht, dass Importländer keine solche Steuer erheben würden. Es ist doch unwahrscheinlich, dass Importländer nicht auf diese Entwicklung reagieren und eine entsprechende Steuer erheben würden. Und was wäre gegen den Vollzeitjob zu sagen, der hier verteufelt wird, wenn das BGE hoch genug ist? Er stellte sich doch ganz anders dar. Letztlich ist es eine Entscheidung des Einzelnen, wie er sich dazu stellt, sofern er verhandeln kann. Der Schlusssatz belegt ein weiteres Mal, wie wenig Berger sich um das Einpreisungs- bzw. Überwälzungsphänomen kümmert.[29] Es ist nicht der arme Arbeitnehmer, der die Last trägt, es ist der Verbraucher, und das sind alle, die Güter kaufen – auch die Bezieher von Arbeitslosengeld II. Das wäre kein Zukunfts-, es ist ein Gegenwartsphänomen. Woher sonst als aus den Einnahmen durch Absatz von Produkten und Dienstleistungen sollte ein Unternehmen die Mitarbeitereinkommen samt Steuern und Abgaben finanzieren? Die oft beklagte Ungleichheit der Einkommen könnte gerade durch ein BGE gemindert werden, weil es diejenigen, die heute schlecht verdienen, in eine bessere Verhandlungsposition brächte. Nicht nur über ihren Lohn würden sie verhandeln können, auch darüber, ob sie bereit wären für ein Unternehmen zu arbeiten, das den oberen Managementebenen unverhältnismäßig viel bessere Löhne oder Vergütungen gewährte.

> »In der real existierenden Welt hätte eine Einführung des BGE nicht den Effekt, den seine Befürworter ihm zusprechen. Eine prinzipiell gute, begrüßenswerte und überaus progressive Reform würde durch die Markteffekte unseres Wirtschaftssystems zunichte gemacht. Um das BGE sinnvoll anzuwenden, müsste man die Marktwirtschaft außer Kraft setzen. Man müsste Löhne abseits der Preiseffekte am Arbeitsmarkt festsetzen, man müsste Preise regulieren und womöglich sogar den freien, grenzüberschreitenden Warenverkehr strenger regulieren.«

29 Es geht um den einfachen Sachverhalt, dass alle Ausgaben (Steuern, Abgaben, Löhne, Infrastrukturkosten usw.), die ein Unternehmen tätigen muss, bis ein Produkt oder eine Dienstleistung an einen Endkunden abgegeben werden kann, nur durch den Absatz dieser Leistung gedeckt werden können. Folglich gehen sie in die Kalkulation des Nettopreises ein. Vgl. Hardorp (2008) und Werner (2007).

Weshalb? In der BGE-Welt muss ein Unternehmen Kosten decken wie bislang, müssen Löhne und Preise in einem vernünftigen Verhältnis stehen. Das würde bei Lohnverhandlungen immer eine Rolle spielen, wie es auch heute bei den Tarifpartnern eine Rolle spielt. Was sollte sich daran ändern? Nur weil Löhne niedriger sein könnten als heute, Unternehmen aber eine höhere Konsumsteuer – davon war er ausgegangen – abführen müssten, veränderte sich nicht alles. Wenn es sinnvoll wäre, den grenzüberschreitenden Warenverkehr zu regulieren (wie konkret?), um die Bedingungen für ein BGE zu schaffen, was spräche dagegen? Berger malt Schreckgespenster an die Wand, behauptet Zusammenhänge, ohne triftige Argumente zu bemühen.

> »Nur mit solchen tiefgreifenden Flankierungen würde das BGE die gewünschten Effekte erzielen. Wahrscheinlich ist das BGE alternativlos, wenn wir unsere Gesellschaft an unsere Zeit anpassen wollen. Wer aber soll solch tiefgreifende Reformen, die weit über das BGE hinausgehen, realisieren? In einer parlamentarischen Demokratie ist dies schlichtweg unmöglich. Es wird daher keinen sanften Übergang zur modernen Gesellschaft geben. Die Alternative – ein harter Übergang – ist allerdings ebenfalls nicht vorstellbar, da wir nun einmal nicht in einer idealen Welt leben und wir nicht einfach den Reset-Knopf drücken können, um dann eine bessere Welt zu erwarten. Der Mensch ist ein Mensch, mit all seinen Fehlern. Jedes Gesellschaftsmodell baut auf dem Menschen auf. Ein Modell, das auf einer fehlerhaften Schlüsselkomponente aufbaut, ist aber immer selbst fehlerhaft. Wenn bei einem Computer das Mainboard kaputt ist, hilft langfristig auch weder ein Reset, noch die Installation eines anderen Betriebssystems. Stellen wir uns lieber darauf ein und machen wir das Beste daraus…«

Ist das BGE also doch wünschenswert, vorausgesetzt die erforderlichen Veränderungen würden vorgenommen? Bezweifelt wird also nur, dass die notwendigen Mehrheiten für ein BGE gewonnen werden können?! Ach, nein, der »Mensch ist ein Mensch«, deswegen würde es nicht funktionieren. Sicher, ohne Mehrheiten geht nichts in einer Demokratie, das gilt nicht nur für das BGE. Das gilt für alle Gestaltungsfragen. Bis vor nicht allzulanger Zeit wurde auch ein gesetzlicher Mindestlohn für unmöglich gehalten. Zugleich hält Berger das BGE allerdings für so außerordentlich weit weg, obwohl es doch ganz nah ist. Wir anerkennen in unserem Gemeinwesen ein Existenzminimum, gewähren davon abgeleitet Steuerfreibeträge, stellen Kindergeld, Bafög und Rente bereit usw. Sie müssten nur umdefiniert werden, es geht also um eine Änderung der Gewährungsbedingungen. Selbst wenn ein BGE nicht so hoch ausfiele, wie wir es uns heute wünschen, wenn es »nur« die Kaufkraft aller Leistungen des Arbeitslosengeld II (Regelsatz + Pauschalen) von heute haben würde, aber pro Individuum vergeben und nicht nach dem Haushaltsprinzip gestaltet würde, dann wäre damit schon etwas gewonnen. Der Betrag alleine ist es nicht, ebenso wichtig sind die Bedingungen, nach denen er bereitgestellt wird. Selbst also ein solches BGE würde eine große Veränderung bedeuten, weshalb in der Grundeinkommensdiskussion die eigentliche große Hürde nicht die Betragshöhe ist, es ist die Bedingungslosigkeit – sie steht für eine starke Solidargemeinschaft der Bürger, nicht der Erwerbstätigen. Welche Dynamiken, welche Veränderungen dadurch zum Positiven hin freigesetzt würden, das können wir erahnen.

Jens Berger sieht, wie viele Kritiker, genau diesen Zusammenhang offenbar nicht. Er sieht nicht, dass es um die Anerkennung des Bürgers als Individuum geht, damit um die Anerkennung der Bürgergemeinschaft um ihrer selbst willen. Sie ist kein »Modell«, sondern schon gestaltete politische Ordnung. Der Mensch ist keine »fehlerhafte Schlüsselkomponente« – bezeichnend auch die technische Sprache – er ist, wie er ist. All seine ›Schwächen‹ ändern nichts daran, dass unsere Demokratie einen mündigen Bürger voraussetzt und zugleich in Anspruch nimmt, sie verlangt keinen idealen, sondern den realen Menschen. Dem scheint Berger gerade nicht über den Weg zu trauen. Nicht die BGE-Befürworter sind es, die sich mit dem realen Menschen nicht begnügen wollen, Berger selbst hat ein Ideal vom Menschen, das dem realen, den er sieht, nicht entspricht. Deswegen wird ein BGE zu einer abwegigen Idee – dasselbe müsste er dann allerdings über die Demokratie sagen. Den realen Menschen nicht zu sehen oder zu unterschätzen, darin besteht die Blockade, die es zu lösen gilt.

»Das Grundeinkommen und die Scheißarbeit«
Eine symptomatische Kritik

Obwohl man in der Diskussion über das Bedingungslose Grundeinkommen auf häufig wiederkehrende Einwände stößt, überraschen einen manche doch. Deswegen ist es interessant, sie genau zu betrachten. Denn erst eine solche Betrachtung gibt preis, worin die Einwände bestehen und was womöglich hinter ihnen noch verborgen ist. Roberto De Lapuente verfasste unter dem zitierten Titel eine »Beipflichtung und Rezension« (De Lapuente 2013) zu dem Buch *Irrweg Grundeinkommen* (Flassbeck et al. 2012)[30] und stimmte der darin vorgebrachten Kritik am BGE zu. Er meint, zwei schlagende Ansatzpunkte für seine Kritik gefunden zu haben:

30 Siehe »Die falsche Solidarität«, S. 200 ff.

»Ein berechtigter Einwand, den die Ökonomen aufzählen, ist: Wenn die Autarkie, die der Mensch einer Grundeinkommensgesellschaft genießt, weil er ja nicht mehr arbeiten muss, sondern kann oder darf, je nach Laune – wenn diese Autarkie also dazu führt, dass Arbeit nach eigenen Bedürfnissen und Ansprüchen geleistet wird, dann mag das ein Aufschwung für Tätigkeiten sein, die man als Berufung wahrnimmt. Was aber geschieht mit Berufen? Wer schraubt Fahrgestelle zusammen und asphaltiert Straßen oder entertaint kleine Schreihälse? Autarke Erzieherinnen könnten sich ja auch nur die netten Kinder raussuchen. Eine unverbindliche Gesellschaft wäre das Resultat.«

Als Erstes fällt der Begriff Autarkie auf, der mit den Lebensmöglichkeiten, die ein BGE schüfe, verbunden wird. Diese Autarkie, so der Autor, erwachse aus dem nicht mehr »arbeiten müssen«. Wer so frei ist, so können wir das ausdeuten, kümmert sich nur noch um sich und nicht mehr um andere bzw. um Aufgaben, die sich allen stellen. Die bloße Möglichkeit, auf Erwerbsarbeit verzichten zu können, führt schon zu einer egozentrischen Lebenshaltung, so De Lapuente. Solange jedoch der Einzelne müsse und nicht bloß könne, orientiere er sich an anderen, nehme Rücksicht auf sie. In dieser kurzen Passage steckt schon allerhand. Sie lässt erkennen, welche Vorstellung von Solidarität der Autor hat oder zu beobachten meint. Zusammenhalt und Rücksichtnahme gibt es also nur, weil wir erwerbstätig sein müssen! Berufung, so müssen wir deuten, ist immer das, was jemand nur für sich macht, etwas, das seinen Wünschen entspricht. Das ist eine sonderbare Umdeutung dessen, was Berufung ausmacht, denn berufen wird man nicht durch sich selbst, sondern durch eine andere Instanz. In religiösen Zusammenhängen ist das Gott, so die folgenreiche Übersetzung der vocatio durch Martin Luther (Weber 1988a). In säkularen Zusammenhängen könnte es die Berufung durch einen sittlichen Lebenszusammenhang sein. Berufung in diesem Sinne ist also Berufung zu einer Aufgabe durch eine andere, das Individuum transzendierende Instanz, ganz gleich, wie sie verstanden wird. Berufung und Autarkie oder Egozentrismus haben nichts miteinander zu tun. De Lapuente deutet Berufung in Eigeninteresse um und unterstellt dem Einzelnen damit im Allgemeinen eine mangelnde Gemeinwohlorientierung, die durch das BGE so richtig zum Tragen käme.

Ist die diagnostizierte Autarkie tatsächlich eine Gefahr, mit der wir durch ein BGE konfrontiert würden? Ein Individuum wird nur zu einem solchen durch einen Bildungsprozess (Ontogenese), der sich in Sozialität, also in einer konkreten Gemeinschaftsform entlang ihrer Wertvorstellungen, vollzieht. Durch diesen Bildungsprozess entsteht – wenn alles einigermaßen gut läuft – eine belastbare Gemeinwohlbindung, auf deren Basis dann der Einzelne Entscheidungen im Leben trifft, die sich ins Verhältnis zum Gemeinwohl setzen. Die Ausformung einer solchen Gemeinwohlbindung kann natürlich auch scheitern oder fragil sein, entsprechende Phänomene sind die Folge, doch in der Regel ist sie am Ende dieses Prozesse stabil gegeben. Was als Gemeinwohl in einer jeweils konkreten Gemeinschaft verstanden wird, steht nicht ein für alle Mal fest, es unterliegt Wandlungen. Gerade die BGE-Diskussion bezeugt eine solche Strittigkeit und bietet eine andere als geläufige Antworten an. De Lapuente wie Flassbeck und Mitautoren verstehen Solidarität als eine, die durch Verpflichtungen und eine wenn auch implizite Nötigung befestigt oder sogar erzeugt wird – so lässt sich aus diesem Text schließen. Es ist die Nötigung bzw. Verpflichtung zu Erwerbstätigkeit, die einen sittlichen Zusammenhalt erst hervorbringt. Erwerbsarbeitspflicht stiftet Solidarität – so ist diese Logik zu verstehen.

Konsequent auf der Basis seiner Vorstellungen schlussfolgert der Autor, wohin ein BGE führen müsste. Berufe sind für ihn das Gegenteil von Berufung, erstere an gemeinwohldienlichen Aufgaben orientiert, letztere an Eigenvorteil und partikularen Wünschen. Folglich, so De Lapuente, müssen also gerade solche Berufe auf der Strecke bleiben, die denkbar weit von Eigenvorteilssuche entfernt sind. Bezeichnend ist die Wertigkeit, die der Autor klischeehaft mit bestimmten beruflichen Aufgaben verbindet: Das Anstrengende, Schmutzige, Nervige wird mit dem gleichgesetzt, was keiner machen will, der angeblich schnöde Beruf. Was anstrengend, herausfordernd oder auch unangenehm ist, das ist zum einen von gesellschaftlichen Bewertungen abhängig, zum anderen von persönlichen Neigungen. Darüber hinaus nicht zu vergessen sind ein Berufsethos (z.B. bei Handwerkern) bzw. eine Professionsethik (z.B. bei Ärzten und Wissenschaftlern), die den Einzelnen als Diener einer Kollegialanstrengung betrachten. Anstrengung und Erfüllung stehen sich nicht entgegen, schließen sich gar nicht aus, sie gehören vielmehr zusammen, denn jeder Beruf, jede Berufung geht damit einher, Widerständigkeiten einer Sache überwinden zu müssen. Kinder sind »Schreihälse«, so der Autor, das sagt mehr über ihn als über Kinder. Wer in der Fürsorge für Kinder eine sinnvolle Aufgabe erkennt, wer sich für ihre Eigensinnigkeit begeistert, sieht sie nicht als Schreihälse, er erkennt darin eher eine frühe Form von Autonomie und Selbstbestimmung. Das ist banal – aber folgenreich. Jeder Beruf, jede Aufgabe, die jemand für sich nicht als sinnvoll erkennt, zu der er keine Neigungen hat, ist unangenehm und geradezu auszehrend. Es ist dann weniger die Aufgabe selbst, die einen so beansprucht, es ist vielmehr die Konstellation, eine Aufgabe bewältigen zu müssen, die man nicht bewältigen will.

Folgt die Argumentation De Lapuentes gegen das BGE nicht genau der Logik der Agenda 2010? Entspricht sie nicht ganz dem Geist aktivierender Sozialpolitik, der stets meint, den Einzelnen »anreizen« zu müssen, damit er nicht außer Kontrolle gerät? Er würde sicher weit von sich weisen, damit etwas gemein zu haben, doch bei genauerer Betrachtung ist eben das der Fall.

Müssen wir uns – statt Befürchtungsszenarien zu entwerfen – nicht heute schon fragen, weshalb diese vermeintlich unangenehmen Tätigkeiten gemacht werden, ohne dass es einen Berufszwang gibt? Einkommenserzielung über Erwerbsarbeit normativ zu prämieren sichert nicht, dass es für »unangenehme« Tätigkeiten genügend Personal gibt. Ausweichstrategien sind in vielerlei Weise möglich. Welche Tätigkeit, welcher Beruf zeichnet sich durch vorwiegend oder ausschließlich angenehme Seiten aus? Der Autor als Verfasser von Texten müsste, sich an die eigene Nase fassend, sogleich feststellen, welche Anstrengungen und Frustrationen das Schreiben mit sich bringt. Wie krisenhaft das leere Blatt Papier sein kann, wie aufwendig es ist, bis ein Text eine lesbare Form hat. Beruf und Berufung lassen sich so einfach nicht auseinanderhalten, weil dies stets eine Frage individueller Neigungen und Interessen ist. Das Krisenhafte im Schreiben ist für andere Grund genug, daraus keinen Beruf zu machen. Statt eine vermeintlich plausible Unterteilung von angenehmen und unangenehmen Tätigkeiten zu behaupten, wäre zu fragen: Was ist für wen aus welcher Perspektive angenehm oder unangenehm? Solche Bewertungen werden von verschiedenen Motiven getragen: persönlichen Neigungen, milieuspezifischen und gesellschaftlichen Bewertungen, Ängsten und Tabuisierungen.

Mit der Analyse des ersten Absatzes hat sich schon das ganze Wertgefüge des Autors aufgetan. Was kann nun noch kommen?

> »Seitdem Menschen der arbeitsteiligen Gesellschaft von Unabhängigkeit von der Erwerbsarbeit träumen, hoffen sie auf einen Typus Mensch, der freiwillig und aus rationalen Gründen arbeitet.«

Solche den Lebenswirklichkeiten durchaus zu entfliehen versuchende Vorstellungen hat es wohl immer gegeben. Sie könnten ein Zeichen dafür gewesen sein, einer zu sehr – aus welchen Gründen auch immer – fremdbestimmten Lebensweise entfliehen zu wollen und das Kind mit dem Bade auszuschütten. Doch auch hier erfährt man mehr über den Autor. Liest man »freiwillig und aus rationalen Gründen« einmal so, dass nur in solch einem Beruf der Einzelne bestehen kann, mit dem er sich innerlich zu verbinden weiß, dann ist der hier vorbereitete Einwand keiner. Ohne eine solche innere Verbindung kann kein Beruf erfolgreich ausgeübt werden. Wieder, wie schon oben, wird Autonomie mit Autarkie verwechselt, als könne es einen solchen Lebenszustand überhaupt geben. Autonomie kann nicht abstrahiert werden von gemeinschaftlichen Lebenszusammenhängen.

Weiter heißt es:

> »Jeder hätte ja nun die Muße weniger zu arbeiten oder das zu tun,
> wonach einem der Sinn steht. Man führt dabei gerne Marx an, der
> über ein Ende der Arbeitsteilung sinnierte und meinte es sei irgend-
> wann möglich ›heute dies, morgen jenes zu tun, morgens zu jagen,
> nachmittags zu fischen, abends Viehzucht zu treiben, nach dem Es-
> sen zu kritisieren, wie ich gerade Lust habe, ohne je Jäger, Fischer,
> Hirt oder Kritiker zu werden. Diese Vorstellung der Autarkie ist
> führwahr sehr anziehend, aber undenkbar in einer Gesellschaft, die
> von so genannter Scheißarbeit abhängig ist. Von Arbeit, die keiner
> als Herausforderung sieht und die man als von der Erwerbsarbeit
> autarker Mensch niemals anpacken würde.«

Ganz konsequent setzt sich das Argumentationsmuster fort. Umso deutlicher wird noch einmal, wie sehr offenbar die Erwerbsverpflichtung das
notwendig integrierende Band bleiben soll, damit die »Scheißarbeit«
gemacht wird. Weshalb sind denn Menschen dazu bereit? Darauf gibt
die Erwerbsverpflichtung keine Antwort.

Weiter heißt es:

> »Das Wort Beruf kommt von Berufung. Luther soll es geprägt haben.
> (Im Zweifelsfall war es immer Luther.) Heute stehen Beruf und Beru-
> fung aber durchaus gegensätzlich da. Die Berufung käme vielleicht
> sogar gut weg, gäbe es ein bedingungsloses Grundeinkommen. Die
> Altenheime hätten plötzlich Personal, Vorleser oder Zuhörer. Das
> Grundeinkommen würde Zeit loseisen und der Berufung Zeit schen-
> ken. Aber den Beruf, wer würde den wählen? Bestimmte Berufe wür-
> den bestimmt weiter erledigt. Andere jedoch sicherlich kaum. Wer
> geht freiwillig in die Kanalisation? Wer wäscht Scheiße aus Alten-
> heimbettwäsche? Wer reinigt Fenster oder pflastert Schnellstraßen
> bei Wind und Wetter?«

Nun wird doch eine Verbindung von Berufung und Beruf gelten gelas-
sen. Stehen beide tatsächlich so »gegensätzlich« dar? Selbst für den
Gläubigen, zumindest lässt sich Luther so verstehen, ist eine Spannung
zwischen beidem konstitutiv, wenn die Berufung das ist, wohin Gott
einen gerufen hat, der Beruf hingegen in weltliche Normen und Maß-
stäbe eingebundene Anforderungen formuliert, die mit der Berufung
nicht deckungsgleich sind. Für das säkulare Leben gilt diese Spannung
ebenfalls, denn auch hier ist die Berufung gleichzusetzen mit der Hingabe an eine Sache und der Beruf ist die praktische Ausgestaltung und
Organisationsform mit ihren Normen, in der die Berufung nur realisiert
werden kann – ein ständiges Ringen zwischen Ideal und Praxis, die
zugleich Ermöglichung und Beschränkung ist. Nun räumt der Autor
ein, die Berufung komme noch gut weg mit einem BGE, sein Beispiel

ist das Altenheim. Doch die »Scheiße aus der Altenheimwäsche« zu waschen, das soll jemand aus Berufung tun? Für ihn unvorstellbar. Liegt das nun an der Aufgabe oder an den Vorurteilen des Autors? Ist der Pflegeberuf tatsächlich so unattraktiv oder sind es nicht eher die Arbeitsbedingungen, die dort heute herrschen? Wer sich einem anderen Menschen zuwendet, auch wenn das als Beruf geschieht, dem ist nichts fremd – »Scheiße« gehört zum Menschen. Dasselbe gilt für die erwähnten »Schreihälse« – das sind sie nur aus der Sicht Erwachsener, die ihre Ruhe haben wollen und deswegen Kinder bevorzugen, die pflegeleicht und angepasst sind. Wäre der Autor konsequent, müsste er eine mehr oder minder deutlich Form einer Zwangsverpflichtung befürworten, denn sonst bliebe das Risiko bestehen, niemanden für diese Aufgaben zu finden, die er für unangenehm hält. Doch, wäre das eine Lösung? Zumindest nicht eine, die unseren Vorstellungen von freier Berufswahl entspricht, die durch das Grundgesetz geschützt ist, schon gar nicht hätte sie etwas mit Demokratie zu tun. Will der Autor dahinter zurück?

Es läge doch näher, die Frage einmal umzukehren: Wie erklären wir das Phänomen, dass selbst unter widrigen Bedingungen heute Menschen an ihrem Beruf festhalten? Schon eilt der Einwand heran: ja, aber die müssen eben und haben keine Alternative oder können auf das Einkommen nicht verzichten. Diese Deutung unterschätzt die Lebenspraxis, es gibt mehr Alternativen, als man meint – sie liegen oder entsprechen einem aber nicht oder kommen aus verschiedensten Gründen nicht in Frage.

Was folgt nun aus der Sorge um die unbeliebten Tätigkeiten? Sollte sich nun tatsächlich niemand finden, der solche Tätigkeiten übernimmt, dann können wir allenfalls dafür sorgen, sie attraktiver zu machen oder sie selbst in die Hand nehmen. Wo das keine Antwort bietet, z.B. für Menschen, die auf dauernde Hilfe oder Betreuung angewiesen sind, wird nur eine öffentliche und private Auseinandersetzung darüber, wie wir zu diesen Aufgaben stehen, eine Veränderung bringen können. Unterschätzt werden meines Erachtens die Auswirkungen der Überhöhung von Erwerbstätigkeit auf die Deutungen genau dieser Tätigkeiten, die heute abgewertet sind.[31] Der Autor fährt fort:

> »Das alles bedeutet nicht, dass man das negative Menschenbild der Neoliberalen teilen müsste, die da meinen, alimentierte Menschen würden es bevorzugen auszuschlafen und sich auszuruhen. Natürlich arbeiteten die Menschen auch dort, zumal einige Grundeinkommensmodelle auch einen Mehrertrag für die Arbeitsbevölkerung vorsähen.«

31 Siehe »Wer macht die unbeliebten Arbeiten?«, S. 77 ff.

In seinem Selbstverständnis klarer Gegner der sogenannten Neoliberalen – er müsste dem BGE nun eigentlich zustimmen – folgen seine Einwände gegen das BGE jedoch einem verwandten Muster, wobei sich zeigt, wie fragwürdig ein solches Schlagwort ist. Milton Friedman plädierte gerade deswegen für eine Negative Einkommensteuer, weil er die Bedürftigkeitsprüfung für entwürdigend hielt. Dass es ihm dennoch darum ging, »Anreize« für Erwerbstätigkeit zu erhalten, da war er mit De Lapuente einig, wie wir gesehen haben.

> »Aber zu positiv darf man das ja auch nicht sehen. Es ist ja mitnichten so, dass der Mensch ein bedingungslos edles Wesen ist, das in einem Idyll zu den nobelsten Taten fähig würde.«

Da ist sie schon, die Einschränkung. Jens Berger brachte sie beinahe wortgleich vor.[32] Was hat das eine mit dem anderen zu tun, muss gefragt werden? Ein Schuh wird daraus, weil ein nur bedingt edles Wesen eben doch angeleitet, geführt, angereizt oder bedrängt werden muss, wo unangenehme Tätigkeiten zu verrichten sind. Die also ihrer Berufung weiterhin folgten, die könnte man in Ruhe lassen, die anderen nicht? Eine schöne Zwei-Klassen-Gesellschaft wird da entworfen.

> »Die Scheißarbeit fällt immer unter dem Tisch, wenn man den Garten Eden auf Grundeinkommensniveau beschreibt. Man spricht von ihr nicht, so als fiele sie einfach weg, als hätten wir es nicht mehr nötig zu schrauben, zu putzen oder zu warten.«

Wie schon Berger so auch De Lapuente – erstaunliche Übereinstimmungen in den Einschätzungen. Wen meint er denn, wer lässt diese Arbeiten unter den Tisch fallen? Wie andere Kritiker gleichermaßen agiert De Lapuente mit Behauptungen. Wie in jeder Diskussion um einen Vorschlag so gibt es auch unter BGE-Befürwortern Einseitigkeiten, überzogene Erwartungen und Klischees. Dafür kann aber nicht das BGE verantwortlich gemacht werden.

> »Oder meint mancher ein glückliches Menschengeschlecht auf Grundlage technischen Rückschritts zu ermöglichen? Polpotismus etwa? Back to the stones? So würde es eventuell wirklich funktionieren. Aber wer möchte das schon?«

Für den technischen Fortschritt also Druck und Muss? Klare Worte, immerhin.

> »Nun wird man einwenden, dass die Ökonomenriege den Arbeitszwang aufrechterhalten will. Und dass sie Interesse daran hat, dass ihnen jemand die Scheißarbeit erledigt. Letzteres mag stimmen.«

32 Siehe »Die Schattenseiten des Grundeinkommens«, S. 108 ff.

Das ist plump gedacht, in des Autors Ausführungen aber durchaus enthalten, nicht die anderen, die »Ökonomenriege«, er selbst will es.

»Denn jede Tätigkeit ist von gesellschaftlichen Nutzen.«

Wie ist das nun zu verstehen? Weshalb wird dann nicht »jede Tätigkeit« durch das Gemeinwesen ermöglicht, z.B. das bürgerschaftliche Engagement und die familiale Fürsorge ohne Wenn und Aber?

> »Es kommt aber darauf an, sie ordentlich zu entlohnen. Dass dies heute nicht immer, ja viel zu selten der Fall ist, leugnen die Ökonomen durchaus nicht. Sie sprechen sich dafür aus, dass in diesem System der Arbeitsbasiertheit dafür gesorgt sein muss, dass jeder sein Auskommen hat. Auch diejenigen, die in diesem System zeitweilig (oder aus welchen Gründen auch immer unbefristet) ohne Arbeit sind. Auch um Ideen, die anfangs attraktiv klingen, wie eben jenes Grundeinkommen, die aber ins Gegenteil weisen, nicht moralisch zu stärken. Hier kommt der Mindestlohn ins Spiel, als die weitaus bessere Alternative zu einem Modell, dass zwar versorgt, aber diese Versorgung zwangsläufig auf ein Niveau hinabdrückt, das nicht gewollt sein kann.«

Dieser Abschnitt muss nicht mehr im Einzelnen kommentiert werden, er zeigt, wie hermetisch das Deutungsmuster ist, auf dessen Basis das BGE besprochen wird. »System der Arbeitsbasiertheit« – damit wird das Gemeinwesen auf die Erwerbsgesellschaft reduziert, ganz wie es üblich ist, den tatsächlichen Verhältnissen jedoch nicht entspricht. Ein Blick auf die politische Ordnung und einer ins Grundgesetz hätten ausgereicht. Dass ein BGE zwangsläufig niedrig ausfallen würde, ist eine bloße Behauptung, die etliche andere schon getroffen haben, um es los zu werden. Was daraus würde, hängt von den Bürgern ab, aber die sind für den Autor ohnehin nicht zu denken, zumindest nicht in den Ausführungen, auf die sich diese Analyse gerichtet hat.

»Logik ist nicht durch guten Willen ersetzbar«

Friederike Spiecker, Ko-Autorin von *Irrweg Grundeinkommen* (siehe dazu Flassbeck et al. 2012), hat sich wiederholt zum Bedingungslosen Grundeinkommen geäußert. Im Beitrag »Logik ist nicht durch guten Willen ersetzbar« (Spiecker 2013) nahm sie sich das BGE noch einmal vor, schon der Titel ist aufschlussreich wegen des Gegensatzes, den er aufspannt. Worin könnte er bestehen? »Logik«, knapp erläutert, bezieht sich auf die Konsistenz von Schlussfolgerungen in einem Argumentationszusammenhang. Schlussfolgerungen erfolgen immer von einer Basis aus, das kann Datenmaterial in einem Forschungsprozess sein, es können aber auch Annahmen oder Axiome sein. Was von ihnen ausgehend als logisch gelten kann, hängt davon ab, worin die Ausgangsbasis für die Schlussfolgerungen besteht. Bei nicht wenigen Theoremen ist es so, dass, zieht man diese Basis in der Form von Annahmen weg, auch die Schlussfolgerungen ihres Grundes entbehren. Wenn schon die Annahmen nicht der Realität entsprechen, ist ein »Modell« an ihr gescheitert, siehe z.B. den *homo oeconomicus* (Selten 2010).

Damit ist aber die Ausgangsfrage noch nicht beantwortet. Worin könnte ein Gegensatz zwischen »Logik« und »gutem Willen« bestehen? Sinnvoll wird er erst, wenn Logik – also zwingenden Schlussfolgerungen in einem Argumentationsgefüge – etwas gegenübergestellt wird, das weder zwingend noch konsistent, sondern eher sprunghaft, widersprüchlich und vom Einzelnen in seinen Neigungen abhängig ist. Spieckers Gegenüberstellung trifft allerdings nicht den »guten Willen«, denn er ist ein umfassenderes Phänomen, das mit Sprunghaftigkeit wenig bis gar nichts zu tun hat. Guter Wille ist Ausdruck einer Haltung zur Welt, die im Zuge eines Bildungsprozesses entsteht. In der Soziologie wird Haltung u.a. mit dem Begriff des Habitus gefasst (zur Vertiefung siehe Oevermann 2001). Gemeinwohlbindung ist ein solcher Aspekt des Habitus, sie ist gerade keine unzuverlässige Größe und liegt, wenn sozialisatorisch alles einigermaßen gut verlaufen ist, wie selbstverständlich vor. Sie ist belastbar und stabil, sonst könnte unser Gemeinwesen gar nicht bestehen. Diese Haltung nun bestimmt darüber, wie jemand sein Leben führt, was für ihn maßgebend ist. Sie sagt etwas darüber aus, was in einem Gemeinwesen, an dem sich die Haltung ausgeformt hat, normativ erwünscht, geboten oder unerwünscht ist – bei aller Strittigkeit zwischen den Deutungen, was konkret dem Gemeinwohl dienlich ist und was nicht. Diese Haltung ist ein Kulturphänomen und nicht mit Individualismus und Sprung- oder Launenhaftigkeit zu verwechseln. Die Demokratie, in der die Staatsbürger als Volk die Quelle von Herrschaftslegitimation sind, setzt gerade auf diesen »guten Willen«, also auf die Bereitschaft sich einzubringen – sie ruht im Habitus.

Worin erblickt Friederike Spiecker nun den Gegensatz?

»Zunächst zur Nicht-Erwerbsarbeit: Unser gegenwärtiges Sozialversicherungssystem enthält eine Reihe von Leistungsansprüchen, die eine Art Bezahlung oder Lastenausgleich für die genannte Nicht-Erwerbsarbeit darstellen (z.B. Elterngeld, Kindergeld, beitragsfreie Mitversicherung von Familienangehörigen in der gesetzlichen Krankenversicherung, Anrechnung von Kindererziehungszeiten in der Rentenberechnung, Ansprüche gegen die Pflegeversicherung etc.). Diese Bezahlung mag man in vielen Fällen für zu niedrig ansehen (obwohl die Gehälter von Erzieherinnen und Altenpflegern auch nicht gerade als üppig gelten können). Man kann unserem Steuer-

und Sozialversicherungssystem aber nicht generell vorwerfen, diese Art von Nicht-Erwerbsarbeit völlig zu ignorieren.«

Wer würde dem »Sozialversicherungssystem vorwerfen, … Nicht-Erwerbsarbeit … zu ignorieren«? Spiecker übergeht in ihrer Einschätzung, wie diese Leistungen konstruiert sind, welche normativen Bewertungen ihnen innewohnen und wie sie aufgrund dessen zu einer normativen Asymmetrie von Tätigkeiten führen. Gerade das Elterngeld bringt die normative Überhöhung von Erwerbstätigkeit deutlich zum Ausdruck, weil es relativ zum dem Elterngeldbezug vorausgehenden Erwerbseinkommen berechnet wird. Besserverdiener erhalten höhere Leistungen als andere – obwohl ihre Aufgaben als Eltern und ihre Stellung im Gemeinwesen sich nicht unterscheiden. Wer nicht erwerbstätig ist, erhält nur einen Sockelbetrag. Erwerbstätige Eltern werden also anders behandelt als Nicht-Erwerbstätige – besonders deutlich wird das bei Beziehern von Arbeitslosengeld II, die keinen Elterngeldanspruch haben.[33] Der Umfang, in dem Kindererziehungszeiten in der Rentenversicherung anerkannt werden, worauf Spiecker hinweist, ist eher symbolischer Art, er gilt für die ersten drei Lebensjahre jedes Kindes – mehr nicht. Man kann ihn getrost als Ausdruck des Elends lesen, wie gering die Wertschätzung in unserem Gemeinwesen für dieses Engagement ist. Wer es für angebracht hält, für seine Kinder länger zuhause zu bleiben, muss das auf eigenes Risiko tun. Die Folgen, die diese erwerbszentrierte Sozialpolitik für unsere Deutung von Familie hat, sollten bedacht werden, denn sie sind allerorten zu spüren. In der Tat, da ist Frau Spiecker zuzustimmen, wird die »Nicht-Erwerbsarbeit« nicht »ignoriert«, sie wird jedoch der Erwerbstätigkeit eindeutig nachgeordnet. Wer sich der »Nicht-Erwerbsarbeit« widmen will, kann dies nicht ohne Einkommen tun, das als dauerhaftes in legitimer Form nur durch Erwerbstätigkeit zu erreichen ist.

> »Da liegen die BGE-Befürworter mit ihrem Vorwurf falsch. Wenn man die Berücksichtigung der Nicht-Erwerbsarbeit in unserem System für ungenügend hält, spricht nichts dagegen, dies durch quantitative Anpassungen der Leistungsansprüche zu ändern. (Ob es dafür bzw. für die entsprechende Finanzierung durch höhere Sozialversicherungsbeiträge und Steuern demokratische Mehrheiten gäbe, steht auf einem anderen Blatt. Aber die demokratischen Mehrheiten würde man für die Einführung eines BGE-Systems ja auch brauchen.)«

Nur auf den Geldbetrag zu schauen setzt sich hier fort, wenn die Vergabebedingungen dafür vernachlässigt werden. »Quantitative Anpas-

---

33 Siehe »Die Debatte um das Betreuungsgeld als Symptom«, S. 73 ff.

sungen« änderten nichts an der normativen Asymmetrie, die dem Vergabemodus heutiger Leistungen innewohnt. Genau dagegen wendet sich das BGE – das ist ihr offenbar entgangen.

Schon diese ersten beiden Passagen ihrer Kritik am BGE – sie ist im Grunde eine pauschale Kritik an den Befürwortern, Quellen werden nicht angegeben – lassen den Eindruck entstehen, dass Frau Spiecker die Ziele, die mit einem BGE erreicht werden sollen, entweder fremd sind oder sie sie nicht teilt oder eben doch den Vorrang von Erwerbstätigkeit aufrechterhalten will.

> »Und wie steht es mit dem anderen, wichtigeren Argument, es werde kaum egoistische Nutznießer eines BGE-Systems geben? Nun, man muss einmal darüber nachdenken, wer das BGE wie nutzen würde, wenn es denn eingeführt würde. Die grundsätzliche Kritik am BGE lautet nämlich, dass es die wirtschaftliche Basis, aus der heraus es finanziert wird, auf Dauer selbst zerstört.«

Ja, darüber, wie es genutzt würde, wäre einmal nachzudenken, oder es wären die Überlegungen zur Kenntnis zu nehmen, die in der Breite schon angestellt wurden. Was tatsächlich passieren wird, wissen wir heute angesichts von Entscheidungen, die in die Zukunft weisen, genauso wenig wie nach Einführung eines BGE. Die »grundsätzliche Kritik«, von der sie spricht, kann nun wahrlich nicht als Novum bezeichnet werden, wird sie seit Beginn der Debatte vorgebracht. Kein ernsthafter Befürworter würde leugnen, dass es einer wirtschaftlichen Basis bedarf, um ein BGE finanzieren zu können. Die wirtschaftliche Basis entsteht aber nicht aus dem Nichts. Sie ist nicht zu haben ohne die Bildungsprozesse in der Familie und ebenso wenig ohne den solidarischen Zusammenhalt, den ein Gemeinwesen von Staatsbürgern auszeichnet. Nur so erhält eine Rechtsordnung ihre Bindungskraft. Wer das vergemeinschaftende Moment des Solidarverbandes bloß als Rahmen- oder Randbedingung betrachtet, unterschätzt seine grundlegende Bedeutung.

> »BGE-Befürworter verstehen diesen Kritikpunkt so, dass Kritiker des BGE unterstellen würden, der Anteil egoistischer Nutznießer sei in der Gesellschaft hoch oder zumindest im Wachsen begriffen und daher müsse ein Transfersystem immer mit der Sanktionsmöglichkeit »bewaffnet« sein, denjenigen nicht zu unterstützen, der arbeiten könne, es aber freiwillig nicht tue.«

Ja, genau diesen Eindruck machen die Einwände, die immer wieder in diese Richtung weisen. Für Frau Spiecker mag das nicht zutreffen, man lese hingegen nur die Ausführungen von Jens Berger, Roberto De

Lapuente, Christoph Butterwegge, Albrecht Müller u.a., die in diesem Band untersucht werden.[34]

> »Doch diese Vermutung der BGE-Befürworter, was die BGE-Kritiker eigentlich meinen, geht in die Irre. Es geht um einen viel einfacheren, naheliegenderen Punkt als den, vielen Menschen Schmarotzertum zu unterstellen. Es geht um die mit dem BGE unweigerlich einhergehende Umverteilung der (Erwerbs-)Arbeitszeit, die die BGE-Befürworter übrigens auch nicht bestreiten, sondern vielmehr als beabsichtigt bezeichnen. Was ist damit gemeint?«

Wer sind denn »die BGE-Befürworter«? Wer fordert die »Umverteilung« der »Arbeitszeit«? Die Pauschalisierungen, die Frau Spiecker vornimmt, erschweren eine Auseinandersetzung mit ihren Einwänden. Ein BGE kann auch ohne eine »Umverteilung« der Erwerbsarbeitszeit im Sinne einer allgemeinen Arbeitszeitverkürzung gedacht werden, beides hängt nicht notwendig miteinander zusammen. Eine solche Umverteilung kann sich als indirekter Effekt ergeben, der daraus resultiert, dass Menschen andere Prioritäten als heute setzen, muss aber nicht direkt angestrebt werden.

> »Ein einfaches Beispiel: Eine vierköpfige Familie lebe unter dem gegenwärtigen Steuer- und Sozialversicherungssystem von einem Nettoeinkommen (einschließlich Kindergeld etc.) von 4000 Euro monatlich. Ein Hartz IV-Empfänger müsse von, sagen wir, 800 Euro auskommen (Hartz IV-Satz und Wohngeld etc.). Hinter den zusammengenommen 4800 Euro stehe ein entsprechendes Güterangebot. In einem BGE-System erhielte der bisherige Hartz IV-Empfänger ein Einkommen von 1000 Euro (also 200 Euro mehr) und die Familie ein Einkommen von 3000 Euro (1000 Euro je Erwachsenen und 500 Euro je Kind), ohne dass ein Elternteil arbeiten gehen müsste. Es wird jetzt, um der Argumentation der BGE-Befürworter

---

34 Auf zwei weitere Äußerungen sei exemplarisch verwiesen. Kurt Beck, Ministerpräsident a.D., äußerte sich in der ZDF-Sendung die debatte (Titel »Wer trägt die Verantwortung«), vom 15. August 2008, zum BGE so: »Wer glaubt denn, dass man so [mit einem »bedingungslosen Mindesteinkommen« oberhalb der Armutsgrenze, unabhängig davon, ob man »was schafft oder nicht««, SL] den Anreiz in einer Gesellschaft lebendig halten kann, das geht nicht, sie werden sehen, sie werden sicher scheitern.« Und ähnlich äußerte sich Günter Wallraff trotz der Vorteile, die er im BGE sieht, in einer Diskussion mit Götz W. Werner: »…ich bin da nicht ganz meiner Überzeugung, ich bin da noch schwankend, weil es wieder die Gesellschaft spaltet in diejenigen, die dann ja das Grundeinkommen haben und nicht animiert werden, sich sonstwo zu verwirklichen« (Denkzeit 2014).

entgegen zu kommen, nicht unterstellt, dass die Eltern der besagten Familie sofort die Hände in den Schoß legen nach dem Motto ›von 3000 Euro und Freizeit rund um die Uhr kann man prima existieren.‹«

An diesem Beispiel einzig bemerkenswert ist die Polemik: Eltern werden nicht »sofort die Hände in den Schoß legen« und »Freizeit rund um die Uhr« anstreben – absehbar aber schon? Woher weiß sie das? Zu welchen Folgen setzt sie das Handeln der Eltern, wenn es so einträfe, ins Verhältnis?

Wer sich seinen Kindern widmet, hat keine »Freizeit«, er lebt – insbesondere mit kleinen Kindern – in einer dauernden Fremdbestimmung durch ihre Bedürfnisse. Sie artikulieren sich impulsiv und tolerieren meist keinen Aufschub. Doch diese »Arbeit« ist für Frau Spiecker offenbar keine, weil sie keine »Gütermenge« hervorbringt, so müssen wir schließen. Das ist in dieser engen Betrachtung richtig, denn direkt trägt die Fürsorge für die Kinder dazu nichts bei. Indirekt hingegen schon, da die etwaige Leistungsbereitschaft der Kinder im Erwachsenenalter und damit ihr Beitrag zur Gütermenge, vollkommen davon abhängt, wie ihr Bildungsprozess verlaufen sein wird. Er hängt entscheidend von der Präsenz der Eltern, einer lebendigen Familiendynamik und einer an den Kindern orientierten Lebensführung ab. Diesen Zusammenhang nicht einmal zu berücksichtigen, zeichnet ökonomischen Reduktionismus aus, der sich zugleich für überlegen hält, wie der Duktus von Frau Spiecker zeigt. Damit wird das Beispiel dem BGE gerade nicht gerecht. Es wäre, wenn über die Folgen unserer Lebensweise heute gesprochen wird, eben genauso darüber nachzudenken, wie sich die zunehmende Erwerbstätigkeit beider Eltern auf die Familiendynamik auswirkt, was diese für die Bindungserfahrungen von Kindern bedeutet und letztlich für deren Lebensführung als Erwachsene.

> »Nein, die Familie möchte das gleiche Einkommensniveau erreichen wie vorher, also 4000 Euro netto. Die Familie ist also nicht extrem konsumorientiert, will nicht ihr monetäres Einkommen weiter steigern, indem die Eltern genau so viel arbeiten wie zuvor und das BGE obendrein beziehen.«

Das BGE würde nicht »obendrein« bezogen, es stünde »untendrein« zur Verfügung, wenn man so will. Außerdem, das ist gewichtiger, folgt daraus nicht, dass für die 1000 Euro zusätzlich weniger Arbeitszeit nötig sein würde als heute, denn durch ein BGE setzte sich das Einkommen anders zusammen. Während aus der Wertschöpfung gegenwärtig ein Teil in private Einkommen und ein anderer in öffentliche fließt, würde ein BGE diese Relationen verändern.

»Nein, die Eltern verhalten sich völlig vernünftig in einer Art mittleren [sic] Bereich auf: Sie legen weder die Hände in den Schoß, noch schuften sie weiter wie bisher [so geht es weiter wie oben mit der Entgegensetzung, SL]. Vielmehr sind sie bereit, einen Teil ihrer Erwerbsarbeitszeit sozusagen abzugeben an die, die bislang keine Erwerbsarbeit oder nicht in ausreichendem Umfang finden konnten. (Von qualifikatorischem Mismatch oder organisatorischen Problemen dieser anderen Aufteilung der Arbeitszeit zwischen den Beteiligten [Probleme, die schon heute gelöst werden müssen, SL] will ich an dieser Stelle absehen; sie spielen für meine Argumentation keinerlei Rolle.). Weil die Steuer- und Abgabensätze gegenüber dem alten System wegen des größeren Umverteilungsvolumens gestiegen sind …«

Letzteres ist wieder eine Behauptung. Werden alle Einkommens- und Ausgabenströme in ihrem Zusammenhang betrachtet, bedarf es ja nur dort zusätzlicher öffentlicher Mittel zu den heute ausgegebenen, wo Menschen unterhalb des angestrebten BGE leben, sofern alles andere gleichbliebe. Würde aufgrund besserer Arbeitsbedingungen effizienter produziert werden können, sänke der Aufwand in Arbeitsstunden, um dasselbe hervorzubringen. Die Passage wird so fortgesetzt:

»… können die Eltern ihre Arbeitszeit zwar nicht sozusagen parallel zu ihrer neuen Einkommensstruktur (¼ erarbeitet, ¾ Transferbezug) um ¾ reduzieren, dafür wird die Erwerbsarbeit zu stark besteuert (die Variante der Konsumbesteuerung zur BGE-Finanzierung ist so abenteuerlich in ihren sozialen Auswirkungen, dass ich sie hier einfach nicht behandeln will).«

Schade, dass die Konsumbesteuerung hier übergangen wird, denn gerade am verwendeten Beispiel wird deutlich, wie die Einkommensbesteuerung wirkt. Die Einkommensteuer, die im Bruttolohn des Arbeitsnehmers enthalten ist, ist wiederum Bestandteil der Ausgaben eines Unternehmens und muss über den Absatz erwirtschaftet werden. Zwar führt das Unternehmen die Einkommensteuer ab, es erwirtschaftet sie jedoch über den Absatz, also durch diejenigen, die seine Produkte kaufen. Deswegen muss sie notwendig auch in den Güterpreisen enthalten sein. An diesem schon heute geltenden Zusammenhang würde eine Konsumbesteuerung gar nichts ändern, sie würde ihn lediglich transparent machen. Der Einwand, die Konsumsteuer belaste niedrige Einkommen stärker als die heutige Einkommensteuer, ist mindestens unpräzise, wenn nicht verwirrend. Berücksichtigt man, dass Kosten eines Unternehmens in die Preise weitergegeben werden, tragen auch heute schon niedrige Einkommen, wenn Güter und Dienste in Anspruch genommen werden, einen Teil dieser Last, ohne dass dies steuerlich ausgewiesen wird.[35]

> »Aber die Eltern können, nehmen wir einmal an, mindestens ¼ der ursprünglichen Arbeitsstundenzahl weniger arbeiten. Entsprechend weniger tragen sie auch zu der insgesamt vorhandenen Menge an produzierten Gütern bei.«

Gemäß der vorangehenden Ausführungen setzt sich die Argumentation fort: Wie viel aber die Eltern trotz reduzierter Arbeitszeit beitragen, hängt davon ab, wie effektiv und effizient gearbeitet wird. Welche Folgen es für die Wertschöpfung haben kann, wenn die Chancen steigen, eine Stelle zu erhalten, die zu den eigenen Fähigkeiten und Neigungen passt, wird nicht berücksichtigt. Geringere Arbeitszeit muss nicht geringere Wertschöpfung bedeuten, sie kann sogar zu einer Steigerung führen, wie die Entwicklung des Arbeitsvolumens in Deutschland gerade veranschaulicht.[36]

> »Entsprechend geringer ist auch die Höhe der Primärarbeitseinkommen, die der Staat besteuern kann. Gleichzeitig haben aber die in Geldeinheiten gerechneten Ansprüche aller Beteiligten von 4800 Euro auf 5000 Euro zugenommen«

Ein klarer Fall dafür, was passiert, wenn in einer Beispielrechnung Annahmen auf der Basis der gegenwärtigen Bedingungen getroffen und einfach auf eine neue Konstellation übertragen werden. Die Folgerungen gelten nur, wenn die Gütermenge zurückgeht, aber gleiche Ansprüche wie vorher aufrechterhalten werden. Steigt aber die Gütermenge bzw. verändern sich die Relationen, verändert sich alles andere auch.

> »Das macht aus Sicht der BGE-Befürworter nichts. Denn der bisherige Hartz IV-Empfänger ist gern bereit, die entfallenen Arbeitsstunden zu übernehmen – er wartet ja auf nichts sehnsüchtiger, als wieder arbeiten gehen zu können [wozu dient diese Polemik?, SL]. Mit anderen Worten: Es wird (mindestens) genau so viel gearbeitet wie zuvor, so dass die Gütermenge nicht sinkt, möglicherweise sogar steigt [sic, SL], sagen die BGE-Befürworter.«

Wieder werden Arbeitsstunden und Gütererstellung in einen kausalen Zusammenhang gebracht, dabei sprechen die statistischen Daten zum Arbeitsvolumen, also den Stunden, die pro Jahr für die Gütererzeugung

---

35 Einen Vergleich des gegenwärtigen Steuerrechts mit einem an einer Konsumsteuer orientierten hat Verena Nedden, Fachanwältin für Steuerrecht, erarbeitet (Nedden 2014).
36 Siehe »Geht der Gesellschaft die Arbeit aus?«, S. 147ff.

aufgewandt werden müssen, eine deutliche Sprache. Trotz Abnahme des Arbeitsvolumens hat sich die Gütermenge drastisch erhöht. Diesen Aspekt sieht Frau Spiecker durchaus:

> »Ja, da mögen sie recht haben, aber wie sieht es mit der Bezahlung des bisherigen Hartz IV-Empfängers für die jetzt von ihm geleistete Arbeit aus? Wenn der bisherige Hartz IV-Empfänger pro Arbeitsstunde netto so entlohnt wird wie die Eltern, dann steigt sein Einkommen über die 1000 Euro Grundeinkommen. Arbeitet er genau so viele Stunden, wie die Eltern weniger arbeiten, entsteht die gleiche Gütermenge wie zuvor (deren Gegenwert 4800 Euro war) [Hier kehrt sie wieder zur Voraussetzung zurück, von der sie ausgeht: Arbeitsstunden = Gütermenge, SL]. Dieser gleich gebliebenen Gütermenge stehen aber monetäre Ansprüche von über 5000 Euro gegenüber: die 4000 Euro Grundeinkommen aller Beteiligten zusammen, die 1000 Euro Netto-Erwerbsarbeitseinkommen der Eltern und das neue Erwerbsarbeitseinkommen des bisherigen Hartz IV-Empfängers. Das macht eine Lücke von weit über 200 Euro aus. Diese Lücke zwischen real vorhandenen Gütern und monetären Ansprüchen zeigt eindeutig, dass hier etwas zweimal verteilt wurde, was nur einmal vorhanden war.«

So setzt sich die Vernachlässigung des oben beschriebenen Zusammenhangs fort, Arbeitsvolumen und Gütermenge werden in ein kausales Verhältnis gebracht. Es wäre auch zu bedenken – Frau Spiecker geht es ja um Besteuerung –, dass es nicht auf die Gütermenge alleine, sondern auf deren Preis ankommt. Das Steueraufkommen hängt davon ab, wie die Preise sich entwickeln. Ich kann weniger Produkte kaufen und dennoch meinen Bedarf decken, wenn die Produkte länger nutzbar sind (z.B. Computer, Haushaltsgeräte, Auto, Möbel usw.). Bekleidung, für die ich wenig bezahle, die aber schnell verschleißt, weswegen ich mehr davon kaufen muss, kann zum gleichen Aufkommen führen wie Bekleidung, die teurer ist, aber länger hält.

> »Nun mögen die BGE-Befürworter einzuwenden versuchen, der bisherige Hartz IV-Empfänger arbeite ja sehr gern mehr als nur das eine Viertel der Arbeitszeit, das die Eltern sozusagen aufgegeben haben. Also entstünden auch mehr Güter. Diese zusätzliche Annahme heilt den logischen Fehler in der Rechnung der BGE-Befürworter aber keineswegs. Denn wenn der Hartz IV-Empfänger mehr arbeitet, erhebt er (zu Recht) auch mehr Ansprüche an den insgesamt vorhandenen Güterberg.«

Wer einen logischen Fehler macht, sei einmal dahingestellt (siehe oben). Dass derjenige, der mehr Erwerbsarbeitszeit aufwendet, hier also der Hartz IV-Bezieher – der mit dem BGE keiner mehr ist – mehr »Ansprüche an den insgesamt vorhandenen Güterberg erhebt«, ist nicht zwingend. Wieder wird eine Annahme eingeführt, die Basis für eine weitreichende Schlussfolgerung ist. Nur, wenn er Güter bislang nicht hat erwerben können, die er nun erwerben will, gilt dieser Zusammenhang. Frau Spiecker vernachlässigt auch ein weiteres Phänomen, das in der Soziologie als demonstrativer Konsum bezeichnet wird. Dahinter verbirgt sich das Phänomen, Erfolg in Erwerbstätigkeit durch Gütererwerb nach außen zu signalisieren. Mit einem BGE würde sich indes das ganze Wertigkeitsgefüge von Tätigkeiten verändern, Erfolg in Erwerbstätigkeit hätte nicht mehr denselben Stellenwert, folglich würde demonstrativer Konsum seine Bedeutung verlieren. Das wiederum hätte Folgen für die Ressourcennutzung bzw. den Ressourcenverbrauch, womit durch ein BGE sogleich Fragen der Ökologie und des Verhältnisses zur Natur berührt sind. Freiheit kann insofern nicht gedacht werden, ohne unser Verhältnis zur Natur zu bedenken, denn ohne sie kann es Freiheit nicht geben.

Wir können an dieser Stelle schon festhalten, dass die oben vermutete Bedeutung von »Logik« vs. »guter Wille« die Darlegungen von Frau Spiecker ganz gut trifft. Sie bewegt sich innerhalb eines (Rechen-)Modells, aus dem sie andere Effekte und Zusammenhänge schlicht ausschließt – zumindest bislang. Das Phänomen der Verhinderung oder Hemmung von Wertschöpfung durch heutige Arbeitsbedingungen lässt sie einfach außer Acht. Dass mehr Werte entstehen könnten, wenn anders gearbeitet würde als heute, ist nicht abwegig, die Geschichte zeigt genau das.

> »Darauf ließe sich von Seiten der BGE-Befürworter einwenden, der bisherige Hartz IV-Empfänger sei auch bereit, zu einem geringeren Stundenlohn zu arbeiten als die Eltern, schließlich gebe er der Gesellschaft sozusagen im Gegenzug für das BGE gern etwas freiwillig zurück. Und da kommen wir an einen interessanten Punkt: Der Ausweg aus dem logischen Verteilungsproblem des BGE wird dann dadurch gesucht, dass derjenige, der sozusagen Arbeitsstunden abgetreten bekommt von denen, die aufgrund des BGE freiwillig weniger arbeiten, zu einem geringeren Lohn arbeitet (oder komplett umsonst). Er erhebt also weniger zusätzliche monetäre Ansprüche (oder gar keine zusätzlichen) auf den produzierten Güterberg.«

Dass der Hartz IV-Bezieher zu einem geringeren Lohn arbeiten wird, mögen manche so darlegen, zwingend ist das nicht. Er könnte auch denselben oder einen höheren anstreben, was aber nur dann erfüllbar wäre, wenn dem auch eine entsprechende Gütermenge gegenüberstünde. Doch dieser Zusammenhang lässt sich nicht einfach als eine Relation von Arbeitsstunden und Gütererzeugung bestimmen.

»Damit sind aber zwei neue Probleme geschaffen: Wenn der bisherige Hartz IV-Empfänger für geringeren Stundenlohn zu arbeiten bereit ist, dann unterbietet er die bisher (voll) Arbeitenden. Welches Unternehmen würde daraufhin zögern, die gegenseitige Konkurrenz der Arbeitskräfte auf dem Arbeitsmarkt auszunutzen, um seine Stundenlöhne für alle Arbeitenden zu senken?«

Diesen Schritt zu machen, stünde nicht in der Macht eines Unternehmens alleine. Wenn Löhne gesenkt werden sollen, bedürfte es der Zustimmung derer, die es beträfe. Die Macht, die Unternehmen in dieser Hinsicht heute haben, hätten sie nicht mehr, weil ein BGE es erlaubte, sich freier gegen ein solches Vorhaben zu organisieren. Das Szenario liegt ferner als heute, da Arbeitnehmer sich diesem Wettbewerb gerade nicht entziehen können. Ein Unternehmen, das unter Bedingungen eines BGE mit Kürzungsdrohungen seinen Mitarbeitern begegnet, müsste viel eher damit rechnen, dass diese das mit sich nicht machen ließen.

»(Dieses Unterbietungsphänomen gibt es ja schon heute etwa im Pflegebereich, wo preiswerte Arbeitskräfte vom Bundesfreiwilligendienst (sog. Bufdis) das Lohnniveau der regulär in diesem Sektor Arbeitenden drücken. Das Gleiche gilt etwa für 1-Euro-Jobber, die von den Kommunen zur Landschaftspflege angestellt werden und damit den ortsansässigen Gartenbaubetrieben das Wasser abgraben.) Mit dem freiwillig für weniger arbeiten als Dank für's BGE wäre daher niemandem geholfen, sondern lediglich eine Deflationsspirale losgetreten.«

Wie sich die Folgen unzutreffender Annahmen auf Schlussfolgerungen auswirken, lässt sich in den letzten beiden Passagen gut erkennen. Was anhand eines Beispiels aus der Gegenwart geschildert wird, würde nach Einführung eines BGE so nicht gelten. Ihre veränderte Verhandlungsposition muss bedacht werden. Ich möchte hier nicht diejenigen BGE-Befürworter verteidigen, die manche der Thesen aufbringen, die Frau Spiecker kritisiert, doch zu berücksichtigen gilt es, dass ein BGE Einkommenssicherheit für alle schafft, da es an die Person geht. Eine Sicherheit, die weiterreicht als ein Mindestlohn.

»Obendrein könnte der Staat sehen, woher er seine Steuereinnahmen bekommt, mit denen er das BGE finanzieren will. Denn aus einer sinkenden Lohnsumme kann er nicht die gleiche Menge an Steuern ziehen, wenn er die Steuersätze nicht erhöht. Damit geriete das BGE-System aber in eine sich selbst verstärkende Schieflage, was über Kurz oder Lang sein Ende bedeutete. Wenn die Steuersätze nämlich immer mehr steigen, geraten sie irgendwann in einen Bereich, in dem sie tatsächlich prohibitiv wirken, also Erwerbsarbeit verhindern.«

Siehe oben, Einkommen- und Konsumsteuer. Der Zusammenhang, den Frau Spiecker zwischen Gütererstellung und BGE benennt, gilt selbstverständlich. Bestreitet das wer? Allerdings gilt er für heutige Leistungen in gleichem Maße und ist keine Zukunftsmusik, man stelle sich nur einmal vor, alle Bürger würden auf ihren Arbeitslosengeld II-Anspruch pochen und die Füße hochlegen, was geschähe dann? Das Sinken der Lohnsumme ist eine Erfahrung aus der Vergangenheit, wenn der Kapitaleinsatz relativ an Bedeutung zu- und der menschlicher Arbeitskraft abnimmt, das lehrt uns das Sinken des Arbeitsvolumens. Müsste das nicht zu der Frage führen, ob an den Besteuerungsarten etwas zu ändern wäre?

> »Wie man es auch dreht und wendet: Ein Wasch-mir-den-Pelz-aber-mach-mich-nicht-nass gibt es auch bei der Arbeitszeitumverteilung via BGE nicht: Wer weniger Erwerbsarbeit leistet, muss auch seine Ansprüche an den mit dieser Arbeit produzierten Güterberg in exakt gleicher Höhe reduzieren. Ist er dazu nicht bereit, sondern will er für den Verzicht auf bezahlte Arbeitsstunden zugunsten der Unterbeschäftigten zumindest teilweise entschädigt werden, braucht man eine zusätzliche Quelle, aus der diese Entschädigung bezahlt werden kann. Und zwar keine weitere, sozusagen unechte Umverteilungsquelle (Finanztransaktionssteuer, Luxussteuer, Vermögensteuer …), sondern eine echte Quelle, die zu mehr realen Gütern führt. Dann erst können die insgesamt vorhandenen Ansprüche aller Arbeitenden, die durch die Arbeitszeitumverteilung gestiegen sind, auch tatsächlich gedeckt werden und münden nicht einfach in Preissteigerungen.
>
> Diese Quelle heißt, ob es die BGE-Befürworter nun wahr haben wollen oder nicht, Produktivitätszuwachs. Eine andere Quelle gibt es nicht.«

Ja, in der Tat, eine andere Quelle gibt es nicht. Wer bestreitet das? Wie schwierig eine Auseinandersetzung mit Einwänden ist, die sich auf Quellen beziehen, die nicht angegeben werden, zeigt sich an dieser Stelle nochmals.

> »So wird das, was die BGE-Befürworter als Krisenursache ausmachen, zum einzigen Mittel, das den BGE-Lösungsvorschlag aus seinem logischen Grunddilemma befreit, nicht zweimal ein und dasselbe verteilen zu können. Das macht sich natürlich miserabel, will man die Funktiontüchtigkeit eines BGE-Systems logisch einwandfrei begründen.«

Weshalb »macht sich das natürlich miserabel«? Es entspricht genau den Begründungen einiger BGE-Befürworter, die mit der Produktivität argumentieren. Denn die Übertragbarkeit routinisierter Arbeitsgänge auf Maschinen hat noch lange nicht ihr Ende erreicht (Frey/Osborne 2013, McAfee 2013). Frau Spiecker hat sich hier offenbar einen oder einige Befürworter herausgegriffen – wir erfahren nicht, welche – und andere ausgelassen. So passt das gut zu ihren Überlegungen, um loszuwerden, was sie nicht haben will.[37] Eine ernsthafte Auseinandersetzung hätte sonst dazu führen müssen, dass ein BGE eben genau des Produktivitätszuwachses wegen zu haben wäre.

> »Mag sein, dass manche Erwerbstätige in der Gesellschaft tatsächlich bereit sind, weniger zu arbeiten und mit entsprechend weniger Einkommen auszukommen. Dieser Vorstellung gemäß können sie auch heute schon leben – das sind dann die wenigen Glücklichen, die sich mit ihrer sog. Work-Life-Balance befassen können.«

Wiederum aufschlussreich für die Gesamtargumentation ist, dass Spiecker, die rein ökonomisch-rechnerisch argumentieren will, die normativen Zusammenhänge nicht analysiert. Sie gehören aber in eine ökonomische Betrachtung hinein, da sie die Basis dessen ausmachen, womit gerechnet wird. Denn die Entscheidung, mit weniger Einkommen auszukommen, können heute nur diejenigen treffen, die genügend Einkommen haben, das sich reduzieren lässt – das räumt sie ein. Doch sie tun das unter Bedingungen einer normativen Aufladung von Erwerbstätigkeit, die alles jenseits von ihr degradiert. Es ist nicht von ungefähr so, dass Freiwilligenengagement häufig von Erwerbstätigen erbracht wird, nicht etwa, weil Erwerbslose es nicht für sinnvoll hielten, sondern weil es nicht als legitimes Hauptengagement anerkannt wird. Wer im Leistungsbezug von Arbeitslosengeld I oder -II ist, muss in den ersten Arbeitsmarkt streben. Darin zeigt sich nur besonders deutlich, was heute für alle normativ gilt. Diese Abwertung von Freiwilligenengagement entspringt also demselben normativen Zusammenhang wie diejenige von Familie. Die sogenannte »Work-Life-Balance« ist unter diesen Bedingungen immer eine, die normativ zu »Work« hin verschoben ist.

> »Für den Normalbürger ist das nicht der Fall. Der arbeitet so viel, weil er das Einkommen braucht oder zumindest zu brauchen meint.«

Das Einkommen, das er »zu brauchen meint« hätte er mit einem BGE ja. Und wieder – wegen der Vernachlässigung normativer Zusammenhänge – sieht sie nicht, dass Konsum heute auch heißt, beruflichen Erfolg und damit den geleisteten Beitrag zum Gemeinwohl zu demonstrieren. So erklärt sich unter anderem die Vorstellung, ein bestimmtes

---

37 Siehe »Wie etwas loswerden, das man nicht haben will?«, S. 177 ff.

Einkommen zu brauchen – wir sprechen hier nicht über Haushalte, die ihr Auskommen nicht haben. Die Bedeutung hat Konsum aber nur der Vorrangstellung von Erwerbstätigkeit wegen. Würde sie aufgehoben, veränderte Konsum seine Bedeutung.

> »Will man ihn davon überzeugen, mit weniger Gütern und mehr Freizeit Vorlieb nehmen zu können, muss man sich auf die Kirchenkanzeln, in die Schulen, die Burn-Out-Seminare und Umweltschutz-Veranstaltungen begeben, aber nicht auf Ökonomen-Kongresse zu Steuer- und Transfersystemen.«

Was soll das nun heißen, ein Loblied auf die gescheiten Ökonomen und die verirrten Anderen? Diese Überheblichkeit findet sich anscheinend bei eher keynesianisch denkenden genauso wie bei anderen – Ökonomen als Leit-Denker!? Oder meinst sie das ironisch?

> »Das Traurige an dieser dem Feld der Logik geschuldeten Verirrung der BGE-Befürworter ist, dass ihr berechtigtes und dringendes Anliegen, den Ärmsten in der Gesellschaft zu helfen, auf diese Weise in Verruf gerät oder zumindest seine Lösung blockiert wird.«

Na, da ist Frau Spiecker jetzt selbst auf die Kanzel getreten.

> »In Verruf, weil schnell der Vorwurf an die Adresse der Unterbeschäftigten laut wird, sie seien ja nur deshalb für das BGE, weil sie sich auf Kosten anderer auf die faule Haut legen wollten. Ein sicher ungerechter Vorwurf [oder vielmehr ein Vorurteil, SL], aber einer, der nicht zuletzt von denen erhoben wird, die sich ebenfalls ungerecht behandelt fühlen, weil sie ziemlich viel schuften müssen für eine recht mäßige Bezahlung.«

Wer klagt nun angemessener? Diejenigen, die in Familie und Freiwilligendienst etwas leisten, erhalten dafür direkt gar nichts. Wären ihre Klagen darüber, Einkommen vorrangig über Erwerbstätigkeit erzielen zu müssen, nicht ebenso berechtigt? Sind es nicht Familien, aus denen zukünftige Bürger und zugleich zukünftige Erwerbstätige hervorgehen? Erhalten Eltern etwa die Möglichkeiten, sich dieser Aufgabe nach ihrem Dafürhalten zu stellen? Wer über die Volkswirtschaft spricht, muss über alle Lebenszusammenhänge sprechen, die dafür relevant sind, das tut Frau Spiecker jedoch nicht. Sie schlägt sich stattdessen auf die Seite der Erwerbstätigen, die »viel schuften« und bedient damit Vorurteile. Das hat mit Logik nur so viel zu tun, als Werterzeugung auf den Markt beschränkt und davon alles andere abgeleitet wird. Was die Demokratie als Solidarverband auszeichnet, davon ist nichts zu lesen. Die Welt wird durch Konsumtion und Produktion wahrgenommen, mehr scheint nicht relevant.

»Und blockiert, weil die demokratischen Mehrheiten, die gebraucht
würden, um die Verteilungsverhältnisse im jetzigen System bei den
primären Markteinkommen wie den sekundären Transfereinkom-
men[38] zu ändern, geschwächt werden: Das ›linke Lager‹ ergeht sich
in Kapitalismus-Debatten und Tischlein-deck-dich-Utopien, die die
meisten Wähler instinktiv abschrecken. Die spüren nämlich genau,
dass hier etwas nicht stimmen kann. Es geht gar nicht um die Unterstellung, dass der Normalbürger nicht zum Helfen und zu Solidarität, ja sogar hin und wieder zum Verzicht etwa in Sachen Umwelt-
schutz bereit wäre. Aber der Normalbürger hat verständlicherweise
keine Lust, Leuten sein Vertrauen zu schenken, die ihm ein X für ein
U vorzumachen versuchen, egal ob denen das aus intellektuellem
Unvermögen passiert oder ob die das mit Absicht tun.«

Die »Unterstellung«, die Frau Spiecker hier erwähnt, mag für sie nicht
zutreffen, sie ist allerdings keine Unterstellung, der nicht eine Realität
entspräche. Es herrscht ein gewaltiges Misstrauen in die Bereitschaft der
Bürger, sich einzubringen. Was sie hier als Logik bezeichnet, entspringt
einem Verständnis von Solidarverband, in dem die einen für die anderen
bezahlen (Kostgänger-Argument). Den »Normalbürger« für die eigene
Position in Anspruch zu nehmen, mag suggestiv sein, ist jedoch schlicht
vereinnahmend, um die eigene Position aufzuwerten. Ein Argument
ergibt sich daraus nicht. Was für das »linke Lager« gilt, gilt nicht für
andere BGE-Befürworter. Sicher verbinden sich manch unrealistische
oder überzogene Erwartungen mit einem BGE. Dass sich das Tischlein
von selbst decke, vertritt kein ernsthafter Befürworter.

Ich verlasse hier nun den fortlaufenden Text und springe zum
Abschluss an eine spätere Passage:

»Noch ein Blick auf die mikroökonomische Ebene: Ich habe mehr-
fach Hartz IV-Empfänger gesprochen, die mit einem abgeschlos-
senen Hochschulstudium auf der Straße stehen, darunter auch eine
Frau im Fach Psychologie. Die fragt, warum sie nicht arbeiten dürfe,
wo doch bekanntlich die Warteschlangen bei psychologischen Bera-
tungsstellen extrem lang seien, eine Nachfrage also klar erkennbar
gegeben sei. Wenn sich die Leute das nicht leisten könnten, sei doch
allen geholfen, wenn sie, die arbeitslose Psychologin, durch ein BGE

38 Ingmar Kumpmann (Kumpmann 2012) hat darauf hingewiesen, dass
diese Verteilungsverhältnisse nicht alleine über Primärverteilung (Markteinkommen) bestimmt werden, wie Flassbeck und Kollegen behaupten,
sondern zugleich über Sekundärverteilung, da Sozialleistungen und Steu-
erpolitik auf die Primärverteilung zurückwirken. Das gälte für ein BGE
in noch größerem Maße gelten, weil es zugleich eine andere Haltung zur
Erwerbstätigkeit und damit zum gesamten Lebenszusammenhang befördert.

in die Lage versetzt würde, diesen Bedarf decken zu helfen. Die Antwort darauf ist einfach: Es fehlt den Menschen, die für die Beratung Schlange stehen, offenbar das Geld, sich diese Leistung am freien Markt einzukaufen. Wären ihre (realen) Arbeitseinkommen höher – wofür Heiner Flassbeck und ich uns seit Jahren die Finger wund schreiben –, würde mancher zu einem bislang arbeitslosen Psychologen gehen können und diesen für seinen Rat auch bezahlen.«

Die Einschätzung der Psychologin, wie sie wiedergegeben wird, ist ebenso unangemessen, wie die Einschätzung von Frau Spiecker. Psychologische Beratung ist nicht dem Kauf von Konsumgütern vergleichbar, daran schon krankt das Beispiel. Es handelt sich um ein ausgesprochen stark von Vertrauen bestimmtes Verhältnis. Die »Chemie« muss stimmen, damit ein Patient sich bei einem Arzt oder Therapeuten aufgehoben fühlt. Selbst bei »Vollbeschäftigung« würde das also nicht heißen, dass diese Dame eine Anstellung finden oder sich am Markt behaupten könnte – auch wenn ausreichend Einkommen vorhanden wäre. Weshalb sollte sie dann nicht dennoch an dem festhalten können, wo sie sich ihren Neigungen und Fähigkeiten entsprechend aufgehoben sieht?

> »Der umgekehrte Weg allerdings, der arbeitslosen Psychologin einfach Geld zum Leben zu geben, damit sie ihre Tätigkeit umsonst ausüben kann, ist aus zwei Gründen falsch: Erstens muss sich dann die Psychologin nicht dem Lackmustest des Marktes, d.h. der Konkurrenz anderer Psychologen stellen – sie bekäme ihr Geld, ob ihre Beratungsleistung im Vergleich nun gut wäre oder nicht.«

Nun also doch: der Markt als Qualitätsselektionsinstanz in jeder Hinsicht. Das funktioniert für standardisierbare Güter nicht schlecht, wobei sich nicht stets die Güter mit der besten Qualität durchsetzen. Der hier in Rede stehende Bereich orientiert sich weitgehend an Honorarordnungen, damit gerade kein Markt-, also Preiswettbewerb Einzug hält, auch wenn sich hier Vieles verändert hat. Die Qualität einer psychologischen Beratung bzw. ihre Inanspruchnahme vom Preis abhängig zu machen, wäre doch selbst ein Symptom. Wer eine schlechte Beratung anbietet, auch wenn sie nichts kostet, wird langfristig keine Klienten haben. Darauf kann man zumindest vertrauen – ganz gleich wie der Preis ist. Der Einwand Frau Spieckers ist hier also gar nicht – wie noch oben – über die Relation von Gütererstellung und Güteransprüchen bestimmt. Es geht um den Markt als Selektionsinstanz. Ein BGE erlaubte ja gerade, diese Leistung dem »Markt«, also dem Preismechanismus, zu entziehen. Das wäre ein Vorteil.

> »Und zweitens müssen sich potenzielle Nachfrager nicht die Frage stellen, wie viel ihnen die Leistung der Psychologin wirklich wert ist,

wie viel selbst erarbeitetes Einkommen sie also bereit sind, für den Rat auszugeben. Denn sie bekommen den Rat ja umsonst. Die Nachfrager würden also von denen indirekt subventioniert, die das BGE für die bislang arbeitslose Psychologin erwirtschaften müssten.«

Das Kostgängerargument von oben ist wieder da, es geht also doch um ethische bzw. normative und nicht nur um »ökonomische« Logik. Der Einwand würde für alle öffentlich subventionierten Angebote gelten. Eine Psychologin, um bei dem Beispiel zu bleiben, muss nicht beraten, wenn sie es nicht für angemessen hielte. Im therapeutischen Bündnis hat der Patient eine Genesungsverpflichtung, die der Anerkenntnis des Krankseins entspricht. Der Rat ist also nicht »umsonst« zu haben. Es ist aufschlussreich, wie sehr Frau Spiecker Leistungen ausschließlich über den Preismechanismus des Marktes begreift.

> »Um es zusammenzufassen: Der Versuch, die Märkte durch die Einführung eines BGE zu umgehen, ist so falsch wie der (seit Jahren für sie erfolgreiche) Versuch der Kapitalisten, die Märkte durch Ausnutzung von Macht zu pervertieren.«

Genau daran könnte das BGE etwas ändern, indem den Menschen mehr Macht durch Einkommenssicherheit verliehen würde. Der Markt würde damit gar nicht abgeschafft, vielmehr würden sich Anbieter und Nachfrager mit vergleichbarer Verhandlungsmacht begegnen. Aber das ist wieder ein anderes Argument, dessen Bedeutung sie gar nicht sieht.

> »Das einzige, was wirklich dauerhaft Erfolg verspricht, ist, die Spielregeln, unter denen die Märkte ablaufen, wieder vom Kopf auf die Füße zu stellen. Dazu muss die Machtbalance zwischen Arbeit und Kapital wieder hergestellt werden (etwa durch regelmäßige, inflationsbezogene Anhebung der Hartz IV-Sätze, …«

Damit bliebe der Vorrang von Erwerbstätigkeit bestehen, die genau der Grund für stigmatisierende Effekte ist. Alle Tätigkeiten jenseits von Erwerbstätigkeit blieben im Status der Degradierung gefangen.

> »… Abschaffung des Grundgesetz widrigen Arbeitszwangs mittels Androhung des Entzugs des Existenzminimums, …«

Ist das überhaupt praktikabel? Dazu muss die innere Logik bedarfsgeprüfter Leistungen betrachtet werden. Leistungen, die nach Bedarfsprüfung vergeben werden, operieren immer mit Sanktionsmitteln, da ihnen der Zweck innewohnt, nicht dauerhaft gewährt werden zu sollen. Werden Sie aus der Hand gegeben, ist die Bedarfsprüfung außer Kraft gesetzt, die in einer Nachweisverpflichtung besteht. Das galt schon für das Bundessozialhilfegesetz 1961.[39] Sicher kann für die »Gesetze über

39 BSHG 1961: »§ 1 Inhalt und Aufgabe der Sozialhilfe: (1) Die Sozialhilfe

moderne Dienstleistungen am Arbeitsmarkt« (vulgo »Hartz-Gesetze«) gesagt werden, dass sie zu einer Verschärfung der Sanktionsmittel geführt haben, eingeführt wurden sie von ihnen jedoch nicht. Frau Spiecker sieht diesen Wirkungszusammenhang offenbar nicht, weil sie die Bedeutung normativer Rechtfertigungsverhältnisse, wie sie in der Sozialgesetzgebung institutionalisiert wurden, in ihrer Tragweite nicht erkennt. Wenn sie auf der einen Seite für eine Erhöhung der Regelsätze ist, auf die jeder Anspruch hat, der die für den Bezug geltenden Bedingungen erfüllt, sie auf der anderen Seite das BGE jedoch ablehnt – wie geht das zusammen? Für beide gilt gleichermaßen: Sowohl ALG II als auch BGE funktionieren nur, solange Wertschöpfung entsteht, aus der sie finanziert werden können. Dazu bedarf es der Bereitschaft der Bürger sich zu engagieren und sich zu fragen, wie sie zu dieser Wertschöpfung wann beitragen können. Warum sieht die Autorin nicht, dass sich in dieser Hinsicht ALG II und BGE gar nicht unterscheiden? Es liegt nahe anzunehmen, dass sie doch meint, es bedürfe eines »Anreizes«, damit sich Menschen beruflich engagieren. Diesen »Anreiz« sieht sie nicht durch die Gemeinwohlbindung gegeben, die sich im Zuge der Sozialisation meist unproblematisch herausbildet. Es bedarf dazu einer asymmetrischen Bewertung von Erwerbsarbeit und anderen Formen von Engagement. Das BGE will heraus aus genau dieser Bewertung und eine Egalisierung von Tätigkeiten erreichen, indem sie die Person um ihrer selbst willen zum Grund für Einkommenssicherung macht.

Wie fährt sie fort?

> »… flächendeckende Mindestlöhne in vernünftiger Höhe mit inflationsbezogener dynamischer Anpassung, Bestimmungslandprinzip bei Arbeitsmigration, Flächentarifverträge zur konsequenten Durchsetzung der goldenen Lohnregel, deutlich höhere Unternehmenssteuern etc.).

umfaßt Hilfe zum Lebensunterhalt und Hilfe in besonderen Lebenslagen. (2) Aufgabe der Sozialhilfe ist es, dem Empfänger der Hilfe die Führung eines Lebens zu ermöglichen, das der Würde des Menschen entspricht. Die Hilfe soll ihn soweit wie möglich befähigen, unabhängig von ihr zu leben; hierbei muß er nach seinen Kräften mitwirken. BSHG § 2 Nachrang der Sozialhilfe: (1) Sozialhilfe erhält nicht, wer sich selbst helfen kann oder wer die erforderliche Hilfe von anderen, besonders von Angehörigen oder von Trägern anderer Sozialleistungen, erhält. (2) Verpflichtungen anderer, besonders Unterhaltspflichtiger oder der Träger anderer Sozialleistungen, werden durch dieses Gesetz nicht berührt. Auf Rechtsvorschriften beruhende Leistungen anderer, auf die jedoch kein Anspruch besteht, dürfen nicht deshalb versagt werden, weil nach diesem Gesetz entsprechende Leistungen vorgesehen sind.« Sanktionsinstrumente werden in § 25 benannt. (BSHG 1961)

Der (oft uneingestandene) Glaube beider Seiten, der Kapitalisten wie der Grundeinkommensbefürworter, an das Tischlein-deck-dich-Prinzip widerspricht dem Wesen der Arbeitsteilung. In einer arbeitsteiligen Welt sind beide Produktionsfaktoren, Arbeit und Kapital, aufeinander angewiesen.«

Das ist zum einen richtig, zum anderen zu kurz gegriffen. Arbeit und Kapital sind, damit sie zusammenwirken können, auf grundlegendere Bezüge angewiesen, die nur in Familie und Gemeinwesen gegeben sind: bedingungslose Anerkennung der Menschen um ihrer selbst und des Gemeinwesens um seiner selbst willen. Diese dritte Dimension wird ausgeklammert und unterstellt, das für ein Gemeinwesen notwendige und unerlässliche Solidarverband entstehe letztlich über Erwerbsarbeit.

> »Keine Seite kann ohne die andere auf Dauer vernünftig existieren. Jede muss die andere teilhaben lassen. Weil das nicht durch einzelwirtschaftliches Rationalverhalten zu bewerkstelligen ist, muss der Staat, also die Gemeinschaft seiner Bürger, die notwendige Machtbalance durch ein starkes Regelwerk vorgeben und seine Einhaltung durchsetzen. Anderenfalls läuft sich die Marktwirtschaft tot und steht mit ihr die Demokratie zur Disposition.«

Was aber ist die Gemeinschaft der Bürger? Sie ist eben keine Arbeits- oder Erwerbsgesellschaft und der Vorrang von Erwerbstätigkeit nicht aus ihr abzuleiten. Damit ein Regelwerk überhaupt von Bestand ist, bedarf es einer Loyalität der Bürger zu ihm, es selbst kann diese Loyalität nicht hervorbringen. Der Staat kann nichts durchsetzen, was die Bürger nicht zu tragen bereit sind. Also wäre es entscheidend, das Gemeinwesen um seiner selbst willen zu stärken, was nur geht, wenn die Bürger um ihrer selbst willen gestärkt werden. Da wären wir wieder beim BGE.

> »Doch wie so oft gilt auch hier: Eine falsche Analyse (hier: ›uns geht die Erwerbsarbeit aus‹) verdeckt die eigentlichen Ursachen der Krise.«

Diese These vom Ende der Arbeit ist in der Tat ein Schwachpunkt der Grundeinkommensdiskussion. Es kann als verbreitetes Gerücht gelten, dass ein BGE von dieser These abhängig sei. Umso wichtiger ist es, darauf hinzuweisen, dass zwischen beiden kein direkter Zusammenhang besteht. Selbst wenn Vollbeschäftigung herrschte, wäre ein BGE nicht hinfällig. Es ist eben kein Instrument der Arbeitsmarktpolitik, wenngleich es Auswirkungen auf sie hätte. Es ist ein Instrument zur Stärkung des gemeinschaftlichen Solidarbandes, indem es den Souverän in seiner Souveränität anerkennt: als Fundament der republikanischen Demokratie.

»Geht der Gesellschaft die Arbeit aus?«

Auf der Website annotazioni.de veröffentlichte Kai Eicker-Wolf, Wirtschaftsexperte des DGB Hessen-Thüringen, am 23. Oktober 2013 einen Beitrag zur Diskussion über die Entwicklung des Arbeitsvolumens und wie sie zu bewerten sei (Eicker-Wolf 2013a). Er geht offenbar auf eine Veröffentlichung in der Zeitschrift *Sozialer Fortschritt* zurück (Eicker-Wolf 2013b). Auf der Basis von Daten der OECD (1970 bis 2008) und eigenen Berechnungen legte er dar, dass die Entwicklung des Arbeitsvolumens in Deutschland, auf die zur Einführung eines BGE von Befürwortern häufig verwiesen werde, nicht auf alle OECD-Länder zu übertragen sei.[40] Die verbreiteten Schlussfolgerungen, es gehe die Arbeit aus – er verweist u.a. auf Ulrich Beck und Jeremy Rifkin –, seien nicht haltbar. Allerdings, das räumt Eicker-Wolf ein, sei nicht eindeutig zu klären, was der Grund für das Abnehmen des Arbeitsvolumens in manchen Ländern sei und weshalb es sich in anderen Ländern anders entwickelt habe. Dem Stand der Diskussion in den Wirtschaftswissenschaften folgend könne gesagt werden:

> »Das Ergebnis der Diskussion ist insgesamt wenig befriedigend, da auf der theoretischen Ebene nicht entschieden werden kann, ob technologische Arbeitslosigkeit auftritt oder nicht. Eine dauerhafte Freisetzung von Arbeitskräften und technologisch bedingte Arbeitslosigkeit können, müssen aber nicht die Folge von Produktivitätssteigerungen sein.«

Dieser Befund ist insofern interessant, als aus dem Phänomen keine zwingenden Schlussfolgerungen gezogen werden können, weder in die eine noch in die andere Richtung. Diejenigen also, die vehement gegen die These vom dauerhaften Rückgang des Arbeitsvolumens argumentieren, überziehen ihre Schlussfolgerung ebenso wie die Verfechter der These. Für Deutschland gibt Eicker-Wolf dann zu bedenken:

40 Wenn Eicker-Wolf (2013b) in der Zusammenfassung seines Artikels schreibt: »…Zum anderen werden Überlegungen darüber angestellt, welche ökonomischen Folgen die *Einführung* eines bedingungslosen Grundeinkommens hätte [Hervorhebung, SL]«, dann werden flugs Befunde aus einer mathematischen Simulation mit tatsächlichen Folgen in eins gesetzt. Das ist wissenschaftlich eine Grenzüberschreitung, denn keine Simulation, die prognostisch arbeitet, sagt etwas über tatsächliche Folgen aus. Man kann die Haltung, in der Simulation und Wirklichkeit in eins gesetzt werden, für eine Nachlässigkeit halten. Man kann in ihr allerdings genauso berechtigt eine erstaunlich verbreitete Überschätzung dessen erkennen, was aus Simulationen folgen soll. Modell und Wirklichkeit werden dann allzuschnell gleichgesetzt.

»Zwar ist für Deutschland tatsächlich seit Anfang der 1960er Jahre
ein im Trend sinkendes Arbeitsvolumen bzw. ein sinkendes Arbeitsvolumen pro Kopf auszumachen [...]. Aber grundsätzlich besteht
auch die Möglichkeit, dass es sich im Falle Deutschlands um eine
Sonderentwicklung handelt – die Entwicklung des Arbeitsvolumens
(pro Kopf) könnte zum Beispiel auch durch wirtschaftspolitische
Fehlentwicklungen verursacht worden sein. Eine bessere Wirt-
schaftspolitik hätte dann ein höheres Wirtschaftswachstum, verbunden mit einem höheren Beschäftigungsstand und damit einem
höheren Arbeitsvolumen (pro Kopf), zur Folge gehabt.«

In der Tat könnte es so sein, wie Eicker-Wolf schreibt, es könnte jedoch
genauso – diese Schlussfolgerung fehlt bei ihm (warum eigentlich?)
– anders sein, und zwar in zweierlei Hinsicht: Zum einen wäre es
denkbar, dass Automatisierungsmöglichkeiten aufgrund des vorherrschenden politischen Konsenses, demzufolge Arbeitsplätze beinahe das
höchste Gut sind, nicht in dem Umfang genutzt wurden und werden,
wie es möglich gewesen wäre und noch ist. Bei offensiver Nutzung
hätte die Entwicklung – die Reduktion also – des Arbeitsvolumens noch
drastischer ausfallen können. Der politische Konsens, der die Legitima-
tionsbasis auch für unternehmerische Entscheidungen darstellt, würde
wie eine »innere Handbremse« auf die Entscheidungsfindung wirken
und eine offensive Nutzung von Technologie so hemmen. Für dieses
Phänomen gibt es durchaus gewichtige Hinweise (Liebermann 2002).
Zum anderen wäre es denkbar, dass Automatisierungsmöglichkeiten
aus verschiedenen Gründen in anderen Ländern nicht bzw. nicht so
stark genutzt wurden, wie es möglich gewesen wäre. Für die USA fällt
dies im Bereich der Dienstleistungen auf, wie Georg Dürnecker (Dürnecker 2013, siehe auch Dürnecker 2014) gezeigt hat. Nicht nur also hätte
in Deutschland das Arbeitsvolumen zunehmen können, wie Eicker-Wolf
nahelegt, die Schlussfolgerung in die andere Richtung ist genauso denkbar: eine noch stärkere Abnahme.

Zugleich relativiert Eicker-Wolf seine Einschätzung, wenn er
schreibt:

»Die Zahlen für die 19 Länder sind nicht geeignet, die deutsche
Entwicklung zu verallgemeinern. Das Arbeitsvolumen ist seit 1970
in 14 der 19 Länder gestiegen [...]. Und beim Arbeitsvolumen pro
Kopf halten sich die Länder mit steigendem und fallendem Arbeitsvolumen fast die Waage...«

Was nur heißen kann: beide Entwicklungen sind gleichermaßen plausibel.

»… In den Jahren 2007 und 2008 finden sich acht Länder, die einen höheren Wert als im Jahr 1970 aufwiesen, und im Jahr 2007 belief sich das Arbeitsvolumen pro Kopf in einem Land (Irland) im Jahr 2007 auf den gleichen Wert wie im Jahr 1970.«

Bei all diesen Fragen darf nicht übersehen werden, auf welcher Datenbasis die Überlegungen angestellt wurden. Wie wird sie erhoben, was bildet sie tatsächlich ab – und was nicht? Welche Schlussfolgerungen erlaubt sie und welche nicht?

Die Bedeutung eines BGE ist jedoch, das haben manche Befürworter und wie vorangehend Friederike Spiecker nicht gesehen, von der Entwicklung des Arbeitsvolumens unabhängig. Denn, selbst wenn aufgrund der demographischen Entwicklung in 2025[41] wieder »Vollbeschäftigung« herrschen sollte, würde das nichts daran ändern, dass nur durch ein BGE der normative Vorrang von Erwerbstätigkeit aufgehoben werden könnte. Erst dann würde die Degradierung anderer Tätigkeiten, wie z.B. in der Familie oder im Freiwilligendienst, ein Ende haben. Sie wären erst dann nicht mehr »zweite Wahl«. Erst dann würde den Fundamenten der politischen Ordnung entsprechend, der Bürger zum Ausgangspunkt von Sozialpolitik werden und nicht der Erwerbstätige – eine für unsere Demokratie angemessene Wendung. Die Diskussion um ein BGE dreht sich letztlich um die Frage, ob wir dem Einzelnen überlassen wollen, wie er beitragen will oder ob er normativ – durch die Pflicht zu Erwerbstätigkeit – geleitet werden soll.

»Einkommen ohne Grund«. Lukas Rühlis Studie – Analyse oder doch bloß sein Standpunkt?

Lukas Rühli legte im Rahmen einer Schriftenreihe des Schweizer Think Tank *avenir suisse* eine kleine Studie zum Bedingungslosen Grundeinkommen vor – »Einkommen ohne Grund« (Rühli 2014). Mit diesem Wortspiel soll auf die mehrfache Grundlosigkeit eines BGE angespielt werden, die Gegenstand der Studie ist. Rühli reagiert auf die Schweizer Debatte. Denn aufgrund der erfolgreichen Eidgenössischen Volksinitiative »Für ein bedingungsloses Grundeinkommen« (Eidgenössische Volksinitiative 2012) wird es in den nächsten Jahren vermutlich zu einer Volksabstimmung darüber kommen, ob die Schweiz ein BGE einführen wird. Lukas Rühli spießt in seiner Studie manche These von Befürwortern auf – durchaus zu Recht, wenngleich man sich Quellenverweise wünschen würde, sowohl für Thesen der Befürworter als auch für die vermeintlich eindeutigen und klaren Behauptungen Rühlis selbst. Eine

41 Siehe »Die Panik der Babyboomer«, S. 186 ff.

These mancher BGE-Befürworter ist z.B., dass das Arbeitsvolumen stetig sinken werde und deswegen ein BGE nötig sei. Nicht nur ist diese These strittig, Rühlis Zurückweisung ist es ebenso.[42] Die Strittigkeit, wie es sich mit dem Arbeitsvolumen verhält, ist nicht dadurch aufzuheben, dass auf Studien verwiesen wird, die Mutmaßungen über zukünftige Entwicklungen weiterer Automatisierung anstellen (Frey/Osborne 2013; McAfee 2013). Sie bleiben Mutmaßungen. Arbeitsvolumen und BGE zu verknüpfen ist davon abgesehen nicht einmal sachlich notwendig, die Verknüpfung verstellt eher den Blick. Wer die Einführung des BGE von der Entwicklung des Arbeitsvolumens abhängig macht oder sie als Begründung anführt, reduziert es auf eine kompensatorische Hilfsmaßnahme. Das BGE bliebe somit eine Reaktion auf einen Missstand am Arbeitsmarkt. Wer das ernst nähme, müsste sofort dann wieder für seine Abschaffung plädieren, wenn dieser Missstand aufgehoben wäre, wie es durch die demographische Entwicklung statistisch gesehen der Fall sein könnte – solche Prognosen gibt es z.B. für Deutschland.[43]

Abgesehen von bedenkenswerten Anmerkungen fußen viele Ausführungen in der Broschüre auf Annahmen. Sie führen dazu, dass der Blick nur auf das fällt, was in die Annahmen hineinpasst, auf anderes nicht. Einige Passagen aus der Broschüre seien hier kommentiert. Auf S. 3 heißt es:

> »Das Produktivitätswachstum hat keinerlei Einfluss auf die strukturelle Arbeitslosigkeit. Diese hängt ab von der Arbeitsmarkt- und Wettbewerbspolitik sowie vom Bildungssystem. Zumindest in der Schweiz herrscht derzeit praktisch Vollbeschäftigung. Viele Stellen können nur durch Zuwanderer besetzt werden. Mit der demografischen Alterung wird sich diese Knappheit sogar noch verschärfen.«

Die Eindeutigkeit, mit der hier Zusammenhänge behauptet werden, widerspricht zumindest einer schon länger andauernden Diskussion darüber, ob es technologische Arbeitslosigkeit gibt oder nicht (Eicker-Wolf 2013a, 2013b). Welche Rolle z.B. die ausgeprägte protestantische Arbeitsethik in der Schweiz und die aus einem starken Pflichtgefühl herrührende Vermeidung der Inanspruchnahme von Sozialleistungen für die Arbeitslosenstatistik spielt (Stichwort »verdeckte Armut«), wäre zu bedenken. Ob überhaupt konsequent automatisiert wird, wo es möglich und wünschenswert wäre, wissen wir nicht. Häufig wird unterschätzt, wie sehr die Verankerung unternehmerischer Entscheidungen in dem

---

42 Siehe den vorangehenden Beitrag »Geht der Gesellschaft die Arbeit aus?«
43 Siehe »Die Panik der Babyboomer«, S. 186 ff.

Konsens eines Gemeinwesens dazu führen kann, dass Handlungsoptionen nicht so weitgehend genutzt werden, wie es möglich wäre (Liebermann 2002), der Konsens also wie eine unsichtbare innere Handbremse wirkt. Können die Stellen in der Schweiz deswegen nicht besetzt werden, weil sie für Schweizer unattraktiv sind (an manchen Hochschulen ist das so), für Zuwanderer, zumal aus Deutschland (z.B. Grenzgänger), aber immer noch attraktiv genug? Handelt es sich hier weniger um einen tatsächlichen Mangel an qualifizierten Personen, sondern um Arbeitsbedingungen, die den Einzelnen nicht entsprechen? Diese Frage wird in der Diskussion um den angeblichen »Fachkräftemangel« selten gestellt. Und was heißt schon Vollbeschäftigung, handelt es sich dabei doch bloß um eine Definition in der Volkswirtschaftslehre (Strengmann-Kuhn 2008), für die ein relativer Ausgleich von Angebot und Nachfrage am Arbeitsmarkt charakteristisch ist. Alleine damit gehen erhebliche normative Annahmen einher. Mit einem BGE würde von dieser Art Vollbeschäftigung, die nur einen Teil des Lebens – Erwerbstätigkeit – definitorisch aufnimmt, nicht mehr die Rede sein. Es ginge dann vielmehr darum, womit sich der Einzelne voll und ganz beschäftigen wollte. Das Leidenschafts-, nicht das Leistungsprinzip – wie das einmal Meike Winnemuth (Winnemuth 2010) genannt hat – würde dann womöglich führend werden.

Der Verfasser moniert an anderer Stelle, dass die BGE-Befürworter zur Moralkeule greifen, um ihre Position zu untermauern und dadurch wiederum fragwürdige Zusammenhänge herstellen, so mit Hilfe ihrer Kritik an der Überflussgesellschaft. In der Tat ist dieses Schlagwort nicht unproblematisch. Doch, was der Autor den Befürwortern vorhält, tut er selbst, wie auf S. 4 zu lesen ist:

> »Wenn in diesem Zusammenhang überhaupt etwas als moralisch verwerflich bezeichnet werden könnte, dann ebendieses BGE, das in einem der reichsten Länder der Welt jedem Einwohner ein, gemessen an den dort üblichen Standards, angenehmes Leben bescheren soll, unabhängig davon, ob er bereit ist, dafür jemals einen Finger zu rühren, während anderswo noch Menschen den Hungertod sterben.«

Was ist daran »moralisch verwerflich«? Was heißt »angenehmes Leben«? Es ist sicher kein Zufall, dass das BGE mit einem Attribut in Zusammenhang gebracht wird (»angenehm«), das an ein Schlaraffenlandszenario (z.B. Eichhorst 2013) erinnert. Es mögen BGE-Befürworter dieselbe Assoziation haben, das hätte dann mit deren Wünschen womöglich zu tun, nicht aber mit der Realität des Lebens. Denn das reale Leben ist immer eines in einem konkreten Gemeinwesen, das vor Herausforderungen steht, die es zu bewältigen gilt, sowohl gemeinschaftlich als individuell. Genau diese treten somit an den Einzelnen heran, er muss sich ihnen früher oder später stellen und eine für das Gemeinwesen, in dem er lebt, tragfähige Antwort finden oder daran mitwirken eine zu finden bzw. zu erdenken. ›Angenehm‹ ist daran zuerst einmal nichts, erfüllend vielleicht schon, vor allem ist es: anstrengend und herausfordernd. Nur, weil ein BGE nicht mehr voraussetzte, dass der Einzelne bereit sein müsste, sich zu »rühren« bzw. gerührt zu haben – Rühli hat damit nur Erwerbstätigkeit im Auge, sonst nichts –, heißt das noch lange nicht, dass er dazu nicht bereit wäre.

Geradezu abstrus moralisierend wird es, wenn Rühli die Frage, wie ein Gemeinwesen sein Zusammenleben gestalten sollte, davon abhängig machen will, wie es anderswo in der Welt aussieht. Diese Haltung kommt einer Kasteiung gleich. Sollte ein Land Handlungsmöglichkeiten nicht ergreifen, die sich ihm bieten, weil sie sich anderen nicht gleichermaßen bieten? Würde ihnen dadurch geholfen? Eine Selbstbestrafung angesichts des Leidens in der Welt? Seine Moralisierung steht derjenigen, die er kritisiert, in nichts nach. Auf S. 5 heißt es:

> »Unterdessen räumen viele BGE-Verfechter ein, dass eine Fortführung der bisherigen Sozialversicherungen (unter Anrechnung der BGE-Zahlungen) nötig wäre, damit das BGE für die wirklich Arbeitsunfähigen nicht einen drastischen Sozialabbau bedeutet. Damit fällt die Abschaffung der Sozialversicherungsbürokratie, dieses Argument erster Stunde der BGE-Befürworter, ins Wasser.«

Welche Befürworter erster Stunde sind gemeint? Milton Friedman etwa? Er hatte jedoch gar kein BGE im Sinn, er schlug eine Negative Einkommensteuer vor. Wenn der Verwaltungsaufwand für die Sozialversicherungen, wie der Verfasser zuvor für die Schweiz zeigt, nicht ins Gewicht fällt, dann ist die Beibehaltung der Sozialverwaltung, deren Folgen er den Befürwortern entgegenhält, kein Einwand gegen das BGE. Rühli trifft mit dieser Bemerkung nur diejenigen Befürworter, denen es vor allem um die Senkung der Ausgaben für die Verwaltung ankommt, nicht aber trifft er das BGE. Auf derselben Seite fährt er fort:

> »Das BGE wird gerne als Wegfall des Zwangs zur Arbeit und dies, da ja Zwänge unliberal seien, wiederum als liberale Revolution gepriesen. Diese Analyse ist falsch: Schon heute existiert keinerlei Zwang zur Arbeit. Es existiert einzig ein ›Zwang‹, die finanziellen Folgen der Arbeitsverweigerung selbst zu tragen. Diesen abzuschaffen, hat mit Liberalismus nichts zu tun, denn der Liberalismus paart Freiheit immer mit Eigenverantwortung: Wer nicht eigenverantwortlich handelt, beschränkt früher oder später die Freiheit seiner Mitmenschen.«

Mit dem ersten Punkt trifft Rühli eine Schwachstelle in der Diskussion. Einen buchstäblichen Zwang gibt es tatsächlich nicht, denn wer nicht erwerbstätig sein will, muss es nicht sein – weder in Deutschland noch in der Schweiz. Einen Arbeitsdienst, der Unwillige zuhause abholte, gibt es nicht. Wer allerdings auf Erwerbstätigkeit verzichtet – er spricht bezeichnenderweise von »Arbeitsverweigerung«, was nicht so liberal klingt, wie er tut –, muss die Folgen tragen. Genau die allerdings verharmlost er wiederum, und zwar in zweierlei Hinsicht: 1) Wo Güter und Dienste arbeitsteilig hergestellt werden und jeder auf die Leistungen anderer angewiesen ist, diese Güter und Dienste darüber hinaus nur durch Geld erworben werden können, da kommt der Einzelne kaum umhin, erwerbstätig zu sein, um das nötige Einkommen dafür zu erzielen. 2) Erwerbstätigkeit ist nicht in erster Linie eine aus der Arbeitsteilung und den damit verbundenen Chancen zur Einkommenserzielung erwachsende Notwendigkeit, sie ist vor allem normativ gefordert, die Einkommenserzielung durch Erwerbstätigkeit wirkt wie ein Gebot. Was heißt das? Erwerbstätig zu sein wird damit gleichgesetzt, dem Gemeinwohl zu dienen, es ist ein Handeln, das von allen dazu Fähigen erwartet wird. Daher rühren die bekannten Folgen bei Arbeitslosigkeit, denn dem Stigmatisierungsempfinden entspricht ein objektives Stigmatisiertwerden. Wer nicht erwerbstätig ist, scheitert am normativen Gebot. Die Folgen davon reichen viel weiter als der bloße Verlust von Erwerbseinkommen. In der Schweiz wird das z.B. daran sehr deutlich, dass eine Frau 16 Wochen nach der Geburt eines Kindes wieder in ihre Arbeitsstelle zurück muss, will sie sie nicht verlieren. Sie kann sich zwar entscheiden, für das Kind zuhause zu bleiben und kein Einkommen zu haben, dann muss es aber entweder über den Kindsvater, den Partner oder sonstwie bereitstehen. Der Kindsvater bräuchte jedoch ebenfalls Zeit, um in das Vatersein hineinzufinden, handelt es sich doch um einen erheblichen Umbruch im Leben.[44] Wer Einkommen haben will, der muss erwerbstätig werden, es sei denn, er verfügt über andere Einkommensquellen. Selbst dieser privilegierte Fall allerdings änderte indes nichts am Erwerbsgebot und damit an der Degradierung aller nicht-erwerbsbezogenen Tätigkeiten.

Die Eigenverantwortung, auf die Rühli dann zu sprechen kommt, ist die marktliberalistisch verkürzte Eigenverantwortung im Sinne einer vermeintlichen Selbstversorgung. Der Einzelne muss sein Auskommen selbst erwirtschaften oder erzielen. So plausibel diese These klingt, so illusionär ist sie, denn aus der stetigen Abhängigkeit von anderen führt in einem Gemeinwesen kein Weg hinaus. Selbstversorgung ist immer zugleich Versorgung durch andere, sei es durch Güter und Dienste,

44 Siehe »Erwerbsarbeit, Elternschaft und das männliche Selbstbild«, S. 69.

sei es durch sozialisatorische Leistungen, die Familien erbringen, sei es durch Freiwilligendienste und nicht zuletzt bzw. vielmehr vor allem: durch die Loyalität der Bürger zum Gemeinwesen.

Dass Rühli nicht mit einer Silbe erwähnt, wie selbstverständlich das Gemeinwesen und damit die von ihm gepriesene Eigenverantwortung die Leistungen anderer voraussetzt, von Familien nämlich, überrascht nicht. Ebensowenig überrascht, dass die Folgen, die die starke Erwerbsorientierung für Familien hat, nicht erwähnt werden, obwohl gerade dort ein BGE Entlastung schaffen könnte. Remo Largo (Largo 2011), ein bekannter Schweizer Kinderarzt und Forscher, wies auf diese Folgen vor einigen Jahren hin und schlug – ohne es zu beabsichtigen – eine Brücke zum BGE.[45] Weiter heißt es an dieser Stelle:

> »Die Eigenverantwortung kann gar nicht nachhaltiger geschwächt werden, als wenn einem der Lebensunterhalt von der Wiege bis zum Grab vom Staat garantiert wird.«

Das ist ein Werturteil, keine Analyse – obwohl der Autor zu Beginn doch den analytischen Charakter seiner Studie betont. Für Rühli mag es so sein, wie er es hier darstellt, er mag ein BGE für falsch halten, das ist sein gutes Recht. Seine Behauptung greift jedoch zu kurz, denn diese Absicherung von der Wiege bis zur Bahre wird gerade heute schon gewährt, wenngleich mit Bedingungen versehen, die der Bezieher zu erfüllen hat (Sozialhilfe). Darüber hinaus ist ein Gemeinwesen schon heute auf etwas angewiesen, das mit keiner Sanktion belegt oder von ihr bedroht ist und in keinerlei Weise durch indirekten Zwang eingefordert werden kann: die Bereitschaft der Bürger, loyal zur politischen Ordnung zu handeln und sich für ihren Erhalt einzusetzen. Genau diese fundamentale Stellung der Bürger im Gemeinwesen wäre Grund genug, die Existenzsicherung über ein BGE bereitzustellen. Es würde damit zugleich die Möglichkeiten verbessern, sich in öffentliche Fragen einzumischen. »Garantiert« werden könnte das BGE nicht, weil eine Bereitstellung nur möglich ist, solange sich die Bürger zum Wohle des Gemeinwesens engagieren, in allen Bereichen. Wie sie das tun, bliebe ihnen überlassen, doch ohne Engagement ginge es nicht. Wie fährt er fort?

> »Wer jetzt einwendet, es sei ja eben ein Maximum an Eigenverantwortung gefordert, sich in einer BGE-Welt trotz fehlender Notwendigkeit noch genügend um die eigene geistige und soziale Entwicklung zu kümmern, erliegt einer Begriffsverwirrung: Mit Eigenverantwortung ist die Forderung gemeint, sich – wenn man dazu fähig ist – seinen Lebensunterhalt selbst zu erwirtschaften, also nicht von den Transfers anderer abhängig zu sein. Eigenverantwortung in Be-

---

45 Siehe »Erwerbsarbeit, Elternschaft und das männliche Selbstbild«, S. 69.

zug auf die Selbstverwirklichung besteht hingegen ohnehin, in einer
BGE-freien Welt genauso wie in der BGE-Welt.«

Das war zu erwarten und stellt genau die Verkürzung dar, die oben
angesprochen wurde. Interessant ist, wie Selbstverwirklichung und
Gemeinwohlorientierung gegeneinandergestellt werden, die Bereitstellung eines BGE geradezu gemeinwohlgefährdend erscheint. Dass jedoch
Gemeinwohl und Selbstverwirklichung – treffender wäre: Autonomie
– keine Gegensätze darstellen, sondern ein konstitutives Spannungsverhältnis bilden, wird nicht gesehen. Ein anderer Aspekt wird hier
aufgeworfen (S. 6):

> »Das heutige System der sozialen Sicherung ist bedeutend mehr als
> eine blosse Geldtransfermaschine. Es beinhaltet Betreuungs- und
> Wiedereingliederungsmassnahmen (Beratung, Unterstützung, Akti
> vierung).
>
> Diese Integrationsversuche, wie auch die Bemühungen, arbeitsun
> fähige Menschen von arbeitsunwilligen oder Bedürftige von nicht
> Bedürftigen zu unterscheiden, mögen nicht immer erfolgreich sein,
> aber die Aufgabe dieser Bemühungen durch Einführung eines BGE
> käme für jeden modernen, aufgeklärten Staat einer Bankrotterklä
> rung gleich …«

Der Hinweis, dass das »System der sozialen Sicherung« mehr sei als eine
Geldtransfermaschine, erinnert an eine Broschüre der SPD in Deutschland mit dem Titel »Geld allein genügt nicht« (SPD 2009). Dabei geht
der Einwand, der sich gegen ein BGE richten soll, an ihm vorbei. Denn
Geld ist nicht Ziel des BGE, sondern Mittel, ein Ermöglichungsinstrument, mehr nicht, weniger jedoch auch nicht.

Die heutigen Hilfesysteme zielen stets auf die Eingliederung in den
Arbeitsmarkt und bestimmen damit den maßgeblichen Inhalt der
Lebensführung normativ. Dass dieses Ziel häufig illusionär ist und an
den Problemlagen der Teilnehmer vorbeigeht, wie z.B. in der Sozialpsychiatrie (Liebermann 2010b, 2012a), sei nur angemerkt. Eingliederung heißt in diesen Zusammenhängen eben nicht Rückgewinnung
von Autonomie, um den Einzelnen in den Stand zu setzen, nach seinen Möglichkeiten und Fähigkeiten zu leben; Eingliederung heißt stets
Rückführung in den Arbeitsmarkt, wodurch Autonomie eben genau
auf die Eigenverantwortung verkürzt wird, die Rühli für maßgeblich
hält. Schon die von ihm genannten Schlagworte »Beratung, Unterstützung, Aktivierung« sind nur die halbe Wahrheit. Ihnen korrespondieren im Hilfesystem stets Sanktionsinstrumente, das sollte beim Namen
genannt werden, denn im Gegensatz dazu geht die Wortbedeutung von
»Beratung« auf das Suchen nach Rat zurück. Wer einen solchen sucht,
entscheidet, ob er dem Rat folgen will. Wer hingegen von Sanktionen

bedroht ist, *kann* nicht – er *muss* sich beraten lassen – oder, so Rühli
– auf die Leistung verzichten. Wer kann sich das schon erlauben?

Eine Bankrotterklärung, wie er meint, wäre der Verzicht auf diese
»Wiedereingliederung« nur dann, wenn Autonomie und Erwerbstätigkeit in eins gesetzt werden. Werden sie das nicht, dann käme der
Verzicht auf sanktionsgestützte Systeme einer Stärkung von Autonomie
gleich, die zugleich eine Stärkung von Verantwortung in einem weiten
Sinne wäre, und zwar nicht Eigenverantwortung für Einkommenserzielung, es ginge dann um Verantwortung für die Lebensführung und
das Gemeinwesen. Keine Bankrotterklärung des modernen, aufgeklär-
ten Staates wäre das, es wäre eine Konsequenz daraus, dass sich ein
demokratisch republikanisches Gemeinwesen auf die Souveränität der
Bürger als Bürger, nicht als Erwerbstätige, gründet. Das BGE wäre die
Konsequenz aus der Verfasstheit moderner Demokratien. Rühli hingegen sieht das anders:

> »… So gesehen könnte das BGE gar als «Schweigeprämie» für die
> Verlierer des Arbeitsmarktes gesehen werden: Ein Staat, der nicht
> fähig ist, Rahmenbedingungen zu schaffen, die es jedem, der wil-
> lig ist, erlauben, einer Erwerbsarbeit nachzugehen, mit der er für
> seinen Lebensunterhalt (und denjenigen allfälliger Nachkommen)
> aufkommen kann, braucht sich nicht mehr mit den Verlierern seines
> Politikversagens zu beschäftigen, denn für 2500 Franken im Monat
> lassen sich diese ja relativ einfach ruhigstellen.«

Wer Autonomie auf Eigenverantwortung verkürzt, ganz wie in der
SPD-Broschüre oder in vielen anderen Einwänden, der muss im BGE
– ganz wie Rühli – eine »Schweigeprämie« erkennen. Symptomatisch
ist diese Bezeichnung, denn sie bezeugt eine paternalistische Haltung.
Wer meint, Bürger könnten dadurch zum Schweigen gebracht, gar ruhig
gestellt werden durch eine Art Sedativum und sich darüber zugleich
beklagt, schickt eine doppelte Botschaft: Weder gesteht er den Bürgern
diese Freiheit zu, sich ruhig stellen zu lassen, wenn sie es wollen, noch
traut er ihnen zu, sich dagegen zu wehren, wenn sie es nicht wollen.
Diese Haltung lehrt uns mehr darüber, was der Autor dem Einzelnen
zutraut und zugesteht, als jede zuvor aufwändig entwickelte Analyse.

Weshalb wären diejenigen, die sich auf ein BGE zurückzögen, Ver-
lierer? Wer sagt, dass sie das nicht wollten, es ein sinnerfülltes Leben in
anderen Tätigkeitsfeldern geben kann? Die Sorge um den Arbeitsanreiz
darf nicht fehlen:

> »Ein BGE in erwähnter Höhe wird die Arbeitsanreize senken, ganz
> egal, ob es über eine Erhöhung der Einkommenssteuer oder über die
> MWST finanziert wird. Dass die Konsumbesteuerung die Arbeitsan-

reize im Gegensatz zur Einkommenssteuer nicht senke, ist ein weit verbreiteter Irrtum: Wir arbeiten, um zu konsumieren. Ein rationales Individuum wählt sein «optimales» Arbeitspensum, indem es die gefühlte Last zusätzlicher Arbeit dem Güterkorb, den es damit erwerben kann, gegenüberstellt.«

Dass Einkommen dazu dient zu konsumieren, zu investieren oder es zu verschenken, ist unbestritten. Der Grund dafür zu arbeiten, ist das jedoch nicht, wie fallrekonstruktive Studien gut zeigen (z.B. Fischer 2009, Fischer/Großer/Liebermann 2002, Loer 2007). Bloße Modellwelt ist diese Argumentation von Rühli, ihre Geltung ist schon längst Gegenstand der Kritik in den Wirtschaftswissenschaften (z.B. Selten 2010) und keineswegs selbstverständlich. Wie hermetisch diese Argumentation ist, die ihre Belege schuldig bleibt, zeigt die nächste Passage auf S. 7:

> »Bei einer schon gut ins Erwerbsleben integrierten Person mit erheblichem Einkommen mag zwar sogar dieser Paradigmenwechsel wahrscheinlich keine allzu drastischen Auswirkungen auf ihren Arbeitswillen haben. Zu glauben, auch ein heranwachsender Mensch unternehme ohne den Druck, Geld zu verdienen, genügend, um sich langfristig nicht selber zu entmündigen, ist jedoch naiv. Die Gefahr ist gross, dass sich durch das BGE ganze Gesellschaftsschichten, nämlich jene mit geringen Lohnaussichten, aus dem Erwerbsleben verabschieden.«

Rühlis Landsmann Rudolf Strahm (Strahm 2012) nannte das BGE einst »Tödliches Gift für die Jungen«. Ganz so drastisch drückt es Rühli nicht aus, doch der Tenor ist derselbe. Wer entmündigt wen an dieser Stelle, wenn behauptet wird, es bedürfe dieses Drucks? Dass Menschen sich einbringen wollen, scheint unvorstellbar – naiv nennt es Rühli –, dabei ist leicht zu zeigen, dass dies in der Regel der Fall ist und wo nicht, dafür Erklärungen im Bildungsprozess gefunden werden können. Gerade in Deutschland zeigt die Erfahrung, dass Arbeitslosengeld II-Bezieher nicht in diesem Zustand verharren wollen. Rühlis Loblied auf Eigenverantwortung stürzt in sich zusammen, wenn diese Eigenverantwortung nur eine ist, die unter Druck entsteht, also eine fremderzeugte bzw. fremdbestimmte Eigenverantwortung. Wie sollte sie da je eine tragfähige Basis entwickeln, wenn sie stets auf diesen Druck angewiesen bliebe? Und wie würde Rühli die Loyalität der Bürger zum Gemeinwesen erklären – durch Druck? Ein demokratisches Gemeinwesen vertraut seinen Bürgern und ihrer Loyalität. Das müsste Rühli für »naiv« halten – wie die Demokratie letztlich ein »naives« Unterfangen wäre. Die nächste Entmündigung folgt sogleich:

»Um das Problem Armut wirkungsvoll und nachhaltig zu bekämpfen, darf nicht ein Instrument wie das BGE eingeführt werden, das Niedrigqualifizierte dazu verleitet [Hervorhebung SL], gar nicht mehr am Erwerbsleben teilzunehmen, sondern es muss im Gegenteil ein Instrument her, *dass gerade dieser Bevölkerungsgruppe zeigt, dass auch ihr Einsatz gefragt ist und dass sich Anstrengung lohnt* [Hervorhebung SL]. Eine Lösung könnten Lohnsubventionen sein.«

Das klingt ganz nach Volkserziehung. Verleiten kann man nur, wer sich verleiten lassen will. Die Sorge darum könnte Rühli den Menschen selbst überlassen, statt sich schützend vor sie stellen zu wollen. Gezeigt werden muss ihnen nichts, es würde reichen, Bedingungen zu schaffen, unter denen sie einfach machen könnten – ohne Druck und ohne Anleitung. Wer in Anreizkonstellationen denkt, muss fürchten, dass nichts mehr geschähe, wenn die Anreize weggenommen würden. Wenn es allerdings gar nicht Anreize sind, die es benötigt, sondern autonomiefördernde statt -hemmende Bedingungen, sieht die Sache ganz anders aus.

In der nachfolgenden Passage wird nochmals der ganze Unwille sichtbar, das festgefügte Modell zu verlassen und BGE-Argumente auf ihre Tragfähigkeit zu prüfen:

»Ziemlich aus der Luft gegriffen ist auch das von BGE-Verfechtern geäusserte Versprechen, das BGE mache es attraktiver, einer unbezahlten Arbeit (Haushaltsarbeit, Kinderhüten, Altenpflege) oder einer ehrenamtlichen Tätigkeit nachzugehen: Das BGE ändert an der Unbezahltheit dieser Arbeit nichts, denn es wird, wie der Name es ja schon sagt, bedingungslos ausbezahlt, also auch, wenn ein Empfänger es vorzieht, seine Tage vor dem Fernseher zu verbringen.«

In der Tat: Das BGE ist keine *Bezahlung* und insofern unabhängig davon, ob jemand tätig wird. Allerdings, das hält Rühli selbst fest, sorgt es dafür, sich »unbezahlte Arbeit« *leisten zu können*. Dazu bedarf es nämlich zuallererst eines gesicherten Einkommens. Von daher betrachtet macht das BGE es tatsächlich »attraktiver«, sich jenseits von Erwerbsarbeit zu engagieren, weil es die Freiräume dafür schafft und dieses Engagement für erwünscht erklärt. Heute hingegen ist es ein Hobby, das dann als legitim erachtet wird, wenn zuvor Erwerbsarbeit geleistet wurde. Das resultiert aus der Vorrangstellung von Erwerbstätigkeit, die dazu führt, dass alle anderen Tätigkeitsformen ihr nachgeordnet werden. So erklärt sich z.B. der häufige Befund, dass Arbeitslosengeld I- und -II-Bezieher sich weniger ehrenamtlich engagieren als Erwerbstätige. Ein BGE nun würde die Vorrangstellung von Erwerbstätigkeit aufheben und damit den Grund für die heutige Lage beseitigen.

Wer »seine Tage vor dem Fernseher« verbringen will, wie Rühli schreibt, findet immer Möglichkeiten dazu, auch heute. Davon abgesehen: Was soll ein Unternehmen oder eine öffentliche Einrichtung mit Mitarbeitern, die lieber zuhause vor dem Fernseher säßen, als mitzuwirken, selbst wenn ihre Anstellung durch einen Kombilohn subventioniert würde? Sieht Rühli in Unternehmen Erziehungsanstalten? Meint er, wer »aktiviert« werde durch die Sanktionsmöglichkeiten im System sozialer Sicherung, verwandele sich zum leistungsbereiten und schöpferischen Mitarbeiter?

Wenige Wochen nach Erscheinen seiner Studie führte Pola Rapatt (Rapatt 2014) ein Interview mit Lukas Rühli, um seinen Einwänden gegen das BGE bzw. gegen manche Argumente nachzugehen. In dem bei youtube verfügbaren Zusammenschnitt wird noch deutlicher als in der hier analysierten Studie wie sehr seine Analyse von einem Werturteil getragen ist.[46] Es werden zugleich Widersprüche zu seinen eigenen Überlegungen deutlicher. Wenn er seine Vorstellung von Arbeit darlegt und sagt, dass für ihn wichtig sei, sich darin verwirklichen zu können, dass sie ihn persönlich interessiere, Verantwortung und Gestaltungsfreiheit dazugehören – was bezeugt er damit? Wie sehr es auf die Bereitschaft des Einzelnen ankommt, genau das zu wollen. Durch normativen Druck oder Verpflichtung ist diese Haltung nicht zu erreichen, sie ist Ergebnis eines Bildungsprozesses, dessen Voraussetzung Autonomie ist. Diese Vorstellung lässt Rühli indes nicht für alle gelten, weil sie – wie er meint – von der Bildung her nicht die Qualifikation mitbringen, um absolut selbsterfüllenden Tätigkeiten nachzugehen. Obwohl er dann wiederum einräumt, dass Erfüllung genauso in Tätigkeiten möglich sei, die nicht danach aussehen – dann müsste es letztlich wieder dem Einzelnen überlassen werden, darüber zu befinden –, will er ihm diesen Freiraum jedoch nicht einräumen.[47]

46 Ähnlich bei Florian Habermacher und Gebhard Kirchgässner (Habermacher/Kirchgässner 2013), was schon der süffisante Titel erahnen lässt »Das garantierte Grundeinkommen. Eine (leider) nicht bezahlbare Idee«. In der Studie finden sich werturteilsbeladene Bemerkungen, die dann entsprechende Schlussfolgerungen tragen. Mit wissenschaftlicher Analyse, das ist der Anspruch der Autoren, haben solche Werturteile jedoch nichts zu tun.

47 Ein vergleichbarer Widerspruch, wie er sich schon bei Christian Lindner zeigte (siehe »Respekt gegenüber den Eltern, aber auch den Kindern… «) taucht ebenso bei Benno Luthiger auf. In seinem Beitrag schreibt er: »Es gab und gibt genug Experimente, die die Gesellschaft auf andere Fundamente stellen wollten. Speziell das Scheitern des sozialistischen Gesellschaftsmodells ist ein klarer Hinweis auf die Richtigkeit dieses liberalen Leitgedankens: seine grosse Stärke liegt darin, dass er die ursprünglichste Triebfeder für menschliche Tätigkeit, den Wunsch, Wirkung zu zeigen

Warum, statt aufwendig eine Analyse zu simulieren, nicht gleich zu erkennen geben, dass es sich um einen Standpunkt handelt? Den kann man haben – ein Argument ist er nicht.

und Werte zu produzieren, als Antrieb für die wirtschaftliche und damit auch die gesellschaftliche Entwicklung eingesponnen hat« (Luthiger 2013). Wenn der Mensch diese »ursprünglichste Triebfeder« hat, wie sollte ein BGE ihr fortwirken gefährden können, wie der Autor fürchtet, solange ihre nicht behindert wird?

Würde, Gemeinwohl und normative Ideale

Subsidiarität und Bedingungsloses Grundeinkommen – Kein Gegensatz

Immer wieder wird gegen das Bedingungslose Grundeinkommen eingewandt, dass es gegen das Subsidiaritätsprinzip verstoße und eine Abhängigkeit des Einzelnen von einem »Fürsorgestaat« (Höffe 2007) schaffe, die zerstörerisch sei. Der Einwand ist gewaltig, die behaupteten Folgen ebenso. Trifft er zu? Entspricht er dem, was ein BGE will und dem, was das Subsidiaritätsprinzip besagt?

Zur Beantwortung dieser Frage sei hier auf eine prominente Quelle zurückgegriffen, die in Diskussionen über Subsidiarität stets herangezogen wird, die Enzyklika Quadragesimo anno (Quadragesimo anno 1931, Absatz 79). Dort heißt es:

> »Wenn es nämlich auch zutrifft, was ja die Geschichte deutlich bestätigt, dass unter den veränderten Verhältnissen manche Aufgaben, die früher leicht von kleineren Gemeinwesen geleistet wurden, nur mehr von großen bewältigt werden können, so muss doch allzeit unverrückbar jener höchst gewichtige sozialphilosophische Grundsatz fest gehalten werden, andern nicht zu rütteln noch zu deuteln ist: wie dasjenige, was der Einzelmensch aus eigener Initiative und mit seinen eigenen Kräften leisten kann, ihm nicht entzogen und der Gesellschaftstätigkeit zugewiesen werden darf, so verstößt es gegen die Gerechtigkeit, das, was die kleineren und untergeordneten Gemeinwesen leisten und zum guten Ende führen können, für die weitere und übergeordnete Gemeinschaft in Anspruch zu nehmen; zugleich ist es überaus nachteilig und verwirrt die ganze Gesellschaftsordnung. Jedwede Gesellschaftstätigkeit ist ja ihrem Wesen und Begriff nach subsidiär; sie soll die Glieder des Sozialkörpers unterstützen, darf sie aber niemals zerschlagen oder aufsaugen.«

Deutlich wird schon zu Beginn des Abschnitts, dass nicht feststehende »Aufgaben« kleineren Gemeinwesen zugewiesen werden. Wer was tragen soll, hängt in der zitierten Passage davon ab, ob er es tragen kann. Wozu »kleinere [...] Gemeinwesen« in der Lage sind, muss jeweils konkret erwogen und kann nicht definitorisch bestimmt werden. Weder »darf« dem Einzelnen abgenommen werden, was er »aus eigener Initiative« leisten kann, noch darf, was »die untergeordneten Gemeinwesen leisten« von übergeordneten in Anspruch genommen werden. Wie das Verhältnis sich genau darstellt, ist stets von Neuem zu klären.

Der sozialphilosophische Grundsatz, an dem festgehalten werden soll, vertraut in die Kräfte des Einzelnen, er soll gestärkt werden, ohne dass damit eine individualistische Verkürzung vorgenommen wird. Einzelner ist der Einzelne immer als Einzelner eines Gemeinwesens. Aus dem Subsidiaritätsprinzip kann also keinesfalls abgeleitet werden, dass die Einkommenserzielung dem Einzelnen überlassen werden muss, wie immer wieder behauptet wird mit Verweis auf das Subsidiaritätsprinzip, denn von ihr ist nicht die Rede.[48] Mit dem Subsidiaritätsprinzip ist ein BGE demnach sehr wohl vereinbar, denn der Einzelne wird durch es gestärkt und es erlaubt ihm, Aufgaben wieder in die Hand zu nehmen, die er heute nicht tragen kann, z.B. weil ihm nicht die Zeit bleibt, sich bürgerschaftlich zu engagieren und sich um die Familie intensiver zu kümmern. Deswegen ist es durchaus treffend, wenn dem BGE zwei Seiten zugesprochen werden, die in bisherigen Debatten meist gegeneinander standen: Es erlaubt einen starken Staat, besser: ein starkes Gemeinwesen, weil es den Bürgern den Rücken stärkt, um freimütige Entscheidungen treffen zu können. Das tut es nicht individualistisch, sondern kollektiv, durch kollektive Bereitstellung des BGE. Es erlaubt zugleich aber einen zurückhaltenden Staat, weil die Bürger mit einem BGE im Rücken Aufgaben übernehmen können, die sie heute überfordern würden. Stark also muss der Staat sein, wo es gilt, den Einzelnen in seinen Fähigkeiten zu schützen und zu fördern, eine Infrastruktur bereitzustellen, die er selbst nicht schaffen kann; zurückhaltend muss er sein, wo es seiner Hilfe nicht bedarf. Auch dies ist nicht einfach festzuschreiben, sondern stets zu erwägen. Das Subsidiaritätsprinzip bestätigt damit nur, was für die Vereinbarkeit christlicher Traditionen mit dem BGE wiederholt gesagt worden ist (Knuth 2007).

Die Würde des Menschen – als solche oder durch Arbeit?

Vor der Landtagswahl in Nordrhein Westfalen im Mai 2012 kam es in der Sendung Wahlarena des WDR (WDR 2012) zu einer Diskussion über das BGE. Dort zeigte sich sehr klar, weshalb das Vorankommen der Diskussion noch immer so zäh ist. Joachim Paul, Spitzenkandidat der Piratenpartei argumentierte für das BGE als langfristiger Lösung, indem er auf die gestiegene Produktivität bei sinkendem Arbeitsvolumen verwies und daraus ableitete, dass bei sinkendem Arbeitsvolumen (Datenreport 2013, S. 116; Statistisches Bundesamt 2011, S. 849 ff., Schildt 2006, 2008) dem Einzelnen nicht die Kaufkraft zur Verfügung stehe, um sein Recht auf Existenz zu sichern: »… es kann nicht sein, dass wir diese Leute draußen vorlassen… «.

48 Siehe »Das Unrecht des Bürgerlohns«, S. 53 ff.

Was ist an der Argumentation von Paul unglücklich, wenn nicht gar problematisch? Das BGE wird zu einer Ausgleichs-, einer Kompensationsleistung gemacht. Es reagiert damit bloß auf die Schwierigkeiten, ausreichend Einkommen über Erwerbstätigkeit zu erzielen, wenn das Arbeitsvolumen sinkt. Würden aber aufgrund der demographischen Veränderungen auf lange Sicht diese Schwierigkeiten verschwinden, so muss gefolgert werden, wäre ein BGE nicht mehr notwendig, es würde nicht mehr gebraucht. Das sagte zwar Herr Paul nicht, es wäre jedoch die Konsequenz aus seinen Ausführungen. Genau das, die verbesserte Situation am Arbeitsmarkt in zehn Jahren, wird BGE-Befürwortern öfter entgegengehalten.[49] Bei Paul bleibt das BGE zunächst eine Reparaturleistung. Zugleich aber soll es allen bereitgestellt werden in Absehung davon, ob sie es »brauchen«. So konzipiert wäre es keine Reparaturleistung mehr. Offenbar gibt es in der Argumentation für das BGE Unklarheiten, beide Gedankenstränge sind nämlich gegenläufig, im einen Fall ist es eine Entschädigung oder Reparatur, die dann nicht mehr notwendig wäre, wenn der Schaden oder die Schadensursache nicht mehr vorläge; im anderen Fall würde die Leistungsvergabe nicht mehr nach dem Bedürftigkeitskriterium erfolgen, die Gewährung des BGE wäre davon unabhängig. Wie aber wäre es dann begründet? Das wird nicht ausgesprochen. Es bleibt, wenn es keine Leistung aus Bedürftigkeit sein soll, nur noch das Statuskriterium, also die Stellung des Menschen als Bürger im Gemeinwesen, um es unabhängig von der Arbeitsmarktsituation oder weiteren volkswirtschaftlichen Zusammenhängen herzuleiten. Genau dieser Punkt wird leider nicht benannt, er hätte die Position von Herrn Paul in der Diskussion gestärkt.

Wie reagierten nun die anderen in der Runde? Während Paul ausführt, sind die Gesichtsbewegungen der Diskutanten zu sehen, hier ein süffisantes Lächeln (Hannelore Kraft (SPD), Norbert Röttgen (CDU), Christian Lindner (FDP), dort ein strenger, genervter Blick (Sylvia Löhrmann (Bündnis 90/Die Grünen). Paul hingegen bleibt sachlich. Hannelore Kraft, Ministerpräsidentin in NRW, schon unruhig geworden durch die Ausführungen zum BGE, erwidert, indem sie auf persönliche Erfahrungen und Begegnungen mit Menschen verweist, u.a. dies:

> Kraft: »...wie wichtig es für die Würde des Menschen ist, dass er Arbeit hat, dass er einen geregelten Tagesablauf hat, dass er dort auch soziale Kontakte hat...«.

Diese Argumentation ist altbekannt, ein Syndrom geradezu, denn die Würde des Menschen wird so nicht mehr aus sich heraus, weil er Mensch ist, begriffen, sondern als eine, die erheblich von anderem abhängt: von

---

49 Siehe »Die Panik der Babyboomer«, S. 186 ff.

Arbeit, hier gleichgesetzt mit Erwerbsarbeit (siehe z.B. Eichhorst 2013, Greffrath 2013), einem geregelten Tagesablauf und sozialen Kontakten. Damit unterläuft Frau Kraft sogar die Grundlagen unserer politischen Ordnung, in der die Bürger als solche eine Würde haben und den Souverän bilden (Art. 1 GG). Wenn nun diese Würde gefährdet ist, liegt es nicht daran, dass Erwerbsarbeit als solches für sie wichtig wäre, Arbeitslose wegen des Fehlens von Arbeit ihre Würde zu verlieren drohten. Bedroht ist die Würde, weil wir sie nicht als eigenständig begreifen und die Einkommenssicherung entsprechend gestalten. Deswegen erst, wegen der normativen Kopplung von Einkommen und Erwerbstätigkeit, weil Erwerbstätigkeit als Gemeinwohldienst bewertet wird, hat der Verlust des Arbeitsplatzes die Bedeutung, die er heute hat. Die Würde ist nicht bedingungslos gewahrt als Mensch und Bürger, sondern bedingt: als Erwerbstätiger. Genau diese Verkehrung spiegelt sich in den Erfahrungsberichten Hannelore Krafts.

Die Spitzenkandidatin der Grünen, die zuvor noch die intensive Befassung mit dem BGE in ihrer Partei hervorhob, fragte:

> »Warum soll jemand, der gut verdient, zusätzlich vom Staat eine Leistung bekommen, Geld, das er gar nicht braucht?«

Frau Löhrmann übersah ob ihrer Erregung oder Empörung, dass der Grundfreibetrag in der Einkommensteuer ebenfalls jedem zusteht, er leitet sich aus der Sicherung des Existenzminimums her. Weiß sie nicht von den vielen Abschreibungsmöglichkeiten zur Minderung der Steuerschuld, die gerade Gutverdiener nicht »brauchen«, wir sie dennoch geschaffen haben? Eine bloß ideologische Haltung tritt da zutage, die nur vermeintlich nah bei den Menschen ist.

Das Denken in Bedürftigkeiten ist der Grund für das Elend des heutigen Sozialstaats, weil es den Vorrang von Erwerbstätigkeit zementiert. Gerade ein BGE anerkennt die Würde des Menschen ohne Wenn und Aber. Deswegen ist es unserer politischen Ordnung gemäß und muss von ihr ausgehend begründet werden. Der Ansatzpunkt dafür ist: der Bürger als Staatsbürger.

»… die Menschen sollte man einfach mal machen lassen«
Eine Ethnologin über das Pilot-Projekt in Namibia

Ein Interview mit Sabine Klocke-Daffa (Klocke-Daffa 2013), Ethnologin, über das *Basic Income Pilot Project* in Namibia, das im Hochschulanzeiger der *Frankfurter Allgemeinen Zeitung* (F.A.Z.) vom 22. Januar 2013 veröffentlicht wurde, sticht aus der Berichterstattung über das Bedingungslose Grundeinkommen heraus. Es öffnet den Blick für Fragen, die oft vernachlässigt werden: kulturelle Voraussetzungen nämlich, die darüber entscheiden, wie ein BGE womöglich genutzt wird, weshalb das Projekt in Namibia keine breite Unterstützung fand und dass Bildung – also: Bildungszertifikate – keine Voraussetzung dafür ist, mit Geld umgehen zu können. In der deutschen Grundeinkommensdiskussion wird auf das Projekt in Namibia häufig verwiesen. Der Forschungsbericht dazu (BIG 2009) – im Unterschied zu diesem Interview – geht auf kulturelle Eigenheiten und Voraussetzungen, soweit ich sehen kann, gar nicht ein. Genau deren Bedeutung sollte jedoch nicht unterschätzt werden, denn, was sich in Namibia vollzogen hat, ist nicht einfach auf ein anderes Land übertragbar, dessen kulturelle Voraussetzungen andere sind. Und selbst dort, wo die Resultate ähnlich scheinen, können die Wirkzusammenhänge andere sein.

Das Interview ist als Ganzes lesenswert und bezeugt Vertrauen in die Fähigkeiten der Menschen, nach ihrem Dafürhalten ihren Weg zu suchen. Es ist in keiner Form naiv, vielmehr geprägt von Forschungserfahrung. Wenige Stellen seien hier kommentiert, die ich für aufschlussreich oder missverständlich halte:

> »F.A.Z.: Sie haben untersucht, wie das Geld das Leben der Dorfbevölkerung verändert hat. Wie muss man sich Ihre Arbeit vorstellen?
>
> Klocke-Daffa: Man muss wissen, dass in Otjivero zu rund 80 Prozent Damara leben, eine Volksgruppe, die zu den Khoisan-Völkern gehört. Bei den Khoisan herrscht eine ausgeprägte Kultur des Schenkens und des Einforderns. Wer etwas übrig hat, egal ob Essen, Wasser, Geld oder Zeit, gibt anderen etwas ab. Und wer etwas braucht, eine Tasse Maismehl, ein Stück Seife oder jemanden, der auf die Kinder aufpasst, fragt bei Angehörigen und Nachbarn. Wir Deutschen definieren uns ja eher über das, was wir haben: Wenn Sie mit 40 immer noch in einer Studentenbude wohnen, fragt die Familie, wie es weitergehen soll. Das würden die Khoisan nie tun. Sie definieren sich darüber, was sie anderen geben. Wer nie etwas abgibt, dessen Status sinkt, und irgendwann wird er aus der Gemeinschaft ausgeschlossen …«

Folgt man den Ausführungen, dann fällt eines gleich auf. Schenken und Einfordern, wie es hier geschildert wird, bedeuten nicht, dass bedingungslos gegeben wird. Es herrscht ein hoher Grad der Verpflichtung zu geben, sonst droht Ausschluss, das Geben kann also auf lange Sicht wiederum eingefordert werden. Das könnte Ausdruck einer starken sozialen Kontrolle im Nahraum sein, damit einer eher traditionalen Gemeinschaftsvorstellung, wie sie schon Marcel Mauss in seiner Studie zur Gabe untersuchte (Mauss 1968). Dazu, sofern das zutrifft, gehört auch eine Sicht auf das Individuum, in der das Kollektiv Vorrang hat, während für die moderne Demokratie ein gleichgewichtiges Verhältnis von Individuum und Kollektiv konstitutiv ist. Nicht ganz ohne Vorurteile ist die Bemerkung Klocke-Daffas über die »Studentenbude«. In unserer Kultur mit einer ausgesprochen starken Vorstellung vom Individuum und großen Anforderungen an Autonomie muss bei der Deutung der »Studentenbude« der normative Hintergrund bedacht werden. Das Studium ist ein Moratorium, also ein Schutz- und Schonraum, der gerade begünstigen soll, sich müßig mit einer Sache – dem Gegenstand eines Studiums – auseinanderzusetzen. Das Einüben einer Forschungshaltung, sofern es ein wissenschaftliches Studium ist, ist hierbei Zweck. Diesen Schonraum zeichnet dabei aus, noch nicht die volle Verantwortung und nicht die vollen Verpflichtungen eines Erwachsenen übernehmen zu müssen. Das Verlassen der »Studentenbude« – sieht man einmal von Klischees, die damit verbunden werden, ab – ist also Ausdruck dafür, sich aller Verantwortung und allen Verpflichtungen des Erwachsenenlebens zu stellen, den eigenen Weg zu finden, ihnen gerecht zu werden. Es geht dabei um die Ablösung aus der Herkunftsfamilie und der Alimentierung durch sie, also um eine Ablösung hin zum Gemeinwesen als umgreifender Gemeinschaft. Ich würde von daher die Einschätzung nicht teilen, dass es in unserer Kultur vorwiegend um das Haben geht, denn allerhand Schenkrituale wie Geburtstage, Weihnachten und andere Anlässe zeigen die große Bedeutung des Gebens, das noch viele andere Formen kennt, ganz wesentlich in der Familie und im Gemeinwesen. Verantwortung und Verpflichtung haben in unserer Kultur also nur eine bestimmte Form und einen bestimmten Inhalt. Das Haben von etwas wird dort herausgestellt, wo es ein Fehlen von etwas anderem kompensiert – z.B. das Fehlen von Sinn im Beruf oder gar im Leben. Zugleich ist das Haben Ausdruck eines Erfolgs, dem normativen Ideal der Erwerbstätigkeit erfolgreich gefolgt zu sein und damit den gemeinschaftlichen Erwartungen zu entsprechen. Das Haben wäre so Ergebnis des Gebens – die eigene Leistungsbereitschaft in den Dienst anderer zu stellen bzw. gestellt zu haben. Unsere Kultur in Gestalt politischer Gemeinschaft kennt auch keinen Ausschluss, zumindest nicht von der Seite, Staatsbürger und damit vollwertiger Angehöriger zu sein. Und Einschränkungen der Bürgerrechte sind – darüber wird im Zusammenhang mit dem Arbeitslosengeld II diskutiert – kein Ausschluss im strengen Sinn. Das ist offenbar bei den Khoisan anders, ausgeschlossen wird, wer die Pflichten verletzt. Manches am Vergleich mit der »Studentenbude« ist also schief oder gar unzutreffend. Es scheint sich bei dem Vergleich eher um den Unterschied zwischen partikularistischer, am Nahraum und dem Verwandtschaftssystem (Lévi-Strauss 1992) orientierter Vergemeinschaftung einerseits und dem abstrakten universalen

Prinzip von Vergemeinschaftung durch Staatsbürgerschaft andererseits zu handeln.

> »Klocke-Daffa: … Auch die Kriminalitätsrate sank: Auf den umliegenden Farmen wurde kaum noch gewildert. Frauen, die vorher gelegentlich genäht hatten, kurbelten ihr Geschäft an. Sie reisten nach Windhoek, um auch dort ihre Kleider zu verkaufen. Zudem konnten die Menschen ihr Ansehen in der Gemeinschaft steigern. Otjivero ist ein extrem armer Ort – es gibt kaum Vieh und so gut wie keine Arbeit. Viele sind auf die Unterstützung von Familienmitgliedern aus anderen Dörfern angewiesen. Nun konnten sie etwas zurückgeben: etwa Geld schicken oder Kinder aus der Verwandtschaft aufnehmen …«

Hier wird deutlich, wie sehr das Schenken status- bzw. reputationsfördernd ist und so gleichermaßen ein Überbietungswettbewerb in Gang kommen kann. Demgegenüber stellt der heutige Sozialstaat ein ungleich abstrakteres Solidarband dar, als es in kleinen überschaubaren Gemeinschaften der Fall ist. Unsere Systeme sozialer Sicherung sind Ausdruck dessen, dass bestimmte Aufgaben an das Gemeinwesen übertragen werden, was eben zugleich eine Befreiung von familialen oder verwandtschaftlichen Abhängigkeiten mit sich bringt. Solidarität nimmt damit eine freiere, zugleich abstraktere und gleichwohl unerlässliche Form an. Aufschlussreich ist auch diese Passage:

> »F.A.Z.: Das scheint der namibischen Regierung nicht zu reichen. Weder unterstützte sie das Projekt, noch wird es aufs ganze Land ausgeweitet. Warum nicht?
>
> Klocke-Daffa: Die größte namibische Volksgruppe sind die Ovambo, die viel interessierter an Business sind als die Damara. Entsprechend neoliberal ist die Wirtschaftspolitik. Oft ist zu hören: »Die Damara haben ja nichts aus dem Geld gemacht.« Aber erstens reichen 100 namibische Dollar [so hoch war der Basic Income Grant, SL] nicht dafür aus, ein ganzes System auf den Kopf zu stellen. Und zweitens sind die kulturellen Prioritäten der Damara schlichtweg andere. Wenn sie acht eigene Kinder haben und dazu noch zehn weitere durchfüttern, machen sie nebenbei kein Geschäft auf. Es ist ein weiteres Modellprojekt in Planung, das die Ovambo-Bevölkerung einschließen soll. Ich könnte mir gut denken, dass ein Grundeinkommen dort mehr ökonomische Impulse setzen würde. Aber das ist nur eine Vermutung, die ich erst beweisen müsste. In jedem Fall ist davon auszugehen, dass es ganz unterschiedliche, kulturell geprägte Formen des Umganges mit einem Basiseinkommen geben kann.«

Das erklärt, weshalb das Projekt nicht weitergefördert wurde, die
Gründe liegen im Selbstverständnis der Volksgruppen im Land, die also
zuerst einen gemeinsamen Nenner finden müssten.

»Klocke-Daffa: Ich finde, auch die Menschen sollte man einfach mal
machen lassen und ihnen nur die Unterstützung anbieten, die sie
selbst haben wollen.«

Sehr interessant, ist dies doch ein heikler Punkt in der Grundeinkommensdiskussion. Dort finden sich ebenso Positionen und Argumente,[50]
die mindestens den Eindruck erwecken, es sei nicht Sache derer allein,
die Hilfe benötigen, sie zu rufen. Von Hilfe über Bevormundung zu
Entmündigung ist es dann nur ein kleiner Schritt.

»F.A.Z.: Mehr Zeit für den Einzelnen und mehr Jobs für alle – klingt
nicht übel …

Klocke-Daffa: Ja, aber das Grundeinkommen muss ja irgendwoher
kommen. Götz Werner, der Gründer der Drogeriemarktkette dm
und prominenter Befürworter der Idee, plädiert für ein Grundeinkommen von 1.000 Euro. Das würde uns jährlich über 900 Milliarden kosten. 900 Milliarden! Das halte ich nicht für realistisch.
Namibia dagegen könnte sich aufgrund der geringen Bevölkerungs-
dichte und der Einnahmen aus dem Verkauf von Diamanten und
Uran ein Grundeinkommen für alle leisten. Ich fände es gut, wenn
sie es dort mal fünf Jahre lang ausprobieren würden. Dann würde
man sehen: Führt die Umverteilung tatsächlich zu mehr Gerechtigkeit und weniger Armut? Oder ist es volkswirtschaftlich gesehen
nichts weiter als eine schöne Idee?«

Angesichts der zahlreichen, sehr klaren Argumente zur Finanzierung,
die in der deutschen Diskussion schon entwickelt wurden, wäre hier
Zurückhaltung angebracht gewesen. Nur weil Frau Klocke-Daffa es
nicht »realistisch« »erscheint«, ein BGE in Höhe von 1000 Euro finanzieren zu können, kann es dennoch realistisch sein. Alleine, wenn sie
das Bruttoinlandsprodukt in Höhe von 2500 Mrd. Euro oder das Nettonationaleinkommen von 2178 Mrd. Euro in Deutschland für 2010

50 Siehe »Pädagogische Entmündigung oder praktizierte Demokratie« und
   »Bildungsmöglichkeit oder Bildungspflicht?«. Siehe auch Welter (2014).
   Immer wieder ist die Forderung oder das Ziel zu vernehmen, ein Grundeinkommen müsse weltweit eingeführt werden, wobei sich stets die Frage
   stellt, wer denn damit wem etwas auferlegt, das er womöglich gar nicht
   haben will? Man könnte dies als eine Art schleichenden Menschenrecht-
   simperialismus bezeichnen. Über eine solche Einführung entscheiden
   können nur souveräne politische Gemeinschaften, deren elaborierteste
   Gestalt heute nach wie vor der Nationalstaat ist.

bedacht hätte, wäre ihre Einschätzung anders ausgefallen oder hätte anders ausfallen müssen (Datenreport 2011, S. 70 ff.). Bei der Finanzierung des BGE geht es vor allem um die Frage, welcher Teil der Wertschöpfung in öffentliche Hand gelangen (z.B. zur Finanzierung des BGE und anderer Aufgaben) und welcher in privater Hand verbleiben soll. Dass ein BGE in die bestehenden Verhältnisse hineinwachsen muss und nicht einfach »oben drauf« kommen kann, steht außer Frage. Sonderbar ist es, gerade für eine starke Volkswirtschaft das Vorhaben anzuzweifeln, für ein im Vergleich schwächeres Land es hingegen erproben zu wollen. Was könnte es beim BGE überhaupt zu erproben geben? Der politischen Ordnung unserer republikanischen Demokratie ist schon längst eingeschrieben, was für das BGE Voraussetzung ist: die Bereitschaft der Bürger sich einzubringen. Das erproben zu wollen, würde gerade heißen, an der Demokratie zu zweifeln.

Feldexperimente – aussagekräftig oder zweifelhaft?

Eine der großen Fragen, die in der Grundeinkommensdiskussion immer wieder auftaucht, ist die nach gesicherten Erkenntnissen über die Auswirkung eines BGE. Sie wird nicht nur von denjenigen vorgebracht, die der Idee wohlwollend gegenüberstehen (Spermann 2012). Befürworter selbst erkennen in Feldexperimenten ein Instrument, um zum einen gesicherte oder bessere Erkenntnisse über mögliche Auswirkungen eines BGE zu erhalten (Terwitte 2012), zum anderen Kritiker durch die Befunde doch noch für das BGE zu gewinnen. Doch, was ist von einer Erprobung zu halten, was könnte sie leisten? Was nicht?

Eine Erprobung, nomen est omen, kann nur in Form eines befristeten Projekts erfolgen. Sehen wir einmal von den verschiedenen Formen ab, die es annehmen könnte – als Experiment in einer Kommune, einem Bundesland, mit Einzelpersonen verstreut über Deutschland, über zwei, fünf oder zehn Jahre –, so bleiben grundsätzliche Fragen darüber bestehen, was ein solches Experiment belegen könnte, das nicht auf anderem Wege ebenso zu erforschen wäre.

Die erste Frage wäre methodischer Natur. Ein befristetes Projekt bietet nicht die Perspektive, sich jenseits der heutigen Verpflichtungen zu fragen, wie man leben will, weil es ein Leben nach dem Projekt geben wird, das mit den alten Verpflichtungen zu Erwerbstätigkeit und Einkommenserzielung auf einen wartet. Wer seine zukünftigen Möglichkeiten nicht fahrlässig außer Acht lassen oder aufs Spiel setzen will, muss alle Entscheidungen, die er im Rahmen des Projekts trifft, stets auf ihre Auswirkungen für die Zeit danach erwägen. Je mehr Verantwortung an einer Person hängt (z.B. für eine Familie), desto weniger kann sie sich in einem Feldexperiment davon freimachen. Sie kann also nicht berufliche Weiterqualifizierung außer Acht lassen, kann sich nicht sorglos einem Ehrenamt oder der Fürsorge in der Familie widmen, kann nicht eine Stelle aufgeben, weil sie nicht abschätzen kann, wie die Arbeitsmarktlage in fünf oder zehn Jahren sein wird, für die sie Qualifikationen vorhalten muss.

Nehmen wir einmal an, ein Teilnehmer könnte sich von diesen »alten« Rechtfertigungsverhältnissen seines Lebens innerlich, subjektiv, freimachen, dann blieben sie objektiv dennoch bestehen. Denn das Gemeinwesen, dass dieses Experiment durchführte, förderte oder tolerierte, würde die es betreffenden Entscheidungen gemäß der »alten« Rechtfertigungsverhältnisse, die die aktuellen und zukünftigen (nach Ende des Projekts) wären, treffen. Dieser gemeinschaftliche Konsens würde für alle Bürger ein bestimmtes Handeln, das nämlich normativ auf Erwerbstätigkeit gerichtet ist, prämieren, und die Nachordnung anderer Tätigkeitsformen beibehalten. Sie blieben also sowohl richtungsweisend für die politische Ordnung als auch die Systeme sozialer Sicherung.

Was könnte aus einem Feldexperiment über die Welt mit BGE geschlossen werden, wenn die Bedingungen des Experiments der Wirklichkeit gerade in entscheidender Hinsicht nicht entsprechen? Aus einem Experiment, das eben nur eine Simulation darstellt und deswegen – anders als Alexander Spermann und Johannes Terwitte hoffen – keine Aussagen über Realverhältnisse erlaubt, kann nichts gewonnen werden, das nicht mindestens genauso gut anders herauszufinden wäre. Es müsste nur auf der Basis von Daten aus der Vergangenheit das Handeln von Menschen daraufhin untersucht werden, was darin für handlungsleitende Überzeugungen zum Ausdruck kommen und wie sie sich gebildet haben. Dabei operiert die fallrekonstruktive Forschung, die hierfür geeignet wäre, nicht mit Annahmen, wie Terwitte meint, sie untersucht im besten Fall Realphänomene. Wenn diese handlungsleitenden Überzeugungen wesentlich dem entsprechen, was ein BGE als Voraussetzung für ein Gelingen erfordern würde, wäre Entscheidendes herausgefunden. Solche Überzeugungen, Habitus und Deutungsmuster herauszupräparieren ist eine typische Aufgabe fallrekonstruktiver Sozialforschung (siehe z.B. Fischer 2009, Liebermann 2002, Loer 2007, Oevermann 2013).[51]

Dass die Kultur in ihrer Eigengestalt samt Werthaltungen, Habitus und Deutungsmustern in so einem Fall immer auch rekonstruiert wer-

---

51 Zahlreiche weitere Untersuchungen, die dieser Vorgehensweise folgen, finden sich z.B. in der Bibliographie der Arbeitsgemeinschaft Objektive Hermeneutik (http://www.agoh.de/) oder in Arbeiten, die verwandten Methoden folgen.

den muss, um Handeln zu verstehen, wird an dem Interview mit Sabine Klocke-Daffa (Klocke-Daffa 2013)[52] über das Projekt in Namibia sehr deutlich. Dazu gehört der Hintergrund vor dem die Menschen dort im Rahmen des Projekts ihre Entscheidungen getroffen haben. In einem Dorf, in dem die Armut so groß, die Versorgungslage so schwierig und die Aussichten auf Besserung so schlecht sind, es also kurz gesagt nicht viel zu verlieren gibt in Hinsicht auf die Zeit nach dem Projekt, greift ein BGE viel unmittelbarer ein, als in Verhältnisse, in denen die Aussichten viel besser, die Möglichkeiten größer und die Verpflichtung, sich für diese Möglichkeiten im Rahmen des normativen Gefüges bereit zu halten – also bei uns –, besteht.

Jenseits der methodischen gibt es noch eine legitimatorische Frage. Wie würde ein demokratisches Gemeinwesen es rechtfertigen wollen, etwas auszuprobieren, aus dem sich zum einen weder für die Zukunft sichere Befunde darüber erwarten ließen, wie die Menschen tatsächlich mit einem BGE umgehen würden, noch etwas herausgefunden werden könnte, das nicht ohnehin schon elementare Voraussetzung des Bestehens eines solchen Gemeinwesens ist? Diese elementare Voraussetzung besteht in der gegenwärtigen politischen Ordnung Deutschlands und anderen modernen Demokratien in einem beinahe banalen, vielleicht gerade deswegen so häufig übersehenen Zusammenhang. Wenn es in der Verfassung heißt, dass alle Staatsgewalt vom Volke ausgehe (Grundgesetz Art. 20 (2)), dann heißt das nichts anderes, als das die Souveränität politischer Vergemeinschaftung in der Selbstbestimmung des Volkes liegt. Damit wird nicht behauptet, dass politische Vergemeinschaftungen ohne Rücksicht auf andere und ohne Kooperation mit anderen handeln könnten. Es wird lediglich das Zentrum dessen bestimmt, das darüber befinden muss, in welche Richtung der Weg führen soll und auf der Basis welcher Werte das zu geschehen hat. Diese Banalität findet nicht nur in der politischen Ordnung Ausdruck, sie prägt die alltägliche, unspektakuläre Lebensführung aller Menschen, denen niemand abnimmt zu beantworten, wohin sie mit ihrem Leben wollen. Das überlässt das Gemeinwesen aus guten Gründen ihnen, weil es genau dieser Haltung bedarf, um als Demokratie fortbestehen zu können. Vor diesem Hintergrund betrachtet, handelt sich bei einem BGE nicht um ein »Experiment« oder gar »Großexperiment«, wie manche meinen (Luthiger 2013, Schachtschneider 2014). Denn es verlangte keine Voraussetzung, die nicht schon heute für unser demokratisches Gemeinwesen unerlässlich wäre.

Dass dieser elementare Zusammenhang nicht allzu deutlich im deut-

52 Siehe »...die Menschen sollte man einfach mal machen lassen...«, S. 164 ff.

schen Selbstverständnis – also der Deutung der eigenen Realverhältnisse – ausgeprägt ist, kann getrost als Symptom eines Problems verstanden werden. Feldexperimente würden also, weil sie etwas erst erproben wollten, das Grundlage republikanischer Demokratie ist, dem Volk genau die Souveränität absprechen, zumindest sie anzuzweifeln, die ihm in der politischen Ordnung schon eingeräumt wird. Sie liefen auf eine Selbstentmündigung hinaus.

Armut

Über Armut, ihre Beseitigung und ihre Verhinderung wird viel diskutiert, auch unter Grundeinkommensbefürwortern. Dabei sind die Gründe für Armut sehr unterschiedlich. Selbst für eine vermeintlich einfache Form der Armut, den Einkommensmangel, können schwierige Lebenslagen der Grund sein, ohne dass dies auf den ersten Blick zu erkennen sein müsste, z.B. bei Arbeitslosigkeit. Allerdings kann es sich genauso andersherum verhalten. Wer heute als »sozial schwach« klassifiziert wird, weil er statistisch betrachtet in eine bestimmte Einkommenslage fällt, kann schlicht »ökonomisch schwach« sein, also lediglich über relativ wenig Einkommen verfügen und sonst in keiner Weise schwach sein. Typisch dafür wären Alleinerziehende, die beides hinbekommen müssen: sowohl Einkommen zu erzielen, als auch für ihre Kinder da zu sein. Möglich ist das nur durch Erwerbstätigkeit in Teilzeit, was zu einem relativ niedrigen Einkommen und einer hohen Belastung durch organisatorischen Aufwand führt.

Die mangelnde Klarheit im Begriff ›Armut‹ führt zu einer schiefen Wahrnehmung von Problemlagen. Dazu tragen nicht unwesentlich statistische Verfahren der Datenerhebung und Auswertung bei, die keinen Einblick in die komplexe Genese und Dynamik eines konkreten Armutsphänomens erlauben. Ihm unterliegt nicht selten eine Traumatisierungsgeschichte der als arm klassifizierten Person, ohne die das Phänomen nicht in seiner Eigendynamik verstanden werden kann. Für ein Verstehen der konkreten Genese und Gestalt sind hingegen methodische Verfahren hilfreich, die fallverstehend bzw. fallrekonstruktiv vorgehen (z.B. Kutzner 2004, Becker-Lenz et al. 2011, Oevermann 2013).

Wenn Traumatisierungen einer Lebenspraxis hinter einigen, wenn nicht sogar vielen Formen von Armut stehen, dann stellt sich umso mehr die Frage, welchen Anteil an ihnen gegenwärtige Lebensverhältnisse und Hilfesysteme haben. Ist es überhaupt möglich, Armut zu vermeiden oder zu verhindern, wie manche wohlfeil fordern? Wäre stattdessen nicht zu fragen, wie Selbstheilungskräfte der von Armut Betroffenen gestärkt werden könnten, ohne zugleich in die Lebenspraxis zu intervenieren oder sie einfach sich zu überlassen? Diese Fragen zu stellen bedeutet auch, ein heißes Eisen in die Hand zu nehmen, denn existierende Hilfesysteme sind mehr oder weniger stark an einem Ziel ausgerichtet: Erwerbstätigkeit bzw. Erwerbsbereitschaft. Das veranschaulicht der Armuts- und Reichtumsbericht der Bundesregierung aus dem Jahre 2008. Dort ist zu lesen:

> »Kern sozial gerechter Politik ist es, ökonomische und soziale Teilhabe- und Verwirklichungschancen für alle Mitglieder in der Gesellschaft zu ermöglichen. Politik, die dazu beitragen will, Armut und soziale Ausgrenzung zu verhindern, kann sich daher nicht in der Sicherung materieller Grundbedürfnisse erschöpfen. Dauerhafte Abhängigkeit von staatlicher Fürsorge führt zur Verfestigung von Armut – teilweise über Generationen hinweg – und muss vermieden werden.« (Bundesregierung 2008, S. I)

Nur wenig anders klingt es im Bericht aus dem Jahr 2013:

> »Staatliche Maßnahmen wiederum setzen dort an, wo die Möglichkeiten des Einzelnen nicht ausreichen, aus eigener Kraft akzeptable Teilhabeergebnisse zu erzielen. Staatliches Handeln unterstützt subsidiär, was Einzelne und kleinere Gemeinschaften (Familie, Nachbarschaft, Kommune, Betrieb u.ä.) nicht aus eigener Initiative zu leisten vermögen. Wirksame Gesellschaftspolitik zeichnet sich dadurch aus, dass sie ökonomische und soziale Teilhabechancen (Zugänge, Infrastruktur) für alle Mitglieder der Gesellschaft gleichermaßen organisiert, auf diesem Wege soziale Mobilität ermöglicht und damit einer Verfestigung des Risikos von Armut entgegenwirkt. Letztlich steht es in der Verantwortung jedes und jeder Einzelnen, eröffnete Chancen auch zu nutzen [sic, SL]. Grundsätzlich gilt: Im Fall des Arbeitsplatzverlusts ist der größte Schutz vor einem materiellen und sozialen Abstieg der schnelle Wiedereinstieg in den Arbeitsmarkt. Dieser wird durch eine hohe berufliche Qualifikation begünstigt, während umgekehrt eine fehlende berufliche Qualifikation sehr erschwerend beim Wiedereinstieg wirkt und einen Risikofaktor darstellt.« (Bundesregierung 2013, S. II)

Obwohl im ersten Teil des ersten Zitats noch davon gesprochen wird, »Teilhabe…zu ermöglichen«, also Bedingungen zu schaffen, deren Nutzung dann dem Einzelnen überlassen bliebe, heißt es am Ende: »zur Verfestigung von Armut […] und muss vermieden werden«. Im zweiten Zitat ist dann schon deutlich, dass Chancen genutzt werden müssen, wobei es stets um Chancen hinsichtlich des Arbeitsmarkts geht.

Wem es nur an Einkommen fehlt, weil er keinen Arbeitsplatz hat oder nur einen schlecht bezahlten, kommt nur um den Preis der Vernunft darum herum, Hilfeleistungen in Anspruch zu nehmen. Dafür sind Arbeitslosenversicherung[53] sowie andere Leistungen wie Arbeitslosengeld II oder Sozialhilfe da. Sie alle jedoch, trotz ihres unterschiedlichen Charakters, leiten sich aus einem Prinzip her: dem normativen Gebot der Erwerbstätigkeit. So erklären sich die Sanktionen, denen selbst Arbeitslosengeld I-Bezieher ausgesetzt sind, denn sie haben wie alle anderen auch eine Pflicht, daran mitzuwirken, den Leistungsbezug wieder zu verlassen. Die Maßnahmen, die das Sozialgesetzbuch II (Arbeitslosengeld II) und III (Arbeitslosengeld I) vorsehen, gehen ans Eingemachte (Boes 2014). Damit tritt an die Stelle von Selbstbestimmung Fremdbestimmung. Zur Beantragung von Leistungen hat der Einzelne sich den Bezugsbedingungen zu unterwerfen, die ein bestimmtes Ziel und die Wege dorthin vorgeben. Gravierender noch ist diese Politik bei Menschen, die aufgrund von Traumata in ihrer Lebensgeschichte nicht in der Lage sind, einer Erwerbstätigkeit nachzugehen und für die es auch unvernünftig wäre, dies zu tun (Liebermann 2012a, Fischer 2013). Dem normativen Ideal folgend, sollten sie ebenso den Weg in die Erwerbstätigkeit – in welchem Umfang auch immer – suchen, was der Grund dafür ist, weshalb in der Sozialpsychiatrie und in Werkstätten für Menschen mit Behinderung entsprechende Wege beschritten werden, die zumindest mittelbar diesem Ideal noch entsprechen wollen.

Der Preis, den wir dafür zahlen, Armut vermeiden zu wollen, ist hoch. Denn durch dieses System geraten Leistungsbezieher in die Defensive, weil sie dem Erwerbsideal nicht entsprechen. Gemessen daran ist jede Tätigkeit, die nicht erwerbsförmig ist, so gut wie nichts wert, sonst würde sie ja vollwertig anerkannt. Das trifft diejenigen am härtesten, die von der Hilfe am stärksten abhängig sind. Sie stehen mit dem Rücken zur Wand, weil sie, selbst bei Erwerbsunfähigkeit, dies immer wieder nachweisen müssen. Würde die Traumatisierungsgeschichte der Betroffenen ernst genommen, müsste Hilfe anders aussehen. Nicht eine Daueralimentierung ist der Grund für die Verfestigung von Armut, wie der Bericht behauptet und ein verbreitetes Vorurteil es zu wissen meint, sondern tatsächlich ist es die Problemlage der Bezieher. So überrascht es nicht, wenn im Armuts- und Reichtumsbericht die meisten Einschätzungen zu Gründen für Armut ins Verhältnis zu Einkommensmangel gesetzt werden. Folglich – und ganz konsequent – müssen die Chancen auf Einkommenserzielung durch Erwerb erhöht werden. Bildung steht

---

53 Sie folgt zwar dem Versicherungsprinzip, ist tatsächlich jedoch ein Solidarsystem, das von denen getragen wird, die Beiträge entrichten. Dasselbe gilt für die Rente. Wer also Leistungen erhält, ist auf die Solidargemeinschaft angewiesen, die die Beiträge aufbringt. Selbst für die Kapitaldeckung gilt das, denn die darin erworbenen Ansprüche können nur bedient werden, wenn ihnen eine Wertschöpfungsleistung entspricht (Mackenroth-Theorem).

ganz im Dienst der Einkommenserzielung. Alle gegenwärtigen Maßnahmen im Sozialgesetzbuch, die für Transferleistungsempfänger vorgesehen sind, werden vor diesem Hintergrund gerechtfertigt.

Diese Armutspolitik setzt ein bestimmtes Lebensideal voraus, das nicht in Frage gestellt wird. Wer ihm nicht entspricht, gilt als gescheitert – das resultiert aus den normativen Geboten, die dieser Sozialpolitik des Förderns und Forderns innewohnen, wie sie im Sozialgesetzbuch erkennbar ist. Sozialgesetzbuch XII, Artikel 1 besagt:

> »Aufgabe der Sozialhilfe ist es, den Leistungsberechtigten die Führung eines Lebens zu ermöglichen, das der Würde des Menschen entspricht. Die Leistung soll sie so weit wie möglich befähigen, unabhängig von ihr zu leben; darauf haben auch die Leistungsberechtigten nach ihren Kräften hinzuarbeiten. Zur Erreichung dieser Ziele haben die Leistungsberechtigten und die Träger der Sozialhilfe im Rahmen ihrer Rechte und Pflichten zusammenzuwirken.« (Sozialgesetzbuch 2014)

Wer von einer Leistung indes dauerhaft abhängig ist, muss sich dennoch vor dem kollektiv hoch bewerteten Erwerbsideal verantworten. Jegliche Sozialarbeit, die in diesem Zusammenhang erfolgt, muss sich ebenfalls vor diesem Ideal verantworten, die Folge: Stigmatisierungseffekte. Was würde nun ein BGE ändern?

Die Antwort ist einfach. Wo es sich bei Armutsphänomenen um bloßen Einkommensmangel handelte, würde das BGE ihn beheben, sofern es ausreichend hoch wäre. Initiative würde so gestärkt in ihren vielfältigen Formen und nicht durch das Erwerbsideal vorgespurt. Wo hingegen Traumatisierungen oder vorübergehende Lebenskrisen Grund für Einkommensarmut wären, würde das BGE ausdrücklich dazu ermutigen, sich diesen Krisen zu stellen und Hilfe aufzusuchen – ohne die heutigen Stigmatisierungen mit sich zu bringen. Da das BGE im Unterschied zu heute keinen Lebensinhalt normativ geböte, müsste sich der Einzelne nicht mehr an Maßstäben messen lassen, die ihm nicht entsprechen. Lediglich den Autonomieanforderungen des Lebens müsste er sich auf seine Weise stellen – ihnen kann keiner entkommen. Dazu gehörte es, Hilfe in Anspruch zu nehmen, wo sie der Rückgewinnung von Autonomie dient. Doch auch die Verweigerung von Hilfe würde nicht zu einem Entzug des BGE oder zu Auflagen führen. Durch die Ermöglichung von Selbstbestimmung machte das BGE mit Freiheit ernst, einer Freiheit, die Hilfsangebote erst Hilfs*angebote* sein ließe. Denn sie könnten ohne Folgen abgelehnt werden – ganz anders heute.

An einer so weitreichenden Freiheit scheiden sich die Geister. Wer der Auffassung ist, sogenannte bildungsferne Milieus dürfe man nicht sich selbst überlassen, der hält den »Ausbau« von Einrichtungen zur

Betreuung von Kindern unter drei Jahren (U3) ebenso für zwingend wie die Zwangsbesuche junger Familien durch das Jugendamt) – das soll natürlich der Prävention dienen.[54] Dieser Logik folgend wissen die Helfer stets schon, dass Hilfe benötigt wird, so braucht man gar nicht mehr abzuwarten, bis sie aufgesucht wird. Dieser Generalverdacht wird rhetorisch wohlklingend dargeboten, es geht natürlich darum, Familien zu stärken, Bildungschancen zu fördern usw. Eine solche Hilfe steht der durch ein BGE gewonnenen Freiheit nicht nur entgegen, sie verschärft die Probleme derer, denen zwangsgeholfen werden soll, da sie vorauseilend ihre Autonomie untergräbt. Statt die Selbstheilungskräfte durch das Eröffnen von Freiräumen sowie das Unterhalten von Angeboten zu fördern, werden sie durch Bevormundung geschwächt. Was autonomiefördernd gemeint ist, beinhaltet tatsächlich das Gegenteil.

All zu leicht wird übersehen, wie sehr Interventionen mit Berufung auf das Kindeswohl eine Gratwanderung darstellen. Man will nicht wahrhaben, wie wenig sie diejenigen erreichen, die sich nicht helfen lassen wollen oder aufgrund der besonderen Hilfekonstellation nicht können. Wer auf staatlich getragene Hilfeleistungen angewiesen ist, dem tritt ein ganzer Behördenapparat gegenüber. Ist der Grund für den Hilfebedarf eingeschränkte Autonomie und führt diese dazu, das der Hilfsbedürftige dem Erwerbsideal nicht entsprechen kann, dann steht der Hilfeempfänger ohnehin meist mit dem Rücken zur Wand. In seinem Leiden wird er durch die Massivität heutiger Hilfekonstrukte und ihrer normativen Fundierung bedrängt. Das erschwert es, Hilfe anzunehmen, sich ihr zu öffnen. Wer in dieser Konstellation daran leidet, in seinem Leiden nicht anerkannt zu werden, für den würde sich durch ein BGE alles verändern. Er würde genau die Anerkennung durch das Gemeinwesen erfahren, die er heute entbehren muss. Denn wer hilfsbedürftig ist, gilt angesichts heutiger Hilfsmaßstäbe als gescheitert. Mit einem BGE hingegen würde er durch die gemeinschaftlich bereitgestellte Einkommenssicherung, die an die Person gerichtet ist, als ganze Person, so wie sie ist, anerkannt. Anerkennung in diesem Sinne ist Wertschätzung und dadurch alleine schon Ermutigung. Sozialarbeit stünde auf einem anderen Fundament, wenn Einkommensversorgung (durch das BGE) und Hilfsangebote, voneinander eindeutig getrennt würden (Becker-

54 Einige Kommunen sind dazu übergegangen, Eltern einige Wochen nach der Geburt ihres Kindes Zwangsbesuche abzustatten (»Dormagener Modell«). Über die Termine wird informiert, je nach Sachlage können die Eltern absagen. Diese Prävention läuft unter dem Stichwort Frühe Hilfen. Durchgeführt werden sie z.B. durch Hebammen im Auftrag des Jugendamts. Die Besuche bedeuten praktisch, Eltern unter Generalverdacht zu stellen und dienen letztlich dazu, frühzeitig festzustellen, wo eine etwaige Überforderung vorliegt.

Lenz et al. 2011, von Harrach et al. 2000).[55] Vielfältige Auswirkungen sind denkbar, und zugleich weist das BGE dem Helfen eine Grenze: die des Individuums.

Wie etwas loswerden, das man nicht haben will? Jürgen Borcherts Auslassungen über das Grundeinkommen

Jürgen Borchert war bis zum vergangenen Jahr Vorsitzender Richter des 6. Senats des Hessischen Landessozialgerichts und hat sich wiederholt kritisch zur Verfasstheit des deutschen Sozialstaats geäußert. In seinem Buch »Sozialstaatsdämmerung« beschäftigt er sich unter anderem mit dem Bedingungslosen Grundeinkommen (Borchert 2013, S. 213-226). Seine Ausführungen stellen, das kann ohne Übertreibung gesagt werden, eine Abrechnung dar, eine, die viele Klischees bedient, sich aber nicht auf die differenzierte Diskussion einlässt – all das mit großem Selbstbewusstsein. Im gesamten Kapitel wird nicht eine Veröffentlichung aus der jüngeren oder älteren deutschen Grundeinkommensdiskussion zitiert. Pauschal werden Modelle und Konzepte abgefertigt.

Was hat den Autor da geritten? Worauf stützt er seine Abrechnung? Ich werde nachfolgend die Passagen besprechen, in denen er vermeintliche Belege für die Gefahr, die vom BGE ausgehe, anführt und aufzeigen, wie er mit diesen verfährt. Nachstehende Zwischenüberschriften orientieren sich an den Bezugsautoren bzw. -themen, die Borchert in den entsprechenden Abschnitten seines Buches anführt.

Huebert Pierce Long

Schon der erste Hinweis, den Borchert als Beleg für ein Scheitern bemüht, ist irreführend. Der Vorschlag des amerikanischen Senators Huebert Pierce Long aus dem Jahr 1934 entsprach nicht dem BGE, über das heute diskutiert wird – zumindest soweit es verfügbaren Quellen zu entnehmen ist. Vielmehr sah dieser vor, dass jedem bezugsberechtigten – »worthy« und »deserving« – US-Amerikaner ein Mindesteinkommen zustehen sollte, allerdings mittelbar durch ein Mindest-Familieneinkommen, nicht als Individualeinkommen: »to every worthy and deserving american family«. So steht es in seiner Schrift »Share Our Wealth« (Long o.J., S. 7, 14), und ganz angemessen spricht Borchert von einem Grundeinkommen für Familien. Das hat aber nun nichts mit einem BGE zu tun, wie es gegenwärtig diskutiert wird. Wozu dient die Bezugnahme (Borchert 2013, S. 214)? Borchert will offenbar herausheben, dass der New Deal vor dem Hintergrund der Weltwirtschaftskrise etwas ver-

---

55 Siehe »Kinder- und Jugendhilfe«, S. 84 ff.

mochte, das ein BGE nicht zu leisten im Stande gewesen wäre, doch die
Argumentationsführung ist wirr.

Sparta und Speenhamland
Werden Vergleiche gezogen, wir haben das gerade schon gesehen, ist
Vorsicht geboten. Das gilt umso mehr, je weiter sie historisch zurück-
greifen und je unsicherer die Datenlage ist. Ein vermeintliches Grundeinkommen in Sparta wird meist mit den Reformen Lykurgs in Verbindung gebracht, bei dem es sich wohl um eine Legende handelt. Ob
es ihn je gab, ist ungewiss, er war vermutlich ein Gott, kein Mensch.
Ob die ihm zugeschriebenen Reformen so umgesetzt wurden oder sie
nicht vielmehr langsam aus den Lebensverhältnissen heraus entstanden
waren, ist ebenso wenig klar. Bekannt sind die Schilderungen Plutarchs,
auf die sich viele Autoren beziehen. Ihre Einseitigkeit und die darin
vorgenommene Mythisierung Lykurgs hat vor Jahren schon der Althi-
storiker Klaus Bringmann aufgezeigt (Bringmann 1999, S. 72 ff.). Borchert erwähnt darüber hinaus selbst, dass es sich in Sparta um eine
Herrschaftsform handelte, in der eine Minderheit, die Vollbürger (Spar-
tiaten), von den Anstrengungen einer Mehrheit, der Heloten (Sklaven),
lebten. Genau das mag der Grund sein, weshalb er den Vergleich heranzieht. Er ist der Auffassung, dass mit einem BGE die einen die anderen
versorgen (Kostgänger-Argument). Doch, was hat das nun mit einem
BGE gemein? Gerade die Sklavenhalterkonstellation wäre ausreichend
Grund gewesen, die Lage in Sparta nicht mit einem BGE in einer republikanischen Demokratie zu vergleichen, dass allen Staatsbürgern und
Personen mit Lebensmittelpunkt in Deutschland gewährt werden sollte.
Doch Borchert geht es wohl nur um eine Skandalisierung, dass nämlich
mit einem BGE die einen auf Kosten der anderen leben würden. Das
politische Gemeinwesen wird nur in der Dimension betrachtet, welchen Anteil an Erwerbstätigkeit jemand darin übernimmt. Den hane-
büchenen historischen Vergleich hätte er dazu nicht bemühen müssen,
er mag auf manchen Leser vielleicht suggestiv wirken.

Um solche Vergleiche anzustellen, muss das gegenwärtig diskutierte
BGE derart weit von seinen kulturellen Voraussetzungen abstrahiert
werden, dass es nicht mehr dasselbe ist. So werden andere Ideengeber
in die Ahnenreihe eingerückt, wie z.B. Thomas Morus, dessen Utopia
ebenfalls denkbar weit weg ist davon, worüber wir heute diskutieren.
Andere jüngere Darstellungen des BGE sind ebenfalls nicht frei von solch
unhaltbaren Vergleichen (z.B. Wagner 2009, der ebenfalls auf Sparta
verweist). Dass BGE-Befürworter womöglich meinen, es bedürfte solcher Vorläufer, um die vermeintlich lange Geschichte der Idee zu einem
Argument für die Einführung zu erheben, kann der Diskussion einen
Bärendienst erweisen.

Nicht anders verhält es sich mit dem nächsten von Borchert bemühten Beispiel. Die Speenhamland-Gesetzgebung im England des frühen 18. Jahrhunderts wird häufig als Beleg dafür angeführt, wohin es führen kann, wenn Arme durch ein Mindesteinkommen dauerhaft unterstützt werden. War das durch diese Gesetzgebung der Fall? Selbst ein schneller Blick auf Wikipedia hätte Borchert zur Vorsicht mahnen müssen. Das einzige Buch, auf das er sich – wie viele andere – für seine Einschätzung bezieht, ist Karl Polanyis »The Great Transformation« (Polanyi 1978 [1944]). Dieser kritisiert darin zwar die Rezeption der Speenhamland-Erfahrungen, wie andere jedoch verließ er sich auf die historischen Quellen, die zur Verfügung standen. Die herausragende dazu war ein Bericht der »Royal Commission« aus dem Jahre 1834 über die Folgen der Speenhamland-Gesetzgebung. Er wurde veröffentlicht kurz nachdem(!) die Gesetzgebung aufgehoben worden war. Fred Block und Margaret Somers widmen sich in ihrem Artikel »In the Shadow of Speenhamland« (Block/Somers 2003) der Quellenlage und ihrer Rezeption in der entsprechenden Literatur. Dieser Artikel ist online leicht aufzufinden und hätte von Borchert berücksichtigt werden können. Sie legen ausführlich dar, wie schlecht die Datenlage ist, wie lückenhaft die Dokumentation, wie sehr die spezifische Situation damals Folge der Industrialisierung und einer wirtschaftlichen Problemlage im Süden Englands war. Weiterhin gab es keine einheitliche Gesetzgebung, die es erlaubte, von Speenhamland als Ganzem zu reden und deswegen auch keine einheitliche Umsetzung. Darüber hinaus zeigen sie, wie sehr der Bericht der »Royal Commission«, auf den sich in der Rezeption meist bezogen wurde, mit feststehenden Theoremen arbeitete und lediglich auf Befragungen einzelner Personen in den jeweiligen Gemeinden (parishes) beruhte. Um ein BGE im heute diskutierten Sinne ging es in der Gesetzgebung gar nicht, allenfalls wäre der Begriff Kombilohn angemessen. Zuletzt ist es ein Anachronismus, die Situation zur Zeit Großbritanniens im frühen 18. Jahrhundert – wie schon im Falle Spartas – mit der heutigen in Deutschland zu vergleichen. Borchert jedoch verweist triumphierend auf die Befunde, die Polanyi anführt, um die Folgen eines BGE auszumalen. Soll man Borcherts Rezeption nun nachlässig, fahrlässig oder propagandistisch nennen?

Erich Fromm
Auf Erich Fromm, der sich in »Psychologische Aspekte zur Frage eines garantierten Einkommens für alle« (Fromm 1966) zur Sache äußerte, wird von Borchert nur verwiesen. Angeblich stelle er dort fest, dass die Menschheit für ein Grundeinkommen noch nicht reif sei (Borchert 2013, S. 216f.). Borchert ist nicht der erste, der sich auf diesen Artikel Fromms – der tatsächlich Vorbehalte äußerte – beruft.

Was schreibt Fromm darin?

> »Eine volle Wirksamkeit des Prinzips eines garantierten Einkommens für alle ist nur zu erwarten, wenn es gleichzeitig gekoppelt ist an (1.) eine Änderung unserer Konsumgewohnheiten, das heißt der Umwandlung des homo consumens in einen produktivtätigen Menschen (im Sinne Spinozas); (2.) die Herausbildung einer neuen geistigen Haltung des Humanismus (in theistischer oder nicht-theistischer Form) und (3.) eine Renaissance echter Demokratie (etwa in einem neuen Unterhaus, in dem die Entscheidung durch Integration der Beschlüsse von Hunderttausenden von kleinen Gruppen [face-to-face groups] zustande kommen, durch die aktive Beteiligung sämtlicher Mitarbeiter in allen Unternehmen und in jeder Art von Management usw. – vgl. meine Vorschläge am Ende von The Sane Society, 1955a, GA IV, S. 224-239).«

Fromm spricht nicht davon, dass solche Veränderungen Bedingung oder Voraussetzung für die Einführung eines Grundeinkommens (was er genau vor Augen hatte, ist nicht so klar) seien. Von fehlender Reife ist auch keine Rede. Lediglich hänge die »volle Wirksamkeit« davon ab. Das sind zwei paar Schuh. Eine Einführung könnte sehr wohl stattfinden und die Änderungen sich erst in der Folge ergeben, so lässt sich schlussfolgern. Anders als Borchert, der letztlich mit seiner Kritik dem Bürger die Mündigkeit abspricht, äußert sich Fromm gar nicht zur Frage der Einführung an dieser Stelle. An Fromms Einschätzung könnte durchaus Kritik geäußert werden, wenn er den Menschen in seiner Zeit nur als »homo consumens« sieht, nicht aber, dass auch damals schon die Menschen ihr Leben selbst in die Hand zu nehmen und die verschiedensten Entscheidungen über ihre Lebensführung zu treffen hatten. Seine Bemerkung zur Demokratie erinnert eher an seine deutsche Herkunft, wenn er Staatsbürger als tragendes Fundament eines Gemeinwesens nicht von Mitarbeitern eines Unternehmens unterscheidet. Demokratie ist nicht erst dann eine, wenn sie bestimmte Ziele erreicht hat, sondern wenn nach den ihr gemäßen Verfahren Entscheidungen des Souveräns – sei es parlamentarisch, sei es direktdemokratisch – zustande kommen. Über die Ziele wird immer gestritten werden, das ist ein wesentliches Moment von Demokratie.

Weiter heißt es bei Fromm:

> »Der Gefahr, daß ein Staat, der alle ernährt, zu einer Muttergottheit mit diktatorischen Eigenschaften werden könnte, kann nur durch eine gleichzeitig wirksame Vermehrung demokratischer Verfahren in allen gesellschaftlichen Bereichen begegnet {184} werden. (In Wirklichkeit verfügt ja heute der Staat bereits über außerordentliche Macht, ohne diese Möglichkeiten einzuräumen.)«

Worauf bezieht sich Fromm hier, was meint er? Wer ist der Staat? »Diktatorisch« kann ein Staat nur werden, wenn er dafür Rückhalt bei den Bürgern hat, das lehrt die Geschichte. Das lehrt auch der »Erfolg« der Agenda 2010. Genauso gilt, dass eine Demokratie nur lebendig ist, wenn die Bürger sie ernst nehmen und sie als ihre Angelegenheit begreifen. Würde Fromms These auf die Verhältnisse in Deutschland umgelegt werden, müsste man sagen: Die Haltung, das andere stets zu ihrem Glück gezwungen oder mit deutlich bevormundenden Mitteln dahin gedrängt werden müssen – sei es durch den Markt als Erziehungstechnik oder die paternalistische Fürsorge – diese Haltung ist sehr verbreitet. Deswegen ist die Lage, wie sie ist. Es liegt also nicht an dem »Staat«, das wäre nur ein Abschieben der Verantwortung auf andere. Der Staat macht, wohin er durch Mehrheiten geführt wird.

Dieser Abschnitt bei Fromm hat also in der Tat etwas Selbstentmündigendes, denn es gilt nicht, zu warten, bis der »Staat« etwas einräumt, die Bürger müssen es sich auf demokratischem Wege verschaffen. An einer aktuellen Entwicklung sei das veranschaulicht. Wer sich mit Bürgerbeteiligungsverfahren zufrieden gibt, will keine stärkeren Abstimmungsmöglichkeiten, wie die Schweiz sie z.B. vorsieht. Bürgerbeteiligungsverfahren, wie sie heute häufig eingesetzt werden, täuschen etwas vor (dass Bürger intervenieren könnten), was sie nicht einlösen. Daher rührt vielerorts die Verärgerung über sie. Diese Verfahren schwächen die Demokratie sogar, weil sie die Unverbindlichkeit der »Beteiligung«, des Äußerns von Wünschen, höher veranschlagen als das gesetzesinitiierende Abstimmen. Außerdem: Bürger müssen nicht »beteiligt« werden, sie sind das Fundament der politischen Ordnung und von daher schon immer »beteiligt«.

Es gibt noch eine weitere Passage in dem Text Erich Fromms, die häufig zitiert wird (so auch von Franz Segbers)[56]:

> »Mit den ökonomisch orientierten Forschungsarbeiten auf dem Gebiet des garantierten Einkommens für alle müssen auch noch andere Forschungen betrieben werden: psychologische, philosophische, religiöse und erziehungswissenschaftliche. Der große Schritt zu einem garantierten Einkommen wird meiner Meinung nach nur Erfolg haben, wenn Veränderungen in anderen Bereichen mit ihm Hand in Hand gehen.«

Wie schon oben macht Fromm diese Forschungsarbeiten nicht zur Voraussetzung der Einführung eines GE, er hält sie nur für wichtig, damit ein GE Erfolg haben könne. Es kann also keine Rede davon sein,

---

56 Siehe »Pädagogisierende Entmündigung oder praktizierte Demokratie«, S. 39 ff.

dass Fromm salopp gesprochen, die Bürger nicht für reif halte, wie Borchert schreibt, er hat nur Vorbehalte, ob ohne solche Veränderungen es zur vollen Wirksamkeit gelangen könne.

Fromm übersieht hierbei, dass in den USA zu dieser Zeit der demokratische Nationalstaat schon bestand und um seine Deutung gerungen wurde. Es war die Zeit der Bürgerbewegung, der Kritik von Rassendiskriminierung. Der homo consumens war also damals schon nur ein Aspekt des Lebens, nicht das ganze. Mit dem Verweis auf Fromm hat Borchert sich einen Bärendienst erwiesen.

Finanzierung

Zur Finanzierungsfrage äußert Borchert sich ähnlich salopp: »Auch die Tatsache, dass viele Modelle schon vom reinen Verteilungseinkommen her die Grenzen des Volkseinkommens sprengen, kann die Jünger der Idee kaum bremsen« (Borchert 2013, S. 217). Welche Jünger meint er denn und welche Modelle? Da keine Quellen angegeben werden, ist die Kritik nicht nachvollziehbar, sorgt aber in ihrer Pauschalität dafür, beim unbefangenen Leser den Eindruck zu erwecken, die Sache sei nicht durchdacht. Es gibt nun verschiedene Finanzierungsberechnungen und ihre Brauchbarkeit bzw. Tragfähigkeit ist umstritten. Dass Finanzierungsberechnungen stets nur ceteris paribus gelten, wie er schreibt, ist eine Binsenweisheit und keine große Einsicht. Borchert baut einen Popanz auf, um seine eigene Position zu stärken.

Menschenbild

Die Debatte über das Menschenbild komme einer »quasi-religiösen Arena« gleich (Borchert 2013, S. 217). Speenhamland habe doch in »aller Deutlichkeit« gezeigt, wohin ein BGE führe. Erstaunlich ist, wie Borchert auf seinem Vergleich von Äpfeln mit Birnen beharrt. Dass es einer Wertschöpfung bedarf, damit ein BGE bereitgestellt werden kann, bestreitet kein seriöser Befürworter. Borchert unterstellt jedoch genau, dass solche Überlegungen gar nicht angestellt werden. Was er als »quasi-religiöse Arena« geißelt, bestätigt er mit seinen Ausführungen selbst. In der Tat ist die Frage, welche Auswirkungen von einem BGE zu erwarten sind, eine des Menschenbildes, aber nicht eines ausgedachten oder herbeigesehnten, sondern des real vorfindlichen. Das Menschenbild der Demokratie[57] (Liebermann 2012 c) setzt gerade voraus, was Borchert für so abwegig hält, obgleich er auf seine Bedeutung an anderer Stelle selbst verweist.

---

57 Siehe »Das Menschenbild des Grundeinkommens«, S. 15 ff.

Arbeitsverpflichtung
Aufschlussreich für Borcherts Haltung ist die Passage, die der vorangehenden direkt nachfolgt:

> »Es ist ja richtig, dass sich industriell mit minimalem Einsatz von Arbeitskraft ein maximaler Überschuss an Konsumgütern herstellen lässt. Das gilt aber nicht für den Pflegebereich, Gesundheitsdienstleistungen und die Landwirtschaft. Bei Ersteren steigen die Bedarfe sogar exponentiell an; humane Pflege bedeutet das Schenken von Zeit, und das lässt sich naturgemäß nicht rationalisieren. Ähnliches gilt für den Fall, dass die Geburtenzahlen wieder steigen sollten, auch für die Betreuung, Erziehung und Ausbildung von Kindern, denn diese haben sogar einen noch höheren Bedarf an individueller Zuwendung.« (Borchert 2013, S. 218)

Die Beschreibung der unterschiedlichen Leistungen, Produktion und Personendienstleistung bzw. familiale Fürsorge, sind zutreffend. Doch, was folgt daraus? Gerade für die von ihm genannten Tätigkeiten bedarf es Mitarbeiter, die sich gerne in den Dienst der Bedürfnisse anderer stellen. Jemanden in einen solchen Beruf zu drängen, würde genau das Gegenteil dessen erreichen, was gut wäre. Wenn aber nicht frei gewählt werden kann, sondern dies unter der Verpflichtung geschieht, Einkommen erzielen zu müssen, ist das für die Ausübung des Berufs von Nachteil. Borchert, ohne das auszusprechen, argumentiert zwischen den Zeilen wie diejenigen, die beklagen, mit einem BGE würden die unangenehmen oder anstrengenden Tätigkeiten nicht mehr gemacht werden. Ja, wollen wir denn, dass Leute diese Tätigkeiten übernehmen, die sie nicht ausüben möchten? Wem wäre damit gedient? Wenn der Bedarf an Mitarbeitern in diesen Bereichen nicht gedeckt werden kann, dann bleibt nur, offensiv dafür zu werben und notfalls eine öffentliche Debatte anzustoßen, um Menschen dafür zu gewinnen, sich in diesem wichtigen Bereich zu engagieren, das gilt auch heute. Weshalb fällt kein Wort über die schlechten Arbeitsbedingungen in der Pflege, über den relativ geringen Lohn, die Anstrengungen? Das wäre auch eine Erklärung dafür, weshalb manche in diesem Beruf nicht mehr tätig sein wollen.

Europa
Was die Rechtslage in Europa betrifft, das Europarecht, das Borchert (Borchert 2013, S. 219 f.) geltend macht, haben wir im vergangenen Jahr gerade eine Diskussion darüber erlebt, wie es sich mit Arbeitslosengeld II-Leistungen für EU-Bürger in Deutschland verhält. Bislang gibt es keine harmonisierte Sozialpolitik, deswegen ist eine nationalstaatliche Einführung möglich (Brenner 2011).

Gegen Ende des Abschnitts trumpft Borchert nochmals auf. Er schreibt:

> »Die Prüfung des BGE fördert als Erstes nämlich die einfache Feststellung zutage: Das BGE ist in Wahrheit nicht bedingungslos und kann es gar nicht sein! Ganz einfach deshalb, weil es mit der Bedingung steht und fällt, dass ein Teil der Bürger für den Lebensunterhalt anderer Bürger zahlt. Dabei ist der Freiheit der einen zum Erwerbsverzicht denknotwendigerweise die Unfreiheit der anderen komplementär, die zahlen und abgeben müssen. Die einen sind gleicher, die anderen dafür unfreier …«

Die einen, so ließe sich das umformulieren, leben auf Kosten der anderen. Die Last wird nur bei denen gesehen, die erwerbstätig sind, als seien diese Leistungen das Herausragendste überhaupt. Was ist mit den anderen, die in diese Bilanz gar nicht einbezogen werden: Familie, bürgerschaftliches Engagement? Dass diesem bilanzierenden Blick ohnehin eine Gemeinschaft von Bürgern fremd ist, in der immer alle für alle einstehen müssen und von ihnen abhängig sind, kommt ihm gar nicht in den Sinn. Zu bilanzieren, wer was leistet, ist Symptom für ein Problem, und zwar dafür, dass Solidarität wie ein Vertrag mit festgelegten Leistungszwecken missverstanden wird. Das erforderte genau eine Debatte über das Gemeinwesen und die notwendige Solidarität, nicht aber ein Bilanzdenken, an dem Solidarität zerbrechen kann.

> »Diesen Grundkonflikt verbergen manche Befürworter des BGE wie Nebelkrähen ihre Ostereier, indem sie die »staatliche Gemeinschaft« für das BGE verantwortlich machen, die erst einmal allen das Gleiche zahlen und später dann mit deren wachsenden Einkommen verrechnen soll, sofern sie welche erzielen.«

Borchert hat wohl eine Negative Einkommensteuer vor Augen, die allerdings gerade kein BGE ist.[58] Oder meint er nur das Verhältnis von Nettozahler und -empfänger von Steuern, dass also bei steigendem Einkommen in Abhängigkeit von der Steuerart der Umfang an gezahlten Steuern den Umfang an in Gestalt des Grundeinkommens erhaltenen Steuern übersteigt? Wie im ganzen Kapitel zum BGE bleibt im Dunkeln, auf welche Überlegungen er sich bezieht. Zahlreiche Veröffentlichungen und öffentliche Stellungnahmen zum BGE sagen ausdrücklich, dass nichts bereitgestellt werden kann, was nicht auch hervorgebracht wird, es ein BGE nicht ohne Wertschöpfung geben kann. Das kümmert

---

58 Siehe »Bedingungsloses Grundeinkommen und Negative Einkommensteuer – ein und dasselbe?«, S. 235 ff.

Borchert nicht, er fällt in seiner Undifferenziertheit hinter manchen Kritiker zurück. Davon abgesehen: das Verhältnis von Nettoempfänger und -zahler besteht immer, auch heute. Weiter heißt es:

> »Das genau ist aber die Bedingung. Der Staat spielt im Märchen vom BGE [oder eher von Borchert?, SL] damit die transzendentale Wunderkuh, die im Himmel gefüttert und auf Erden gemolken wird. In Wahrheit sind wir jedoch alle dieser Staat, und jeder von uns hat prinzipiell die gleichen Rechte und Pflichten, muss deshalb prinzipiell auch immer gleichzeitig Verantwortung für sich und andere tragen…« (Borchert 2013, S. 222)

Dem letzten Teil des Zitats würde sicher kaum jemand widersprechen. Und in der Tat: es gibt BGE-Befürworter, denen das nicht klar ist oder die davon nichts wissen wollen. Was aber hat das mit der Idee zu tun? Würde Borchert deswegen, weil es der Wertschöpfung bedarf, folgern, Erwerbstätigkeit und Konsum, denn vor allem von ihnen hängt das Steueraufkommen ab, seien der höchste Zweck eines Gemeinwesens? Alles, was nicht Erwerbstätigkeit ist, ist nichts? An anderen Stellen des Buches spricht er davon, wie sehr Familien z.B. von der Vorherrschaft der Erwerbstätigkeit bedrängt werden und was von früher Krippenbetreuung zu halten sei (Borchert 2013, S. 73 f., S. 32 f.). In anderen Äußerungen (Borchert 2005) begrüßt er die elitäre Elterngeldpolitik und akzeptiert die Zweiklassenelternschaft, die dadurch geschaffen wird. Das überrascht. Dafür, dass er Familien als Familien ernst nimmt, könnte ihm zugestimmt werden. Genau, müssten wir ihm zurufen, das spricht für ein BGE und nicht dagegen. Es scheint jedoch, als halte er an der Vorstellung fest, dass es für die Kinder und das Familienleben als ganzes nur wichtig sei, die Mutter zuhause zu haben, nicht aber den Vater. Die Verbindung zum BGE nicht zu sehen, daran kann ihn nur sein Weltbild hindern, nicht aber, was er teils selbst ausführt.

> »Wer sich selbst helfen kann, muss dies in unserer Werteordnung [Borchert greift hier auf das Grundgesetz zurück, SL] also tun und darf nicht andere dafür verantwortlich machen. Zahlungen des Staates an Bürger, die zur Selbsthilfe in der Lage sind, sind damit denknotwendig ausgeschlossen.« (Borchert 2013, S. 223)

Und der Grundfreibetrag in der Einkommensteuer? Ist er nicht auch eine indirekte Zahlung? Dürfen ihn diejenigen nicht geltend machen, die zur Selbsthilfe in der Lage sind? Weiß Borchert nicht, dass es ihn gibt? Kaum vorstellbar. Doch auch andere, wie Heiner Flassbeck (Flassbeck 2006), argumentierten vor Jahren schon ähnlich und meinten, weshalb denjenigen etwas geben, die es nicht brauchen. Sie erhalten es indes heute auch, weil das Gemeinwesen es mit guten Gründen will.

Weshalb ihnen also ein BGE vorenthalten? Der Grundfreibetrag in der Einkommensteuer leitet sich von der Verantwortung des Gemeinwesens ab, ein Existenzminimum bereitzustellen. Es ist keine steuertechnische Spielerei, vielmehr folgt es aus der Verfasstheit des Gemeinwesens als Gemeinschaft von Staatsbürgern. Und deren Stellung ist auch material zu schützen.

Borcherts Buch, in dem er nur auf wenigen Seiten auf das BGE eingeht, bietet in den anderen Kapiteln manch interessante Überlegung. Seine Ausführungen zum BGE bezeugen allerdings, dass er es schlicht loswerden will. Es passt ihm nicht, und zwar so wenig, dass er sich nicht einmal damit ernsthaft auseinandersetzt.

»Die Panik der Babyboomer« 2025 werden alle Arbeitskräfte benötigt – ja, und?

Ulrike Herrmann (Herrmann 2012) machte vor wenigen Jahren auf einen Zusammenhang aufmerksam, den vor Augen zu führen sich lohnt – er gilt gleichermaßen für jede Generation und auch für die Verfasserin, wie wir noch sehen werden. Die Babyboomer – statistisch die Geburtsjahrgänge zwischen 1954 bis 1969 – sind unter bestimmten Bedingungen mit bestimmten Problemlagen und Möglichkeiten aufgewachsen. An ihnen hat sich ihr Weltbild, ihre Vorstellung davon, wie es sein soll und wo Probleme lauern, gebildet. Diese Vorstellungen prägen ihren Blick auf die Wirklichkeit und können dazu führen, sie in eine bestimmte Richtung zu deuten, in eine andere nicht. In der Soziologie wird dieses Phänomen unter anderem mit einem generationsspezifischen Habitus erklärt. Ulrike Herrmann schreibt:

> »So schön können Prognosen sein: Die Vollbeschäftigung naht. Spätestens ab 2025 gibt es für jeden eine Stelle. Denn die demografische Uhr tickt. Die Babyboomer wechseln in die Rente, während kaum noch Jugendliche nachwachsen. Da wird jeder gebraucht.«

Aufgrund der demografischen Entwicklung sei die Massenarbeitslosigkeit demnächst vorbei, das zumindest prognostizierten Forscher des Instituts für Arbeitsmarkt- und Berufsforschung (IAB 2011). Es handelt sich also nicht um harte Fakten, die untersucht werden konnten, wie es bei Untersuchungen der Fall ist, deren Gegenstand in der Vergangenheit liegt. Es geht um die Zukunft. Wie es für Prognosen notwendig ist, stützen sie sich auf bestimmte Annahmen, von denen wir nicht wissen, ob sie in Zukunft tatsächlich gelten werden. Ulrike Herrmann schreibt weiter:

Wunderbar, Entwarnung, alles wird gut. Vollbeschäftigung in 2025, noch nie so viel Verhandlungsmacht für Arbeitnehmer angesichts des ausgerechneten Arbeitskräftemangels – das ist ungefähr die Botschaft. Aber was heißt das genau? Wir erfahren in dem Artikel nichts darüber, wie sich die Produktivität entwickeln wird, wir erfahren auch nichts darüber, wie groß das noch nicht genutzte und neu entstehende Potential an Automatisierungsmöglichkeiten ist bzw. sein wird. Womöglich sagt die Studie, auf die sie sich beruft, dazu ebenfalls nichts, wie sollte sie auch? Es wird immer nur von Arbeitskräften gesprochen, doch deren Zahl ist für den Wertschöpfungsprozess nur bedingt aussagekräftig, entscheidend ist das aufzuwendende Arbeitsvolumen – und das ist in einem langen historischen Trend vor allem gesunken.[59] Das ist Frau Herrmann bekannt, denn wiederholt hat sie auf die Sonderbarkeiten der Arbeitslosenstatistik hingewiesen, auf die Parallelwelt statistischer Artefakte und das Wegdefinieren von Arbeitslosen.

Und was heißt es schon, wenn statistisch betrachtet, jeder eine Stelle finden könnte? Nichts, denn ob die Stelle seinen Fähigkeiten und Fertigkeiten, seinen Interessen und Neigungen entspricht, darüber kann nur der Einzelne befinden. Erkennbar ist an der begeisterten Begrüßung von Vollbeschäftigung eines auf jeden Fall: die Überhöhung von Erwerbstätigkeit.

Produktivität und Effizienz von Arbeitsabläufen sowie das Innovationspotential hängen erheblich von den Erwerbsarbeitsbedingungen ab, ob sie leistungsfördernd oder -hemmend sind. Wenn diese sich verbessern, könnte es sein, dass die Entspannung, die hier gefeiert wird, anders ausfiele. Das ist aber nicht vorauszusehen. Trotzdem heißt es weiter:

Gehen wir nun einmal als Gedankenexperiment davon aus, die Prognose träfe ein, dass alle gebraucht würden, was wäre daraus zu schließen? Nun, die Verhandlungsmacht der Mitarbeiter würde in der Tat größer; das könnte zu einer Verbesserung der Arbeitsbedingungen führen, was wiederum für die Innovationsdynamik und Produktivität förder-

---

59 Siehe »Geht der Gesellschaft die Arbeit aus?«, S. 147 ff.

lich wäre. Die Bedingungen, unter denen Erwerbstätigkeit, stattfände, wären erheblich besser als heute.

Was würde diese Entwicklung in keiner Weise verändern, wem würde sie nichts helfen? Das Gemeinwesen hielte an einer Solidaritätsvorstellung fest, in deren Zentrum der Erwerbstätige steht. Er stünde nach wie vor über dem Bürger; Erwerbstätigkeit bliebe der höchste Beitrag zum Gemeinwohl. Eltern hülfe es nichts, die mehr Zeit für ihre Kinder wünschen, um mit ihnen zuhause sein zu können, wenngleich es womöglich einfacher würde, über Teilzeitanstellungen zu verhandeln. Doch Teilzeiterwerbstätigkeit hat aufgrund des hohen organisatorischen Aufwands ihre Tücken (Garsoffky/Sembach 2014). Allen hülfe es nichts, die nicht in Erwerbstätigkeit, sondern in bürgerschaftlichem Engagement ihre Erfüllung sähen. Erwerbseinkommen zu erzielen, bliebe erste Bürgerpflicht, alle anderen Tätigkeiten verblieben weiterhin im Status normativer Degradierung. Um einem Missverständnis vorzugreifen: Selbstverständlich benötigt es standardisierte Güter und Dienste in Zukunft; es benötigt aber noch mehr das andere Engagement, denn ohne Familien keine Bürger und auch keine Erwerbstätigen. Wie sehr der Blick auf Erwerbstätigkeit beschränkt bleibt, zeigt folgende Passage:

> »Völlig abseitig ist auch die »Herdprämie«, mit der die CSU Mütter belohnen will, die ihre Kleinkinder zu Hause betreuen. Denn schon bald wird allen auffallen – selbst den Bayern –, dass die Frauen als Arbeitskräfte gebraucht werden. Die »Herdprämie« ist ein Auslaufmodell, noch bevor sie eingeführt wurde.«

Sie schüttet das Kind mit dem Bade aus und gibt Einblick in ihre Vorstellungen von Familie. Statt zu kritisieren, dass das Betreuungsgeld noch zweckgebunden (wie das Elterngeld) und auch viel zu niedrig ist; dass es sich um eine haushaltsbezogene- und nicht um eine auf das Individuum gerichtete Leistung handelt, kritisiert sie, dass »Mütter« (das Betreuungsgeld richtet sich genauso an Väter!) damit für die Betreuung von Kindern unter drei Jahren zuhause belohnt werden sollen. »Völlig abseitig«, wie sie schreibt, ist das nur, wenn Erwerbstätigkeit über elterliche Fürsorge gestellt, wenn also Erwerbstätigkeit der Vorrang gegeben wird. In aller Konsequenz heißt das auch einzustimmen in den Chor derer, die jede Fremdbetreuung für besser halten als die Fürsorge durch die Eltern zuhause – wir reden von Kindern unter drei Jahren. Sorgen, die sie sich dabei über die Verfügbarkeit von Arbeitskräften in der Zukunft macht, übersehen, wohin schon heute Kindertagesstätten tendieren. Betreuungsangebote von 25 (mindestens) bis zu 45 Stunden in der Woche (auch für unter Dreijährige) erinnern an sozialistische Versuche, die »bürgerliche Familie« zu zerstören und den Einfluss der Eltern zu minimieren. Alle Befunde (Scheerer 2009, Largo 2010, Ahnert

2010, Brisch 2014) aus der Bindungsforschung, die darauf hinweisen, dass Eltern für eine gesunde affektive und kognitive Entwicklung an erster Stelle stehen, werden ignoriert – aus ideologischen Gründen offenbar. So kann nicht gesehen werden, dass gerade eine lebendige Familie die beste Voraussetzung für einen gelingenden Bildungsprozess ist. Ein gelungener Bildungsprozess hat auch Folgen für die Leistungs- bereitschaft und -fähigkeit. Die Arbeitswelt der Zukunft benötigt in sich gefestigte, autonome Mitarbeiter, die sich in neue, unbekannte Pro- blemlagen eigeständig hineindenken können, um Lösungen zu entwi- ckeln. Routinisierbare Tätigkeiten werden weiterhin standardisiert und langfristig automatisiert – da besteht kein Zweifel.

Will man also Familien stärken, müssen die Entscheidungsmög- lichkeiten von Eltern erweitert werden. Die direktive Familienpolitik, die wir betreiben, sollte aufgegeben werden. Mit einem BGE wäre die Entscheidung darüber, wie Eltern Aufgabe und Herausforderung von Elternschaft annehmen wollen, ganz ihnen übertragen. Über Fami- lie würden wir anders reden und diskutieren, wenn die Idolatrie von Erwerbsarbeit einmal überwunden wäre.

Herrmann hingegen sieht diese Seite nicht:

> »Niemand kann sich den neuen Fronten im Verteilungskampf ent-
> ziehen, wenn Vollbeschäftigung herrscht: Die Erwerbstätigen er-
> wirtschaften das Volkseinkommen – und mit ihnen wird man aus-
> handeln müssen, wie viel davon an die Kapitaleigner und also an die
> fleißig sparenden Rentner der Zukunft fließt.«

An dieser Haltung erkennen wir deutlich, woran unser Gemeinwesen leidet, weshalb wir nicht vom Fleck kommen. Unbegriffen wirkt eine Deutung von Bürger und politischer Gemeinschaft fort, die den Bür- ger zum Erwerbstätigen degradiert, den Erwerbstätigen hingegen zum Zentrum des Gemeinwesens erhebt. Über diejenigen, die sich fürsorg- lich um ihre Kinder kümmern und auf Anerkennung wie berufliches Fortkommen verzichten; über diejenigen, die durch bürgerschaftliches Engagement dazu beitragen, dass es überhaupt viele Dienste in unserem Gemeinwesen gibt, die als marktförmige nicht existieren würden – über sie alle wird keine Silbe verloren. Wahrlich eine »verkehrte Welt«, in der die Bürger als Kostgänger der Erwerbstätigen verstanden werden.

Wir sehen hieran, wo die tatsächlichen Hürden zur Einführung eines BGE bestehen, die genommen werden müssen. Es sind nicht »die Rei- chen«, es sind nicht die »Kapitalisten« oder sonst welche Interessen- gruppen oder -konstellationen. Es ist der einfache Umstand, dass dem Bürger nicht die ihm gebührende zentrale Stellung im Gemeinwesen ein- geräumt wird – er wird dem Erwerbstätigen untergeordnet, wie Ulrike Herrmann bezeugt.

»Konstruktionsfehler« des Grundeinkommens oder der Einwände dagegen?

Jens Berger, Redakteur der Nachdenkseiten, bemühte sich in einem Beitrag, den oder die »Konstruktionsfehler« (Berger 2012) des BGE in Sachen Finanzierung offenzulegen.[60] Eine solche Betrachtung erübrige es, wie er schreibt, »ethische« Aspekte überhaupt erst in Erwägung zu ziehen. Der Autor, wie auch seine Mitstreiter, leiteten ihre Kritik früher durchaus breiter her. Wie schon beim Artikel von Heiner Flassbeck und Kollegen (Flassbeck et al. 2012)[61], der die Erscheinung des Buches *Irrweg Grundeinkommen* begleitete, handelt es sich bei genauer Betrachtung eben doch nicht bloß um Finanzierungseinwände.

Was schreibt Jens Berger zwei Jahre nach seiner ersten Kritik?[62]

> »In der Diskussion über das BGE wird sich zwischen Befürwortern und Gegner lebhaft darüber gestritten, ob die Menschen nach der Einführung des BGE überhaupt noch die Motivation haben, arbeiten zu gehen und damit die Verteilungsmasse zu erwirtschaften, aus der das BGE finanziert wird. Doch bereits dieser Streit ist ein Beispiel dafür, dass die Diskussion einem entscheidenden Denkfehler aufsitzt.«

Ein Denkfehler also auch des Autors selbst? Zumindest hielt er genau diese Diskussion in seinem Beitrag vor zwei Jahren noch für wichtig (Berger 2010). Interessant ist, dass die Auseinandersetzung um die Frage nach den Voraussetzungen von Leistungserbringung damit einfach umgangen wird und in der Folge wohl auf die Finanzierungstechnik unter Zuhilfenahme eines Berechnungsmodells reduziert werden soll. Sie scheint, so klingt das hier, derart leicht zu beantworten, dass die andere gar nicht mehr betrachtet werden muss. Wirtschaftliche Zusammenhänge werden damit von kulturellen Voraussetzungen und normativen Gefügen abstrahiert. Doch alles Abstrahieren ändert nichts daran, dass die Finanzierungsfrage, elementar betrachtet, immer die Frage nach der Leistungserbringung, also der Leistungsbereitschaft und ihrer Grundlagen ist. Berechnung setzt Daten voraus, mit denen sich rechnen lässt. Diese Daten werden nach bestimmten Verfahren erhoben, die schon die Daten beeinflussen, mit denen dann gerechnet wird. Letzt-

---

60 Dieser Beitrag von Jens Berger hat zahlreiche Kommentare hervorgerufen, die auf der Website des Netzwerk Grundeinkommen dokumentiert sind. Darunter finden sich auch solche von Lesern der Nachdenkseiten, siehe: https://www.grundeinkommen.de/26/11/2012/nachdenkseiten-beim-grundeinkommen-gedankenlos.html

61 Siehe »Die falsche Solidarität…«, S. 200 ff.

62 Siehe »Die Schattenseiten des Grundeinkommens«, S. 108 ff.

lich sind solche Daten der Versuch, Resultate menschlichen Handelns in einer konkreten Kultur in irgendeiner Weise methodisch zu erfassen. Um erfasst werden zu können, muss zuerst eine Wirklichkeit entstanden sein, die untersucht wird. Abstrahiert man von der Kultur und dem Wertgefüge, auf deren Hintergrund sie entstanden sind, lässt sich nicht verstehen, was die Daten aussagen. So trivial das klingt, so trivial ist es auch. Berger scheint diesen Zusammenhang nicht für relevant zu halten. Worin besteht nun der »Denkfehler«, den er attestiert?

> »Ohne dies explizit zu sagen, setzt man bei der Diskussion immer den Nettolohn (bzw. die erhaltenen Netto-Transferleistungen) mit der Höhe des BGE gleich. Dieser Denkfehler verbaut jedoch eine tiefgreifendere Sicht auf die Konstruktionsfehler des BGE«

Warten wir, was kommt.

> »Eine der zentralen Fragen des BGE ist die Finanzierung der Transferleistungen. Bei einem BGE in Höhe von 1.000 Euro pro Kopf und Monat für 81 Millionen Menschen müssten immerhin rund 972 Mrd. Euro umverteilt werden«

So weit, so gut. Keine große Einsicht ist hier zu erkennen, denn dieser Zusammenhang ist seit Jahren in Berechnungen zum BGE nachzulesen und wurde zu Beginn der Diskussion vor zehn Jahren schon aufgeworfen.

> »Befürworter des BGE argumentieren an dieser Stelle gerne, dass der Staat ja heute bereits mehr als 750 Mrd. Euro für Sozialtransfers bezahlt, das Defizit also »lediglich« bei rund 220 Mrd. Euro läge«

Berger bezieht sich hier sicher auf das Sozialbudget, in dem unter anderem alle Leistungen sozialer Sicherung zusammengefasst werden. Es mag Befürworter geben, die diese Leistungen dem »Staat« zuschreiben, es gibt ebenso andere, die darauf hinweisen, dass es um eine Summe aus Leistungen geht, zu denen genauso die Sozialbeiträge gehören wie auch die Einkommen in der Sozialverwaltung. Aber aufgepasst, hier wird ein Einwand durch Vereinseitigung vorbereitet.

> »Dies ist jedoch Augenwischerei, da lediglich 35% dieser Transfers aus dem Staatshaushalt gezahlt werden[63] [...], während der Rest über die Sozialbeiträge (z.B. Renten- und Arbeitslosenversicherung) erhoben wird. Selbst bei großzügiger Berechnung würde der Staat demnach »nur« 35% der gesamten Sozialtransfers und somit 260 Mrd. Euro einsparen, wenn sämtliche Sozialtransfers wegfielen.«

63 Berger verweist hier im Original auf das Statistische Taschenbuch der Versicherungswirtschaft 2011. Siehe auch Datenreport 2011, Kap. 9.4.

Für die Transfers trifft zu, was Berger schreibt, wenn mit »Staat« steuerfinanzierte Leistungen gemeint sind, die im Sozialbudget aufgeführt werden. Weshalb aber sollte es nur um diesen Anteil gehen und nicht auch um die Leistungen aus Sozialabgaben? Vor allem könnte das BGE gerade die Leistungen aus Sozialabgaben bis zu seiner Höhe oder sogar ganz ersetzen. Das würde letztlich eine Umschichtung bedeuten, wenn z.B. Rentenanwartschaften teils durch ein BGE, teils durch die Rentenversicherung erfüllt würden. Das BGE würde, wenn man so will, in die Renten heutiger Art hineinwachsen. Der Autor will diese keinesfalls antasten, einige BGE-Befürworter hingegen schon. Bedürfte es ihrer noch, wenn es ein ausreichend hohes BGE gäbe? Es geht um die grundsätzliche Frage, ob Leistungen relativ zum Erwerbseinkommen (Arbeitslosengeld I, Rente) oder pauschal bereitgestellt werden. Berger argumentiert hier auf der Basis seiner Wertvorstellung, die erwerbsbezogenen Beiträge beizubehalten, das ist sein gutes Recht, verleitet ihn aber dazu, die Sozialbeiträge nicht einzubeziehen. Wie hätte seine Einschätzung ausgesehen, wenn er diese einbezogen hätte?

Nach Angaben der Deutschen Rentenversicherung (Deutsche Rentenversicherung 2014) zur (Alters-)Durchschnittsrente werden die Vorteile eines BGE deutlich. Während die Standardrente, ein Rechenmodell des idealen Rentners, im Jahr 2014 in den alten Bundesländern 1287 Euro beträgt, sind es im Osten nur 1187 Euro. Die Durchschnittsrente hingegen, also die tatsächlich gezahlte Rente, liegt erheblich darunter. Sie betrug im Jahr 2013 in den alten Bundesländern 714 Euro (Männer 913 Euro, Frauen 505 Euro) und in den neuen 858 Euro (Männer 915 Euro, Frauen 786 Euro). Im Verhältnis dazu verbesserte ein BGE in einer Höhe von 1000 Euro statistisch betrachtet die Lage aller. Anwartschaften, die das BGE überschreiten, könnten weitergeführt, sie könnten aber auch, wenn es politisch gewollt wäre, umgewandelt werden. Bezogen auf die Durchschnittsrente stellte ein BGE die große Mehrheit der Rentner besser.

> »Bei einem BGE-Transfervolumen von 972 Mrd. Euro bestünde somit ein Finanzierungsdefizit von rund 712 Mrd. Euro. Im letzten Jahr lagen die gesamten Steuereinnahmen des Staates bei 573 Mrd. Euro. Woher soll der Staat die zusätzlichen Mittel nehmen?«

Folgerichtig, weil nur ein bestimmter Teil des Sozialbudgets berücksichtigt wird, wird die entsprechende Schlussfolgerung gezogen. Er hätte aber auch anders rechnen können, wie oben angedeutet. Entscheidend für die Finanzierung eines BGE aus dem volkswirtschaftlichen Leistungszusammenhang ist das Nettonationaleinkommen. 2010 betrug es 2178 Mrd. Euro (Datenreport 2011, S. 76). Darauf haben in der Debatte schon andere hingewiesen. Die Frage ist letztlich, welcher

Anteil dieses Einkommens für öffentliche Zwecke durch Steuern und durch welche abgeschöpft, welcher für private in Gestalt von Löhnen vorgesehen wird. Es geht um ein Teilungsverhältnis zwischen öffentlicher und privater Hand. Die Finanzierungsfrage ist, wie dies deutlich macht, eminent politisch. Bei Berger hingegen findet sich kein Bezug auf das Nettonationaleinkommen. Warum nicht?

> »Vor allem bei BGE-Befürwortern aus dem linken Lager ist die Vorstellung weit verbreitet, dass das BGE von ›denen da oben‹ finanziert werden könnte. Doch so einfach ist das nicht. Laut Einkommensteuerstatistik gibt es in Deutschland 1,27 Mio. Haushalte mit Brutto-Einkünften von mehr als 100.000 Euro pro Jahr. Zusammengenommen erzielten diese Haushalte Einkünfte in Höhe von 270 Mrd. Euro. Selbst wenn man diesen Haushalten jeden Euro, der über ein Haushaltsnettoeinkommen von 70.000 Euro hinausgeht, mit 100% besteuern würde, käme man lediglich auf 181 Mrd. Euro Steuereinnahmen – 127 Mrd. Euro mehr als heute.«

Das wirft einen interessanten Blick auf den Ansatz, das BGE über eine Besteuerung höherer Einkommen zu finanzieren, folgt aber ganz der obigen Blickbeschränkung, weil manche Dinge einfach nicht sein dürfen. Vollkommen unreflektiert bleibt der Zusammenhang, dass die Besteuerung höherer Einkommen nur ein Schein ist. Denn der abgeschöpfte Steuerbetrag gehört (zumindest bei Lohn- oder Gehaltseinkünften) zu den Bruttokosten des Arbeitgebers und muss letztlich über den Absatz finanziert werden. Für einen Angestellten ist sein Netto-Gehalt entscheidend. Würde also die Besteuerung erhöht, würde er womöglich versuchen, sein Nettogehalt neu zu verhandeln. Gerade in den oberen Lohngefilden ist das am ehesten möglich. Selbständige müssten die Preise für ihr Angebot anders kalkulieren, wenn sie dasselbe Nettoeinkommen zur Verfügung haben wollten. Alle formalen Rechenexperimente mit einer Einkommensteuer müssen in Betracht ziehen, wie und wo diese Steuer tatsächlich zur Wirkung gelangt. Wer sie abführt, ist nicht der, der sie trägt. Entscheidend bleibt zuletzt, wer die Last trägt, wie die Steuererhöhung effektiv wirkt. Wenn es sich so verhält, dass immer der Verbraucher die Steuerlast trägt, dann sind die Argumente für eine Verbrauchs- oder Konsumsteuer (Werner 2007, Hardorp 2008) überzeugend.

> »Wenn man nicht ganz so radikal vorgeht und durch Steuererhöhungen die Einkommensteuerbelastung dieser Besserverdiener verdoppeln würde, käme man auf Zusatzeinnahmen in Höhe von 54 Mrd. Euro. Rechnet man die BGE-Effekte bei der Einkommensbesteuerung hinzu [...], kommt man auf rund 63 Mrd. Euro. Eine stär-

kere Besteuerung von Vermögen würden zusätzlich je nach Schätzung zwischen 10 und 25 Mrd. Euro in die Kassen spülen.«

Und so weiter.

»Die Idee, man könnte ein BGE ausschließlich ›von denen da oben‹ finanzieren lassen, ist nicht haltbar. Durch die genannten Maßnahmen ließe sich noch nicht einmal ein Drittel des BGE finanzieren.«

Deswegen hätte Berger andere Finanzierungsüberlegungen einbeziehen und den analytischen Blick weiten müssen. Wenn er jedoch am Fortbestehen beitragsfinanzierter Leistungen im Allgemeinen festhalten will, kommen Alternativen nicht in Frage. In der ganzen Finanzierungsdarlegung werden mögliche Auswirkungen eines BGE auf die Leistungserstellung gar nicht bedacht. Wer erwerbstätig sein kann, weil er es will, engagiert sich anders als derjenige, der es sein muss. Das könnte zu höherer Produktivität durch effizientere Aufgabenerledigung und größere Innovationschancen führen – und hätte damit erhebliche Auswirkungen auf die volkswirtschaftliche Leistung. Das wirkte wiederum auf die Finanzierung eines BGE zurück. Alle Berechnungsmodelle, die mir bekannt sind, leiden darunter, die Folgen einer Verbesserung der Voraussetzungen für Leistungserbringung nicht zu bedenken – wenngleich sie nicht vorhergesagt werden können. Das mag an dem einfachen Umstand liegen, dass es heute keine Statistik darüber gibt, welch wertschöpfungsverhindernde bzw. -hemmende Effekte die Bedingungen, unter denen gegenwärtig Erwerbsarbeit geleistet wird, haben. Es wäre aber kurzsichtig, so zu tun, als gäbe es sie nicht, nur weil sie statistisch nicht erfasst werden. Die von Berger etwas abschätzig behandelten »ethischen« Aspekte eines BGE von ökonomischen Zusammenhängen abzutrennen, muss ihn zu unangemessenen Schlussfolgerungen führen. Die durch ein BGE als solches ausgesprochene Wertschätzung für das Individuum hat dort volkswirtschaftliche Folgen, wo die Leistungserstellung auf dasselbe Prinzip zurückgeht, das auch Fundament der politischen Ordnung ist: die Leistungsbereitschaft des Einzelnen in ihren vielfältigen Formen.

»Ohne eine starke Erhöhung der Verbrauchssteuern ist das BGE – gleich in welcher Höhe – nicht finanzierbar. In Summe nahm der Staat im letzten Jahr rund 240 Mrd. Euro durch die Besteuerung von Konsum und Verbrauch ein – darunter fallen beispielsweise die Umsatz/-Mehrwertsteuer, die Mineralölsteuer, die Stromsteuer und die Tabaksteuer. Um das Defizit von 600 Mrd. Euro zu decken, müsste man die Einnahmen aus diesen Steuern demnach um 250 Prozent erhöhen«

So kommt dann eine solche Rechnung zustande. Auch hier gilt, dass die schon erwähnten Effekte auf die Produktivität nicht berücksichtigt werden, weil sie nicht wirklich voraussagbar sind. Sie zu übergehen, steht im Dienste der Absicht, das BGE als Unsinn hinzustellen.

> »Geht man dabei nach der Rasenmähermethode vor, steigt der Mehrwertsteuersatz auf 66,5%, eine Schachtel Zigaretten würde mehr als 14 Euro kosten und der Liter Super-Benzin würde die 4-Euro-Marke streifen. Dafür hätte jeder Bürger dann ja schließlich auch 1.000 Euro mehr in der Tasche, so die Befürworter des BGE. Dass diese 1.000 Euro von der steuerbedingten Preissteigerungen voll aufgezehrt würden, darüber spricht man seitens der Befürworter eher ungerne.«[64]

So werden Mythen gebildet, damit der, der sie verkündet, als Aufklärer gelten kann. Es mag Befürworter geben, die ungerne über Preisveränderungen sprechen, Meinungsmache sollte deswegen nicht in einer Analyse betrieben werden. Befürworter sprechen durchaus darüber, dass es zu Preisveränderungen kommen kann, ganz deutlich schon im Film »Grundeinkommen. Ein Filmessay« von Daniel Häni und Enno Schmidt (Häni/Schmidt 2008). Der Film ist seit seiner Veröffentlichung 2008 schnell zum Klassiker avanciert und nimmt viele Fragen rund um das BGE auf. Schon dort heißt es, dass manche Güterpreise heute unrealistisch niedrig sind – durchaus aufgrund niedriger Löhne in einigen Bereichen. Angesichts des Anspruches von Jens Berger, mit seinem Beitrag »Konstruktionsfehler« zu benennen, sind die Ausführungen überraschend undifferenziert. Da er auf keine Quellen verweist, bleibt im Verborgenen, mit welcher Literatur er sich befasst hat.

> »Grundlage der *meisten* [Hervorhebung, SL] BGE-Modelle ist, dass das BGE nahezu alle staatlichen Transferleistungen ersetzt und das BGE somit auch die vorhandenen Sozialsysteme ablöst. Dabei wird von den Befürwortern gerne vergessen, dass auch die gesetzliche Krankenversicherung eines dieser Sozialsysteme ist, das bei der Einführung eines BGE fortan von den Menschen selbst finanziert werden müsste.«

Recherche tut not. Welche Modelle sind gemeint? Namen werden nicht genannt. Die Behauptung ist schlicht unseriös. Einer der vieldiskutierten Vorschläge – ein Modell im engeren Sinn wurde nie vorgelegt – ist derjenige von Götz W. Werner. Er sieht eine nahezu vollständige Erset-

---

64 Ganz ähnlich Lukas Rühli (Rühli 2014) in seiner Studie für avenir suisse, der BGE-Befürwortern ebenfalls attestiert, dass sie nicht gerne über die Kosten sprächen. Siehe »Einkommen ohne Grund«.

zung nicht vor (Werner 2007, S. 99; Werner 2010), wenngleich Werner nicht immer so eindeutig war, ebenso wenig der Vorschlag der BAG Grundeinkommen in der Partei Die Linke (BAG 2011).

> »Nimmt man einen monatlichen Beitrag [für die Krankenversicherung, SL] von 300 Euro als solide Basis, würde sich das nominelle BGE von 1.000 Euro bereits auf nominal 700 Euro reduzieren. Rechnet man den oben genannten steuerbedingten Inflationseffekt hinzu, bleibt dem BGE-Empfänger real nur eine Kaufkraft von 490 Euro pro Monat. Davon kann man jedoch noch nicht einmal die existenzsichernden Kosten (Miete, Mietnebenkosten, Lebensmittel etc. pp.) zahlen.«

Zur Finanzierung der Krankenversicherung gibt es unterschiedliche Vorschläge. Eine Pauschale für die Krankenversicherung wird in der Regel zum BGE hinzuaddiert (z.B. Solidarisches Bürgergeld 2010). Berger würde darauf sicher einwenden, dass die Finanzierung dann noch schwieriger würde, da der Betrag BGE plus Krankenversicherung noch höher ausfiele bzw. wie er es hier tut, niedriger, wenn die Pauschale abgezogen würde. Der Inflationseffekt bleibt eine Behauptung und ergibt sich aus Bergers Annahmen. Eine Umstellung der Finanzierung des Gesundheitswesens von Beiträgen auf Steuern, verbunden mit einer Pauschale pro Person, würde andere Möglichkeiten eröffnen.

An diesem Punkt zeigt sich wiederum eine Schwierigkeit solcher Berechnungsversuche. Wird über Kosten und Finanzierung gesprochen, hier: das Gesundheitswesen, muss einbezogen werden, welche Auswirkungen ein BGE auf bestimmte Krankheiten hätte, die mit der Arbeitswelt in unmittelbarem oder mittelbarem Zusammenhang stehen. Welche Krankheitsbilder, die mit den heutigen Lebensbedingungen zu tun haben, würden verschwinden? Welche Kosten verschwänden mit ihnen, die wir heute tragen müssen? Berger meint, über eine vermeintlich einfache und vermeintlich zentrale Finanzierungsrechnung grundlegende Zusammenhänge abhandeln zu können. Das Ausblenden weiterer Zusammenhänge hat seinen Preis, wie hier zu sehen ist: Lebenswirklichkeiten werden übergangen.

> »Die Frage, ob die Menschen sich bei staatlich garantierten und bedingungslosen Einkünften i.H.v. real 490 Euro pro Monat noch nebenbei arbeiten müssten, stellt sich überhaupt nicht. Selbstverständlich müssen sie nicht nur nebenbei, sondern meist in Vollzeit, arbeiten, um ihre Lebenshaltungskosten finanzieren zu können.«

Lassen wir diesen niedrigen Betrag einmal gelten, selbst dann ist eine solche Behauptung, wie sie hier getroffen wird, mindestens ungenau. Eine Familie mit zwei Kindern, die über vier BGE verfügte, hätte beinahe 2000 Euro netto zur Verfügung, ohne eine Bedürftigkeitsprüfung durchlaufen zu müssen. Selbst das wäre eine enorme Veränderung der Lebensqualität. Es drängt sich die Frage auf, ob Berger sich jemals damit befasst hat, welche Auswirkungen bedarfsgeprüfte Leistungen aufgrund ihrer normativen Struktur haben, deren Folgen sich in den stigmatisierenden Auswirkungen zeigt.

Aufschlussreich ist die folgende Einschätzung:

> »Die Hartz-IV- bzw. Sozialhilfeproblematik wäre mit dem BGE gleichfalls nicht gelöst, da Bedürftige weiterhin zusätzlich Geld vom Staat bekommen müssten, um Gesamteinkünfte zu haben, die dem menschenwürdigen Existenzminimum (bei realen Preisen) entsprechen«

Konsequent hält der Autor seine Position. Der ökonomische Formalismus, der normative Zusammenhänge unterschätzt, übersieht oder nicht zu interpretieren weiß, zeigt sich hier in aller Klarheit. Gehen wir einmal von diesem, von Berger behaupteten, niedrigen Betrag aus, der nicht auskömmlich wäre. Gehen wir weiter davon aus, dass es darüber hinaus bedarfsgeprüfte Leistungen gäbe, um in seinem Sinne das Existenzminimum zu gewährleisten. Selbst ein niedriges BGE würde indes schon etwas verändern. Zum einen wäre dieser Betrag immer(!) verfügbar, ohne dass sich der Einzelne dafür erklären oder rechtfertigen müsste. Das BGE wäre ein Einkommen, das die Person um ihrer selbst und um des Gemeinwesens selbst willen anerkennen würde. Damit stärkte es zugleich den Solidarverband. Zum anderen würde sich der Charakter bedarfsgeprüfter Leistungen ändern, weil ihre normative Grundlage eine andere wäre. Während die Bedarfsprüfung bislang auf der Basis erfolgt, den Bezieher von Leistungen wieder in Erwerbstätigkeit zurückzuführen, müsste dieses Ziel nicht mehr führend sein. Die Bürgergemeinschaft als Solidarverband rückte ins Zentrum, was für bedarfsgeprüfte Leistungen nicht ohne Folge bliebe, wäre ihre normative Basis dann der Bürger[65] und nicht mehr der Erwerbstätige. Dass Berger diesen Zusammenhang nicht sieht, ist erstaunlich.

> »Etwas anders sieht das Bild für Menschen aus, die auch heute schon in Vollzeit arbeiten. Wer beispielsweise heute 2.600 Euro brutto im Monat verdient, hätte mit einem BGE i.H.V. 1.000 Euro netto künftig 2.900 Euro netto in der Tasche. Neben dem BGE würde der normale Arbeitnehmer auch noch die Kosten für die Arbeitslosen-

---

65 Dass ein BGE Personen mit Aufenthaltsbewilligung ebenfalls bereitgestellt werden sollte, ergibt sich daraus, dass sie im Herrschaftsgebiet einer politischen Vergemeinschaftung leben. Es leitet sich also aus der politischen Vergemeinschaftung der Bürger her.

versicherung und die Rentenversicherung sparen, da diese Systeme durch das BGE obsolet wären.«

Hier nun werden auf einmal doch die Sozialbeiträge berücksichtigt, zuvor hat der Autor sie nicht angetastet. Übergangen wird ebenfalls der Grundfreibetrag in der Einkommensteuer bis zu dessen Höhe Einkommen heute unversteuert bleibt. – Doch die Berechnung ist nur eine Spielerei. Wie sich Löhne entwickeln würden, lässt sich kaum vorhersagen. Es kann auch sein, dass diejenigen, die hier genannt werden, gar keine Einkommenssteigerung erreichten, weil sie bislang überbezahlt waren oder das Unternehmen anderweitige Möglichkeiten hätten, Arbeitsgänge zu erledigen – durch Automatisierung. Allerdings, da das Haushaltsprinzip nicht mehr gälte, würde ein Vollverdiener, der bislang das Familieneinkommen nach Hause bringt, anders dastehen. Sowohl die Kinder erhielten das BGE als auch der Lebenspartner. Das Familieneinkommen würde wohl viel stärker steigen, als es diese Berechnung von Berger nahelegt, ohne dass der Lohn steigen müsste. Eine Stärkung von Familien bzw. Haushalten wäre durch die Individualgewährung erreicht.

> »Da aber kein Mensch mit einem Realeinkommen i.H.v. 490 Euro pro Monat leben kann, wäre dies ein Hauptgewinn für private Zusatzversicherungen für die Altersvorsorge. Was der Arbeitnehmer auf dem Lohnzettel spart, würde er privat weiterhin zahlen müssen. Lediglich der Arbeitgeber kommt auf diese Art und Weise um seinen Anteil an den vielzitierten Lohnnebenkosten herum. Da wundert es nicht, dass das BGE-Modell auch in FDP- und CDU-Kreisen sehr beliebt ist. (z.B. Althaus, Angela Merkel hat sogar eine »Bürgergeld-Kommission« eingesetzt.)«

Dass der Arbeitgeber um die Lohnnebenkosten herumkäme, ist ein Mythos. Nur weil er sie heute abführt, trägt er nicht ihre Last im Wertschöpfungsprozess. Bergers Behauptung ist Augenwischerei. Der letzte Teil der Passage zeugt wiederum von mangelnder Sachkenntnis, denn seit der Überarbeitung des Althaus-Vorschlags in 2010 wird das Solidarische Bürgergeld nur noch als partielles Grundeinkommen bezeichnet. Dass es sich bei diesem Vorschlag nicht um ein BGE im engeren Sinn handelte, darauf habenb BGE-Befürworter schon früh hingewiesen. Die FDP hingegen verfolgt ein Bürgergeld, das mit dem BGE gar nichts gemein hat, es bewegt sich innerhalb der Hartz-IV-Logik und richtet sich an Bedürftige (Altmiks 2009, FDP 2014). Berger versucht, was man politisch für geschickt halten kann, das BGE in eine Ecke zu drängen. Vielleicht meint er, es damit schneller erledigen zu können.

»Wozu also das BGE? Durch die Finanzierungs- und Steuereffekte sind die Menschen weiterhin gezwungen, arbeiten zu gehen, um ihre Lebenshaltungskosten zu decken, womit die Kernbedingung eines BGE nicht erfüllt ist. Dabei sind viele Gegenargumente und negativen Nebeneffekte hier noch gar nicht genannt. Wie soll man beispielsweise das mit den Steuereffekten verbundene Problem der Schwarzarbeit lösen? Wie will man verhindern, dass Bundesbürger sich ihre Güter steuergünstig im Ausland besorgen?«

Den ersten Teil dieser Passage lasse ich unkommentiert, weil er nur wiederholt, worauf ich schon eingegangen bin. Im zweiten jedoch wird es sonderbar. Handelt es sich um »viele Gegeneinwände« der Art, wie sie die Nachdenkseiten oder die Autoren des Buches *Irrweg Grundeinkommen* (Flassbeck et al. 2012) vorgebracht haben? Es wäre interessant, mehr von diesen Einwänden zu erfahren, allerdings haben wir in den letzten Jahren stets nur die gleichen vernommen. Gelten Fragen nun schon als Einwände? Weshalb sollte es für die aufgeworfenen Fragen keine Lösungen geben? Gegen »Schwarzarbeit«, treffender: Schattenwirtschaft, als Instrument der Steuer- und Sozialabgabenvermeidung wird ein Gemeinwesen natürlich vorgehen müssen. Muss es das heute etwa nicht? Zumindest wäre danach zu fragen, was der Grund für Schattenwirtschaft ist und ob ein BGE mit einer vernünftigen Ausgestaltung gerade dazu führen könnte, dass sie zurückgeht? Steuervermeidung hat stets auch etwas mit mangelnder Loyalität zu tun, diese kann viele Gründe haben, z.B. kann ein undurchsichtiges, nicht mehr nachvollziehbares Steuersystem einer dafür sein. Eben so wenig wie heute lässt sich in Zukunft verhindern, dass Bürger Güter im Ausland erwerben, die Frage ist, welches Ausmaß dies annimmt und ob es – Jens Berger behauptet das nur – überhaupt zu einem Problem werden würde oder nur das bekannte Phänomen darstellt, dass wir heute in grenznahen Regionen schon vorfinden? Außerdem sind hier ebenso politische Lösungen denkbar, die darauf reagieren würden, z.B. eine andere Besteuerung von Re-Importen usw.

> »Das BGE ist zweifelsohne eine nette Idee, die jedoch nicht umsetzbar ist. Umsetzbar sind jedoch zahlreiche Alternativen zum BGE, die schlussendlich den Effekt haben, den seine Befürworter dem BGE zuschreiben. Wenn man z.B. den Hartz-IV-Regelleistungssatz und die Grundsicherung maßvoll erhöhen und die Sanktionen streichen würde, könnten auch Hilfsbedürftige menschenwürdig leben. Dies wäre ein Grundeinkommen, aber eben kein bedingungsloses.«

Eine gewisse Herablassung war in den Ausführungen bislang schon zu erkennen, alleine die mangelnde Sachkenntnis und schlechte Recherche kann als solche verstanden werden. Von einer »netten« Idee zu sprechen, ist eine Steigerung. Hat der Autor schon einmal vom Stigmatisierungseffekt der Bedürftigkeitsprüfung gehört? Oder von verdeckter Armut und wie sie zu erklären ist? Verwunderlich ist die Hartnäckigkeit, mit der er sich vielen Überlegungen zum BGE, die gerade diese normativen Zusammenhänge betreffen, verschließt. Wenn er das Streichen von Sanktionen im Sozialgesetzbuch für eine umsetzbare Alternative hält, dann ist ihm offenbar nicht aufgefallen, dass immer dort, wo Grundsicherungsleistungen nur Ersatzleistungen für Einkommensausfall aus Erwerbstätigkeit darstellen, Sanktionsinstrumente dazu gehören, um die Nicht-Einhaltung von Pflichten von Leistungsbeziehern sanktionieren zu können. Es gab sie schon in Zeiten vor der Agenda 2010. Leistungsempfänger haben in solchen Systemen immer die Verpflichtung, in Erwerbstätigkeit zurückzukehren oder müssen nachweisen, dass sie erwerbsunfähig sind – und das nicht einmalig, sondern wiederkehrend. Vermutlich gehört das in den Bereich der unbedeutenden, »ethischen« Erwägungen, die er schon zu Beginn aussortiert. Rekurriert wird stattdessen lieber auf vermeintlich harte volkswirtschaftliche Überlegungen. Jens Berger ist der Auffassung, damit alles gesagt zu haben. Seine Ausführungen, wenn man die flapsigen Behauptungen so nennen will, können auch getrost als Kapitulationserklärung gelesen werden. Dass es der BGE-Diskussion gerade darum geht, den Primat von Erwerbstätigkeit aufzuheben und die Bürger als solche ins Zentrum der Sicherungssysteme zu stellen, scheint für Berger bloß ein vernachlässigenswerter »ethischer Aspekt« zu sein. Für das Gemeinwesen ist er elementar und würde seinen Grundfesten entsprechen

»Die falsche Solidarität«
Oder wie bestimmte Annahmen zu ganz bestimmten
Schlussfolgerungen führen

Irrweg Grundeinkommen (Flassbeck et al. 2012), von Heiner Flassbeck, Friederike Spiecker, Volker Meinhardt und Dieter Vesper – ein verheißungsvoller Titel, der Klarheit schaffen will. Das Buch verspricht eine Auseinandersetzung mit dem Bedingungslosen Grundeinkommen, schon der Ankündigungstext hingegen ließ nicht allzu viel erwarten. Ein Auszug des Buches erschien vorab unter dem Titel »Die falsche Solidarität. Warum das Konzept des bedingungslosen Grundeinkommens nicht aufgeht« (Flassbeck et al. 2012) in Le Monde diplomatique.[66] Aus praktischen Gründen sei dieser kurze Text analysiert. Bald nach Erscheinen des Buches befassten sich verschiedene Rezensionen damit,

66 Siehe auch »Logik ist nicht durch guten Willen ersetzbar …«, S. 128 ff.

die sich zur darin oberflächlichen Auseinandersetzung mit dem BGE äußerten (Netzwerk Grundeinkommen 2012).

Wie so oft, ist nicht nur das Was, sondern auch das Wie von Einwänden interessant, denn aus ihm lassen sich Schlüsse auf die Wertvorstellungen der Autoren ziehen, die von ihnen selbst nicht ausgeführt werden.

Die Zwischenüberschrift des Beitrags, mit der sogleich die Analyse begonnen werden soll, lautet:

»Die Freiheit des einen bedeutet Zwang für andere«

Zu erwarten ist in diesem Abschnitt der Vorwurf gegen das BGE, dass einige damit aussteigen würden, für deren Unterhalt folglich andere arbeiten müssten. Wir haben das schon an früherer Stelle als Kostgänger-Einwand bezeichnet. Einleuchtend klingt der Einwand vor allem, wenn das Zusammenleben in einem Gemeinwesen so gedeutet wird, dass die für seinen Fortbestand wesentlichen Leistungen nur in einem Bereich erbracht werden: wo Güter und Dienste sowie Arbeitskraft für Geld getauscht werden. Dort nämlich nur könne, so diejenigen, die den Kostgänger-Einwand vorbringen, das Geld abgeschöpft werden, das zur Bereitstellung des BGE notwendig sei. Wer wollte bestreiten, dass es der Wertschöpfung bedarf? Ohne die Bereitstellung von Gütern und Diensten auf der einen und deren Absatz auf der anderen Seite gäbe es nichts abzuschöpfen (z.B. durch Steuern), das dann als BGE bereitgestellt werden könnte. Dagegen allerdings, dass diese Form der Leistung die maßgebliche in einem Gemeinwesen sei und über sein Wohlergehen entscheide, lässt sich einiges sagen. Drehen wir die Vereinseitigung einmal um, wird deutlich, wie abwegig sie ist. Ohne die Bereitschaft von Paaren, eine Familie zu gründen, ohne die von Eltern, sich bedingungslos um ihre Kinder zu kümmern, und zwar nicht nach Tarifarbeitszeit, sondern rund um die Uhr: den ganzen Tag, die ganze Woche, das ganze Jahr – ohne diese Bereitschaft würden weder Kinder in die Welt kommen, noch aus ihnen Erwachsene werden, die in der Lage sind, ihr eigenes Leben in die Hände zu nehmen: als Bürger wie als Erwerbstätige. Dafür bezahlt sie niemand und besondere Anerkennung finden sie auch nicht. Elterngeld und andere Formen anerkennen gerade nicht die Bedingungslosigkeit der Hingabe, die für Familie unerlässlich ist, sie belohnen die beruflich Erfolgreichen, wie daran abzulesen ist, dass das Elterngeld relativ zum Erwerbseinkommen vor der Geburt eines Kindes gezahlt wird. Wer so vereinseitigt, wie diese Überschrift es schon erwarten lässt, stellt Erwerbstätigkeit über alles und ordnet andere Bereiche ihr unter, die gemessen an ihrer Bedeutung für ein Gemeinwesen mindestens gleichwertig sind.

> »Da auch die Finanzierung jeder Variante des Grundeinkommens
> letztlich auf dem beruht, was produziert wird, ist es reine Augenwi-
> scherei zu behaupten, es gebe eine Art ›dritten Weg‹, die Bedürfnisse
> der von den Märkten Benachteiligten in Einklang zu bringen mit den
> Ergebnissen eben dieser Märkte. Die Schwerkraft kann niemand per
> Beschluss abstellen, und die Grundregel des Wirtschaftens, dass nur
> verbraucht werden kann, was produziert worden ist, lässt sich nicht
> mit schlaraffenlandähnlichen Ideen außer Kraft setzen.«

Wer sich ernsthaft mit dem BGE befasst, wird hier nicht der Schlussfolgerung widersprechen, die das Verhältnis von Erwirtschaften und Aus-
geben betrifft. Man fragt sich, wen die Autoren da vor Augen haben,
denn kein ernsthafter Befürworter würde wohl etwas anderes behaupten. Wie so oft, fehlen die Quellen, auf die sich die Autoren beziehen. Allerdings hat sich der Aufwand an Arbeitsstunden verringert,
der erbracht werden muss, damit eine bestimmte Gütermenge erzeugt
oder Dienste bereitgestellt werden können.[67] Die gesamtwirtschaftliche
Leistung hat in Deutschland auf lange Sicht gerade nicht abgenommen,
obwohl das Arbeitsvolumen über Jahrzehnte gesunken ist. Das BGE
stellt den grundlegenden Zusammenhang nicht in Frage, dass es der
Wertschöpfung bedarf, damit ein BGE bereitgestellt werden kann. Es
stellt aber in Frage, wie es zu seiner Erwirtschaftung kommt und unter
welchen Bedingungen sie zukünftig und in welchem Umfang erfolgen
soll. Was das mit Schlaraffenland zu tun hat, bleibt das Geheimnis der
Autoren.

> »Im Gegensatz zum Existenzminimum, das jedem Bürger grundge-
> setzlich garantiert wird [sic], soll das Grundeinkommen unabhängig
> von der Bedürftigkeit des Empfängers und von dessen bisheriger,
> gegenwärtiger oder zukünftig zu erwartender Teilnahme am Pro-
> duktionsprozess geleistet werden. Bislang ist der Leistungsbezug
> daran gebunden, dass dem Leistungsberechtigten eine Teilnahme
> an der Schaffung von Einkommen aktuell oder auf Dauer nicht im
> existenzsichernden Umfang möglich ist.«

Aus dem Grundgesetz, vor allem Artikel 1, leitet sich die Verpflichtung her, ein Existenzminimum bereitzustellen, soweit ist den zitierten
Ausführungen zuzustimmen. Allerdings ist nirgendwo ausgeführt, dass
dieses Existenzminimum – im Unterschied zum BGE – nur bei Bedürftigkeit bereitgestellt werden soll. Wir haben uns als Gemeinwesen dafür
entschieden, es zu tun, aus dem Grundgesetz leitet sich das nicht zwingend her, wenngleich hier das Gegenteil suggeriert wird.

Es wäre eine verkürzte, wenngleich häufig anzutreffende Betrachtung, wenn davon ausgegangen würde, dass die stigmatisierende Wir-

---

67 Siehe den Beitrag »Geht der Gesellschaft die Arbeit aus?«, S. 147 ff.

kung heutiger Systeme sozialer Sicherung aus der praktizierten Bedürftigkeitsprüfung folgte. Sie ist nicht als solche stigmatisierend, es ist die ihr innewohnende Rechtfertigungsstruktur, die eine Stigmatisierung bewirkt. Denn diese Rechtfertigungsstruktur wiederum hängt daran, dass der Einzelne zuvorderst sein Einkommen über Erwerbstätigkeit beziehen soll. So erklärt sich der stigmatisierende Charakter dieser Leistungen im Besonderen und des Erwerbsideals im Allgemeinen und er bestünde selbst dann fort, wenn es keine Bedürftigkeitsprüfung in der heutigen Form mehr gäbe, wenn also z.B. lediglich per Steuererklärung ausgewiesen würde, ob der Betreffende Einkommen oberhalb des Existenzminimums erzielt hat oder nicht und für letzteren Fall eine Kompensation erhielte (im Sinne einer Negativen Einkommensteuer).

Was die Autoren nicht erwähnen, ist neben dem ausdrücklich gewährten Existenzminimum in Gestalt von Arbeitslosengeld II oder Sozialhilfe das versteckte Existenzminimum in Gestalt des Grundfreibetrags in der Einkommensteuer. Für ihn ist das Bedürftigkeitsprinzip außer Kraft gesetzt, da er für alle, die Einkommen erzielen, gilt.

> »Die Bedürftigkeitsprüfung ist das Gegenstück zur Besteuerung nach Leistungsfähigkeit: Wie jeder so besteuert werden soll, dass er das gleiche ›Opfer‹ für die Gesellschaft erbringt, so soll jeder in dem Maße unterstützt werden, wie er objektiv nicht in der Lage ist, für sein eigenes Auskommen und das der von ihm abhängigen Menschen zu sorgen.«

Gegenstück? Besteuerung erfolgt nicht nach Leistungs*fähigkeit*, sie greift auf die hervorgebrachte Leistung in Gestalt von Einkommen zu, der, so könnte wohlwollend eingeräumt werden, womöglich, aber nicht zwingend eine Leistungsfähigkeit entspricht. Leistung bemisst sich hier lediglich am erzielten Einkommen. Ob die Leistungsfähigkeit eines Investmentmanagers größer ist als die eines Krankenpflegers in Relation zu ihrer Bedeutung für ein Gemeinwesen ist eine Frage der praktischen Bewertung. Deutlich wird in diesem Sprachgebrauch, wie selbstverständlich Leistung nur als eine in der Herstellung von Gütern und Dienstleistungen betrachtet wird, die mit Einkommenserzielung verbunden sind – Leistung wird am Preis gemessen. Das entspricht zwar der gängigen Definition und ist insofern nicht überraschend. Es übersieht jedoch Leistungen, die für das Gemeinwesen gleichermaßen von Bedeutung, aber der Einkommenserzielung stets normativ nachgeordnet sind: Sorge für andere, in der Familie, im bürgerschaftlichen Engagement.

> »Die gewollte Entkoppelung des Anspruchs auf Grundeinkommen von jeglichen Bezugsbedingungen ist der Hauptkritikpunkt an die-

ser Form der Einkommensumverteilung. Jedes Umverteilungssystem funktioniert nur, wenn stabile materielle Grundlagen vorhanden sind, aus denen die von ihm versprochenen Leistungsansprüche befriedigt werden sollen.«

Deutlich wird hier, welche Annahmen den Überlegungen unterliegen. Der Behauptung, dass »stabile materielle Grundlagen« vorhanden sein müssen, widerspricht ein BGE nicht. Lediglich widerspricht es den Vorstellungen über die Bezugsbedingungen, von denen das BGE keineswegs vollkommen abgelöst ist, es setzt nur andere voraus als diejenigen, die heute für die Einkommensverteilung gelten und von den Autoren stark gemacht werden. Es ist aufschlussreich zu sehen, wie sich die oben schon gefundene Argumentation fortsetzt. Wiederum wird nicht berücksichtigt, dass die Entstehung von »stabilen materiellen Grundlagen« nicht betrachtet werden kann, ohne die anderen Bereiche, die zu dazu beitragen: bürgerschaftlicher Gemeinsinn, Solidarität, Loyalität. Von ihnen wird abstrahiert, so als gedeihe die Produktion von Gütern und Diensten unabhängig von ihnen. Doch, wie wäre das Fortbestehen eines Gemeinwesens möglich, wenn seine Bürger nicht loyal wären und sich für die Erhaltung und Durchsetzung der politischen Ordnung einsetzten? Es geht hierbei um mehr als nur um Rahmenbedingungen, es handelt sich um konstitutive Momente der Lebensführung und damit des Zusammenlebens, denn die Haltung zum Gemeinwesen, das Ethos, wenn man so will, trägt die politische Ordnung und wird durch sie zugleich bestärkt. Wie wäre also eine »stabile materielle Grundlage« möglich, wenn die Bürger nicht bereit wären, gemeinschaftliche Aufgaben gemeinschaftlich zu tragen? Es gäbe keine solche Zukunft – die Autoren des Beitrags hingegen verkürzen diese Fragen auf: Produktion, Distribution und Konsumtion.

Nur in einem Gemeinwesen, das die Würde der Person anerkennt und zu ihrem Fundament qua Staatsbürgerschaft macht, ist diese Würde bedingungslos anerkannt. Genau deswegen gelten die Bürgerrechte ebenso bedingungslos, sie kennen keine Leistungsvoraussetzungen. Auf dieser Basis entwickelte sich eine wirtschaftliche Dynamik, für deren Fortentwicklung das Individuum als Erwerbstätiger unerlässlich ist. Maschinen und Technik sind »geronnener Geist«, wie Max Weber (Weber 1988b, S 332) schrieb. Der Ökonomismus oder ökonomistische Reduktionismus, der dem Neoliberalismus vorgeworfen wird, zeigt sich bei Flassbeck und Kollegen gleichermaßen. Die Voraussetzungen, von denen Wirtschaft lebt, die sie aber selbst nicht schaffen kann, werden übergangen.

»Das bedingungslose Grundeinkommen krankt daran, dass es die von ihm vorausgesetzte ökonomische Basis systematisch zerstört.«

Eine weitreichende Behauptung, doch wodurch ist sie gedeckt? Überzeugen kann diese Behauptung nur, wenn stillschweigend angenommen wird, der Mensch arbeite nur, wenn er müsse, nicht wenn er wollen könne. Dass nur als BGE bereitgestellt werden kann, was auch erwirtschaftet wird, ist klar. Nur, unter welchen Bedingungen soll es erwirtschaftet werden? Das ist die Frage, die das BGE aufwirft. Es ist keineswegs leistungsfeindlich, jedoch nicht erwerbsleistungsgläubig.

> »Dabei sind mit ›systematisch‹ nicht die Schlupflöcher und Missbrauchsmöglichkeiten gemeint, wie sie auch im aktuellen System der sozialen Sicherung von wenigen zum Ärger vieler ausgenutzt werden können. Nein, die Kritik am bedingungslosen Grundeinkommen ist viel grundlegender: Die wirtschaftliche Stabilität eines demokratischen Gesellschaftssystems beruht nicht zuletzt darauf, dass es für seine Mitglieder Rahmenbedingungen setzt, innerhalb derer jede legale Verhaltensmöglichkeit, auch wenn sie von allen gleichzeitig wahrgenommen wird, zum Erhalt des Systems und nicht zu seinem Untergang beiträgt.«

»Legale Verhaltensmöglichkeit«? Es wäre heute legal, den Rechtsanspruch auf Arbeitslosengeld I oder II wahrzunehmen, dazu müssten lediglich die Bedingungen für den Leistungsbezug erfüllt werden, die gesetzlich definiert sind. Man könnte es, wenn es gewollt wäre, also darauf anlegen, nur von diesen legal zur Verfügung stehenden Leistungen zu leben – mit allen Einschränkungen natürlich. Dieses Gedankenexperiment soll lediglich deutlich machen, dass es einen Rechtsanspruch auf Mindestsicherungsleistungen längst gibt, der heute schon – wenn es denn von den Bürgern gewollt wäre – das »System« zum Einsturz bringen würde. Doch das wollen die Bürger offenbar nicht. Die Folge einer massenhaften Inanspruchnahme dieser Mindestsicherungsleistungen wäre ein drastisches Sinken der Wertschöpfung, was Auswirkungen auf das gesamte Steueraufkommen und die Bereitstellung aller öffentlichen Leistungen hätte. Nicht alleine oder sogar vor allem »legale Verhaltensmöglichkeiten« sind für die Lebensführung maßgeblich, es ist die selbstverständlich und schwer zu erschütternde Bindung an Normen des Zusammenlebens, zu denen genauso selbstverständlich Fragen danach gehören, wie denn der Einzelne zum Wohlergehen des Ganzen beitragen kann, die für die Praxis handlungsleitend sind. Ihnen gemäß stellt sich jedem die Frage, auf die er auch eine Antwort geben muss, wie er nach seinen Fähigkeiten, Möglichkeiten und seiner spezifischen Lebenssituation zum Wohl des Ganzen beitragen kann. Das ist keine gutmeinende Hoffnung, blauäugige Phantasie oder ein Wolkenkuckucksheim. Es lässt sich in ausführlichen Interviews empirisch nachweisen, dass dies der selbstverständliche Fall im wirklichen Leben ist (z.B. Liebermann

2002, Loer 2007, Franzmann/Pawlytta 2008).[68] Ein BGE würde diese Verantwortung in keiner Weise außer Kraft setzen, es würde sie noch deutlicher hervortreten lassen, weil sichtbar würde, wo und wie überall die Bürger sich heute schon engagieren – jenseits von Erwerbstätigkeit. Zum Gemeinwohl kann auf verschiedene Weise beigetragen werden, keineswegs nur und vorrangig durch Erwerbstätigkeit. Erst diese basale, selbstverständliche und in der Regel ganz unhinterfragt bestehende Bindung an das Gemeinwesen, seine Normen des Zusammenlebens, ist es, die das Bestehen einer Rechtsordnung mit ihren »legalen Verhaltensmöglichkeiten« möglich macht. So herum wird ein Schuh daraus. Ohne Gemeinwohlbindung, die Resultat sozialisatorischer Bildungsprozesse ist, hätte kein Gemeinwesen Bestand. »Rahmenbedingungen« entfalten erst auf dieser Grundlage ihre Wirkung.

Wertschöpfung, das sei noch angemerkt, resultiert nicht aus dem Innehaben eines Arbeitsplatzes und den »Rahmenbedingungen«. Produktiv ist ein Mitarbeiter nur, weil er einer kulturell verankerten Deutung von Leistungserbringung folgt, sich ihr verpflichtet fühlt. Sie entstammt allerdings gar nicht der Wirtschaftssphäre selbst, wie schon die Untersuchungen Max Webers zur Protestantischen Ethik gezeigt haben (Weber 1988a).

Und es geht weiter:

> »Das ist sozusagen der Lackmustest beim gedanklichen Übergang vom einzelwirtschaftlichen Rationalverhalten zu seinen gesamtwirtschaftlichen Konsequenzen, den die Wirtschaftsordnung eines auf Freiheit basierenden, demokratisch organisierten Staates bestehen muss. In einer Demokratie bedeutet die Freiheit des Einzelnen, dass ihm innerhalb des gesetzlichen Rahmens keine Verhaltensvorschriften gemacht werden dürfen. Dieser gesetzliche Rahmen muss aber auch gewährleisten, dass die Freiheit des Einzelnen die Freiheit aller anderen nicht einschränkt.«

Eine erstaunlich technokratische Vorstellung von Gesetzesgeltung und Gesetzesbindung. Gesetze, und damit der Rahmen, von dem hier die Rede ist, sind wie oben schon angedeutet, nur dann folgenreich, wenn sie von einer Gemeinschaft getragen werden, sie sich also an diese Gesetze bindet. Das ist kein Automatismus, den das gesetzgebende Verfahren als

---

68 Für Interessierte sei auf Forschungsarbeiten z.B. nach den Verfahren der Objektiven Hermeneutik verwiesen. Eine Übersicht findet sich bei der Arbeitsgemeinschaft Objektive Hermeneutik (AGOH 2013). Für diese Fragen interessant sind allerdings alle Verfahren, die Handeln in seiner Konkretion rekonstruieren und die darin wirkenden handlungsleitenden Überzeugungen herauspräparieren, die den Handeln meist nicht bewusst sind.

Technik herbeiführen könnte. Gesetzesbindung resultiert daraus, sich dem Gerechtigkeitsentwurf einer politischen Gemeinschaft verbunden zu fühlen, ihm dienen zu wollen. Das ist ein Ergebnis sozialisatorischer Bildungsprozesse und muss dann stets von neuem befestigt werden, in dem die Gefolgschaft der Bürger für Entscheidungen gewonnen wird. Gesetzesnormen blieben leer und folgenlos, wenn es diese Gefolgschaft nicht gäbe.

> »Genau diese Funktionsvoraussetzung ist beim bedingungslosen Grundeinkommen nicht gegeben: Wenn sich alle Bürger eines Landes auf den Anspruch des bedingungslosen Grundeinkommens berufen und nur das tun, was ihnen gerade Spaß macht, was aber nicht notwendigerweise am Markt von irgendjemand anderem nachgefragt wird, gibt es keine ausreichende materielle Grundlage, aus der heraus die gesetzlichen Ansprüche jedes Einzelnen gegen den Staat, gegen ›die Allgemeinheit‹, bedient werden können.«

Nun greifen die Autoren zu dem Szenario, das ich oben als Beispiel dafür gebraucht habe, um aufzuzeigen, was schon heute passieren würde, wenn die Bürger ihren Rechtsanspruch massenhaft geltend machten. Dieses Szenario ist nicht erst mit einem BGE denkbar. Weshalb jedoch, das ist die entscheidende Frage, ist es bislang nicht eingetreten? Offenbar wollen die Menschen nicht in den Tag hinein leben, ohne sich darum zu kümmern, wie ihr Leben sich zum Ganzen verhält, sonst täten sie es. Die Autoren unterstellen eine Spaßorientierung, die nicht mit einem BGE in die Welt kommen müsste, sondern genauso gut gegenwärtig bestehen könnte. Sie fragen sich gar nicht, weshalb die Bürger sich denn bislang so engagieren, wie sie es tun, wo sie sich doch auf den Rechtsanspruch auf Mindestsicherungsleistungen zurückfallen lassen könnten.

Letztlich, so müssen wir festhalten, bleibt für die Autoren nur ein Zusammenhang bestehen, um zu erklären, weshalb Menschen sich heute engagieren. Sie gehen von einem mittelbar erzeugten Zwang aus, erwerbstätig und produktiv zu sein, der dafür sorgt, dass die Menschen sich einbringen und nicht aus dem Ruder laufen.

Wenn also entscheidend sein soll, dass Leistungen am Markt nachgefragt werden, welchen Stellenwert messen die Autoren dann öffentlich alimentierter Leistung zu, die keinen Markt in diesem Sinne hat, dort werden nicht »Produkte« angeboten? Das gesamte Bildungswesen, dazu Wissenschaft und Kunst, erbringen marktfremde Leistungen. Sie dienen der kulturellen Erneuerung und müssten – will man diese nicht unnötig begrenzen – vorgehalten werden, selbst wenn das breite Interesse daran einmal ausfiele. Gerade Leistungen, die ihrer Zeit weit voraus sind und von denen überhaupt nicht erkennbar ist, was sie »bringen«, die aber langfristig Problemlösungen (Erkenntnis) bereitstellen, sind nicht überlebensfähig am Markt. Sie sind auf Alimentierung angewiesen (Liebermann/Loer 2013). Ohne sie jedoch wären viele Produkte nicht realisiert worden, die heute als Massengüter angeboten werden.

Ganz abgesehen davon muss bedacht werden, dass dieser »Markt« sich danach bestimmt, welche Leistungen marktförmig erbracht werden oder anders. Würden Kinder über das dritte Lebensjahr hinaus zuhause verbringen und erst dann Einrichtungen besuchen, würde damit Leistung vom »Markt« genommen. Würde Pflege noch mehr durch Freunde oder Verwandte geleistet, würde diese Leistung ebenfalls nicht am Markt angeboten und von dort bezogen usw.

> »Die Freiheit des einen, nicht am Erwerbsleben teilzunehmen, auch
> wenn er dazu in der Lage wäre, führt zum Zwang für andere, eben
> diese Freiheit des einen durch eigene Arbeit und die eigene Bereit
> schaft, deren Früchte zu teilen, zu ermöglichen. Anderenfalls könnte
> der Staat seine Versprechungen gegenüber dem ›freiwillig‹ Nichtar
> beitenden nicht erfüllen. Damit ist aber die Freiheit des einen sozusa
> gen auf die ›Unfreiheit‹ anderer angewiesen. Wollen alle die gleiche
> Freiheit nutzen, bricht das System in sich zusammen.«

Wiederum wird der Gedanke aufgegriffen, der oben als Kostgänger-Argument bezeichnet wurde. Ein Gemeinwesen wird als Bilanzgemeinschaft betrachtet, in der das zuvor als sinnvoll definierte und deswegen normativ gebotene Handeln gegen diejenigen aufgerechnet wird, die »nicht am Erwerbsleben« teilnehmen, also dem normativ Gebotenen nicht folgen. Der ökonomische Reduktionismus, der das Notwendige in der Marktnachfrage erkennt, entspricht nicht dem, wie sich ein Gemeinwesen als tragende Struktur für Wirtschaftsprozesse konstituiert. Güter und Dienstleistungen hervorzubringen ist nur ein Aufgabenfeld neben anderen wie Familie, Loyalität und bürgerschaftlichem Engagement. Hinzu kommt, dass es nur zwei Gemeinschaftsformen gibt, in denen Menschen bedingungslose Anerkennung erfahren oder noch treffender: bedingungslos angenommen werden – in Familie und Gemeinwesen. Bürger ist man qua Status und nicht qua Leistung. Ein Gemeinwesen ist auf Loyalität angewiesen. Ist diese Loyalität fragil, gefährdet sie sein Fortbestehen. In einer politischen Vergemeinschaftung von Bürgern sind also alle von allen abhängig, es kann nicht bilanziert werden. Das Zugehörigkeitsprinzip würde unterminiert, stellte man ihm ein Leistungs- oder Bilanzprinzip, bestimmte Dinge tun zu müssen, um den Status zu behalten, an die Seite. Es ist also genau dieses Aufrechnen dem nicht angemessen, was ein Gemeinwesen auszeichnet. Wie aberwitzig die Überlegungen der Autoren sind, wird sogleich deutlich, wenn wir den Inhalt des Zwangs, den sie konstruieren, austauschen. Würden sie denn auch von einem solchen Zwang sprechen, der aus der Kinderlosigkeit eines Paares auf andere entsteht, dann entsprechend mehr Kinder zu haben, um den »Personalbestand« des Gemeinwesens zu erhalten? Wie veranschlagen sie diese Ungleichheit in der Reproduktion? Denn die Familien, die Kinder haben, müssten den Vorteil davon, dass es aufgrund ihrer Bereitschaft zukünftig Staatsbürger geben wird, mit denjenigen teilen, die dazu keinen Beitrag leisten. Wie würden sie den notwendigen Verzicht von Eltern veranschlagen, zugunsten ihrer Kinder das Ausleben ihrer Interessen zurückzustellen? Wer käme ernsthaft auf den Gedanken, solche Bilanzen zu ziehen? Abgesehen davon bleibt die Frage, weshalb denn durch das Handeln der einen ein »Zwang« für andere entstehe? Auch andere könnten sich dem verweigern. Und wenn alle es täten in den drei hier genannten Bereichen, was wäre dann? Das Gemeinwesen würde ein BGE nicht bereitstellen können, es würde untergehen. Dieser Zusammenhang ist ganz nüchtern zu betrachten, denn wo die Bereitschaft sich zu engagieren in der Breite verloren ginge oder sich ein solcher Mangel abzeichnete, könnte ein Gemeinwesen nur mit einer öffentlichen Debatte dieser Entwicklung begegnen. Andere Mittel gäbe es nicht. Damit es soweit erst gar nicht kommt, muss die Frage beantwortet werden, welche Bedingungen geschaffen werden müssen, damit Engagement in allen drei Formen möglichst vielfältig stattfinden kann. Das BGE steht dabei für die nüchterne und realistische Einsicht darein, dass ein Gemeinwesen dies nur ermöglichen, aber nicht erzwingen kann und zieht aus diesem Zusammenhang Schlüsse.

Wer indes einen Tätigkeitsbereich heraushebt und ihm dadurch einen Vorrang vor anderen einräumt, setzt Wertigkeiten, ganz wie heute: Familie und Ehrenamt sind vor dem Hintergrund der normativen Überhöhung von Erwerbstätigkeit schöne Privatangelegenheiten. Das Gemeinwesen verleugnet dadurch praktisch, dass beide für sein Bestehen unerlässlich sind. Dieselbe Logik liegt der Verschärfung der Sozialgesetzgebung zugrunde. Wer ein Gemeinwesen als Bilanzgemeinschaft begreift, verwandelt es in einen Interessenverband, eine Vertragsgesellschaft und löst es als Gemeinwesen auf (Liebermann 2009, S. 162 ff.). Hier droht Gefahr von ganz anderer Seite als die Autoren meinen.

> »Daran ändert sich auch nichts, wenn man es für unwahrscheinlich hält, dass sich alle gleich verhielten (etwa weil die Bessersituierten sich nicht auf ein Wohlstandsniveau in der Nähe des Existenzminimums herablassen werden). Es genügt, wenn etliche Leute durch reduzierte Arbeit jene 1000 Euro monatlich, die ihnen einige Modellvarianten als Grundeinkommen versprechen, weniger verdienen als derzeit, und schon kollabiert das System.«

Weshalb sollte das System kollabieren? Kaufkraft wäre weiter vorhanden (BGE und eventuell Erwerbseinkommen), daran könnte es nicht liegen, sofern dieser Kaufkraft auch Güter und Dienste korrespondierten. Hier nun die direkte Fortsetzung der vorangehenden Stelle:

> »Der Versuch einer relevanten Gruppe, diese Möglichkeit zu nutzen, kann dazu führen, dass immer mehr Menschen nicht einsehen, warum sie voll arbeiten, während andere ihre Arbeit sozusagen um 1000 Euro reduzieren, aber das gleiche Gesamteinkommen erzielen.«

Von volkswirtschaftlichen Argumenten kann hier keine Rede mehr sein, sozialpsychologisch-ethische werden bemüht.[69] Weil alle sich mit allen vergleichen und immer genauso dastehen wollen wie der, mit dem sie sich vergleichen, soll es die Folgen haben, die behauptet werden. Diese These ist so gehaltvoll wie das Homo-oeconomicus-Modell, das ihr innewohnt. Wo ist ihre empirische Basis? Für die Frage, wie sich ein BGE auswirkt, wäre zu bedenken, welchen Beitrag es auf der einen Seite zu einer effektiveren, effizienteren und innovativeren Gestaltung von Wirtschaftsprozessen leistet, und zwar nur deswegen, weil es dem Einzelnen mehr Freiräume verschaffte und ihn darin, wie er sie nutzte, anerkennen würde. Auf der anderen Seite wäre zu bedenken, wie es die Solidargemeinschaft Gemeinwesen dadurch stärkte, dass es die Bürger und nicht die Erwerbstätigen ins Zentrum rückte.

> »Sie werden sich deshalb entweder selbst so verhalten oder gegen das System revoltieren, es zumindest zu unterlaufen suchen. In Lebensformen wie dem Kibbuz, wo jeder jeden kennt und seine Leistung sieht, mag das möglich sein. Das Prinzip, ›jeder leistet, was er kann, und bekommt, was er braucht‹, ist hier anwendbar, weil die Anonymität so gering und der soziale Druck, sich fair zu verhalten, so hoch ist. In einer Gesellschaft von 80 Millionen Menschen ist eine solche soziale Überschaubarkeit und Kontrolle utopisch.«

Eine wunderbare Stelle. Wenn es noch eines Belegs bedurft hätte für die bislang schon herauspräparierten Voraussetzungen, die die Autoren machen, hier ist er gefunden. Wo keine Kontrolle möglich ist – wie im Kibbuz –, kann auch nicht auf die Bereitschaft vertraut werden, dass alle sich einzubringen bemühen. Aber wie ist ein Zusammenleben dann möglich? Woher kommt der »Druck«, den es dazu benötigt?

Die Passage könnte Anlass dafür sein, sich zu fragen, weshalb die Menschen sich bislang in so vielfältiger Form einbringen, obwohl sie es nicht müssten und eine Kontrolle eben so wenig möglich ist. Ist es

---

69 Siehe »Logik ist nicht durch guten Willen ersetzbar«, S. 128 ff.

doch auf ihr Bestreben zurückzuführen, einen Beitrag leisten zu *wollen*? Davon auszugehen, dass der gesetzliche Rahmen, von dem oben die Rede war, den Zusammenhalt stifte, begreift Loyalität als Resultat subtiler Androhung von Sanktionen.[70] Sie ist aber nicht erzwingbar und existiert dennoch: wie ist das zu erklären, wenn Druck als Erklärung ausfällt?

Sehr deutlich kommt diese Kontrollphantasie auch in folgender Passage zum Ausdruck, in der der Kreislauf von Geld und Waren beschrieben wird:

> »Von der monetären Seite betrachtet, stellt sich das grundlegende Dilemma des bedingungslosen Grundeinkommens folgendermaßen dar: Geld ist in einer Marktwirtschaft eine Art Spiegelbild der vorhandenen, mit ihren Preisen bewerteten Güter. Im Gegensatz zu den auf Märkten gehandelten Gütern, die nach dem Kauf verbraucht werden, bleibt Geld nach dem Tausch ›Ware gegen Geld‹ jedoch bestehen, es hat nur den Eigentümer gewechselt. Das Einzige, was wieder auftaucht und dem Geld nach dem verbrauchsbedingten Verschwinden der Güter erneut gegenübersteht, ist die Zeit, darunter die potenziellen Arbeitsstunden, aus denen neue Güter entstehen können.
>
> Das Geld behält seinen Wert trotz Verschwinden der mit ihm gekauften Güter, weil sich in einer arbeitsteiligen Gesellschaft alle zusammen darauf verlassen, dass mit der neu zur Verfügung stehenden Zeit tatsächlich wieder etwas produktiv angefangen wird und so die Menge der verbrauchten Güter quasi ersetzt wird. Dann steht dem Geld erneut ein Güterberg gegenüber. «

Eben, alle verlassen sich aufeinander, sie vertrauen einander, einen Beitrag zu leisten, auch heute ist das so. Eine tatsächliche Kontrolle ist gar nicht möglich und nicht notwendig. Gleichwohl erklären die Autoren eine durch ein BGE fehlende Kontrolle zum angeblichen Problem.

> »Das bedingungslose Grundeinkommen untergräbt dieses wechselseitige Vertrauen und damit den Wert des Geldes. Denn einerseits weiß jeder, dass er in der nächsten Periode wieder Geld in die Hand bekommt, das zum Überleben ausreicht, auch wenn er keinen Finger krumm macht. Andererseits weiß aber auch jeder, dass das nicht funktioniert, wenn alle oder viele sich so verhalten, wenn also die neu zur Verfügung stehende Zeit nicht wieder zumindest zum Teil in geleistete Arbeitsstunden fließt, aus denen reale Produkte und Dienstleistungen hervorgehen, die am Markt angeboten werden. «

70 Auf genau das gleiche Argumentationsmuster bin ich in der Analyse einer Diskussion über das BGE in einer Schweizer Radiosendung gestoßen, siehe Liebermann 2013.

Es ist ein mangelndes Vertrauen der Autoren in die Bürger, wie sich hier zeigt. Zwar schreiben sie, jeder wisse, dass Geld nur einen Wert habe, wenn ihm auch Güter gegenüberstehen, diese also erzeugt werden müssen. Folglich verlangte ein BGE zukünftig genau das, was heute ebenso verlangt ist: Jeder muss sich fragen, wie und wann er einen Beitrag zu leisten gedenkt. Dann relativieren die Autoren die selbst formulierte Sorge, denn es müsse nicht alle, sondern nur ein Teil der Lebenszeit in Arbeitsstunden fließen. Weshalb erwähnen sie nicht die Bedeutung von Automatisierung und Technologienutzung, weshalb wird nicht über Produktivitätsfortschritte gesprochen, die gerade dazu geführt haben, dass mit einer geringeren Zahl an Arbeitsstunden mehr Güter erzeugt werden können? Und wo Leistungen bereitgestellt werden, ohne dass sie für Geld erworben werden müssen, wo es also Dienste geben kann, die nicht bezahlt werden müssen – für die braucht es auch kein Geld, um sie zu erwerben. Die Fixierung auf den Geld-Waren-Kreislauf führt dazu, andere Zusammenhänge zu übersehen oder geringzuschätzen.

> »Aus diesem Widerspruch erwächst Misstrauen in den Wert des Geldes: Stehen dem Geld, das ich heute am Markt verdiene, indem ich Waren verkaufe, auch morgen noch neue Waren (zum Beispiel für meine Nachfrage) gegenüber?«

Das weiß man heute ebenso wenig, ob morgen Waren verfügbar sein werden. Wir vertrauen darauf, dass es sie geben wird. Daran änderte ein BGE gar nichts, es macht den Zusammenhang sogar deutlicher, dass nur Güter und Dienste zur Verfügung stehen, wenn sie erzeugt werden.

> »Oder hat sich von heute auf morgen eine ganze Reihe von Leuten bequem zurückgelehnt, die eingekauften Waren konsumiert, aber keine neuen produziert? Eine solche Entwicklung liefe über kurz oder lang auf Geldentwertung hinaus, da das Güterangebot schrumpfen würde, bei gleichbleibender nominaler Nachfrage…«

Dass ein BGE, weil es zu einer anderen Bewertung von Tätigkeiten im Allgemeinen führte, ebenso das Verhältnis zu Gütern und Diensten verändern würde, kann in der Tat angenommen werden. Es würde womöglich weniger konsumiert werden, dafür aber die Bereitschaft steigen, qualitativ bessere Waren zu erwerben. Doch verlässliche Aussagen lassen sich darüber nicht treffen.

> »Das bedingungslose Grundeinkommen nagt also durch sein Konstruktionsprinzip an der ökonomischen Substanz, aus der heraus es bezahlt werden soll. Denn was sollte besteuert werden außer dem, was zuvor produziert und am Markt abgesetzt wurde und so Primäreinkommen erzeugt hat? Was soll umverteilt werden außer dem, was dem Staat an Steuereinnahmen zur Verfügung steht?

So wie auf realwirtschaftlicher Ebene die unumstößliche Logik gilt, dass nur das (von wem auch immer) verbraucht werden kann, was (von wem auch immer) produziert worden ist, gilt auf der finanziellen Ebene, dass nur das (an wen auch immer) verteilt werden kann, was (von wem auch immer) verdient worden ist.«

Wer würde das bestreiten? Was lässt sich als Fazit festhalten? Bestechend ist, wie konsequent in diesem Beitrag aus bestimmten Annahmen, die nicht immer auf den Tisch gelegt werden, ganz bestimmte Schlussfolgerungen gezogen werden. Statt einer Analyse der Zusammenhänge, auf die wir hingewiesen haben, werden teils triviale Thesen aufgestellt, denen kaum jemand ernsthaft widersprechen würde. Da keine Quellen benannt werden, in denen Gegenteiliges vertreten wird, lässt sich auch nicht einschätzen, in welchen Überlegungen zum BGE Zusammenhänge, die die Autoren hervorheben, nicht berücksichtigt werden. Man fragt sich, mit welchen Ausführungen zum BGE oder ob überhaupt mit irgendwelchen sich die Autoren befasst haben. Zusammenhänge, die nicht in ihre Werturteile passen, finden keinen Eingang. Die Verkürzung volkswirtschaftlicher Zusammenhänge auf Gütertausch und Geldwirtschaft entsprechen dem, was wir als Symptom der gegenwärtigen Misere betrachten können. Eine Solidargemeinschaft von Bürgern, wie sie der demokratische Nationalstaat darstellt, können sie sich nicht vorstellen oder aus ihrem tatsächlichen Bestehen zumindest keine Konsequenzen ziehen. Sonst hätte auffallen müssen, dass ihre Vorstellung von Solidarität keine politische ist. So ergibt sich eine nicht ganz überraschende Gemeinsamkeit von gemeinhin als gegensätzlich betrachteten Lagern in der öffentlichen Diskussion: Keynesianern und Neoliberalen. Das Politische als eigenlogische Form von Gemeinschaftsbildung mit einem umfassenden Solidarbegriff, der Angehörigkeit und nicht Leistung in seinem Zentrum hat, ist ihnen fremd. Genau er aber liegt der Verfasstheit der politischen Ordnung in Deutschland und allen republikanisch geprägten Demokratien zugrunde. Symptomatisch ist, wie eine Furcht vor Kontrollverlust sich Bahn bricht, die in allen gesellschaftlichen Bereichen zu entsprechenden Umgestaltungen geführt hat: zur Verschärfung der Sozialgesetzgebung (sogenannte Hartz-Gesetze), zur Beschneidung von Freiräumen im Bildungswesen (Stichwort Bachelor-Struktur) und zur allgemeinen Furcht davor, Freiräume könnten missbraucht werden. Wer nach einer Antwort darauf sucht, weshalb wir politisch feststecken und langfristig tragfähige Antworten auf die Herausforderungen der Gegenwart nicht zu erkennen sind, findet sie im Kontrollbedürfnis – also im mangelnden Vertrauen in die Bereitschaft und Fähigkeit der Bürger, Freiräume vernünftig zu nutzen.

Wie zum Bedingungslosen Grundeinkommen?
Über Zwischenschritte und Sackgassen

Diese Frage ist nicht erst seit dem letzten Kongress des *Basic Income Earth Network* in Ottobrunn bei München im September 2012 eine der gewichtigen in der Grundeinkommensdiskussion. Sie stellte sich von Anfang an. Entsprechend fand sie Ausdruck in Überlegungen wie sie z.B. auch Götz W. Werner in seiner »Zwischenbilanz« (Werner 2008) formulierte. Die Höhe eines BGE in Kaufkraft und die Ausgestaltung der Bereitstellungsmodalitäten entscheiden darüber, welche Auswirkungen es haben könnte. Was die Menschen daraus machen, ist nicht vorhersehbar. Diese Offenheit ist nicht zu tilgen, es bleibt nur sie auszuhalten.

Erhofft werden kann Vieles, doch definitiv beobachten lässt sich erst, was geschieht, wenn das BGE einmal eingeführt worden ist. Diese Offenheit bereitet Unbehagen, nur ungern will man sich ihr überlassen. Aus diesem Grund wird nach Sicherheiten gesucht; Mikrosimulationen, Modellberechnungen besonderer Art, sollen sie verschaffen – ein zwar verständlicher Wunsch, denn wer will sich schon unbedacht ins Ungewisse stürzen. Doch der Schein an Sicherheit, den solche Simulationen versprechen, trügt. Mikrosimulationen basieren wie alle Modelle, die zu Prognosen eingesetzt werden, auf Annahmen, die mit Mitteln der Wahrscheinlichkeitsrechnung modelliert werden. Ihre Aussagen haben nur mathematische Bedeutung, sie sagen nichts darüber, was tatsächlich passieren wird. Der Ausgang einer Entscheidung, die immer eine in die Zukunft ist, bleibt offen. Diese Offenheit lässt sich nicht aufheben, sie ist für das Leben konstitutiv. Daraus folgern manche, es sei unverantwortlich, einen Schritt zu wagen, dessen Folgen nicht bekannt seien. Ganz so ist es aber nicht. Zumindest sind die Folgen eines BGE, betrachtet man seine Ermöglichungsstruktur, klar benennbar: Anerkennung der Bürger um ihrer selbst und des Gemeinwesens um seiner selbst willen; Schaffung von Freiräumen und damit mehr Möglichkeiten, das Leben nach eigenem Dafürhalten zu gestalten; Gleichstellung der bislang durch den Vorrang von Erwerbstätigkeit hierarchisierten Tätigkeitsfelder (Familie, bürgerschaftliches Engagement) usw. Das sind zwar nicht die Folgen, die mit Berechnungsmodellen zu bestimmen versucht werden, es sind aber die Folgen, die ein BGE herbeiführt, indem es Handlungsmöglichkeiten schafft. Wer über Folgen spricht, muss also über Vergangenheit und Gegenwart nachdenken. Welche Schlussfolgerungen lassen sie zu? Was mit einem BGE werden könnte, ist sehr wohl zu erwägen, und zwar an den Realitäten der Gegenwart. Stärkte es die Bürger in ihrer Autonomie, unterstützte es individuierte Lebensentscheidungen, förderte es Leistungsbereitschaft, würde es Freiraum für mehr Engagement schaffen? Alles das ist der Fall. Wenn also heute schon auf Autonomie und Selbstbestimmung vertraut wird, sind die Voraussetzungen gegeben, die auch ein BGE zum Gelingen benötigte.

Ist diese Offenheit nicht doch eine Überforderung, wird immer wieder gefragt? Wenn ja, sollten lieber ganz kleine Schritte erwogen werden, um eventuell zu einem BGE zu gelangen? Welche Schritte, auch Zwischenschritte, könnten weiterführend sein, welche nicht? Ingmar Kumpmann hat in seinem Beitrag »Zwischenschritte zum Grundeinkommen« (Kumpmann 2011) treffend dargelegt, dass überall dort, wo sich Ansatzpunkte zu bieten scheinen, zu allererst die Frage beantwortet werden müsse, ob diese Ansatzpunkte die Erwerbszentrierung aufheben oder nicht. Er nennt einige Beispiele, die genau diesen Schritt nicht erlauben. Ich habe in diesem Buch ebenfalls Beispiele dafür genannt, wie vermeintliche Anknüpfungspunkte in eine Sackgasse führen können, z.B. das Kindergrundeinkommen oder der Mindestlohn. An ihnen anzusetzen, würde nicht einen Zwischenschritt zum Grundeinkommen, sondern einen Schritt innerhalb der bestehenden Sackgasse bedeuten.

Weil die größte Barriere für die Einführung des BGE die Vorrangstellung von Erwerbstätigkeit ist, wäre nur von solchen Zwischenschritten etwas zu erwarten, die diese Vorrangstellung aufhöben oder ihrer Aufhebung zuarbeiteten. In der Diskussion um das Solidarische Bürgergeld, das nicht selten als Mogelpackung gescholten wurde, war ein solcher Ansatz enthalten, wenn auch die Höhe des zu erreichenden Betrags (nach heutiger Kaufkraft) zu niedrig angesetzt war. Aber eines wäre in der damaligen Form denkbar gewesen. Selbst ein niedriges Grundeinkommen in der Höhe von 600 Euro hätte den Bruch mit der Überbewertung von Erwerbstätigkeit ebnen können – zu einer solchen Einschätzung ist auch Philippe van Parijs (Van Parijs 2012) gelangt. Für eine alleinstehende Person hätte es – obwohl niedriger als Arbeitslosengeld II-*Leistungen* inklusive Sachleistungen und Pauschalen – eine bestimmte Absicherung nach unten bedeutet, ohne die ALG II-*Bedingungen* mitzuschleppen. Ein Haushalt, bei entsprechender Ausgestaltung, hätte Einkommen kumulieren können. Der damalige Vorschlag hatte also das Zeug, eine Tür aufzustoßen.

Gälte das für den Vorschlag eines Sockeleinkommens, wie ihn die Sozialpiraten vorgestellt haben (Sozialpiraten 2012)? Der Gedanke ist nachvollziehbar. Durch die universelle Ausschüttung einer Steuerrückvergütung pro Person von 50 Euro wäre ein Grundeinkommen im Allgemeinen Sinn des Wortes geschaffen – das unterscheidet diese Steuerrückvergütung von allen Leistungen, die wir heute haben. Es wäre an keine Leistungsbedingung mehr geknüpft, alle bezugsberechtigten Personen würden es erhalten. Würde das Sockeleinkommen den Weg zum BGE ebnen können? Im Unterschied zum damaligen Vorschlag von

Dieter Althaus ist der Betrag so niedrig, dass er nicht einmal kumulativ – für eine Familie – von Bedeutung wäre. Zwar würde die Kaufkraft erhöht (sofern die gesamte Ausgestaltung entsprechend wäre), doch die niedrigen Beträge schüfen keine Freiräume von Gewicht, hätten bestenfalls symbolischen Charakter vergleichbar der »Euro-Dividend« die Philippe van Parijs (Van Parijs 2013) vorgeschlagen hat. Ist es dennoch denkbar, dass ein Sockeleinkommen langsam zur Erosion der Erwerbszentrierung beitrüge? Ich halte es aufgrund der ausgesprochen niedrigen Höhe für zweifelhaft. Stärker gewichten in seinen Folgen für die Diskussion würde ich einen anderen Aspekt. Weshalb die Sozialpiraten überhaupt meinten, ein Konzept vorlegen zu müssen, erschließt sich mir nicht. Gerade sie hätten aufgrund ihrer Stellung im Parteiengefüge auf ein Konzept verzichten und sich ganz der Förderung der öffentlichen Diskussion verschreiben können. Denn welche Schritte einst ergriffen werden, sollte es zur Einführung eines BGE kommen, hängt wesentlich vom Stand der Diskussion und der Bereitschaft ab, sich auf die Idee eines BGE einzulassen. Angesichts dessen, dass für das Sockeleinkommen wie im Falle eines ausreichend hohen BGE ebenfalls Umstellungen samt Gesetzesänderungen notwendig wären, drängt sich ein solch zögerliches, vorsichtiges Vorgehen nicht auf. Von bestehenden Anknüpfungspunkten ausgehend bietet sich zur Einführung eines BGE eine Umgestaltung des Grundfreibetrags in der Einkommensteuer viel mehr an. Er steht schon heute jedem zu und könnte von einem Freibetrag in eine Ausschüttung umgewandelt werden. Dem Betrag äquivalente Leistungen (also in gleicher Betragshöhe) aus Arbeitslosengeld I, II, Sozialhilfe usw. könnten durch ihn ersetzt werden. Grundfreibetrag und Arbeitslosengeld II sind zwei Seiten eines Prinzips: der Existenzsicherung als Aufgabe des Gemeinwesens.

Eine weitere Frage ergibt sich daraus, wie schnell ein BGE denn eingeführt werden solle, von heute auf morgen könne es ja nicht geschehen, sagen wohlwollende, indes ein wenig skeptische Befürworter. Das ist wohl wahr, aber auch trivial und in einer Demokratie ohnehin nicht möglich. Bis der Tag gekommen sein wird, da das BGE eingeführt werden soll, haben sich die Bürger, deren Mehrheit notwendig ist, schon darauf eingestimmt, sonst würde es keine Mehrheiten geben. Damit wäre der Weg beschritten, der in einer Demokratie beschritten werden muss: Willensbildung durch Debatte. Stimmen, die einer langsamen Einführung das Wort reden (z.B. Segbers 2011, Welter 2014), da die Menschen oder gar die »Gesellschaft« auf diese Weise ebenso langsam an die neue Situation sich gewöhnen könnten, laufen den Grundfesten der Demokratie entgegen – pädagogisierende Bevormundung ist das Gegenteil von Demokratie. Was der Souverän will, wozu er sich bereiterklärt, das kann und muss er in aller Konsequenz selbst artikulieren.

Durch nichts anderes zeichnet sich die Mündigkeit aus, auf die wir schon heute setzen und die zukünftig ebenso unerlässlich sein wird.

Brückentechnologien und Umsetzungskonzepte
Türöffner oder Hindernisse?

Mit den Erfolgen der Piratenpartei wurden ihre Überlegungen und Vorschläge zum Bedingungslosen Grundeinkommen stärker wahrgenommen. Das trug sicher zur weiteren Verbreitung der Idee bei, manche Debatten, die schon geführt waren, lebten wieder auf. Dass bei einigen der Eindruck entstand, die Piraten hätten das BGE überhaupt in die Debatte gebracht, dazu trug sicher die Vergesslichkeit der Medien wie unterlassene Recherche derjenigen bei, die sich dafür interessierten. An der Präsenz von Informationen, die jede Suchmaschinen-Suche ausspuckt, konnte es nicht liegen.

Mit der vorangeschrittenen Diskussion – in Deutschland seit 2004 – stellte sich immer wieder die Frage, wie ein BGE schrittweise eingeführt werden könnte und welche Schritte dafür naheliegen? Die Piratenpartei sprach in diesem Zusammenhang vom Mindestlohn als einer »Brückentechnologie« (Piratenpartei 2012, 2013), sah jedoch keine notwendige Verknüpfung seiner mit einem BGE, wie dies in manch anderem Konzept der Fall ist (Blaschke 2010). Der Mindestlohn sollte den Weg zum BGE absichern und bahnen helfen. Wer das so sieht, erfreute sich an jedem Schritt zum Mindestlohn, der im Sommer 2014 tatsächlich beschlossen wurde und seit Januar dieses Jahres gilt. Doch ist die Hoffnung, der Mindestlohn bahne den Weg zum BGE, angebracht, oder ist sie nicht eher trügerisch?

Beantworten lässt sich diese Frage nur, wenn man sich vergegenwärtigt, weshalb es das BGE bislang so schwer hatte, Gehör zu finden. Das größte Hindernis, das es zu überwinden gilt, ist die Vorrangstellung von Erwerbstätigkeit, ihre normative Bedeutung und damit einhergehend die Abwertung aller nicht erwerbsförmigen Tätigkeiten. Was würde nun die Einführung eines gesetzlichen Mindestlohns an diesem Missstand ändern?

Mit einem Wort: nichts. – Ein Mindestlohn soll die Erwerbstätigen schützen, ihnen ein Mindesteinkommen sichern.[71] Er soll Lohndumping verhindern usw. All das lässt sich nur dann rechtfertigen, wenn Erwerbstätigkeit ein besonderer Rang eingeräumt wird, wenn also genau an dem festgehalten wird, das es zu überwinden gilt. Der Mindestlohn ist bestenfalls solange ein Schutz, solange jemand erwerbstätig

---

71 Siehe »Kombilohn, Mindestlohn, Arbeitszeitverkürzung...«, S. 101 ff.

ist. Weder öffnet er eine Tür zum Grundeinkommen, noch ist er ein Schritt auf dem Weg dahin. Er rüttelt nicht an der normativen Höherbewertung von Erwerbstätigkeit, er befestigt sie, weil sie für besonders schützenswert gehalten wird.

Ein Mindestlohn hält am Prinzip ›Einkommen nur für Gegenleistung‹ (Erwerbsarbeit) fest und bekräftigt die heutigen Legitimationsverhältnisse, denen zufolge nur ein bestimmtes Engagement als sinnvoll und nutzbringend für das Gemeinwesen anerkannt wird. Damit verstellt er den Weg zum BGE. Er wird sich eher als Beschäftigungsfalle erweisen ganz wie der Ausbau von Kinderbetreuungsplätzen, denn er befestigt die Bedeutung von Erwerbstätigkeit und hebt die dadurch z.B. verursachte Abwertung von Familie nicht auf. Dasselbe gälte auch – neben anderen Missständen, die es erzeugte – für ein Kindergrundeinkommen.[72]

Manche Befürworter eines BGE begründen den Mindestlohn als Entgegenkommen oder Annäherung an diejenigen, die Erwerbstätigkeit einen hohen Stellenwert beimessen und das BGE als Bedrohung wahrnehmen. Ein solches Entgegenkommen könnte, so die Hoffnung, bisherige Kritiker womöglich von einem BGE überzeugen. Ähnlich wird häufig begründet, weshalb es detaillierte Umsetzungskonzepte geben müsse, nur mit ihrer Hilfe seien Skeptiker zu gewinnen. Detaillierte Umsetzungskonzepte (wie auch Finanzierungsrechnungen, manchmal gehen beide Hand in Hand) müssen, wollen sie ihren Zweck erfüllen, viele Annahmen treffen, Annahmen darüber, wie das BGE aussehen, welche Leistungen es ersetzen soll usw. Damit nehmen solche Vorschläge vorweg, was erst zu diskutieren wäre. Noch ist die politische Willensbildung des Souveräns gar nicht so weit, überhaupt ein BGE zu wollen, geschweige denn, über eine Einführung nachzudenken. Vorschnelle Festlegungen verstellen eher den Blick.

Soll denn, könnte hier eingewandt werden, über Umsetzungsschritte gar nicht nachgedacht werden? Doch, das geschieht seit Beginn der Diskussion, viele Vorschläge sind schon gemacht worden, viele Wege gibt es, damit anzufangen. Man denke nur an den Grundfreibetrag in der Einkommensteuer bzw. der schon heute geltenden Definition des steuerfreien Existenzminimums. Letztlich, da beide schon bestehen, müssten sie nur umdefiniert werden, um anzufangen. Der Grundfreibetrag könnte ausgeschüttet und als Freibetrag gestrichen werden.

Da es beim BGE jedoch um einen großen Schritt geht – zumindest was die *Vorstellungen* über unser Zusammenleben betrifft, nicht etwa seine tatsächlichen Voraussetzungen – ist eine öffentliche Diskussion, eine dadurch geförderte Willensbildung unerlässlich. Vorankommen wird das BGE nur, wenn es gelingt, für die grundsätzlichen Fragen, die

72 Siehe »Kinder-Grundeinkommen«, S. 86 ff.

es stellt, Interesse zu finden. Bislang ist das schon erstaunlich gut gelungen, schaut man auf die letzten Jahre zurück. Es kommt darauf an, dass die Diskussion breiter wird, das ist Herausforderung genug.

Gedankenlose Nachdenkseiten
Wie Werthaltungen das Denken leiten

»Macht es Sinn, eine Idee zum Dauerthema zu machen, wenn sie nie realisiert werden wird?« – fragte Albrecht Müller (Müller 2010) in seinem Beitrag auf den Nachdenkseiten[73]. Er reagierte damit auf Kritik an seinen früheren Auslassungen zum Grundeinkommen, die von verschiedener Seite vorgebracht wurde.

Zuerst sei ein Blick auf die Überschrift seiner Antwort geworfen. Woher weiß Albrecht Müller, dass das Grundeinkommen nie realisiert werden wird? Er spricht nicht davon, dass er geringe Chancen sehe oder dass es unwahrscheinlich sei, nein, es werde nicht realisiert, das steht für ihn fest. Diese Gewissheit kann niemand haben, denn wir wissen nicht, was die Zukunft bringt. Hat die Gewissheit allerdings ihren Grund in einer Werthaltung, in einem Nicht-haben-wollen, dann leuchtet sie ein. Warum spricht er das nicht gleich aus? Werthaltungen sind legitim, ein Streit darüber ebenso – ein Argument allerdings stellen sie nicht dar.

Unsere politische Ordnung bietet keinen Anlass, das BGE für eine weltfremde oder unrealistische Idee zu halten. Wir leben heute schon auf den Voraussetzungen, die ein BGE benötigt. Es will sie nicht beseitigen, sondern stärken – es sind die Voraussetzungen der Demokratie. Deswegen ist es nicht an den Haaren herbeigezogen zu sagen, das Menschenbild des Grundeinkommens ist dasjenige unserer Demokratie.[74] Dass über die Ausgestaltung unserer Demokratie immer wieder nachgedacht und gestritten werden muss, gehört dazu, der Grund dafür ist das stete Suchen nach Antworten auf Herausforderungen, vor denen wir stehen. Müller fährt fort:

> »Ich habe auch bisher schon mehrmals erklärt, dass ich es durchaus verstehe, wenn sich Menschen, denen es wirtschaftlich schlecht geht und die in totaler Unsicherheit leben, an eine solche Idee wie das bedingungslose Grundeinkommen klammern.«

73 Die Nachdenkseiten zählen zu den bekanntesten Politblogs in Deutschland. Sie möchten »eine gebündelte Informationsquelle für jene Bürgerinnen und Bürger sein, die am Mainstream der öffentlichen Meinungsmacher zweifeln und gegen die gängigen Parolen Einspruch anmelden« (http://www.nachdenkseiten.de/).
74 Siehe »Das Menschenbild des Grundeinkommens…«, S. 15 ff.

Müller spricht den Befürwortern ab, gute und tragfähige Argumente
für das Grundeinkommen zu haben und kanzelt sie als Verzweifelte ab
(»klammern«), die in der Not nach dem nächsten rettenden Strohhalm
greifen. Sie sind, das soll wohl auch die Botschaft sein, leicht verführbar.
Wo Argumente gefordert wären, wird abgekanzelt.

> »Aber diejenigen, die als Politiker/innen oder Wohlsituierte diese
> Idee seit Jahren propagieren, müssten wissen, dass sie damit boden-
> lose Hoffnungen machen. Denn die Idee hat so viele Schwächen,
> dass sie nie realisiert werden wird. (Über die Schwächen haben wir
> übrigens schon ausführlich berichtet …). Es erhebt sich deshalb hier
> wie bei anderen Themen auch die Frage, ob es Sinn macht, Ideen
> zu einem politischen und gesellschaftlichen Dauerthema zu machen,
> die mit hoher Wahrscheinlichkeit nie umgesetzt werden.«

Ein Blick in die Beiträge, die die vermeintlichen Schwächen aufzeigen,
reicht aus, um zu erkennen, wie wählerisch Gründe gegen das BGE
gesucht werden.[75] Da wird Christoph Butterwegge zitiert (siehe den
aktuelleren Beitrag Butterwegge 2013). Im Mantel der Fürsorge plädiert
er für eine Erneuerung des alten Sozialstaats aus Vor-Agenda-2010-
Zeiten. Die größte Gefahr sieht er darin, dass Bürger durch das BGE zu
etwas verführt werden könnten, das sie gar nicht haben wollten. Des
Weiteren wird vor allem das Althaus-Modell angegriffen, auf dessen
Schwächen die BGE-Befürworter selbst wiederholt hingewiesen hatten.
Die üblichen Einwände gegen den Konsumsteuervorschlag[76] werden
vorgebracht und an der Illusion einer angeblich paritätisch finanzierten
Sozialversicherung festgehalten, als seien Bruttokosten eines Unternehmens, also alle Aufwendungen für einen Arbeitnehmer nicht bloß auf
einem einzigen Weg zu decken: über den Absatz. Folglich tragen eben
die Verbraucher die paritätische Sozialversicherung, nicht jedoch die
Unternehmen und die Arbeitnehmer. Das alles könnte auch Albrecht
Müller sehen, wenn er sich denn mit den Argumenten für ein BGE und
der Kritik am Bestehenden, die Befürworter vorbringen, auseinanderge-
setzt hätte. Das scheint er nicht zu wollen.

Müller ist gegen Ende des zitierten Absatzes schon vorsichtiger, wenn
er davon spricht, dass ein BGE mit »hoher Wahrscheinlichkeit« nicht
umgesetzt werde. Die Befürworter, so Albrecht Müller, müssen einige

---

75 Der geneigte Leser kann sich von diesen Ausführungen zu den »Schwächen« auf den Nachdenkseiten selbst ein Bild machen: http://www.nach-
   denkseiten.de/?cat=31. Siehe auch »Konstruktionsfehler des Grundeinkommens«, S. 190 ff.

76 Neben den Ausführungen von Benediktus Hardorp (Hardorp 2008a und
   b) und Götz W. Werner (Werner 2007) sei hier auf eine Darstellung von
   Ralph Boes (Boes 2011) verwiesen.

Fragen beantworten können, wenn das BGE ernst genommen werden
solle. Müsste das nicht jeder für sich versuchen, auch Albrecht Müller? Nachfolgend werde ich die Fragen beantworten oder entsprechend
kommentieren.

>Ist die Idee irgendwann realisierbar? Wann?«

Wenn es dafür eine Mehrheit gibt, dann ist sie realisierbar. Wann das
und ob überhaupt der Fall sein wird, ist offen, es hängt vom politischen
Willen ab. Anknüpfen könnte das BGE an das Existenzminimum, seine
heutigen Formen in Gestalt von z.B. Arbeitslosengeld II und Grund-
freibetrag in der Einkommensteuer müssten nur umdefiniert werden.
Es ist nicht allzu lange her, dass ein gesetzlicher Mindestlohn keine
Mehrheiten fand, schneller als erwartet, kam es zum Umschwung, seit
Januar dieses Jahres haben wir ihn. An Argumenten dafür, welche Ver-
änderungen ein BGE mit sich brächte und wie es sich auf bestehende
Leistungen des Sozialstaats auswirken könnte, mangelt es nicht.

>Wie steht es um die Finanzierbarkeit wirklich? Auch unter Beach-
tung der Reaktionen im Verhalten der Menschen? Welche Folgen
für das Verhalten der Menschen haben die verschiedenen Finanzie-
rungsvorschläge?«

Hierzu gab es zum Zeitpunkt, als der Beitrag erschienen ist, schon
verschiedene Studien z.B. von Helmut Pelzer und Ute Fischer (Pelzer/
Fischer 2007, 2009), von Michael Opielka und Wolfgang Strengmann-
Kuhn (Opielka/Strengmann-Kuhn 2007). Zu Recht hebt Albrecht Müller hervor, dass sich alles daran entscheidet, wie die Menschen sich
>verhalten«. Bemerkenswert ist allerdings, wie eng er die Ausgestaltung
der Finanzierung über Steuern mit Folgen für das >Verhalten« verbindet, so, als hingen sie beinahe kausal miteinander zusammen. Dabei ist
diese Verbindung nicht kausal zu betrachten, die Eigensinnigkeit der
Lebenspraxis und die Handlungsmöglichkeiten, die entstünden, wären
zu erwägen.
   Um auf die Frage, wie Menschen nun unter Bedingungen eines BGE
handeln würden, muss der Blick auf die Gegenwart gerichtet werden,
was letztlich darauf hinausläuft zu verstehen, warum die Bürger sich
überhaupt ins Gemeinwesen sowie in den Beruf einbringen. Wie schon
ausgeführt, beruht unsere politische Ordnung auf der Voraussetzung,
dass die Bürger bereit sind sich einzubringen, daran würde ein BGE
nichts ändern. Müllers Frage gilt heute also gleichermaßen, wir können
sie noch erweitern: wie unterstützen wir auch in Zukunft, dass die Bürger sich nach ihren Möglichkeiten und Fähigkeiten einbringen? Da ein
BGE gerade die Basis dafür schafft, in die verschiedensten Richtungen
wirken zu können, würde es die Bedingungen dafür verbessern. Doch

eine verbindliche Antwort kann es nicht geben, da wir nicht voraussagen können, was die Menschen mit den Möglichkeiten anfangen, die ein BGE schüfe. Manche mutmaßen wegen dieser Offenheit laufe die Einführung auf ein riskantes Unterfangen hinaus, auf ein Abenteuer, dessen Ausgang wir nicht kennen und deswegen sei es abzulehnen. Nun, zum einen gilt für jede Entscheidung, dass wir um ihren Ausgang nicht wissen. Wir hoffen das Beste, sind vom Gelingen eines Vorhabens überzeugt – wie es ausgehen wird, wissen wir niemals im Voraus, auch wenn wir noch so überzeugt davon sind, dass es gut gehen wird. Was bleibt? Ein Blick auf die Grundlagen unseres gegenwärtigen Zusammenlebens, also auf die Grundlagen der Demokratie hilft weiter.

> »Lässt sich die Idee in einem System realisieren, das von Wettbewerb und marktwirtschaftlichen Elementen geprägt ist?«

Mühe bereitet es hier, die Frage zu verstehen. Es muss das bestehende »System« gemeint sein. Zweifelt Müller am Vorrang des Politischen, wie es scheint? Haben wir nicht – bei aller Kritik – heute Leistungen, die überhaupt nicht nach dem Marktprinzip erfolgen (z.B. öffentlicher Dienst, Sozialleistungen)? Und ist, zuletzt noch, die republikanische Demokratie nicht als solche schon Beleg dafür, dass nicht der Markt darüber befindet, was politisch zu entscheiden ist, sondern dies nach den Verfahren der Demokratie zu geschehen hat? Und wo dies nicht der Fall ist, das zu kritisieren ist?

Es geht nicht um eine Systemfrage, die sich mit dem BGE stellt, sondern darum, wie ernst wir es mit der Demokratie und der Stärkung der Bürger meinen. Es handelt sich von daher um eine systemimmanente Frage, denn das BGE wird in manchen Bereichen den Wettbewerb befördern, gerade weil es von den Existenzsorgen befreite, in anderen den Druck herausnehmen, der heute durch den Vorrang von Erwerbstätigkeit entsteht. Es ermöglicht im Unterschied zu heute eine Versöhnung von Sicherheit und Wettbewerb, von Absicherung und Freimut.

> »Wird die Idee zur politischen Profilierung genutzt? Beim früheren Ministerpräsidenten von Thüringen, Althaus, war dies deutlich erkennbar. Die Idee diente dem Aufbau eines sozialen Images unabhängig von der realen Politik dieses Politikers.«

Was hat das mit dem BGE zu tun? Solange die Profilierung damit einhergeht, dass Umgestaltungen auf den Weg gebracht werden, die zu einem auskömmlichen BGE führen, spielt das keine Rolle. Wo das nicht geschieht, ist für jeden sichtbar, ob jemand nur sein Image pflegen oder tatsächlich verändern will.

Auch diese Frage ist nicht so einfach zu verstehen. Soll damit gesagt
sein, dass das BGE missbraucht werden kann für andere, unlautere
Absichten? Wenn das gemeint ist, ist die Frage banal, denn missbraucht,
zum Spielmaterial werden, kann jede Idee. Weil also Ideen missbraucht
werden können, sollte man sie erst gar nicht verfolgen? Das endete in
Selbstblockade, man bliebe in der Gegenwart stecken. Ist denn darin
ein Einwand gegen das BGE zu erkennen? Streiten die Nachdenkseiten
nicht gerade gegen dieselben »Missbräuche« und halten ihr Vorhaben
keinesfalls für abwegig? Hier, wie bei der vorangehenden Frage kann
man sich des Eindrucks nicht erwehren, dass sie vorgeschoben sind oder
einem diffusen Unbehagen entspringen.

Die maßgebliche Antwort hierfür findet sich in der Idolatrie der Erwerbsarbeit, die nun gerade in den letzten zehn Jahren die politische Debatte
besonders deutlich geprägt hat. Gepaart mit dem gewaltigen Misstrauen
(wider alle Lebenswirklichkeiten) in die Bereitschaft des Einzelnen sich
einzubringen, bilden sie – Idolatrie und Misstrauen – die wahren Hin-
dernisse für eine andere Politik. Albrecht Müller, aber auch andere wie
Heiner Flassbeck, Jens Berger und Christoph Butterwegge können sich
gar nicht vorstellen, Wege zu gehen, die den ausgetretenen Pfad des
Vorrangs von Erwerbstätigkeit hinter sich lassen. Auch sie predigen
das Erwerbs- bzw. Beschäftigungsmantra. Von einer Ideenlosigkeit der
Politiker im Sinne einer Orientierungslosigkeit lässt sich sehr wohl sprechen. Denn das Festhalten an Antworten, die den Lebenswirklichkeiten
widersprechen, lässt sich nur dann verstehen, wenn einem das mögliche
Neue nicht geheuer ist, dabei ist dieses Neue das Alte der Demokratie.
Wie dieser Auszug aus einem Buch Müllers zeigt, ist es eine bestimmte
Annahme, die seiner Deutung zugrunde liegt:

vor allem über das Wachstum unserer Volkswirtschaft. Gelingt dies nicht, können wir ökologische Rücksichtnahmen immer mehr vergessen. Denn dann werden sich viele Menschen überlegen, ob sie sich den Luxus der ›Moral‹ leisten können und leisten wollen.« (Müller 2005)

Zum einen wird hier ein direkter Zusammenhang zwischen der eigenen Einkommenssituation und dem Handeln hergestellt, der so nicht besteht. Es ist ein Klischee zu meinen, »Moral« komme nach dem »Fressen«, wie Brechts Dreigroschenoper häufig zitiert wird. Moral ist kein Luxusgut, das zeigen drastisch die verschiedenen Widerstandsformen im Dritten Reich und im Zweiten Weltkrieg in Deutschland (Browning 1999, Hilberg 2011). Erst wenn die eigene Existenz bedroht, erst wenn man in die Enge getrieben ist, wird es wahrscheinlich, dass die Gemeinwohlorientierung darunter leidet – zwingend ist das allerdings nicht. Gerade ein BGE, auf die gegenwärtigen Verhältnisse übertragen, würde ja die Existenz sichern helfen. Diesen Zusammenhang sieht Müller offenbar nicht. Darüber hinaus würde gerade ein BGE, weil es Last und Sorge um das finanzielle Auskommen von den Menschen nimmt, der wirtschaftlichen Dynamik zuträglich sein.

Das strikte Festhalten am Vorrang von Erwerbstätigkeit hat etwas Verzweifeltes, als sei die Volkswirtschaft in den vergangenen Jahrzehnten trotz Massenarbeitslosigkeit nicht gewachsen. Sie ist aber gewachsen, die Frage ist doch lediglich, wie dieser Erfolg nun in Lebensmöglichkeiten umgesetzt wird, welcher Anteil des Nettonationaleinkommens als öffentliche Alimentierung in Form eines BGE und welcher über Erwerbstätigkeit verteilt wird. Es geht also um ein Teilungsverhältnis, das im Fall des BGE zugunsten des Gemeinwesens verschoben würde. Solange es ein Jenseits der Erwerbsidolatrie normativ nicht geben darf (wie auch bei Streeck/Heinze 1999), kommt ein BGE als Alternative genau aus diesem Grund nicht in Frage. Die Unwilligkeit darüber nachzudenken, ist vielen Kritikern anzumerken. Unausgegoren ist also nicht die Idee, es sind viele Einwände, die wie aus der Pistole geschossen kommen, die Probleme durch ein BGE entstehen sehen, die wir entweder längst haben oder die aus ihm nicht notwendig folgen.

> »Transportiert die Debatte wenigstens Ideen und Ziele, die helfen könnten, anderes Wichtiges zu erreichen? Hier bin ich sehr skeptisch. Denn die Agitation für das Grundeinkommen lenkt ab von der notwendigen politischen Arbeit für eine Beschäftigungspolitik, die der Mehrheit der Menschen Arbeitsplätze und Alternativen schafft.«

Zu betonen ist hier wohl »Arbeitsplätze«, nicht aber »Alternativen«. Konsequent wird von »Beschäftigungspolitik« (Erwerbsarbeit) gesprochen, wo das BGE diese Frage ganz anders stellt: Es fragt nach Möglichkeiten und Freiräumen dafür, dem nachzugehen, was man für wichtig und richtig erachtet, ganz gleich, ob es sich um Erwerbsarbeit handelt oder nicht. Müllers Anliegen schafft genau denjenigen keine Alternative, die nicht in Erwerbstätigkeit ihre Erfüllung sehen und die Degradierung anderer Tätigkeiten für einen Missstand halten.

Folgerichtig geht der vorangehende Absatz weiter:

> »Deutlich erkennt man das beim Öffnen einer Seite, die mir zu lesen gestern als Reaktion auf meinen Beitrag empfohlen worden ist. Dort wird »Freiheit statt Vollbeschäftigung« propagiert. An diesem Titel wird schon sichtbar, dass hier eine Alternative zur Beschäftigungspolitik gesehen wird. Diese sehe ich nicht. Im Gegenteil: Menschen Beschäftigung zu schaffen und alternative Arbeitsplätze zu schaffen ist die Grundvoraussetzung dafür, dass sie zu Zumutungen der Leiharbeit, der Niedriglöhne und der Minijobs Nein sagen können.«

Sicher, »Freiheit statt Vollbeschäftigung« streitet für eine Alternative zur Beschäftigungspolitik, die stets nur Erwerbsarbeit vor Augen hat. Meine Mitstreiter und ich setzen uns für eine Diskussion über Alternativen ein, die von der Zentrierung auf Erwerbstätigkeit wegführen, ohne aber den Leistungsgedanken aufzugeben. Das BGE ist nicht gegen Erwerbstätigkeit, es kann in der Tat Beschäftigung auch in diesem Sinne fördern, es ist aber nicht sein erstes Ziel. Es geht darum, Erwerbstätigkeit ins rechte Verhältnis dazu zu setzen, dass die Anerkennung der Bürger um ihrer selbst und des Gemeinwesens um seiner selbst willen an erster Stelle stehen müssen. Den Nachdenkseiten hingegen geht es nur um Variationen der Erwerbszentrierung. Wundern kann einen, dass nicht gesehen wird, welch ein Segen gerade ein BGE für die Arbeitswelt wäre. Es erlaubte dort Arbeitsbedingungen zu verhandeln, weil der Einzelne auf Erwerbsarbeit nicht angewiesen wäre. Leiharbeit, Minijobs usw. stellten sich mit einem BGE ganz anders dar, heute stehen sie für eine Bedrohung von Autonomie. »Niedriglöhne«[77] hätten eine andere Bedeutung, wenn die Freiheit bestünde, »Nein« sagen zu können. Denn unter heutigen Bedingungen, da ein Niedriglohn das einzige Einkommen darstellt, kann er zur Bedrohung werden, weil er kein auskömmliches Einkommen erlaubt. Auf der Basis eines BGE, das auskömmlich wäre, würde ein »Niedriglohn« hinzutreten, wodurch das Einkommen sich erhöhte. Die Ausgangslage wäre also eine vollständig andere, denn das BGE wird – anders als bei Kombilohnmodellen – direkt an die Person ausgezahlt, nicht an den Arbeitgeber. Das BGE wäre also immer als

---

77 Siehe »Leiharbeit, Zeitarbeit, prekäre Lebensverhältnisse«, S. 105 ff., und »Brückentechnologie und Umsetzungskonzepte«, S. 217 ff.

Einkommen verfügbar, der Kombilohn ist es nur in einem Erwerbsverhältnis. Weiter heißt es:

> »Die Debatte um das Grundeinkommen könnte eine gute Vorbereitung auf eine Gesellschaft ohne Erwerbsarbeit sein. Wenn man dies für möglich hält, wenn man das Ende der Arbeit für möglich hält und propagiert, dann ist auch die Debatte um das Grundeinkommen sinnvoll. Aber an diese Perspektive glaube ich nicht.«

Auf der Website von »Freiheit statt Vollbeschäftigung« hat Albrecht Müller das sicher nicht gelesen, denn von einer Gesellschaft ohne Erwerbsarbeit ist dort nirgendwo die Rede – von einem anderen Arbeitsbegriff sehr wohl. Offenbar prägen politische Reflexe die Auseinandersetzung mit dem BGE, Reflexe, die ihren Grund in bestimmten Werthaltungen haben. Zwar hantieren BGE-Befürworter durchaus mit der These vom Ende der Vollbeschäftigung oder dem Ende der Arbeit, doch lässt sich dies auch anders deuten: als Einsicht in ein stetig gesunkenes Arbeitsvolumen bei gestiegener volkswirtschaftlicher Leistung, wenngleich das BGE davon unabhängig zu betrachten ist. Erwerbsarbeit abschaffen wollen die BGE-Befürworter nicht, schon gar nicht die von Müller erwähnten. Gegen etwas zu sein, was den eigenen Überzeugungen widerspricht, ist legitim; etwas, das einem nicht behagt oder genehm ist, jedoch zu entstellen, um es loszuwerden, zeugt hingegen nicht von Diskussionsbereitschaft.

Schlussendlich bleibt als Fazit: Der Gedanke, dass ein BGE eine Anerkennung der Person in Absehung von ihrer Leistung ausspricht, damit also urdemokratisch ist, denn es richtet sich an den Souverän als Souverän; dass es Freiräume gerade für dasjenige Engagement schafft, das wir heute sträflich missachten, das Ehrenamt; dass es eine wirklich brauchbare Förderung von Familie und Sorgetätigkeiten ermöglicht, ohne dirigistisch zu sein wie das Elterngeld und endlich mit der Ideologie der »Vereinbarkeit von Familie und Beruf« bricht, die besser als Wahrnehmung und Herausforderung doppelten Verzichts bezeichnet würde – all das wird keines Blickes gewürdigt. Wie sehr der Grund dafür Werthaltungen sind und nicht Argumente, lässt sich an den Ausführungen Albrecht Müllers gut ablesen.

Leben und Statistik – eine Verwechslung

Wer sich über die Entwicklung des Arbeitsmarktes, die Anzahl Erwerbsloser sowie Bezieher von Arbeitslosengeld II oder Sozialhilfe Gedanken macht und öffentlichen Diskussionen folgt, wird unweigerlich mit statistischen Daten konfrontiert. Meist werden sie herangezogen, um Aussagen über Sachverhalte zu treffen. Trotz vielfältiger Anmerkungen zur begrenzten Aussagekraft von statistischen Erhebungen und der Schwierigkeiten, aus ihnen erklärungskräftige Schlussfolgerungen zu ziehen (z.B. Bosbach 2013), sind sie omnipräsent. Dabei erlauben solche Massendaten keine Aussage darüber, wie sich eine Problemlage für das jeweils konkrete Individuum darstellt, welche Folgen sie hat. Genau um diesen Unterschied zwischen statistischen Merkmalskonfigurationen und konkreter Lebensführung ging es in einem Gespräch zwischen Jutta Allmendinger, Präsidentin des Wissenschaftszentrums Berlin für Sozialforschung (WZB), und Götz W. Werner, Gründer von dm drogeriemarkt, zum Thema Bedingungsloses Grundeinkommen unter dem Titel »Wer würde dann noch arbeiten?« (Chrismon 2008).

Nach der typischen Einleitungsfrage, ob denn die Interviewten arbeiten würden, wenn sie monatlich einen »festen Geldbetrag« erhielten und den erwartbaren Antworten, dass sie es täten, folgt diese indirekte Frage an Jutta Allmendinger:

> »chrismon: Viele Menschen quälen sich morgens aus dem Bett, weil sie arbeiten müssen.
>
> Allmendinger: Die meisten Menschen würden arbeiten, aber viele in anderen Jobs als heute. Ich bin in der luxuriösen Situation, mir meine Arbeit weitgehend wählen zu dürfen. Aber nicht alle Menschen haben eine Bildung, wie ich sie genießen durfte, weil ich zufällig im richtigen Elternhaus groß geworden bin.«

Zuerst einmal konstatiert sie, dass die »meisten« Menschen arbeiten würden, wenn es ein BGE gäbe. Zugleich geht sie von einer breiten Unzufriedenheit aus, sonst gäbe es keinen Grund, für »viele«, die »Jobs« zu wechseln. Ob dies zutrifft, sei dahingestellt. Dann nehmen ihre Ausführungen aber eine Wendung, denn der mit dem zweiten Teil entsteht ein Widerspruch zum ersten Teil ihrer Äußerungen. Sie kontrastiert (»Aber) ihre Situation, »weitgehend wählen zu dürfen«, die sie für luxuriös hält (also eine Ausnahme oder zumindest selten ist), mit der anderer. Sie befindet sich also in einer privilegierten Situation gemessen an den Möglichkeiten vieler anderer. Wörtlich spricht sie jedoch davon, dass »nicht alle« eine Bildung wie sie genießen durften. »Nicht alle« bedeutet wörtlich indes, beinahe alle, wenige nicht. Damit ist Allmendingers Bildung jedoch keine Ausnahme mehr, sie ist nicht selten, sondern verbreitet. – Wie hängen nun die Bereitschaft und der Wunsch zu arbeiten, die Möglichkeit, Arbeit weitgehend wählen zu können und das Elternhaus zusammen? Wenn die meisten weiterhin arbeiten würden – es geht nur um Erwerbstätigkeit –, sie durch ein BGE in der Lage wären, sich freier zu orientieren, dann könnten sie besser über Arbeitsbedingungen verhandeln. Sie könnten also an ihren »Jobs« festhalten, allerdings wären sie von ihnen nicht mehr abhängig, um ihr Auskommen zu haben. Was hat dies mit dem Elternhaus zu tun, das Frau Allmendinger anführt? Verhandlungsmöglichkeiten entstehen dadurch, auf eine Stelle verzichten zu können, von ihr nicht abhängig zu sein. Das bedürfte keiner weiteren Voraussetzungen. Bedeutend ist das »Elternhaus« insofern, als sich daran entscheidet, wie ein Kind aufwächst, ob dies unter autonomiefördernden oder -hemmenden Bedingungen geschieht. Daran entscheidet sich später, wie gut jemand seine Interessen vertreten kann, wie viel Selbstvertrauen er hat, ungebahnte Wege zu gehen. Sozialisationsbedingungen würden sich also darauf auswirken, wie jemand mit den Freiräumen, die das BGE schüfe, umginge. Warum führt Frau Allmendinger das an, wenn es ohnehin nur um wenige – »nicht alle« – geht, die nicht in ihrer Lage sind? Sind mit »Bildung« Bildungsprozesse oder Bildungszertifikate gemeint?

Wenig später heißt es:

> »chrismon: Hat jeder Mensch ein Interesse an Bildung, egal in welchem Alter und in welcher Situation?
>
> Allmendinger: Nein. Neugierde und die Fähigkeit zur Selbstmotivation erlernen wir in sehr jungen Jahren. Und wer drei, vier Jahre arbeitslos ist, verliert oft *vollständig* [Hervorhebung SL] den Antrieb. Deshalb brauchen wir eine stärker präventiv ansetzende Bildung statt – wie momentan – das Geld auszugeben, wenn die Leute schon arbeitslos und mutlos geworden sind.«

Wie kommt dieser Brückenschlag zustande? An der vorangehenden Stelle ging es noch um diejenigen, die nicht so gute Bedingungen des Aufwachsens hatten wie Frau Allmendinger. Neugierde müssen Kinder nicht »erlernen«, das kann jeder auf einfache Weise im Alltag beobachten, Neugierde im Sinne eines Dranges, die Welt zu erkunden, ist in der Regel vorhanden. Sie kann in ihrer Entfaltung gehemmt werden, indem die Eltern sie nicht unterstützen, sich ihr in den Weg stellen. Wer in einer Familie aufwächst, die diesen Erkundungsdrang fördert und sonst alles einigermaßen rund läuft, der wird diesen Drang nicht verlieren, allenfalls kann er daran mürbe werden, wenn er ihn nicht ausleben kann. Worin besteht nun die Verbindung zu Arbeitslosigkeit?

Relativ salopp wird behauptet, dass Antriebsverlust und Arbeitslosigkeit direkt miteinander zusammenhängen. Doch wie stellt sich dieser Zusammenhang genau dar? Der normative Vorrang von Erwerbstätigkeit führt zur normativen Degradierung anderer Tätigkeiten (Familie, bürgerschaftliches Engagement). Mit ihr zusammen hängt auch die Relativierung der Würde der Person, weil sie stets im Verhältnis zu ihrem Erwerbsengagement betrachtet wird. Dass aus diesem Zusammenhang heraus Arbeitslosigkeit als bedrückend und entwertend erfahren wird, ist nicht weiter verwunderlich. Arbeitslos zu sein ist heute damit gleichzusetzen, nichts zum Gemeinwohl beizutragen, den anderen auf der Tasche zu liegen. Diese Erfahrung kann durchaus machen, wer sich dafür entschieden hat, sich um die eigenen Kinder zu kümmern und vorerst oder vorübergehend nicht berufstätig ist. Nicht Arbeitslosigkeit als solche wäre also das Problem, es ist die mit ihr einhergehende Entwertung. Verschärfend wirkt sich diese Konstellation nun aus, wenn jemand aufgrund seines Bildungsprozesses kein stabiles Selbstvertrauen hat ausbilden können. Für ihn ist Arbeitslosigkeit eine erheblich größere Belastung, weil sein Selbstwertgefühl aufgrund der Bildungsgeschichte und des schwachen Selbstvertrauens noch stärker an der Anerkennung im Erwerbsleben hängt, davon direkt abhängig ist. Verliert er seinen Arbeitsplatz, ist das Entwertungsgefühl umso stärker, je weniger Selbstvertrauen er hat. Die sogenannte »Antriebslosigkeit« ist hierbei nicht Ausdruck eines Mangels an Bildungsabschlüssen, sondern eines Mangels an Selbstvertrauen, das durch den normativen Vorrang von Erwerbstätigkeit nochmals geschwächt wird. Allmendingers Hinweis auf die Familie trifft einen äußerst wichtigen Zusammenhang, zugleich jedoch unterscheidet sie nicht zwischen Auswirkungen der Sozialisation (»Neugierde«) und solchen der kollektiven Bewertung von Tätigkeiten, die zum Vorrang von Erwerbsarbeit mit allen Folgen führt.

Wer aus dem Arbeitsmarkt herausfällt, ist unter normativem Druck, wieder dahin zurückkehren zu sollen, ganz gleich, ob das für ihn das richtige ist, ganz gleich, ob er es will. Mit einem BGE – das ist hier der Hintergrund des Gesprächs – wäre das vollständig anders. Von daher ist auch die Schlussfolgerung, es bedürfe einer »stärker präventiv ansetzende[n] Bildung«, nur nachvollziehbar, wenn der Grund für die Bedrückung bloß in dem Umstand, arbeitslos zu sein, gesehen wird, nicht aber in der normativen Überhöhung von Erwerbstätigkeit. Jutta Allmendinger folgt – obwohl sie doch zuvor von einer Minderheit gesprochen hat – der üblichen Argumentation, dass Bildung die beste Prävention gegen Arbeitslosigkeit sei. Bildung in diesem Sinne sind nicht Bildungsprozesse, sondern Bildungszertifikate. Das ist insofern konsequent, als sie den Grund der Bedrückung, die Überhöhung von Erwerbstätigkeit, nicht aufheben will. Deswegen sieht sie vermutlich nicht, dass ein BGE genau diese Vorrangstellung aufheben und damit den Blick auf Bildung verändern würde. Kurz nach der hier zitierten Passage erwidert sie auf Götz W. Werner, der feststellt, dass viele Akademiker arbeitslos seien, Bildung also keine Garantie sei:

> »Allmendinger: Das stimmt so nicht. Unter Akademikern sind, statistisch betrachtet, keine drei von hundert Menschen arbeitslos. Unter den Bildungsarmen im Osten sind es 50 von hundert.

Werner: Also fast drei Prozent! Ist das nichts? Wie viel Hunderttausend Menschen stehen dahinter?«

Allmendinger betrachtet nicht absolut, sondern relativ. Dass jemand ohne oder mit niedrigem Bildungsabschluss schlechtere Chancen hat, ist statistisch gesehen plausibel. Das Einzelschicksal lässt sie allerdings unberücksichtigt. Weil der Vorrang von Erwerbstätigkeit aufrechterhalten wird, gibt es nur eine Lösung für die »Bildungsarmen«, wie Allmendinger sie bezeichnet: bessere Vorbereitung auf den Arbeitsmarkt, also mehr Bildung.

Genau auf die Lage des Individuums hingegen hebt Werner ab. Das ist insofern interessant, als hier zwei Betrachtungsweisen gegeneinanderstehen: die sich an einem abstrakten Konzept orientierende statistische – die zudem noch eine bestimmte Definition von Arbeitslosigkeit beinhaltet – auf der einen, die auf das Individuum gerichtete auf der anderen. Für erstere ist eine tolerable Erwerbslosenquote entscheidend (Stichwort Vollbeschäftigung), für letztere ist es entscheidet, welche Handlungsmöglichkeiten für ein konkretes Leben durch das Gemeinwesen eröffnet werden. Für die Frage danach, wie Lösungen zu suchen sind, weisen beide Betrachtungen in unterschiedliche Richtungen. Erstere sucht auf der Basis von bestimmten Konzepten und statistischen Relationen, letztere auf der Basis der Einschätzung dessen, welche Möglichkeiten eine bestimmte Lösung für den Einzelnen konkret schafft. Erstere leitet den Einzelnen in eine bestimmte Richtung – Erwerbstätigkeit –, letztere überlässt es ihm, in welche er streben möchte. Damit ist die Frage aufgeworfen, um die es in der BGE-Diskussion zentral geht: Soll das Gemeinwesen definieren, worin ein Beitrag zum Gemeinwohl besteht und das Streben danach normativ prämieren? Genau das macht den Vorrang von Erwerbstätigkeit aus. Oder soll es die Stellung des Individuums im Gemeinwesen stärken und ihm überlassen, wie es einen Beitrag leisten will?

Entsprechend reagiert Frau Allmendinger:

> »Allmendinger: Sie sehen das Problem individuell. Aufs Ganze gesehen bedeutet eine Arbeitslosenquote von drei Prozent Vollbeschäftigung. Das Thema Akademikerarbeitslosigkeit wird in den Medien überbetont.«

Aus der Warte einer statistisch informierten Betrachtung muss Werners Einschätzung als Übertreibung wahrgenommen werden. Allerdings hat die Statistik keinen Blick auf konkrete Lebenssituationen, dazu ist sie methodisch nicht in der Lage. Von daher kommt der statistische Blick einer Verhöhnung, ja einer Geringschätzung des Individuums gleich, denn seine Lage wird nicht zum Kriterium für den Zustand des Ganzen genommen. Dass die genannte Zahl – drei von hundert – dadurch zustande kommt, dass eine bestimmte Definition von Erwerbslosigkeit vorausgesetzt wird, sagt sie nicht. Nach den verschiedenen Konzepten zur Erfassung von Erwerbs- bzw. Arbeitslosigkeit unterscheiden sich die Zahlen erheblich (Strengmann-Kuhn 2008).[78] Arbeitslosigkeit ist ein Konzept, das seine Bedeutung vor allem daher gewinnt, dass Einkommen und Erwerbstätigkeit miteinander verbunden sind. Arbeitslosigkeit bestimmt sich also daran, was unter Arbeit verstanden wird. Aus Sicht des Einzelnen, der keine Stelle findet, die zu seinen Vorstellungen passt oder der gar nicht seine Berufung in Erwerbstätigkeit überführen will, geht die statistische Betrachtung über ihn hinweg. Werners Einspruch ergeht zur rechten Zeit. Für ein Gemeinwesen muss die Frage entscheidend sein, welche Möglichkeiten der Einzelne hat, sein Leben nach seinem Dafürhalten zu gestalten, ohne dass ihm die Verantwortung dafür genommen wird, sich zu fragen, wie er zum Wohlergehen des Ganzen beitragen kann.

> »chrismon: Wird es in Zukunft so stete Berufsbiografien geben, wie die heutige Rentnergeneration sie gelebt hat?
>
> Allmendinger: Lebensläufe, die Brüche aufweisen, sind produktiver. Ich wünsche mir mehr davon. Sie nehmen ohnehin zu.«

Dem Leben wird eine bestimmte Perspektive aufgedrängt. Wie der Einzelne leben will oder nicht, steht für Frau Allmendinger nicht zur Debatte, obwohl sie zugleich dafür plädiert, dass es »Pausen zur Erziehung der Kinder« und »zur Pflege der Eltern« geben müsse. Pausen wovon? Von Erwerbstätigkeit natürlich. In dieser Haltung ist es nicht vorgesehen, nicht erwerbstätig zu sein oder lange für die Kinder zuhause zu bleiben – sie spricht nur von »Pausen« – also relativ kurzen Unterbrechungen, sonst droht ja wieder: Antriebslosigkeit. So konstatiert sie, dass Kinder der Halbtagsschule wegen »nachmittags auf sich alleine« gestellt seien – warum ist das bemerkenswert? Weil sie den Blick auf diesen Sachverhalt ganz selbstverständlich von der Erwerbstätigkeit

78 Laut Sozialgesetzbuch III, § 16, gilt: »(1) Arbeitslose sind Personen, die wie beim Anspruch auf Arbeitslosengeld 1. vorübergehend nicht in einem Beschäftigungsverhältnis stehen, 2. eine versicherungspflichtige Beschäftigung suchen und dabei den Vermittlungsbemühungen der Agentur für Arbeit zur Verfügung stehen und 3. sich bei der Agentur für Arbeit arbeitslos gemeldet haben. (2) An Maßnahmen der aktiven Arbeitsmarktpolitik Teilnehmende gelten als nicht arbeitslos.« Während die Bundesagentur für Arbeit von Beschäftigungslosigkeit spricht, wenn eine Beschäftigung von weniger als 15 Wochenstunden ausgeübt wird, gilt für die International Labour Organization, dass dies der Fall ist, wenn »keine Beschäftigung ausgeübt wird (beziehungsweise eine Beschäftigung von weniger als einer Wochenstunde)« (Bersheim et al. 2014).

aus richtet. So wird der Ausbau von Kindertagesstätten und Ganztagsbetreuung ja begründet.

> »chrismon: Ist Hartz IV, konkret das Arbeitslosengeld II, nicht schon so etwas wie ein Grundeinkommen?
>
> Werner: Nein. Das Arbeitslosengeld II wird nicht bedingungslos gezahlt. Wer es beantragt, muss sich dafür rechtfertigen und seine Lebensverhältnisse offenbaren. Hartz IV ist offener Strafvollzug. Die Menschen sind ihrer Freiheitsrechte beraubt.
>
> Allmendinger: Aber Ihr Grundeinkommen wäre deutlich niedriger als Hartz IV, wenn Sie bei 800 Euro im Monat beginnen.
> Werner: Aber jeder kann dazu verdienen.
>
> Allmendinger: Sie rechnen das Grundeinkommen doch auch an. Wenn Sie 800 Euro als Grundeinkommen haben und 2000 durch Erwerbsarbeit verdienen, entfällt das Grundeinkommen.«

Abgesehen davon, dass Frau Allmendinger Bildung nur als Bildung für den Arbeitsmarkt begreift, hat sie sich offenbar mit der Diskussion um das BGE wenig beschäftigt, zumindest verwechselt sie es mit einer Negativen Einkommensteuer, wenn sie sagt, es werde angerechnet.[79] Und dann bringt Frau Allmendinger etwas zur Sprache, was auch in der BGE-Diskussion umstritten ist. Was die Höhe des Betrags betrifft, hat sich Götz W. Werner unterschiedlich geäußert, das ist sicherlich verwirrend. Nehmen wir einmal den Betrag von 800 Euro und beziehen die Vergabebedingungen ein, dann kann das Arbeitslosengeld II samt Sanktionsdrohungen mit einem BGE in derselben Höhe nicht verglichen werden. Mit einem unwesentlichen Nebenverdienst hätte auch ein Alleinstehender schon einen Betrag erreicht, der über dem soziokulturellen Existenzminimum läge, je nachdem, wie die Krankenversicherung organisiert würde. Nimmt man dann noch die Aufhebung des Haushalts- und die Einführung des Individualprinzips hinzu, stellt sich der Vergleich zwischen Arbeitslosengeld II und BGE ganz anders dar. Werner allerdings sorgt selbst für Irritationen, da er in diesem Interview alle Sozialleistungen durch das BGE ersetzen will.[80] Darauf geht Frau Allmendinger überraschenderweise gar nicht ein.

79 Seit 2010 wird das Konzept des Solidarischen Bürgergeldes von den Befürwortern selbst nur noch als partielles Grundeinkommen bezeichnet (Althaus/Binkert 2010).

80 Dass die Ersetzung aller Sozialleistungen das Ziel des Vorschlags von Götz W. Werner sei, ist ihm von BGE-Befürwortern immer wieder einmal vorgehalten worden. Er hat hierbei selbst zur Verwirrung beigetragen, weil er sowohl für die Abschaffung, so in diesem Interview, als auch für die Beibehaltung von Leistungen oberhalb des BGE plädiert hat (Werner 2007, 2010).

In der nächsten, direkt anschließenden Passage des Gesprächs werden verschiedene Vorstellungen von Gerechtigkeit deutlich, die in der
BGE-Diskussion ebenfalls zu finden sind.

> »Allmendinger: Sicher, aber man muss doch leben! Angenommen
> ich habe nur 800 Euro Grundeinkommen pro Monat. Sie, Herr
> Werner, haben 10000 Euro, Grundeinkommen plus Verdienst. Pro
> Monat geben wir beide 300 Euro für die nötigsten Lebensmittel,
> Toilettenpapier und Kleidung aus. Um unsere Grundbedürfnisse zu
> decken. Das Ergebnis: Gemessen an unseren Einkommen würde ich
> mehr Steuern zahlen als Sie.
>
> Werner: Ja, schon. Aber wir hätten beide 300 Euro eingesetzt, aber
> mir bleiben 9700 Euro. Das Grundeinkommen heißt nur: Hier ist
> die Teilhabe, jetzt zeig mal, was du kannst! Die Frage ist, was man
> mit seinen Talenten macht.«

Der Betrag ist Allmendinger zu niedrig, obwohl es selbst bei gleicher
Höhe wie Arbeitslosengeld II eben bedingungslos verfügbar wäre. Für
Familien wiederum stellte sich die Lage ganz anders dar als für Alleinstehende, da das BGE in einem Haushalt kumulierte und nicht gegeneinander aufgerechnet würde (vier Personen = vier BGE). Das sieht sie
gar nicht. Die gesamte normative Struktur unseres heutigen Sicherungssystems würde auf den Kopf gestellt, das BGE wäre eben keine Notfall-
(ALG II usw.) oder Versicherungsleistung (ALG I, Rente usw.) mehr
sondern Selbstverständlichkeit. Relativ zum Einkommen bezogen auf
dieselben Ausgaben wäre der Steueranteil desjenigen mit geringerem
Einkommen höher, das ist zutreffend. Das gilt jedoch bei jeder Form
von Besteuerung, sofern nicht ab einer bestimmten Einkommenshöhe
mit hundert Prozent besteuert wird.

Und eine weitere Passage, an der zu erkennen ist, dass sich die Wissenschaftlerin nicht auf die Umgestaltungsmöglichkeiten durch ein BGE
einlässt:

> »chrismon: Und wer leert dann die stinkende Biomülltonne?
>
> Werner: Die Frage drückt die Haltung aus, dass man Menschen
> zwingen muss, etwas zu tun, was man selbst nicht tun will. Wer eine
> Leistung haben will, hat drei Möglichkeiten: erstens einen attrak
> tiven Arbeitsplatz zu schaffen, an dem diese Leistung erbracht wird.
> Zweitens: Wenn sich niemand findet, der die Leistung erbringt, muss
> man diesen Arbeitsplatz noch attraktiver gestalten und die Arbeit
> besser bezahlen. Dritte Möglichkeit: Sie machen es selbst.
>
> Allmendinger: Sie haben die Hoffnung, dass ein Grundeinkommen
> würdevolle Jobs schafft. Ich bezweifle das.«

Götz W. Werner entgegnet treffend auf die unausgesprochenen Annahmen, die die Frage enthält. Weshalb zweifelt Frau Allmendinger daran, dass ein BGE der Würde des Menschen zu mehr Geltung verhelfen würde? Was nicht vorauszusehen ist, so könnte ihre Skepsis gelesen werden, ist, was die Menschen aus dem BGE machen werden. Wer ein bestimmtes Ziel – »würdevolle Jobs« – vor Augen hat, das erreicht werden sollte, könnte also daran zweifeln, dass es so weit kommt. Wer allerdings Würde daran misst, wie der Einzelne mit seinem Lebensentwurf sich zur Geltung bringen kann, der könnte im BGE genau ein Mittel dazu erkennen. Es erkennt den Menschen um seiner selbst willen an, in auskömmlicher Höhe verbessert es erheblich die Möglichkeiten, gemäß den eigenen Vorstellungen sein Leben zu gestalten – relativ zur Gegenwart. In ein Erwerbsverhältnis müsste sich niemand begeben, wenn er es nicht wollte, er könnte gerade also durch diesen Freiraum, sich zu verweigern, dazu beitragen, dass Arbeitsbedingungen sich veränderten – wenn er es wollte.

Ein Jenseits der Erwerbstätigkeit ist für Frau Allmendinger offensichtlich nicht denkbar, wie die weitere Diskussion in derselben Passage zeigt. Dass die bezeichnende Rede von »Jobs« die Reduzierung von Berufe auf Einkommenserbringungsstellen vollzieht, fällt ihr gar nicht auf. An Götz W. Werner gerichtet sagt sie:

> »Allmendinger: Für Sie wären 800 Euro Gold wert gewesen, weil sie gute Voraussetzungen hatten, vor allem eine gute Ausbildung [sie bezieht sich auf die Entscheidung Werners, sich selbstständig zu machen in den 70er Jahren, SL]. Auch ein Grundeinkommen schafft nicht automatisch gleiche Zugangschancen. Dieses Gerechtigkeitsprinzip ist in unserer Gesellschaft durchbrochen. Menschen mit niedriger Bildung bekommen schlechte oder keine Jobangebote. Sie vertreten da ein elitäres Konzept. Denen, die viel haben, wird noch mehr gegeben.
>
> Werner: Jetzt öffnen Sie sich doch mal! Wenn alle ein Grundeinkommen hätten, könnten alle etwas tun, ohne dass es gleich ums Verdienen geht. Das würde ehrenamtliche Arbeit befördern, Bürgerinitiativen, Sozialarbeit. Schon heute gibt es 22 Millionen Menschen in Deutschland, die ehrenamtlich arbeiten!
>
> Allmendinger: Das sind Menschen, die definitiv mehr als 800 Euro im Monat zur Verfügung haben.
>
> Werner: Sie bestätigen mich! Man muss sich ein Ehrenamt leisten können. Mit dem Grundeinkommen wäre es so.
>
> Allmendinger: Mit 800 Euro im Monat wären die Menschen noch viel zu sehr mit ihrem Überleben beschäftigt. Es müsste viel mehr sein, 2000 oder 2500 Euro, was nicht finanzierbar wäre.«

Das Hin und Her am Schluss zeigt, wie wenig Jutta Allmendinger die mit einem BGE sich eröffnenden Möglichkeiten sieht. Natürlich verschaffte es nicht gleiche Zugangschancen, weil das BGE die Bedeutung des Elternhauses, auf die sie zu Recht hinweist, bestehen ließe. Ob Eltern ihren Kindern eher autonomiefördernd oder -hemmend begegnen, hängt nicht vom Einkommen ab. Darauf hat ein BGE also wenig bis keinen Einfluss. Freiräume würden aber entstehen, so dass Eltern, die heute darum kämpfen müssen, ein auskömmliches Einkommen zu erzielen, mit einem BGE gelassener in den Tag gehen könnten. Das wirkte sich auch auf die Familiensituation aus. Dass in einer Gesellschaft, die Einkommenserzielung an Erwerbstätigkeit bindet, gerade diejenigen im Vorteil sind, die aus einem Bildung fördernden Elternhaus kommen, deren Ausgangslage also anders ist – worauf Allmendinger immer hinweist –, würde durch ein BGE aufgebrochen. Gerade denjenigen, die heute im Nachteil sind, würde das BGE aus genau diesem Grund helfen. Sie müssten sich nicht um jeden Preis verdingen.

Bedingungsloses Grundeinkommen und Negative Einkommensteuer – ein und dasselbe?

Seit Beginn der öffentlichen Diskussion um ein Bedingungsloses Grundeinkommen wird es in einem Atemzug mit einer Negativen Einkommensteuer (NES) genannt, manchmal davon unterschieden, häufig damit in einen Topf geworfen. So kommt es, dass manche auf Milton Friedman als Vorläufer oder gar Verfechter eines BGE hinweisen. Noch weiter zurück reicht der Hinweis auf Lady Juliet Rhys-Williams (Rhys-Williams 1953, S. 120 ff.). Was auf den ersten Blick plausibel erscheint, erweist sich bei genauerer Betrachtung als ungenau, wenn nicht gar irreführend. Beide Ansätze unterscheiden sich in systematischer Hinsicht, ein Unterschied, der leicht übersehen werden kann, wenn nur die Seite der Sicherung eines Mindesteinkommens betrachtet, der Modus der Bereitstellung jedoch nicht berücksichtigt wird.[81]

81 Historische Linien, die zu Vorläuferdebatten oder gar Stichwortgebern gezogen werden, erweisen sich bei genauerer Betrachtung häufig als unangemessen oder verkürzt. Das liegt vermutlich an den Kriterien, denen die Einordnung in der Literatur folgt und bei der des öfteren von Aspekten abgesehen wird, die für ein BGE von systematischer Bedeutung sind. Der Vorschlag von Lady Juliet Rhys-Williams z.B., der meist als ›social dividend‹ bezeichnet wird, sieht eine Arbeitsverpflichtung für diejenigen vor, die ›benefits‹ erhalten. Dadurch unterscheidet er sich grundsätzlich von einem BGE. Ronald Blaschke gehört zu den wenigen Autoren, die darauf hinweisen (Blaschke et al 2010, S. 218 ff.). Dass Rhys-Williams

Wie sich die NES zum BGE verhält, veranschaulicht am besten eine Passage aus Milton Friedmans bekanntem Werk »Kapitalismus und Freiheit« von 1962. Eine Übersicht über vergleichbare Modelle bietet Joachim Mitschke (Mitschke 2000). Friedman stellt die Negative Einkommensteuer so dar:

> »Die Maßnahme, die sich aus rein technischen Gründen anbietet, ist eine negative Einkommensteuer. Derzeit besteht nach dem Bundeseinkommensteuergesetz ein Steuerfreibetrag von 600 Dollar pro Person (plus einem Minimum von 10 Prozent für absetzbare Sonderausgaben). Wenn eine Person ein steuerpflichtiges Einkommen von 100 Dollar bezieht, das heißt ein Einkommen von 100 Dollar über dem Steuerfreibetrag und den absetzbaren Sonderausgaben, zahlt sie dafür Steuern. Nach meinem Vorschlag würde sie, wenn das Einkommen »minus« 100 Dollar betrüge, das heißt 100 Dollar weniger als der Steuerfreibetrag plus der absetzbaren Sonderausgaben, negative Steuern bezahlen, also eine Zuwendung erhalten. Wenn der Zuwendungssatz beispielsweise 50 Prozent wäre, würde sie in unserem Beispiel 50 Dollar erhalten. Wenn sie überhaupt kein Einkommen bezöge und aus Gründen der Einfachheit auch keine Sonderausgaben geltend machen könnte, würde sie bei konstantem Zuwendungssatz 300 Dollar erhalten. Sie könnte noch mehr erhalten, wenn sie zum Beispiel für Arztkosten etwas absetzen könnte, so daß ihr Einkommen ohne Absetzbarkeit schon vor Abzug des Freibetrages negativ wäre.« (Friedman 2006 [1962], S. 227 ff.)

Die Zuwendung in Gestalt einer Steuerausschüttung oder eines Besteuerungsvorbehalts greift also immer nur relativ zu einem (Erwerbs-) Einkommen, das so zum Bezugskriterium wird. Liegt es unter dem Steuerfreibetrag, erhält die betreffende Person eine Zuwendung, liegt es darüber, zahlt sie Steuern. Der Steuerfreibetrag definiert also ein garantiertes Mindesteinkommen. Um festzustellen, ob Steuern gezahlt werden müssen, ob also ein Einkommen erzielt wird, dass über dem Freibetrag liegt, muss das Einkommen in irgendeiner Form erfasst werden. Das kann wöchentlich, monatlich, jährlich oder in einem anderen Rhythmus erfolgen z.B. durch eine Steuererklärung oder ähnliches. Die Zuwendung oder Gutschrift kann durchaus, sobald das Einkommen einmal festgestellt ist und keine Veränderung der Einkommensverhält-

von einem »new contract between the state and the individual« (Rhys-Williams 1953, S. 122) spricht, bezeugt wiederum ein spezifisches Verständnis von Gemeinwesen, so als würden Staat und Individuum nicht von Anbeginn in einem konstitutiven Zusammenhang sich befinden, einer sittlichen Praxis, in der beide bedingungslos aufeinander verwiesen sind. Sie bilden tatsächlich Momente eines Ganzen und müssen sich nicht erst durch Vertrag zusammenschließen.

nisse erwartet wird, darauffolgend im Voraus erfolgen. Sie würde dabei stets unter Vorbehalt geleistet. Sollten die Einkommensverhältnisse sich wider Erwarten verändern, würde für den folgenden Erhebungszeitraum eine Anrechnung erfolgen. Ob im Nach- oder Vorhinein bereitgestellt, ist für den systematischen Charakter jedoch nicht entscheidend. Entscheidend ist, ob die Zuwendung eine eigenständige Einkommensquelle darstellt, also unabhängig von Einkommen – Erwerbseinkommen ist der normativ gebotene Fall – verfügbar ist wie eine Sozialdividende oder ihre Gewährung stets im Verhältnis dazu erfolgt. Letzteres gilt für die NES, und das ist folgenreich. Denn anders als manche Grundeinkommensbefürworter (gerade jüngst wieder Georg Vobruba (Hampel/Vobruba 2014)) oder durchaus Kritiker, die meinen, BGE und NES seien gleichzusetzen, macht das den Unterschied ums Ganze: von (Erwerbs-) Einkommen abhängig oder davon unabhängig bereitgestellt zu werden, dazu in Beziehung gesetzt zu werden oder eigenständig zu sein. Solange die Bereitstellung eines Mindesteinkommens nur dann erfolgt, wenn es aus eigenen Kräften nicht erzielt werden kann, solange ist es ein Ausgleichs- oder Kompensationseinkommen. Damit setzt es ein normatives Ideal, denn der Ausgleich erfolgt, solange kein Einkommen erzielt wird. Die NES verbleibt damit systematisch innerhalb des heutigen Gefüges von sozialer Sicherung, deren Leistungen gleichfalls daran orientiert sind den Ausfall von Einkommen aufzufangen (Sozialhilfe, Arbeitslosengeld, Rente) und zugleich das Ideal der Erwerbstätigkeit aufrechtzuerhalten.

Ganz anders das BGE, das den Charakter einer Sozialdividende hat und weder Erwerbstätigkeit noch -bereitschaft voraussetzte bzw. diese normativ zum Ideal erhöbe. Von daher könnte es zu Recht als Bürgereinkommen bezeichnet werden, da es sich in keiner Form mehr an anderen Einkommensquellen, auch nicht an Erwerbstätigkeit, orientierte. Dass auch Nicht-Staatsbürger es erhalten könnten, änderte an dem Charakter nichts, denn seine Legitimationsgrundlage hätte es in der Anerkennung dessen, was das Fundament der Demokratie als Gemeinwesen bildet: die Souveränität des Volkes in Gestalt seiner Bürger.[82]

82 Nicht selten wird in diesem Zusammenhang argumentiert, ein BGE sei über die Menschenrechte zu begründen. Dabei wird übersehen, dass die Menschenrechte ein Abstraktum darstellen. Sie sind nicht wirksam und ebensowenig einklagbar unabhängig von konkreten Gemeinwesen, die sich zu ihnen bekennen, sie also in ihre Rechtsordnung aufgenommen haben. Die Menschenrechte davon unabhängig in Geltung setzen zu wollen, würde für den Fall, dass ein Gemeinwesen sich noch nicht zu ihnen bekennt oder sie noch nicht »lebt«, dazu führen, in ihrem Namen in es intervenieren zu müssen, um ihnen zur Durchsetzung zur verhelfen. Das würde wiederum die Selbstbestimmung des Gemeinwesens untergraben.

Wie erklärt sich nun die Behauptung, BGE und NES seien dasselbe, die häufig anzutreffen ist? Mir scheint hierfür eine Erklärung nahezuliegen. Sie besteht darin, das BGE nicht in seiner normativen Wertigkeit zu betrachten. Eine rechnerisch-mathematische Behandlung der Einkommensfrage könnte dazu führen, nur das Ergebnis, also das garantierte Mindesteinkommen, zu betrachten, nicht aber den Modus, wie es zu dem Ergebnis kommt. Das habe ich in öffentlichen Diskussionen wiederholt erlebt, gerade von mathematisch gebildeten Diskutanten. Es würde dabei also ausgeblendet, welche normativen Gebote dem Modus der Bereitstellung des Mindesteinkommens innewohnen. Dieser Modus – unabhängig von anderen Einkommen (BGE) oder relativ zu ihnen zu sein (NES) – ist auch der Grund, weshalb die im Vergleich zu heutigen Leistungen samt Sanktionsinstrumenten freilassendere NES dennoch stigmatisierende Effekte auf die Bezieher hat, denn sie operiert als Kompensation mangelnden Einkommens.

Wenngleich Friedman dem Individuum mehr zutraut, als von Kritikern des BGE zu vernehmen oder in gegenwärtig vorherrschenden Systemen sozialer Sicherung der Fall ist, so bleibt er dennoch einem Reiz-Reaktions-Modell von Handeln verhaftet. Das zeigt folgende Passage:

> »Wie jede Maßnahme gegen die Armut *verringert sie* [die NES, SL] *den Antrieb* [Hervorhebung SL] der Unterstützungsempfänger, sich selbst zu helfen, schließt diesen Antrieb jedoch nicht völlig aus, wie das bei einem System der Einkommensunterstützung bis zu einem festgelegten Minimum der Fall wäre. Jeder zusätzliche Verdienst würde bedeuten, dass mehr Geld zum Ausgeben zur Verfügung stünde. «

Der »Antrieb« muss also erhalten, er darf nicht gehemmt oder außer Kraft gesetzt werden, was durch eine zu komfortable Absicherung angeblich der Fall wäre. Friedman scheint davon auszugehen, dass diese Problematik für die Dynamik von Armut entscheidend ist. Diese Einschätzung kann allerdings als Vorurteil bzw. Klischee gelten. Schon vor etlichen Jahren – lange nach Friedmans Darlegungen – haben Georg Vobruba und Kollegen (Gebauer et al. 2002; Vobruba 2003) zeigen können, dass dieser Zusammenhang nicht belegt werden kann, so selbstverständlich das Armutsfallentheorem auch immer herangezogen wird. Es gehört wohl eher ins Reich der empirisch nicht belegten Legenden. Das Augenmerk wäre eher darauf zu richten, unter welch erstaunlich widrigen Bedingungen Menschen noch immer an ihrem

Auf diesen Zusammenhang hat Ingeborg Maus eindrücklich hingewiesen (Maus 2011).

beruflichen Engagement festhalten, obwohl sie es einfacher haben könnten. Ist das Vorurteil einmal beiseitegelegt, steht dem BGE nichts mehr im Weg.

Literatur

Achter Familienbericht (2012). Zeit für Familie. Familienzeitpolitik als Chance einer nachhaltigen Familienpolitik. Hrsg. vom Bundesministerium für Familie, Senioren, Frauen und Jugend, Deutscher Bundestag, Drucksache 17/9000, 15. März.

Adorno, Theodor W. /Gehlen, Arnold (1965). Freiheit und Institution. Ein soziologisches Streitgespräch. http://vimeo.com/5360099.

AGOH (2013). Webportal der Arbeitsgemeinschaft Objektive Hermeneutik. http://www.agoh.de/.

Ahnert, Lieselotte (2010). Wieviel Mutter braucht ein Kind? Heidelberg: Spektrum.

Ahnert, Lieselotte (2012). »Das bedeutet für Kinder Stress«. Zeit Online, 9. Juli. http://www.zeit.de/2012/27/Kinderbetreuung-Interview-Ahnert.

Althaus, Dieter/Binkert, Hermann (2010). Solidarisches Bürgergeld. Den Menschen trauen – Freiheit nachhaltig und ganzheitlich sichern. Erfurt: Institut für neue soziale Antworten. November.

Altmiks, Peter (2009). »Liberales Bürgergeld kontra bedingungsloses Grundeinkommen« (Friedrich-Naumann-Stiftung für die Freiheit). http://www.freiheit.org/webcom/show_article_bb.php/_c-618/_nr-12918/i.html.

Arendt, Hannah (2003). Vita Activa, Fischer Verlag.

Atkinson, Anthony B. (1996). »The Case for a Participation Income«. The Political Quarterly. Volume 67. Issue 1. S. 67-70, January.

BAG Grundeinkommmen (2011). Broschüre Bedingungsloses Grundeinkommen. http://www.die-linke-grundeinkommen.de/WordPress/wp-content/uploads/2011/01/BAG_Broschuere_Grundeinkommen_2011_01_13.pdf.

Becker-Lenz, Roland/Busse, Stefan/Ehlert, Gudrun/Müller Hermann, Silke (Hrsg.) (2011). Professionelles Handeln in der Sozialen Arbeit. Materialanalysen und kritische Kommentare. Wiesbaden: Springer VS.

Berger, Jens (2010). »Die Schattenseiten des Grundeinkommens«. 24. Februar. http://www.spiegelfechter.com/ . Der Beitrag ist nicht mehr verfügbar. Letzter Abruf am 19. Januar 2012.

Berger, Jens (2012). Konstruktionsfehler des Grundeinkommens. http://www.nachdenkseiten.de/?p=15187.

Bersheim, Sabrina/Oschmiansky, Frank/Sell, Stefan (2014). Wie wird Arbeitslosigkeit gemessen. Bonn: Bundeszentrale für politische Bildung. http://www.bpb.de/politik/innenpolitik/arbeitsmarktpolitik/54909/arbeitslosigkeit-messen?p=all.

Bertram, Hans (2008). »Wir brauchen härtere Maßnahmen«. taz. 23. Juli.

Betreuungsgeld (2012). Deutscher Bundestag. Plenarprotokoll 17/187. 28. Juni.

BIG (Basic Income Grant Coalition, 2009). Der entscheidende Unterschied.

Das Grundeinkommen in Namibia. http://www.bignam.org/Publications/BIG_Assessment_report_o8b_german.pdf.

Blaschke, Ronald/Otto, Adeline/Schepers, Norbert (Hrsg.) (2010). Grundeinkommen. Geschichte – Modelle – Debatten. Berlin: Karl-Dietz-Verlag. http://www.rosalux.de/fileadmin/rls_uploads/pdfs/Publ-Texte/Texte_67.pdf.

Block, Fred/Somers, Margaret (2003). »In the Shadow of Speenhamland. Social Policy and the Old Poor Law«. Politics & Society. June. Vol. 31. No. 2. S. 283-323.

Blüm, Norbert (2012). »Freiheit! Über die Enteignung der Kindheit und die Verstaatlichung der Familie«. Zeit Online. 15. März. http://www.zeit.de/2012/12/C-Bluem.

Boes, Ralph (2011). »Die Konsumsteuer: Finanzierungsform einer freiheitlichen Gesellschaft – oder verkapptes neoliberales Abzock-Modell?«. http://konsumsteuer.blogspot.de/.

Boes, Ralph (2014). http://www.buergerinitiative-grundeinkommen.de/brandbrief/.

Bohmeyer, Michael (2014). Mein Grundeinkommen. http://www.mein-grundeinkommen.de/.

Borchert, Jürgen (2005). »Das Elterngeld ist gerecht«. Focus Money. Nr. 17. 20. April.

Borchert, Jürgen (2013). Sozialstaatsdämmerung. München: Riemann Verlag.

Bosbach, Gerd (2013). »Lügen mit Zahlen. Der Zahlenblog zum Buch«. http://www.luegen-mit-zahlen.de/gerd-bosbach.

Brenner, Michael (2011). Solidarisches Bürgergeld und Grundgesetz. Baden-Baden: Nomos-Verlag.

Bringmann, Klaus (1999). Lykurg. In: Große Gestalten der griechischen Antike. Hrsg. von Kai Brodersen. München: Beck. S. 72-79.

Brisch, Karl-Heinz (2014). »Das Krippenrisiko«. Zeit Online, 25. Januar. http://www.zeit.de/2014/04/kinderbetreuung-krippen-qualitaet-karl-heinz-brisch.

Browning, Christopher R. (1999). Ganz normale Männer. Das Reserve-Polizeibataillon 101 und die »Endlösung« in Polen. Hamburg: Rowohlt.

BSHG (1961). Bundessozialhilfegesetz. Stand vom 30. Juni 1961. http://www.gesetze-im-internet.de/bundesrecht/bshg/gesamt.pdf.

Bundesrat (2014). »Botschaft zur Volksinitiative »Für ein bedingungsloses Grundeinkommen«, 27. August, https://www.news.admin.ch/message/index.html?lang=de&msg-id=54202.

Bundesregierung (2008). Lebenslagen in Deutschland. Der Dritte Armuts- und Reichtumsbericht der Bundesregierung. http://www.bmas.de/DE/Service/Publikationen/forschungsbericht-der-3-armuts-und-reichtums-bericht-der-bundesregierung.html.

Bundesregierung (2013). Lebenslagen in Deutschland. Der Vierte Armuts-

und Reichtumsbericht der Bundesregierung. http://www.bmas.de/DE/Service/Publikationen/a334-4-armuts-reichtumsbericht-2013.html.

Bündnis 90/Die Grünen (2007). Beschluss »Aufbruch zu neuer Gerechtigkeit«. 27. Ordentliche Bundesdelegiertenkonferenz. 23.-25. November. Nürnberg http://www.gruene.de/fileadmin/user_upload/Beschluesse/Gesellschaft-Aufbruch-Gerechtigkeit-Beschluss-BDK-Nuernberg-11-2007.pdf.

Butterwegge, Christoph (2013). »Traumziel der Reformer. Das bedingungslose Grundeinkommen – Neuanfang oder endgültiger Niedergang des Sozialstaates?« junge welt. 11. Dezember. S. 10.

Chrismon (2008). Jutta Allmendinger – Götz Werner: Wer wu rde dann noch arbeiten? 26 September.

Dahrendorf, Ralf (1986). »Ein garantiertes Mindesteinkommen als konstitutionelles Anrecht«. In: Schmidt, Thomas (1986). S. 132-138.

Datenreport (2011). Statistisches Bundesamt Wiesbaden. https://www.destatis.de/DE/Publikationen/Datenreport/DatenreportDownload.html.

Datenreport (2013). Statistisches Bundesamt Wiesbaden, https://www.destatis.de/DE/Publikationen/Datenreport/Datenreport.html.

De Lapuente, Roberto (2013). Das Grundeinkommen und die Scheißarbeit. 15. März, http://ad-sinistram.blogspot.de/2013/03/das-grundeinkommen-und-die-scheiarbeit.html.

Denkzeit (2014). World Wide Work. Eine globale Debatte – Arbeit ohne Heimat. ARD alpha. 1. Februar. Siehe auch; https://www.youtube.com/watch?v=o5UGcvc-X6I, ab Minute 24'14.

Deutsche Rentenversicherung (2014). Rentenversicherung in Zahlen 2014.

Deutscher Bundestag Petitionen (2014). https://epetitionen.bundestag.de/.

Dürnecker, Georg (2013) Vergleich Arbeitsvolumen Europa-USA. Neothesus. https://www.youtube.com/watch?v=dhmWMZN_nmg.

Dürnecker, Georg (2014). »Technology Adoption, Turbulence, and the Dynamics of Unemployment«. Journal of the European Economic Association. Volume 12. Issue 3. S. 724–754, Juni.

Eichhorst, Werner (2013). »Schaffen statt Schlaraffen. Es gibt so viel Arbeit wie niemals zuvor. Ein bedingungsloses Grundeinkommen gefährdet, wofür wir hart gearbeitet haben – und würde unsere Gesellschaft zerreißen«. In: The European, Debatte: Zukunft der Arbeitswelt, 26. Juli. http://www.iza.org/press_files/TheEuropean2013-06.pdf.

Eicker-Wolf, Kai (2013a). Geht der Gesellschaft die Arbeit aus? http://www.annotazioni.de/post/1206.

Eicker-Wolf, Kai (2013b). »Money for nothing? – Das bedingungslose Grundeinkommen. Begründungsversuche und ihre ökonomische Bewertung«. In: Sozialer Fortschritt: unabhängige Zeitschrift für Sozialpolitik, Vol. 62, 6. Berlin: Duncker & Humblot, S. 172-177.

Eidgenössische Volksinitiative (2012). »Für ein bedingungsloses Grundeinkommen«. http://bedingungslos.ch/.

Europäische Bürgerinitiative (2014). http://ec.europa.eu/citizens-initiative/public/welcome?lg=de.

FDP (2014). Bürgergeld. http://www.fdp.de/Buergergeld/687b248/.

Fischer, Ute L. (2009). Anerkennung, Integration und Geschlecht. Zur Sinnstiftung des modernen Subjekts. transcript.

Fischer, Ute L. (2013). »Alternative Wege – Das bedingungslose Grundeinkommen und seine Folgen«. In: Sozialmagazin. 38. Jg. Heft 3-4.

Fischer, Ute L./Großer, Caroline/Liebermann, Sascha (2002). »Die Beharrlichkeit der Deutungsmuster – Handlungsprobleme und erwerbsbezogene Deutungsmuster unter Bedingungen der Transformation in Sachsen«. Journal für Psychologie. 10. Jg. Heft 3. S. 249-278.

Fischer, Ute L./Pelzer, Helmut (2009). »Ein bedingungsloses Grundeinkommen ist bezahlbar und wirtschafts-politisch sinnvoll – Die Finanzierung über das Transfergrenzen-Modell«. In: Arbeit und Freiheit im Widerspruch? Bedingungsloses Grundeinkommen - ein Modell im Meinungsstreit. Hamburg: VSA. S. 114-134.

Fischer, Ute L./Pelzer, Helmut (2007). »Die Finanzierung eines bedingungslosen Grundeinkommens über das Transfergrenzen-Modell. Möglichkeiten der Einbeziehung der Konsumsteuer«. In: Werner, Götz W./Presse, André (Hrsg.). Grundeinkommen und Konsumsteuer. Impulse für Unternimm die Zukunft. Karlsruhe: Universitätsverlag Karlsruhe (Schriften des Interfakultativen Instituts für Entrepreneurship der Universität Karlsruhe. Band 15). S. 154-172. http://digbib.ubka.uni-karlsruhe.de/volltexte/1000006351.

Flassbeck, Heiner (2006). »Nur ein großes Kuddelmuddel«. taz. 15. Dezember. http://www.taz.de/1/archiv/?dig=2006/12/15/a0205.

Flassbeck, Heiner/Spiecker, Friederike/Meinhardt, Volker/Vesper, Dieter (2012). »Die falsche Solidarität. Warum das Konzept des bedingungslosen Grundeinkommens nicht aufgeht«. In: Le monde diplomatique Nr. 9952 vom 9.11. http://www.monde-diplomatique.de/pm/2012/11/09.mondeText1.artikel,a0014.idx,6.

Franzmann, Manuel/Pawlytta, Christian (2008). Gemeinwohl in der Krise? Fallanalysen zur alltäglichen Solidaritätsbereitschaft. Frankfurt: Humanities Online.

Frey, Carl Benedikt/Osborne Michael A. (2013). The Future of Employment: How susceptible are jobs to computerisation? http://www.oxfordmartin.ox.ac.uk/downloads/academic/The_Future_of_Employment.pdf.

Friedman, Milton (2006[1962]). Kapitalismus und Freiheit. München: Piper Verlag, 3. TB-Auflage.

Friedman, Milton (2011). »Bargeld sonst nichts«. Die Zeit. Nr. 16. April.

Fromm, Erich (1966). »Psychologische Aspekte zur Frage eines garantierten Einkommens für alle«. http://opus4.kobv.de/opus4-Fromm/frontdoor/index/index/docId/1652. Die deutsche Fassung geht auf das englische Original zurück: http://opus4.kobv.de/opus4-Fromm/frontdoor/index/index/docId/1635.

Garsoffky, Susanne/Sembach, Britta (2014). Die Alles ist möglich-Lüge. Wieso Familie und Beruf nicht zu vereinbaren sind. München: Pantheon.

Gebauer, Ronald/Petschauer, Hanna/Vobruba, Georg (2002). Wer sitzt in der Armutsfalle? Selbstbehauptung zwischen Sozialhilfe und Arbeitsmarkt. Forschung aus der Hans-Böckler-Stiftung. 40. Berlin: edition sigma.

Grahl, Jürgen/Hübener, Gerhard (2006). Arbeitskostenanteil nur 20 Prozent? Wie unklare Begrifflichkeiten in die Irre führen. http://www.sfv.de/lokal/mails/kd/arbeitsk.htm.

Greffrath, Mathias (2013). »Geld oder Würde? Bedingungsloses Grundeinkommen und abendländisches Menschenbild«. NDR, 13. Januar.

Grenz, Friedemann (1974). Adornos Philosophie in Grundbegriffen: Auflösung einiger Deutungsprobleme. Mit e. Anh. »Ist die Soziologie eine Wissenschaft vom Menschen?«: ein Streitgespräch / Theodor W. Adorno u. Arnold Gehlen, Frankfurt: Suhrkamp, S. 225-251.

Habermacher, Florian/Kirchgässner, Gebhard (2013). Das garantierte Grundeinkommen. Eine (leider) nicht bezahlbare Idee, August, Discussion Paper no. 2013-13, Universität St. Gallen, http://www1.vwa.unisg.ch/RePEc/usg/econwp/EWP-1313.pdf.

Hampel, Lea/Vobruba, Georg (2014). »Es gibt die Bereitschaft zu mehr Umverteilung«. Der Leipziger Volkswirtschaftler und Soziologe Georg Vobruba über die Kultur des fröhlichen Forderns. In: Süddeutsche Zeitung, Nr. 217, 20./21. September, S. 32.

Hannemann, Inge (2014). Anhörung im Petitionsausschuss des Deutschen Bundestages (Petition 46483). 17. März.

Hardorp, Benediktus (2008a). Arbeit und Kapital als schöpferische Kräfte: Einkommensbildung und Besteuerung als gesellschaftliches Teilungsverfahren. Schriften des Interfakultativen Instituts für Entrepreneurship an der Universität Karlsruhe (TH) Band 16.

Hardorp, Benediktus (2008b [1958]). Elemente einer Neubestimmung des Geldes und ihre Bedeutung für die Finanzwirtschaft der Unternehmung. Schriften des Interfakultativen Instituts für Entrepreneurship (IEP) der Universität Karlsruhe (TH) Band 17. Karlsruhe: KIT Scientific Publishing.

Hayek, Friedrich August von (2005). Die Verfassung der Freiheit. Tübingen: Mohr Siebeck.

Hengsbach, Friedhelm (2007). Interview vom 25. Juni. http://www.ulmer-bge-modell.de/OLD/hengsbachInterviewA5undA4.pdf.

Hengsbach, Friedhelm (2011). »Der Allgemeinheit wird die Last aufgebürdet«. mogenweb. Das Nachrichtenportal Rhein-Neckar, 24. Dezember, http://www.morgenweb.de/nachrichten/politik/der-allgemeinheit-wird-die-last-aufgeburdet-1.214950.

Hengsbach, Friedhelm (2013). »Mehrheit der Deutschen lebt unter ihren Verhältnissen«. Interview auf heute.de (Beitrag nicht mehr verfügbar).

Herrmann, Ulrike (2012). »Die Panik der Babyboomer«. taz. 23. März. http://www.taz.de/!90201/.

Hessischer Rundfunk (2010). »Grundeinkommen für alle – das Ende des Sozialstaats«. HR 2 Der Tag, 9.November.

Hilberg, Raul (2010). Die Vernichtung der europäischen Juden. Frankfurt: Fischer Taschenbuch Verlag.

Hildenbrand, Bruno (2011). »Welches sind günstige Rahmenbedingungen für die ersten Jahre des Aufwachsens? Wie können diese in Einrichtungen öffentlicher Sozialisation gefördert werden? Überlegungen auf der Grundlage eines laufenden Forschungsprojekts«. In: Robert, Günther et al., (Hrsg.). Aufwachsen in Dialog und sozialer Verantwortung. Wiesbaden: VS Springer.

Höffe, Otfried (1997). »Subsidiarität als Gesellschafts- und Staatsprinzip«. Swiss Political Science Review 3 (3). S. 1-31.

Höffe, Otfried (2007). »Das Unrecht des Bürgerlohns«. Frankfurter Allgemeine Zeitung. 22. Dezember. Nr. 298, S. 13.

Höffe, Otfried (2009). »Wirtschaftsbürger, Staatsbürger, Weltbürger – Bürgerverantwortung in Zeiten der Globalisierung«. In: Breuer, Markus/Mastronardi, Philippe/Waxenberger, Bernhard, Markt, Mensch und Freiheit. Wirtschaftsethik in der Auseinandersetzung. Bern: Haupt Verlag, S. 137-151.

Hohentleitner, Ingrid/Straubhaar, Thomas (2007). »Bedingungsloses Grundeinkommen und Solidarisches Bürgergeld – mehr als sozialutopische Konzepte«. In: Straubhaar, Thomas (Hrsg.). Bedingungsloses Grundeinkommen und solidarisches Bürgergeld – mehr als sozialutopische Konzepte. Edition HWWI, Band 1. Hamburg: Hamburg University Press. http://blogs.sub.uni-hamburg.de/hup/products-page/publikationen/8/.

IAB (2011). Perspektive 2025: Fachkräfte für Deutschland. Nürnberg, 56 Seiten.

Jacobi, Dirk/Strengmann-Kuhn, Wolfgang (Hrsg.) (2012). Wege zum Grundeinkommen. Bildungswerk Berlin der Heinrich Böll Stiftung. http://www.bildungswerk-boell.de/downloads/Wege_zum_Grundeinkommen.pdf.

Jäger, Mona (2014). »Muss ja irgendwie gehen«. Frankfurter Allgemeine Zeitung 22. August.

Keynes, John Maynard (1928). Economic Possibilities of Our Grandchildren. In: Essays in Persuasion. http://gutenberg.ca/ebooks/keynes-essaysinpersuasion/keynes-essaysinpersuasion-00-h.htmlEconomic_Possibilities.

Klocke-Daffa, Sabine (2012). »Is BIG big enough? Basic Income Grant in Namibia. An anthropological enquiry«. Report. Universität Tübingen. http://tobias-lib.uni-tuebingen.de/volltexte/2012/6160/.

Klocke-Daffa, Sabine (2013). »Geld für alle. Ein Dorf testet das bedingungslose Grundeinkommen«. In: Frankfurter Allgemeine Zeitung. Hochschulanzeiger. 22. Januar. http://hochschulanzeiger.faz.net/ein-dorf-testet-das-bedingungslose-grundeinkommen-geld-fuer-alle-12032873.html.

Knuth, Hans Christian (2007). Das Grundeinkommen in theologischer Sicht. http://www.kda.nordkirche.de/arbeitsfelder/wirtschaftsethik/61-grundeinkommen.html.

Kraft, Hannelore (2012), »Bildung muss in der Kita beginnen«. In: Frankfurter Allgemeine Zeitung, 30. April.

Krugman, Paul (2013). »Sympathy for the Luddites«. New York Times. 14. Juni, A 27.

Kühl, Stefan (2014). »Wenn du eine Stelle willst, frag vorher deinen Anwalt«. Frankfurter Allgemeine Zeitung 23. Juli N 4.

Kumpmann, Ingmar (2011). Zwischenschritte zum Grundeinkommen – Zwischenschritte zur Bedingungslosigkeit. https://www.grundeinkommen.de/22/07/2011/zwischenschritte-zum-grundeinkommen-zwischenschritte-zur-bedingungslosigkeit.html.

Kumpmann, Ingmar (2012). Kein Irrweg – Rezension zu »Irrweg Grundeinkommen«. https://www.grundeinkommen.de/15/11/2012/kein-irrweg.html.

Künast, Renate (2012). Renate Künast im Sommerinterview. Teil II, https://www.youtube.com/watch?v=UIRlNXCOaow.

Kutzner, Stefan (2004). »Armut aus soziologischer Perspektive: Zwei Fallbeispiele sozialer Deklassierung«. In: Nollert, Michael/Scholtz/Ziltener, Patrick (Hrsg.). Wirtschaft in soziologischer Perspektive: Soziologische Studien zur Wirtschaftssoziologie und Sozialpolitik. Münster, Hamburg, Berlin, Wien, London: Lit-Verlag, S. 49-60.

Ladenthin, Volker (2014). »Urteilskraft kann man nur üben«. Frankfurter Allgemeine Zeitung, Bildungswelten, 20. November, S. 8.

Largo, Remo (2010). Babyjahre. München: Piper.

Largo, Remo (2011). »Ansichten eines Erziehungspapsts«. Tagesanzeiger. 13. August.

Liebermann, Sascha (2002). Die Krise der Arbeitsgesellschaft im Bewusstsein deutscher Unternehmensführer. Frankfurt: Humanities Online.

Liebermann, Sascha (2009). »Politische Vergemeinschaftung, Autonomie der Bürger und soziale Sicherung«. In: Bonvin, Jean-Michel/Kutzner, Stefan/Nollert, Michael (Hrsg.). Armut trotz Arbeit. Die neue Arbeitswelt als Herausforderung für die Sozialpolitik. Schriften zur Sozialen Frage. Band 4. Zürich: Seismo. S. 162-194.

Liebermann, Sascha (2010a). Autonomie, Gemeinschaft, Initiative. Zur Bedingtheit eines bedingungslosen Grundeinkommens. Eine soziologische Rekonstruktion. Hrsg. vom Interfakultativen Institut für Entrepreneurship am Karlsruher Institut für Technologie (KIT). Karlsruhe: KIT Scientific Publishing.

Liebermann, Sascha (2010b). »Souveränität gewinnen. Auswirkungen eines bedingungslosen Grundeinkommens«. In: Sozialpsychiatrische Informationen. Heft 3/2010. S. 21-26.

Liebermann, Sascha (2012a). »Bedingungsloses Grundeinkommen: Entlastung, Herausforderung, Zumutung«. In: Kerbe – Forum für Sozialpsychiatrie 3 (August).

Liebermann, Sascha (2012b). »Manifold Possibilities, Peculiar Obstacles –Basic Income in the German Debate«. In: Basic Income Worldwide. Horizons of Reform. Hrsg. von Matthew C. Murray und Carole Pateman, Palgrave Macmillan – International Political Economy Series.

Liebermann, Sascha (2012c). »Das Menschenbild des Grundeinkommens – Wunschvorstellung oder Wirklichkeit?«. In: Werner et al. (2012). S. 12-19.

Liebermann, Sascha (2013). »Politische Gemeinschaft oder Arbeitsgesellschaft? Deutungsmuster zu Autonomie der Bürger, Solidarität und Gemeinwesen in der öffentlichen Diskussion um ein Bedingungsloses Grundeinkommen«. In: »Bedingungsloses Grundeinkommen – eine neue Form sozialer Integration?«. Dokumentation des gleichnamigen Plenums anlässlich des Kongresses der Schweizer Gesellschaft für Soziologie 2013 in Bern. http://www.freiheitstattvollbeschaeftigung.de/images/stories/pdf/sgs_kongressdokumentationplenumbge_endfassung.pdf.

Liebermann, Sascha/Loer, Thomas (2013). »Unterstützung durch Überanpassung. Wer trägt die Verantwortung für fehlgeschlagene Hochschulreformen?«. In: Forschung & Lehre 6, Juni, S. 466-68.

Loer, Thomas (2007). Die Region. Eine Begriffsbestimmung am Fall des Ruhrgebiets. Qualitative Soziologie Band 9. Stuttgart: Lucius & Lucius.

Loer, Thomas (2009). »Staatsbürgerschaft und bedingungsloses Grundeinkommen – die Anerkennung der politischen Gemeinschaft«. In: Neuendorff et al., S. 84-99.

Long, Huebert Pierce (ohne Jahr). Share Our Wealth. Every Man a King. Washington D.C., http://www.hueylong.com/programs/share-our-wealth-speech.php.

Luthiger, Benno (2013). »Das schwerelose Leben, der alte Traum«. In: Schweizer Monat. Ausgabe 1005. http://www.schweizermonat.ch/artikel/das-schwerelose-leben-der-alte-traum.

Martens, Bernd (2010). Der Zug nach Westen – anhaltende Abwanderung. Bonn: Bundeszentrale für Politische Bildung. http://www.bpb.de/geschichte/deutsche-einheit/lange-wege-der-deutschen-einheit/47253/zug-nach-westen?p=all.

Masseneinwanderung, Eidgenössische Volksinitiative »Gegen Masseneinwanderung« (2014). http://www.masseneinwanderung.ch/.

Maus, Ingeborg (2011). Über Volkssouveränität. Frankfurt: Suhrkamp.

Mauss, Marcel (1968). Die Gabe. Form und Funktion des Austauschs in archaischen Gesellschaften. Frankfurt: Suhrkamp.

McAfee, Andrew (2013). Manufacturing: Where the Jobless Recovery Is Most Evident. http://andrewmcafee.org/2013/07/mcafee-jobless-recovery-manufacturing-technology-robots/.

Mehr Demokratie e.V. (2014). http://www.mehr-demokratie.de/.

Mika, Bascha/Reinecke, Stefan (2006). »Eine Revolution im Denken und Handeln. Interview mit Wolfgang Engler und Mathias Greffrath«. In: taz Nr. 8140 vom 1. Dezember, S. 4.

Minarett, Eidgenössische Volksinitiative »Gegen den Bau von Minaretten« (2009). http://www.minarette.ch/index.html.

Mitschke, Joachim (2000). Grundsicherungsmodelle – Ziele, Gestaltung, Wirkungen und Finanzbedarf. Eine Fundamentalanalyse mit besonderem Bezug auf die Steuer- und Sozialordnung sowie den Arbeitsmarkt der Republik Österreich. Baden-Baden: Nomos.

Müller, Albrecht (2005). Auszug aus »Die Reformlüge – 40 Denkfehler, Mythen und Legenden, mit denen Politik und Wirtschaft Deutschland ruinieren«. http://www.nachdenkseiten.de/?p=259.

Müller, Albrecht (2010). Macht es Sinn, eine Idee zum Dauerthema zu machen, wenn sie nie realisiert werden wird. 23. Dezember. http://www.nachdenkseiten.de/?p=7849.

Münkler, Herfried (2007). »Staatsknete für alle?«. Frankfurter Rundschau. 5. Dezember.

Nedden, Verena (2014). Gemeinschaftliches Steuersystem. http://www.konsumsteuersystem.de/index.php.

Nein-zum-Betreuungsgeld (2012). http://neinzumbetreuungsgeld.de/.

Neuendorff, Hartmut/Peter, Gerd/Wolf, Frieder O. (Hrsg.) (2009). Arbeit und Freiheit im Widerspruch? Bedingungsloses Grundeinkommen – ein Modell im Meinungsstreit. Hamburg: VSA.

Nida-Rümelin, Julian (2008). Integration statt Ausstieg. Frankfurter Rundschau. 5. Juni. http://www.fr-online.de/kultur/gastbeitrag-integration-statt-ausstieg,1472786,3325866.html.

Oevermann, Ulrich (2001). »Die Struktur sozialer Deutungsmuster: Versuch einer Aktualisierung«. In: sozialer sinn. Zeitschrift für hermeneutische Sozialforschung, Jg. 2. H 1. S. 35-81.

Oevermann, Ulrich (2010). »Sexueller Missbrauch in Erziehungsanstalten – mentalitätsgeschichtliche oder strukturelle Ursachen?«. http://www2.ibw.uni-heidelberg.de/~gerstner/AF-Oevermann_Sexueller-Missbrauch-in-Erziehungsanstalten.pdf.

Oevermann, Ulrich (2013). »Objektive Hermeneutik als Methodologie der Erfahrungswissenschaften von der sinnstrukturierten Welt«. In: Langer, Phil C. /Kühner, Angela/Schweder, Panja (Hrsg.). Reflexive Wissensproduktion. Anregungen zu einem kritischen Methodenverständnis in qualitativer Forschung. (Frankfurter Beiträge zur Soziologie und Sozialpsychologie). Wiesbaden: Springer VS, S. 69–98.

Öffentliche Sozialleistungen (2014). Statistik zum Elterngeld. Beendete Leistungsbezüge für im Jahr 2012 geborene Kinder. Wiesbaden: Statistisches Bundesamt.

Opielka, Michael/Strengmann-Kuhn, Wolfgang (2007). »Das Solidarische Bürgergeld – Finanz- und sozialpolitische Analyse eines Reformkonzepts«. In: Das Solidarische Bürgergeld – Analysen einer Reformidee. Herausgegeben von Michael Borchard im Auftrag der Konrad-Adenauer-Stiftung. S. 13-142.

Palmer, Boris (2013). »Ich will Unternehmer für die Grünen gewinnen«. Frankfurter Allgemeine Sonntagszeitung. 13. April. http://www.faz.net/

aktuell/wirtschaft/wirtschaftspolitik/im-gespraech-boris-palmer-ich-will-unternehmer-fuer-die-gruenen-gewinnen-12147702.html.

Petition (2008). Petition 1422. Deutscher Bundestag. Petitionen. https://epetitionen.bundestag.de.

Piratenpartei (2012). Parteiprogramm. http://wiki.piratenpartei.de/Partei-programm.

Piratenpartei (2013). Wahlprogramm zur Bundestagswahl. http://wiki.piratenpartei.de/Bundestagswahl_2013/WahlprogrammBedingungsloses_Grundeinkommen_und_Mindestlohn.

Pohl, Reinhardt (1997). ohne Titel. DIW-Wochenbericht 30/97. http://www.diw.de/deutsch/97_30_1/30787.htmlHDR1.

Polanyi, Karl (1978[1944]). The Great Transformation. Politische und ökonomische Ursprünge von Gesellschaften und Wirtschaftssystemen. Frankfurt: Suhrkamp Verlag.

Quadragesimo anno (1931). Enzyklika Papst Pius XI. http://www.uibk.ac.at/theol/leseraum/texte/319.html.

Rapatt, Pola (2014). Pola rennt – Argumente GEGEN ein bedingungsloses Grundeinkommen 1 Lukas Rühli. http://www.grundeinkommen.ch/pola-rennt-argumente-gegen-ein-bedingungsloses-grundeinkommen/.

Renan, Ernest (2003 [1993]). »Was ist eine Nation?«. In: Die Zeit. Reden: Was ist eine Nation?, http://www.zeit.de/reden/die_historische_rede/200109_historisch_renan.

Rhys-Williams, Juliet (1953). Taxation and Incentive. London: William Hodge and Company Limited.

Rühli, Lukas (2014). »Einkommen ohne Grund. Warum das bedingungslose Grundeinkommen keines seiner Versprechen hält«. avenir standpunkte 5 (April 2014). Hrsg. von avenir suisse.

Schachtschneider, Ulrich (2014). »Ökologisches Grundeinkommen – eine Beschleunigungsbremse«. Beitrag zur Degrowth-Konferenz 2014 in Leipzig. http://www.ulrich-schachtschneider.de/5.html.

Schäfer, Claus (2009). »Ein Kindergeld für alle«. In: Frankfurter Rundschau. 2. Februar.

Scheerer, Ann-Kathrin (2009). Krippenbetreuung als ambivalentes Unternehmen. http://www.psychoanalyse-aktuell.de.

Schildt, Gerhard (2006). »Das Sinken des Arbeitsvolumens im Industriezeitalter«. In: Geschichte und Gesellschaft. Heft 32, S. 119-148.

Schildt, Gerhard (2008). »Arbeitsvolumen oder Arbeitszeit. Eine Entgegnung«. In: Geschichte und Gesellschaft. Heft 34. S. 550-557.

Schmidbauer, Wolfgang (2012a). Partnerschaft und Babykrise. Gütersloher Verlagshaus.

Schmidbauer, Wolfgang (2012b). »Erst das Baby, dann die Krise«. Kontext. Schweizer Radio SRF. http://www.srf.ch/sendungen/kontext/erst-das-baby-dann-die-krise.

Schmidt, Manfred G. (2010). »Dem Volk ein bisschen mehr zutrauen«.

Goethe-Institut. Februar, http://www.goethe.de/ges/pok/zdk/de5616231.
htm.

Schmidt, Manfred G. (2011). »Niemand sagt, Direktdemokratie sei das Allheilmittel«. Interview von Rudolf Burger. Tagesanzeiger. 30. Juli, http://
www.tagesanzeiger.ch/schweiz/standard/Niemand-sagt-Direktdemokra-
tie-sei-das-Allheilmittel/story/24714762.

Schmid, Thomas (Hrsg.) (1986). Befreiung von falscher Arbeit. Thesen zum
garantierten Mindesteinkommen. Berlin: Wagenbach.

Schrupp, Antje (2010). Wer macht die unbeliebten Arbeiten? Zum blinden
Fleck des Grundeinkommens. 2. September, http://antjeschrupp.com/.

Segbers, Franz (2011). Vom protestantischen Arbeitsethos zu einer neu-
en Arbeitsethik. 8.Februar. http://www.big-grundeinkommen.de/wp-
content/uploads/2011/02/Vortragstext-Segbers_Bremen_8.2.2011.pdf,
http://www.franz-segbers.de/.

Selten, Reinhard (2010). »Den homo oeconomicus gibt es nicht«. In: insti-
tutional money. 3. http://www.institutional-money.com/magazin/theorie-
praxis/artikel/test-4/.

Solidarisches Bürgergeld (2010). http://www.solidarisches-buergergeld.de/.

Sozialgesetzbuch (2014). http://www.gesetze-im-internet.de/sgb_12/index.
html.

Sozialpiraten (2012). Sockeleinkommen http://sozialpiraten.piratenpartei.
de/2012/08/30/thomas-kuppers-das-sockeleinkommen-ein-vorschlag-
fur-das-wahlprogramm/ (Aufruf vom 5. Februar 2014).

SPD (2012). Arbeit sichern, Wege eröffnen. Neue Ordnung am Arbeitsmarkt. Hrsg. von der SPD-Bundestagsfraktion. Berlin. http://www.spd-
fraktion.de/sites/default/files/web_arbeit_sichern_201204.pdf   (Aufruf
vom 5. Februar 2014).

SPD [Grundwertekommission beim Parteivorstand der SPD] (2009). Bedingungsloses Grundeinkommen? Geld allein genügt nicht! Sozialstaatliche
Verantwortung für gesellschaftliche Inklusion. https://www.spd.de/spd-
webapp/servlet/elementblob/10502203/content.

Spermann, Alexander (2012). »Die ökonomischen Effekte des Bedingungslosen Grundeinkommens sollten durch Feldexperimente erforscht werden«. In: Werner et al. (2012). S. 236-45.

Spiecker, Friederike (2013). Logik ist nicht durch guten Willen ersetzbar. 17.
Oktober. http://www.flassbeck-economics.de.

Statistisches Bundesamt (2003). Wo bleibt die Zeit? Die Zeitverwendung
der Bevölkerung 2001/2. Wiesbaden.

Statistisches Bundesamt (2011). Wirtschaft und Statistik. September, Wiesbaden.

Statistisches Bundesamt (2014), Sozialleistungen – Elterngeld, Kindergeld,
https://www.destatis.de/DE/ZahlenFakten/GesellschaftStaat/Soziales/
Sozialleistungen/Elterngeld/Tabellen/Leistungsbezuege2012HoeheAn-
spruch.html.

Strahm, Rudolf (2012). Süßer Traum: Das bedingungslose Grundeinkommen. infosperber 12. Juni. http://www.infosperber.ch/Gesellschaft/Susser-Traum-Das-bedingungslose-Grundeinkommen.

Streeck, Wolfgang; Heinze, Rolf (1999). »An Arbeit fehlt es nicht. Die bisherige Beschäftigungspolitik ist gescheitert, eine radikale Wende unumgänglich: Im Dienstleistungssektor könnten Millionen neuer Arbeitsplätze entstehen«. In: Der Spiegel, Nr. 19, 10. Mai, S. 38-45.

Strengmann-Kuhn, Wolfgang (2008). Vollbeschäftigung und Grundeinkommen, Ethik und Gesellschaft 2. ökumenische zeitschrift für sozialethik, http://www.ethik-und-gesellschaft.de/dynasite.cfm?dsmid=101417 (Aufruf vom 5. Februar 2014).

Terwitte, Johannes (2012). »Wie Sozialexperimente die Grundeinkommensdebatte bereichern können«. In: Jakobi, Dirk/Strengmann-Kuhn, Wolfgang (Hrsg.). Wege zum Grundeinkommen. Bildungswerk Berlin der Heinrich-Böll-Stiftung, S. 121-132 http://www.bildungswerk-boell.de/sites/default/files/wege_zum_grundeinkommen.pdf.

Van Parijs, Philippe (2012). Personal Reflections on the 14th Congress of the Basic Income Earth Network. http://www.bien2012.de/sites/default/files/paper_van_parijs_en.pdf.

Van Parijs, Philippe (2013). The Euro-Dividend. Social Europe Journal, 7. März. http://www.social-europe.eu/2013/07/the-euro-dividend/.

Vanderborght, Yannick/Van Parijs, Philippe (2005). Ein Grundeinkommen für alle? Geschichte und Zukunft eines radikalen Vorschlags. Mit einem Nachwort von Claus Offe, Campus-Verlag.

Vobruba, Georg (2003). Findet die Politik aus der Armutsfalle heraus? Pressemitteilung der Universität Leipzig vom 18. August. http://www.zv.uni-leipzig.de/service/presse/nachrichten.html?ifab_modus=detail&ifab_id=1223.

Von Harrach, Eva-Marie/Loer, Thomas/Schmidtke, Oliver (2000). Verwaltung des Sozialen. Formen der subjektiven Bewältigung eines Strukturkonflikts. Konstanz: UVK.

Wagner, Björn (2009). Das Grundeinkommen in der deutschen Debatte. Leitbilder, Motive und Interessen. Abteilung Wirtschafts- und Sozialpolitik der Friedrich-Ebert-Stiftung (Hrsg.). http://library.fes.de/pdf-files/wiso/06194.pdf.

WDR (2012). Wahlarena. Westdeutscher Rundfunk. 2. Mai. http://www.youtube.com/watch?feature=player_embedded&v=K2rjtMYWExg.

WDR (2014). Hier und Heute: Lindner reloaded. 4. April, https://www.youtube.com/watch?v=mnuFNOWH46k (Kurzfassung).

Weber, Max (1988a). Die Protestantische Ethik und der Geist des Kapitalismus. Gesammelte Aufsätze zur Religionssoziologie. Tübingen: J.C.B. Mohr, S. 1–206.

Weber, Max (1988b). Parlament und Regierung im neugeordneten Deutschland. In: Gesammelte Politische Schriften. Tübingen: J.C.B. Mohr, S. 306-443.

Welter, Ralph (2014). »Das Grundeinkommen ist eine Pflicht«. In: Aachener

Zeitung, 21. Februar, https://www.aachener-zeitung.de/lokales/aachen/
ralf-welter-das-grundeinkommen-ist-eine-pflicht-1.766604.

Werner, Götz W. (2005). Ein Grund für die Zukunft – Das Grundeinkommen. Interviews und Reaktionen. Verlag freies Geistesleben.

Werner, Götz W. (2007). Einkommen für alle. Kiepenheuer & Witsch.

Werner, Götz W. (2008). Zwischenbilanz, http://www.archiv-grundeinkom-
men.de/werner/Zwischenbilanz-zum-Grundeinkommen.pdf.

Werner, Götz W. (2010). 1000 Euro für jeden machen die Menschen frei.
Frankfurter Allgemeine Sonntagszeitung. 25. August.

Werner, Götz W./Eichhorn, Wolfgang/Friedrich, Lothar (2012). Das Grundeinkommen. Würdigung. Wertungen. Wege. Karlsruhe: KIT Scientific
Publishing. http://www.ksp.kit.edu/shop/isbn2shopid.php?isbn=978-3-
86644-873-5.

Wiest, Susanne (2013). Begründung aus dem Bundestag: Uninspiriert, mutlos, seltsam.
http://grundeinkommenimbundestag.blogspot.de/2013/07/begrundung-
aus-dem-bundestag.html.

Wilkens, Herbert (2012). NachDenkSeiten beim Grundeinkommen gedan-
kenlos. https://www.grundeinkommen.de/26/11/2012/nachdenkseiten-
beim-grundeinkommen-gedankenlos.html.

Winnemuth, Meike (2010). »Sie spinnen, Herr Jauch! Nur weil man plötzlich viel Geld hat, denken alle: Jetzt kommt bald die Kündigung«. In:
Süddeutsche Zeitung. Magazin, Heft 42. http://sz-magazin.sueddeutsche.
de/texte/anzeigen/34832.

Index